Antoni Gronowicz

Greta Garbo

Antoni Gronowicz

Greta Garbo

Ihr Leben

Aus dem Amerikanischen
von Klara Schön

Mit einem verlegerischen Nachwort
von Richard Schickel

Albrecht Knaus

Die Originalausgabe erschien unter dem Titel «Garbo. Her Story» 1990 bei Simon and
Schuster, New York

Der Albrecht Knaus Verlag ist ein Unternehmen
der Verlagsgruppe Bertelsmann

1. Auflage
Copyright © 1990 The Estate of Antoni Gronowicz
Copyright des Nachworts © 1990 by Richard Schickel
© der deutschsprachigen Ausgabe Albrecht Knaus Verlag GmbH, München 1990
Schutzumschlag von Klaus Renner
unter Verwendung eines Photos von Clarence Sinclair Bull,
The Kobal Collection, aus dem Film «Mata Hari», 1932
Satz: Uhl + Massopust, Aalen
Druck und Bindung: May + Co., Darmstadt
Printed in Germany
ISBN 3-8135-0438-7

$\mathcal{I}$nhalt

Prolog

Aus einer Beziehung zwischen zwei Menschen kann allmählich Freundschaft werden, Liebe – oder ein Buch. Dieses Buch begann mit einer Zufallsbekanntschaft und nahm im Laufe vieler Jahrzehnte meines Lebens Gestalt an.

In den zwanziger Jahren hörte ich von Greta Garbo durch Mauritz Stillers Verwandte, die in der polnischen Stadt Lwow meine Nachbarn waren. Während meiner zahlreichen Besuche in ihrem bescheidenen Heim sah ich mir häufig Fotos von ihr und Mauritz aus dem Familienalbum an und las Briefe, die er ihnen in jiddischer Sprache aus Stockholm und Hollywood geschrieben hatte. Diese Briefe waren voll des Lobes für Greta und ihre Begabungen. Wenn seine Eltern Moje, wie sie ihn nannten, auch für größenwahnsinnig hielten, so schrieb er doch kaum je von seinen Erfolgen am Theater oder beim Film. Allenfalls sprach Moje von seinen Filmen manchmal im Postskriptum, als wollte er hervorheben, daß sein größter Erfolg die Entdeckung Gretas war, der er so viel seiner schöpferischen Kraft widmete.

In einem seiner letzten Briefe schrieb er, wie glücklich er war, daß Greta nun in vielen alltäglichen Dingen mit ihm übereinstimmte und auch seine Ansichten über Kunst teilte. Zum Schluß fügte er hinzu: «Ich habe den größten Teil meines Lebens damit zugebracht, sie soweit zu bringen.»

Einen Tag nachdem das Telegramm mit der Nachricht von Mojes Tod aus Stockholm eingetroffen war, weinte ich mit seiner Familie.

Daß ein fünfundvierzigjähriger Mann mit einem so großen Herzen und einer so großen innovativen filmischen Begabung Selbstmord begangen hatte, war einfach nicht zu begreifen. Die Legende, von ihm so erfolgreich geschaffen, hatte ihn abgeschoben. Nachdem Hollywoods Filmmoguln seine Karriere zerstört hatten, war er allein nach Stockholm zurückgekehrt. Überzeugt, daß er auch ohne Hollywood leben könnte. Ohne Greta aber konnte er nicht leben.

Wenn man sich seine Karriere vor Augen führt, fällt es schwer, an Gerechtigkeit zu glauben. Und Gerechtigkeit war in jenen Tagen in ganz Europa nicht gefragt. Ein zweiter Weltkrieg stand bevor. In Italien und später auch in Deutschland gelangten faschistische Kräfte an die Macht. Für mich, für Mojes Familie und für die Mehrzahl der 300 000 Einwohner Lwows waren die Vorgänge unheilverkündend. Lwow war nach Warschau Polens zweitwichtigste Stadt, nicht nur als kulturelles Zentrum, sondern auch, was den Handel anbelangte. Es lag an der alten Handelsroute, die den Nahen Osten mit Westeuropa verband, und seine Bevölkerung setzte sich neben Polen auch aus Ukrainern, Juden und Armeniern zusammen. Mit dem aufkommenden Faschismus wuchsen die Differenzen unter den Einwohnern von Lwow.

Im Herbst des Jahres 1935 trat ich als junger Dichter mit der Idee an die intellektuellen Kreise Polens heran, ein landesweites Komitee zur Förderung einer internationalen Konferenz gegen den Faschismus zu organisieren. Das Komitee verschickte Briefe an fünfhundert berühmte Persönlichkeiten des kulturellen Lebens. Die Mehrzahl derer, die aufgerufen waren, sandten entweder ein Schreiben, in dem sie ihre Sorge vor der drohenden Welttragödie ausdrückten, oder ein Telegramm, in dem sie unsere Sache unterstützten. Unter den Schriftstellern waren die Nobelpreisträger Roman Rolland, André Gide und Thomas Mann, ferner Jules Romains, Lion Feuchtwanger, Ernst Toller und Joseph Roth. Unter den zahlreichen Filmgrößen, die unserem Aufruf gefolgt waren, befanden sich auch einige, die in Filmen der Garbo mitgewirkt hatten, unter anderem Lionel Barrymore, Douglas Fairbanks, Frederic March, Maureen O'Sullivan und Robert Montgomery. Aber die Sphinx persönlich sandte keinerlei Mitteilung. Als ich die Garbo Jahre später fragte, warum sie unserem Aufruf nicht gefolgt sei, antwortete sie ganz charakteristisch für sie, daß sie nichts Dergleichen erhalten habe.

Dieses internationale Treffen, das am 16. und 17. Mai 1936 abgehalten wurde, hinterließ großen Eindruck, auch ohne die Garbo. Obwohl noch nicht einmal dreiundzwanzig Jahre alt, war ich es, der im Brennpunkt der Aufmerksamkeit stand – insbesondere bei den höchsten polnischen Instanzen, die mich in die politische Opposition drängten. Später verurteilte der Präsident des polnischen Senats in einer wütenden Attacke mich und die Konferenz. Aber schon vor dieser Attacke hatte ich mich dazu entschlossen, das Land zu verlassen. Von außerhalb Polens standen mir viele prominente Persönlichkeiten hilfreich bei, unter ihnen die weltberühmten Musiker Jan Paderewski und Leopold Stokowski, letzterer ein Freund von Greta Garbo.

Vor der Liebe sollten wir die Augen weit offen halten, halb geschlossen jedoch während der Liebe – dieser Gedanke ging mir durch den Kopf, während ich unsere Unterhaltung fortsetzte. «Ein Autor, der in den glühendsten Farben über Frauen schreibt, kennt sie einfach nicht gut; aber ein Autor, der verächtlich über Frauen schreibt, kennt sie überhaupt nicht.»

Den Blick starr auf die Berge gerichtet, strich sie sich nervös eine blonde Strähne aus dem Gesicht und sagte: «Jeder von uns lebt sein Leben nur einmal; und wenn wir ehrlich sind, dann ist ein Leben auch genug.» Dann fügte sie hinzu: «Angesichts der Kürze unseres Lebens ist es nicht wichtig, wer über andere abfällig schreibt oder spricht. Der Tod wird das Gute wie das Schlechte vernichten, aber die Geschichte – die Geschichte wählt sich die Ihren nach eigenem Gutdünken.»

Es war im Sommer 1938, und wir saßen auf der oberen Terrasse des Chalet Riond-Bosson. Der Nachmittag war sonnig, und vor uns ausgebreitet lag ruhig der Genfer See, hinter dem sich majestätisch der Montblanc erhob. Das Chalet war von Grün umgeben – von Bäumen, Sträuchern, allen möglichen Blumen –, um das sich ein Gärtner und seine sechs Gehilfen aufs beste kümmerten. Der Besitzer dieses großartigen Anwesens war Paderewski. Er war am Morgen dieses unvergeßlichen Tages nach Lausanne aufgebrochen und hatte versprochen, zum Tee zurück zu sein.

«Ich weiß nicht, warum mich Herr Paderewski davon überzeugen will, daß Sie über mich schreiben sollten», sagte Greta Garbo und wandte mir ihr weißes Gesicht zu. Just in diesem Moment wurden ihre blauen Augen, blau wie der ruhige Himmel, von goldenem Sonnenlicht gestreift.

«Er hat mich hergebeten, seine Papiere in Ordnung zu bringen», sagte ich, während ich ihr Gesicht beobachtete, das etwas mehr Farbe bekam. Weil er bereits über siebzig ist und im Leben seines Landes eine wichtige Rolle gespielt hat, liegen hier viele interessante Papiere. Vielleicht werde ich sogar ein Buch über ihn schreiben, aber das wäre schwierig und zeitaufwendig.»

«Ich bin sicher, er wird Sie gut bezahlen.»

«Er ist sehr großzügig.»

«Vielleicht hat er vorgeschlagen, daß Sie über mich schreiben sollen», sagte sie, «weil ich reich und berühmt bin.»

«Ich habe mich noch nicht entschieden.»

Plötzlich stieß sie ihren knarrenden Stuhl zurück und fragte unvermittelt: «Wieviel Geld wollen Sie für ein Buch über mich?»

Ohne zu überlegen sagte ich: «Nichts!»

Ihr ovales Gesicht mit den hohen Wangenknochen gewann plötzlich eine neue Dimension von Schönheit, und ihre Augen wurden größer und funkelten verwirrt. «Nichts? Was meinen Sie damit?»

«Absolut nichts. Außerdem weiß ich nicht, ob ich etwas Wahres und Aufrichtiges über Sie schreiben könnte.»

«Das bedeutet also, daß ich eine Lügnerin bin und nicht würdig, daß man über mich schreibt.»

«Ich glaube nicht, daß Sie eine Lügnerin sind, aber ich weiß nicht, ob ich fähig bin, über Sie zu schreiben.»

«Warum zweifeln Sie an Ihren Fähigkeiten? Herr Paderewski sagte, Sie seien ein talentierter Schriftsteller, und er hat Sie sehr gelobt.»

«Er ist Musiker. Wie so viele Musiker versteht er nichts vom Schreiben.»

Sie sah mich an und begann zu lachen. Ich lachte ebenfalls, aber mir wurde immer stärker bewußt, daß es nicht nur ihre Schönheit war, die mich anzog; es war vielmehr die Fremdartigkeit, diese ganz besondere Art ihrer Schönheit, die mich faszinierte: wie ihre Bewegungen und ihr Wesen mit einem Hauch Maskulinität umgeben waren. Und in diesem Augenblick stellte ich mir vor, daß Gott zuerst einen Mann erschaffen hatte, dann eine Frau und schließlich, nach einer langen Pause und einigen Fehlschlägen, dieses einzigartige

Geschöpf, das hier neben mir saß. Ich wollte gerade etwas Kluges zu
unserem Thema einwerfen, aber da sagte sie schon: «Wir kennen
uns zwar noch nicht lange, aber wir sind bereits gut füreinander.»
«Ich verstehe Sie.»
«Sie verstehen mich! Das bezweifle ich. Man muß sich ähnlich
sein, um einander wirklich verstehen oder eine Freundschaft aufbauen zu können. Aber man muß gänzlich verschieden sein, um
einander zu lieben.»
Ich fragte mich, was sie damit sagen wollte. Dann erinnerte ich
mich plötzlich an einen Artikel in einer französischen Zeitung, den
ich vor einigen Tagen gelesen hatte. Er handelte von dem Dirigenten
Leopold Stokowski, einem guten Freund Paderewskis, und seiner
Romanze mit Greta Garbo. Ich hatte nicht den Mut, sie so direkt auf
Stokowski anzusprechen, also sagte ich statt dessen etwas allgemein: «Ich weiß, wie das ist zwischen einem Mann und einer Frau.»
«Wovon sprechen Sie?» Sie erhob sich und ging an den Rand der
Terrasse, als wollte sie ein paar Sonnenstrahlen einfangen. Sie sagte
mehr zu sich selbst: «Die Sonne scheint ohne Unterschied auf Blu-
men wie auf Schlamm.» Und zu mir sagte sie sehr laut, beinahe
jedes einzelne Wort betonend: «Ein Mann heiratet, weil er verliebt
ist.»
«Und eine Frau?»
«Eine Frau?» Sie hielt für einen Augenblick inne. «Eine Frau
zwingt sich zur Liebe, weil sie heiraten will.»
Ich war nun viel sicherer. «Lassen Sie uns offen aussprechen, was
wir denken, statt mit Abstraktionen zu spielen.»
«Woran denken *Sie*?» fragte sie.
«Und Sie werden nicht böse sein?» fragte ich. «Ich denke, ich
könnte tatsächlich ein Buch über Paderewski schreiben – oder möglicherweise», platzte ich heraus, «auch über Sie. Allerdings müßte
ich dazu erst wissen, was mit dieser Stokowski-Affäre ist. Ich habe
in den Zeitungen gelesen, daß –»
Ihr Lachen unterbrach meinen Satz, und sie winkte mich zur
Westseite der Terrasse. Wild mit den Armen gestikulierend, bald wie
ein Vogel, bald wie eine Windmühle und schließlich, als wollte sie
einen bösen Geist von sich stoßen, hörte sie nicht auf, beinahe
hysterisch zu lachen. Ich stand unter ihrem Bann. Drückte sie gerade
ein Gefühl aus, oder schauspielerte sie? Unfähig, ihr Spiel von ihren

Gefühlen zu unterscheiden, konnte ich nicht anders, als sie bewundern.

Ich weiß nicht, wie lange dieser Moment gedauert hätte, wenn nicht eine weißhaarige Bedienstete in schwarzem Kleid erschienen wäre. Sobald sie die alte Frau bemerkte, war Greta augenblicklich ruhig. Unsere Gesichter wandten sich der Angestellten zu, die mit leiser Stimme sagte, daß Paderewski über Nacht in Lausanne bleibe und es ihm nicht möglich sei, uns beim Tee oder beim Abendessen Gesellschaft zu leisten. Sie schlug vor, daß wir hineingehen und den Tee gleich nehmen sollten. Auf dem Weg zum Wohnzimmer erfuhren wir von der Angestellten, daß Paderewski seiner kranken Schwester, Madame Antonina Wilkonska, einen Besuch abstattete.

Aus irgendeinem Grund aßen wir beide nichts. Wir tranken nur etwas Tee. Später, als sich Greta die vielen Bilder an den Wänden ansah, aß ich schnell ein Stück Schinken und Schwarzbrot. Die ganze Zeit über, da wir eigentlich unsere Mahlzeit hätten einnehmen sollen, sprachen wir kein Wort. Wir betrachteten die Wände, uns selbst und die Auswahl an verschiedenen Käsesorten, Obst und kaltem Braten.

Als wir genug hatten von diesem höflichen Beisammensein, erhoben wir uns schweigend vom Tisch und gingen in den Garten hinaus. Zunächst schlug ich ein neutrales Thema an.

«In manchen Nächten», sagte ich, «sieht der Himmel über der Schweiz einfach großartig aus, so wie nirgendwo sonst. Er sieht, ich möchte beinahe sagen, heilig aus.»

«Wieso finden Sie das?» fragte sie. Sie ging immer einen halben Schritt vor mir, und ich fragte mich, ob sie wohl Verstecken spielen oder überhaupt gänzlich davonlaufen wollte. Ich erwiderte: «Weil in solchen Nächten, in solch heiligen Nächten die Götter neue Sterne taufen.»

Sie blieb stehen und wandte sich so abrupt um, daß sie fast über einen trockenen Ast gestolpert wäre. «Sie sind seltsam», flüsterte sie mir zu. «Sie sind jung, und Sie sind seltsam.»

«Wie meinen Sie das?»

«Das weiß ich selbst nicht. Ich kann mich heute nur schwer konzentrieren. Ich fühle mich gleichzeitig unwirklich und verrückt.»

«Wirklich verrückt zu sein, bedeutet, an das zu glauben, was man sich wünscht, nicht aber an die realen Dinge, die andere für wichtig erklären.»

Ich nahm ihre Hand, und wir gingen auf zwei riesige Fichten zu.

12

Unter diesen Bäumen und den umliegenden Sträuchern sahen wir Dutzende von Vögeln, die einen Höllenlärm machten und sich um ein paar Würmer balgten. Jeder einzelne versuchte verzweifelt, vor dem Schlafengehen noch etwas Nahrung zu bekommen. Ihre Augen wanderten von den Vögeln zum Himmel, der von dichten grünen Ästen verdeckt war. «Die Sonne geht unter», sagte sie. «Es wird dunkel. Wir wollen zurückgehen.»

«Das ist doch nur, weil die Bäume den Tag verdecken», sagte ich. «Schauen Sie. Die Vögel suchen immer noch nach Futter; und jeder weiß, daß sie nachts nicht essen. Da schlafen sie.»

«Wollen Sie damit sagen, daß Vögel kein Abendessen haben?»

«Ihre Naivität ist einfach entwaffnend.» In diesem Augenblick beobachtete ich, daß sie plötzlich noch interessanter aussah. «Können Sie denn gar nichts anderes, als in Filmen mitspielen?» Ich wartete auf ihre unvorhersehbare Reaktion.

Sie lächelte und antwortete: «Vermutlich hatte ich bis jetzt noch keinen guten Lehrer.»

«Ihr Genie bedarf keiner Lehrer.»

«Wenn das so weitergeht, werde ich einen hohen Preis bezahlen müssen für all Ihr Lob und Ihre Aufmerksamkeit mir gegenüber.»

Wieder nahm ich ihre Hand, und wir gingen tiefer in den Park hinein. Der Wald war vom Duft der Blumen erfüllt, und die Nadeln und Blätter wurden dunkler. Wir spazierten in der abendlichen Stille. Die künstlichen Locken verloren sich allmählich aus ihrem blonden Haar, das die rosafarbene Haut ihrer Wangen jetzt noch stärker leuchten ließ. Ich bemerkte, daß ihre Ohrläppchen ein wenig unter ihrem Haar hervorlugten, und dachte an das, woran die schwedischen Bauern glaubten: daß nämlich große Ohrläppchen ein Zeichen von Sparsamkeit sind. Dieser Gedanke verflog, als ich auf ihrem Gesicht las, daß sie über etwas nachdachte, ja möglicherweise sogar Entscheidungen traf über wichtige Dinge in ihrem Leben. Ihre Nasenflügel begannen leicht zu beben und schienen soviel wie möglich von der Parkluft aufsaugen zu wollen. Ihr Atem ging immer schneller und schneller, als sie meine Hand fester faßte und wir rascher ausschritten.

Nach einigen Minuten wurden wir wieder langsamer, und eine weitere Stunde lang oder auch zwei liefen wir schweigend durch die Labyrinthe des Parks; wir verspürten einen Hauch des tiefen Friedens der Natur. Dann fingen wir an, nach dem kürzesten Weg zurück zum Chalet zu suchen, aber es hatte den Anschein, als würden wir nie mehr aus dem Park herausfinden. Ich sagte mir immer wieder: «Wenn wir unsere geheimen Wünsche unterdrücken, dann bedeutet das nicht notwendigerweise, daß wir charakterlich stark sind; weit häufiger sind unsere Wünsche einfach nicht stark genug.»

Schließlich erreichten wir das Chalet, welches mit seinen Säulen und den lichtüberfluteten Terrassen wie ein Märchenschloß mitten im tiefsten Wald wirkte. Im Innern empfing uns absolute Stille.

Sie zog mich an der Hand zu ihrem Zimmer. Das hatte ich von einer Frau, die der Presse zufolge kalt und an Männern wenig interessiert war, nicht erwartet. Ich wußte nicht, was ich darüber denken sollte, und in solchen Fällen ist es auch besser, nicht zu denken. War es der zauberhafte und stille Park, der sie erregt hatte, oder war es die Erinnerung an ihre Erfahrungen mit Männern und Frauen, die er möglicherweise wachgerufen hatte? Ich konnte mich, während sie mich an der Hand führte, den Kopf gesenkt, so daß ihr Haar das Gesicht bedeckte, nicht auf eine Antwort konzentrieren.

An den Wänden ihres Zimmers hingen Bilder von Monet, Cézanne, Wyczolkowski und Kossak; aber ich hatte kaum Zeit, einen Blick darauf zu werfen, ehe sie mich auf ein Bett hinabzog, auf dem eine Tagesdecke lag.

Da meine Finger zu ungeschickt waren, half sie mir, ihre Bluse aufzuknöpfen. Ich begann ihre Brüste zu küssen, aber ich hatte nicht das Gefühl, daß es sie erregte. Ich zog ihr den Rock aus und entblößte ihre perfekt proportionierten Beine. Fieberhaft begann ich mich auszuziehen. Ich nahm sie in meine Arme, sie erwiderte meine Küsse, und ihr Körper begann zu zittern. Sie flüsterte: «Ich will kein Kind bekommen.» Aber daran dachte ich jetzt nicht.

Ein vierundzwanzigjähriger Mann möchte, daß das Vergnügen ewig dauert, aber eine Frau ist immer neugierig darauf, wie lange ein Mann bei ihr bleibt. Obwohl sie keine besondere Ekstase zeigte, hatte ich doch das Gefühl, daß sie allmählich begann, mein Liebesspiel, das Minuten oder auch Stunden währte, zu genießen.

Plötzlich stieß sie mich abrupt zur Seite, sprang aus dem Bett und fing an, einige energische Tanzbewegungen zu machen. Dabei sang sie ein schwedisches Volkslied, dessen Melodie ich wiedererkannte, nicht aber die Worte. Ich war verwirrt und fragte: «Was tust du da?»

Ohne ihren Tanz zu unterbrechen, antwortete sie: «Ich will kein Kind bekommen.»

«Und so macht man das?»

«Es heißt, daß man es so machen soll. Jedenfalls kenne ich keine andere Methode. Ich habe es meine Mutter tun sehen.» Mit diesen Worten setzte sie sich auf die Bettkante.

Ich weiß nicht warum, aber ich kam wieder auf das vorherige Thema, das mir keine Ruhe ließ, zurück und fragte sie: «Hast du vor Stokowski auch getanzt?»

«Nein, nie.»

«Warum nicht?»

Sie sprang von der Bettkante auf und begann wieder zu tanzen. «Weil er nicht genug Kraft hatte, er schaffte es nicht. Es war ihm peinlich. Er weinte.»

«Er weinte?»

«Ja, er weinte und sagte, er sei ein Märtyrer für die reine Liebe, ein Märtyrer der Bedingungen, die um ihn und mich herum geschaffen wurden, ein Märtyrer der Presse und der verrückten Welt.»

Wieder unterbrach sie ihren Tanz, kam zum Bett zurück und umarmte mich. «Mir war die Sache sogar noch peinlicher, und ich weinte auch. Und weil es zum alten Paderewski nicht allzuweit war, floh ich zu ihm.»

Ich fragte: «Wer war dein bester und befriedigendster Liebhaber?»

Sie wurde sehr verlegen und schwieg für einige Minuten. Schließlich sagte sie: «Viele Männer – und nach Moje auch viele Frauen – haben versucht, mich glücklich zu machen.» Sie schwieg erneut, und ich spürte, daß es schwer für sie war zu reden. Endlich sagte sie: «Aber der erste und einzige war Moje . . .»

«Moje?»

«Außer deinen Filmen weiß ich recht wenig über dich oder deine Liebhaber», log ich.

Sie warf sich auf mich und fing an, mich zu küssen. Dieser Gefühlsausbruch erregte mich sehr, und ich fragte sie: «Warum versuchst du so sehr, mich glücklich zu machen? Warum tust du das alles?»

«Ich versuche zu vergessen.»

«Was zu vergessen?»

«Ich erinnere mich nicht mehr daran.»

Es kostete mich einige Zeit, Gretas Vertrauen zu gewinnen und ihren Widerstand zu brechen, von sich zu erzählen. Ich entwickelte eine Methode: Ich fing immer an, erst über mein eigenes Leben mit all seinen intimen Aspekten zu reden. Ich sprach von der Zeit, da ich in Lwow lebte und sehr eng vertraut war mit Stillers Familie. Nachdem wir uns eine Stunde lang darüber unterhalten hatten, öffnete sie sich und erzählte von ihrer Beziehung zu Moje.

Mein nächster Schritt bestand darin, ihre Ansichten über ihre Mutter und ihren Vater herauszubringen. Zu diesem Zweck stöberte ich in meinem Gedächtnis nach einigen farbigen Geschichten über meine Eltern. Wenn der Moment günstig war, erzählte ich ihr Einzelheiten, insbesondere vertrauliche Einzelheiten über unser Familienleben. Greta war verwirrt, aber wenn ich in ihr Gesicht schaute, wußte ich, daß sie bei sich nach ähnlichen Begebenheiten suchte. Ich war glücklich darüber, daß meine Methode funktionierte, obwohl ich nicht weiß, ob sie bei einer komplexeren Person auch Erfolg gehabt hätte.

Viel schwieriger war es, über sexuelle Dinge zu sprechen. Ich mußte auf meinen Vermutungen über ihre sexuellen Vorlieben aufbauen, und ich hatte mir ein halbes Dutzend Geschichten über meine angeblichen Beziehungen zu Frauen und Männern zurechtgelegt. Am späten Abend, bei gedämpftem Licht und Champagner, erzählte ich sie ihr. Unsicher kam sie mit ihren eigenen Geschichten heraus. Dabei ließ ich es bewenden.

Es war eine zeitaufwendige Unternehmung, die viel Feingefühl und geistige Beweglichkeit verlangte, mich nicht zu sehr zu entblößen oder zu wiederholen und damit Verdacht zu erregen. Zu einem späteren Zeitpunkt, als ich ein vollständigeres Bild eines bestimmten Lebensabschnittes benötigte, konzentrierte ich mich auf kleine Begebenheiten, jede zu ihrer Zeit. Wenn wir zum Beispiel im Park spazierengingen oder im Restaurant saßen, befragte ich sie über ihre Ausflüge aufs Land oder die Zwistigkeiten ihrer Eltern. Von da aus ging sie dann auf deren andere Gepflogenheiten ein. Indem ich die richtige Atmosphäre schaffte und meine Erfahrungen einbrachte, gelang es mir, einen tieferen Einblick zu gewinnen, als ich erwartet hatte.

Ich erzählte ihr von meinen Beziehungen zu Verlegern, Schriftstellern, Herausgebern und Literaturagenten. Sie revanchierte sich mit ihren Ansichten über das Filmgeschäft und Hollywood. Ich spielte meine Rolle als Schriftsteller absichtlich herunter, woraufhin sie, um ihre Überlegenheit und ihr Gefühl, etwas geleistet zu haben, zu demonstrieren, weitaus offener über ihr Berufsleben berichtete. Dies war die einzige Methode, mit der es mir gelang, in die Tiefen ihrer Seele vorzudringen.

Schon bei unserer zweiten oder dritten Unterhaltung hatte sich die Garbo nachdrücklich gegen ein Buch über sie ausgesprochen, und sie gestattete mir nicht, irgend etwas von dem, was sie sagte, aufzuschreiben oder auf Band aufzunehmen. Ich hielt mich immer an diese Regeln. Aber sobald ich mich verabschiedet hatte und allein in einem Taxi, Zug oder Flugzeug saß, begann ich fieberhaft, einen vollständigen Bericht über unsere Unterhaltung zu machen. Über die Jahre trug ich eine enorme Menge grundlegenden Materials sowie psychologischer Beobachtungen zusammen und versuchte sie in eine biographische Form zu bringen.

Die Garbo beklagte sich häufig darüber, daß die Trivialitäten des täglichen Lebens mehr als alles andere ihre Zeit beanspruchten. Und ich versuchte sie wie immer zu Bekenntnissen zu provozieren, indem ich ihr widersprach. Ich erklärte ihr, daß die Zeit alle Trivialitäten vernichtet, selbst diejenigen, die unser Wesen beleuchten, und daß die Zeit das größte Übel sei, weil sie Menschen zerstöre, ohne eine Rechtfertigung zu liefern. Dann pflegte ich hinzuzufügen: «Nur ein Buch kann dein Leben und deine Leistungen für die Nachwelt festhalten. Wenn du schon lange nicht mehr bist, wird es immer noch für dich kämpfen.» Sie hörte zu, aber auf ihrem ebenmäßigen, alabastergleichen Gesicht regte sich nie auch nur ein Muskel zugunsten meines Planes. Statt dessen sah ich die Hartnäckigkeit, die sie zu allen Zeiten und allerorten offenbarte. Diese Sturheit war ein Erbe ihrer bäuerlichen Herkunft, und diesem Widerstand mußte selbst eiserne Logik weichen. Aber ich war geduldig, sehr geduldig, und mit Geduld, heißt es, kann man sogar Berge versetzen.

Als ich Ende der fünfziger Jahre zu dem Schluß kam, genügend Aufzeichnungen gemacht und genügend alltägliche und anekdotische Einzelheiten gesammelt zu haben, und auch bereits einige Seiten geschrieben hatte, begann ich ihr Biographien vorzulegen über bedeutende Persönlichkeiten aus Wissenschaft, Politik und Literatur des achtzehnten und neunzehnten Jahrhunderts. Ich wollte ihr beweisen, daß nur ein Buch die Vergangenheit einfangen und der Gnadenlosigkeit der Zeit standhalten konnte. Sie schien die Biographien mit Genuß zu lesen. Ich glaube, sie hat keinen Verdacht geschöpft. Dann gab ich ihr Biographien berühmter Frauen und wartete auf ihre Reaktion. Ich war mir sicher, daß mein Vorhaben scheitern würde, wenn ich wieder damit anfinge, sie zu ihrer eigenen Biographie zu drängen. Sie ließ sich lange Zeit, ehe sie mich anrief, um mir mitzuteilen, daß sie meinen finsteren Plan durchschaut habe.

«Was für einen Plan?» fragte ich.

«Du schreibst ein Buch über mich. Und ich will nicht, daß zu meinen Lebzeiten ein Buch über mich erscheint.»

Als ich nichts darauf sagte, gab sie in härterem Tonfall etwas mehr von ihrer Seele preis: «Ich werde leugnen, jemals mit dir gesprochen zu haben, ich werde abstreiten, dich zu kennen oder überhaupt jemals von dir gehört zu haben...» Sie wartete auf meine Antwort. Als ich wieder nichts sagte, fragte Greta: «Bist du noch da?»

«Ja, ich bin da.»

«Keiner würde dir glauben. Wer bist du schon?»

Ich wußte, wie grausam sie sein konnte, wußte, was Moje durchgemacht hatte und erwiderte schroff: «Wenn du glaubst, daß du für immer und ewig ganz oben stehen wirst, dann warne ich dich jetzt, denn auch du wirst allmählich in Vergessenheit geraten und für immer verschwunden sein.»

«Ich lebe, wie es mir paßt», schrie sie zurück.

«Wenn ihr aber flüchtig lebt», sagte ich und versuchte sie zu verwirren, «und wie es euch gefällt, dann ist euer Leben gering, dann ist euer Leben dürftig und armselig.»

Es folgte eine Pause und großes Schweigen.

Nicht einmal ihr Atem war zu hören. Ich war mir sicher, daß einige äußerst seltsame Gedanken in Gretas Kopf herumspukten. Sie wußte, daß ich von ihr nie eine Gegenleistung für meine Zeit erhalten hatte, daß ich sie nie um etwas gebeten hatte und daß ich ihr wie ein erschöpfter Hund mit hängender Zunge hinterhergelaufen war. Diese ganze Angelegenheit machte ihr wirklich Kopfzerbrechen, und ich konnte nichts mehr dazu sagen. Und dennoch wollte ich den Hörer nicht einfach auflegen.

18

Plötzlich, nachdem ich, wie mir schien, eine Ewigkeit gewartet hatte, hörte ich eine leise Stimme: «Das heißt, daß nichts bleiben wird, wenn ich nicht alles auf Papier festhalte?»

«Deine Filme schon, aber nichts von deinem Leben; und dein Leben, das bist du wirklich und nicht das, was auf der Leinwand erscheint.»

Sie schien durch und durch verwirrt zu sein, wollte mich aber nicht verlieren.

«Komm morgen», sagte sie leise.

Es ist schwer zu glauben, daß ich, als all dies begann, nichts von Greta Garbo wußte, und daß ich nun, nach all den Jahren, dieses Buch vollendet habe – ihr Buch –, die Geschichte ihres Lebens, so wie sie es mir erzählte, mit dieser Stimme, die ich niemals vergessen werde.

Erstes Buch

ERSTER TEIL   *Keta*

Der Vater

Karl Alfred Gustafsson wurde 1871 unweit von Stockholm als Sohn eines schwedischen Kleinbauern geboren. Als ältestes von vier Kindern begann er bei der Feldarbeit mitzuhelfen, sobald er laufen konnte. Später verdingte er sich als Lohnarbeiter bei wohlhabenderen Bauern in der Nachbarschaft. Nur wenigen Bauern war es möglich, ihren Kindern eine Ausbildung zukommen zu lassen – die Kinder wurden für die Arbeit auf dem Hof gebraucht. Bei Karl war die Sache anders: Er wollte gar nicht lernen und brachte es nur bis zur dritten Klasse. Er war an so gut wie nichts interessiert, außer daran, Geld zu machen. Mit seinem einfachen Gemüt erkannte er nicht, daß er ohne eine Ausbildung oder ohne einen großen Hof niemals zu dem Reichtum gelangen würde, den er sich wünschte.

Er wuchs zu einem außergewöhnlich gutaussehenden und liebenswerten Menschen heran. Ein wenig über einen Meter achtzig groß und ziemlich dünn, hatte er kurzes blondes Haar, engstehende blaue Augen und eine «griechische» Nase, die sich in seinem runden Gesicht gut ausnahm. Er lachte nur selten, aber wenn er es tat, dann zeigte er einen vollen Satz gesunder Zähne, gut poliert von hartem Brot und frischem Gemüse. Er war ein stiller, zurückhaltender Mensch, aber außerordentlich einfühlsam gegenüber anderen. Greta sagte immer, sie sähe ihrem Vater ähnlich. Vielleicht meinte sie, daß Karl nach allgemeinen Maßstäben ein attraktiver Mann war, der den Frauen gefiel.

Als junger Mann wurde Karl sich bewußt, daß er allein mit Charakter und gutem Aussehen nicht seinen Unterhalt bestreiten konnte, nicht einmal in einem Dorf. Er konnte und wollte auch unbedingt hart arbeiten. Deshalb ging er mit fünfundzwanzig nach Stockholm und erzählte einem Freund, der seinen Humor zu schätzen wußte, er hoffe, seinen Weg zu machen, indem er sich ein Mädchen aus reichem Hause schnappte. Aber leider ist das leichter gesagt als getan. Zu dieser Zeit war Stockholm voll von jungen Männern vom Land, die sich nach Arbeit und Mädchen umsahen – und beides war Mangelware. Karls erste Anstellung war die eines Metzgergehilfen. Doch schon bald hatte er es satt, das Blut und die Kadaver von Tieren zu sehen, die er in seinem Dorf geliebt hatte, und er fand eine Stelle als Hausmeister in einer ärmlichen Gegend der Stadt.

Stockholm war eine Stadt mit zwei Gesichtern. Die florierende, lächelnde Seite war modern, während der alte Teil der Stadt den häßlichen Anblick von Armut und Erschöpfung bot. Karl lebte in Södermalm, einem der ältesten Stadtviertel und mit Sicherheit dem ärmsten, bevölkert von der niedrigsten Arbeiterklasse. Södermalm war nicht nur berühmt für seine heruntergekommenen Gebäude und den überall herumliegenden Müll, sondern auch für seinen sonderbaren Jargon, den man in ganz Schweden wiedererkannte.

Götgatan, die Hauptstraße, war zugleich das Herz des Bezirks. Morgens waren die Geschäfte voller tratschender alter Frauen und junger Mütter, die die Sonderangebote des jeweiligen Tages prüften. Mittags öffneten die Arbeiterlokale entlang der Straße ihre Pforten den Hungrigen. Nach Sonnenuntergang brodelten die Tanzsäle von der Musik, den Liedern und den Feiern der Menschen, die – wenn auch nur für kurze Zeit – der Plackerei ihres Lebens entfliehen wollten. Karl war häufig unter ihnen, auf der Suche nach Spaß und Gesellschaft oder, in betrunkenem Zustand, nach diesem reichen Mädchen, das er finden mußte. Natürlich fand er es nicht auf der Götgatan; was er aber fand, waren Freunde, eine Gruppe von Männern, für die Trinken die höchste, ja beinahe die einzige Form der Geselligkeit war. «Wenn ich sehe, daß ein Freund betrunken ist und weint», pflegte sich Karl einzureden, «dann will ich nicht, daß er noch betrübter wird, also trinke ich mit ihm.» Schon bald wirkte sein Trinken sich auf seine Arbeit aus, und er war gezwungen, häufig die Stellung zu wechseln.

Karl arbeitete als Straßenreiniger, als Anna Lovisa Karlsson, ein

26

Bauernmädchen, nach Stockholm kam – und das aus den gleichen Gründen wie er. Sie war mittelgroß, stämmig, und ihr Kopf war eher zu groß für ihren Körper. Sie war wie Karl blond, aber sie hatte tiefliegende, kleine blaue Augen, was dem Volksglauben nach auf Schläue und Entschlußkraft hindeutete. Und wie er war auch Anna Lovisa ungebildet. Die einzige Arbeit, für die sie geeignet war und über die sie nie hinauskam, war die einer Putzfrau, Wäscherin oder allgemeinen Hausangestellten bei den Reichen. Jeden Abend kehrte sie in ihr schäbiges Zimmer in Södermalm zurück, und oft schlief sie über dem Gedanken ein, wie unbarmherzig und sinnlos ihr Leben doch war. Doch genausooft erwachte sie am nächsten Morgen mit neuer Entschlossenheit, einen Mann zu heiraten, der ebenso reich wie gutaussehend war.

Karl lernte sie im Januar 1896 durch einen Freund kennen, und im selben Jahr heirateten sie auch. Vielmehr hat sie ihn, so heißt es jedenfalls, zur Heirat gedrängt, weil sie bei dem Gedanken, eine alte Jungfer zu werden, in Panik geraten war und ja immerhin einen gutaussehenden und willigen Mann gefunden hatte. Sie mieteten sich eine Einzimmerwohnung in der vierten Etage eines fünfstöckigen Hauses in Södermalm. Das Gebäude in der Blekingegatan 32, einer Seitenstraße der Götgatan, war zwischen zwei vierstöckige Backsteinhäuser gepfercht. Im Winter, wenn der Schnee den Anblick verbarg und den Abfallgeruch überlagerte, sahen die Gebäude nicht schlecht aus, aber im Sommer waren der Verfall und die Verwahrlosung einfach unerträglich. Karl half dem Hausmeister seines Gebäudes beim Saubermachen, so daß das Haus besser aussah als die anderen in der Straße. Er wußte, wieviel seiner Frau an solchen Dingen lag.

In der Tat war Anna Lovisa mit Leib und Seele Hausfrau, eine, die ihre bescheidene Wohnung makellos sauberhielt und ordentlich einrichtete. Sie hängte frische weiße Vorhänge an die drei vorderen Fenster und bekam ein paar alte Möbel von ihren Arbeitgebern, mit denen sie ihr neues Heim ausstattete. Auf ihr Betreiben fingen sie an, für ein Haus auf dem Land zu sparen. Sie überredete Karl außerdem, sein Trinken einzuschränken. Aber als dann die Kinder kamen, gab Anna ihre Versuche auf, Geld für das Haus auf dem Land zu sparen oder Karl vor der Trunksucht zu retten. Das erste, das ihnen 1900 geboren wurde, war ein gesunder Sohn, Sven. Als nächstes, 1904, kam eine Tochter, Alva, und am 18. September 1905 kam das letzte Kind, ein Mädchen. Sie wurde Greta Lovisa getauft, aber aus unerfindlichen Gründen von Anfang an nur Keta genannt.

Da seine Frau nicht mehr arbeiten konnte, lag nun die Verantwortung, die Familie zu ernähren, ganz allein auf Karls Schultern. Er begann, an seinem Essen zu sparen, aß manchmal tagelang nichts, damit er sich *Brännvin*, billigen Schnaps, kaufen konnte. Erneut versuchte Anna mit allen möglichen Überredungskünsten und Argumenten, ihn vom Trinken abzubringen. Da dies keinerlei Erfolg zeitigte, gab sie schließlich ihre Umerziehungsversuche auf. Statt dessen konzentrierte sie sich darauf, ihre Kinder aufzuziehen und für deren Schuhe und Kleider zusätzlich ein wenig Geld zu verdienen. Hier und da ließ sie die Kinder allein und ging zu ihrem früheren Arbeitgeber, wo sie Wäsche abholte, die sie dann über Nacht wusch und bügelte.

Annas Bemühungen schafften allerdings nicht die Probleme mit ihrem Ehemann aus der Welt. Häufig mußten die Kinder Streit und sogar körperliche Gewalt zwischen ihren Eltern mitansehen. Aber schon bald hatten sie sich einen Plan ausgedacht, wie sie den gewalttätigen Auseinandersetzungen ihrer Eltern entgehen konnten. Manchmal war es Sven, dann wieder Alva oder die kleine Keta, die an der Treppe Wache standen und auf die Schritte ihres Vaters horchten. Wenn sie sich schwankend anhörten, wurde Alarm geschlagen, und alle drei rannten aus dem Haus. Wenn Karl oben betrunken ankam, nahm seine Frau das, was sie gerade in Händen hielt – einen Topf, das Nudelholz oder die Bratpfanne –, und begann ihn damit zu schlagen. Während dieser Tortur kämpfte sich Karl dann zum Schlafzimmer durch, wo er auf dem Bett zusammenbrach und seinen Kopf unter das Kissen steckte. Seine Ehefrau warf sich dann auf ihn, schlug wild mit den Armen um sich und brach schließlich auf der Bettkante in Tränen aus.

Die Gustafsson-Kinder brachten ihre ganze freie Zeit auf der Straße oder auf einem nahegelegenen Stadtplatz zu. Alva hatte gewöhnlich keine Schwierigkeiten, jemanden zum Spielen zu finden, und meistens führte sie die anderen Kinder im Spiel an. Sven verbrachte seine Zeit mit Ballspielen auf dem Stadtplatz, der voll von zerbrochenen Flaschen, rostigen Metallstücken und Bergen von Müll war. Keta war anders. Sie mied Kinder ihres Alters und suchte die

Freundschaft älterer Personen. Häufig lief sie die Straße hinunter und beobachtete Passanten. Eines Tages fielen ihr zwei halbtrunkene Männer auf, die von der Arbeit nach Hause gingen. Aus reiner Neugier folgte sie ihnen und lauschte ihrer Unterhaltung, die allmählich in einen Streit ausartete. Keta bemerkte, daß einige Kinder und Erwachsene hinter ihr herliefen. Die beiden Männer, denen es nicht genügte, sich laut und in scharfem Ton anzuschreien, rempelten sich gegenseitig an. Rasch ergriffen die Zuschauer Partei. Die eine Gruppe drängte den großen jüngeren Mann, den kleinen und dicken älteren zu prügeln. Der große verteilte drei oder vier harte, schnelle Schläge, und der kleine ging zu Boden. Als er wieder aufstand, war sein Gesicht voller Blut. Seine Anhänger stachelten den kleinen an. Keta, die diesen Vorfall mit Tränen in den Augen beobachtet hatte, lief auf den großen Mann zu. Indem sie an seiner Jacke zerrte, fragte sie ihn mit flehender Stimme: «Warum schlägst du ihn?»

«Er hat mich und meine Frau beleidigt», sagte er und spuckte die Worte seinem Gegner förmlich vor die Füße.

Aber Keta verlor nicht den Mut. Sie merkte, daß alle sie ansahen, und sagte: «Siehst du nicht, daß er blutet? Siehst du nicht, daß er der Schwächere ist? Siehst du nicht, daß du der Sieger bist?»

Da verlor der große Trunkenbold die Geduld mit Keta und stieß sie zur Seite; sie fiel zu Boden. Als sie sich wieder aufgerappelt hatte, begann die Menge auf die beiden Kämpfer einzubrüllen: «Hört auf damit! Hört schon endlich auf!»

Eine Gruppe von Jungen und Mädchen taten es Keta gleich und fingen an, den größeren von dem kleineren Mann, der in seinem Blut lag, wegzuziehen. Obwohl er betrunken war, witterte der Sieger die Gefahr einer Konfrontation mit den jungen Leuten. Er warf noch einen Blick auf sie und einen auf sein Opfer und verschwand dann. Die Pfiffe und Schmährufe der Zuschauer begleiteten ihn.

Keta beugte sich über den zusammengeschlagenen Mann und wischte ihm das Gesicht ab. Sie spürte die Augen der bewundernden Menge in ihrem Rücken, aber sie hatte nicht den Mut, ihnen zu begegnen.

Viele Jahre später sagte Greta Garbo, daß sie dieser Vorfall zum erstenmal die tragische Lebenssituation und das Elend ihrer Eltern erkennen ließ. Sie begriff, daß die Misere ihrer Eltern kein Einzelschicksal war, sondern daß das Leben vieler Menschen voller Sorgen und Leid war. Sie wußte zwar nicht, wie sie sich davon befreien würde, aber sie wußte, daß sie den starken Willen dazu hatte.

Karl Gustafsson liebte seine drei Kinder, aber die jüngste, Greta, war sein ein und alles. Immer spielte er mit ihr, sprach mit ihr mehr als mit irgend jemandem sonst und überschüttete sie mit allerlei Spielzeug. Er tat alles, was sie von ihm verlangte – außer mit dem Trinken aufzuhören. Durch Bitten und Betteln gelang es Greta, daß er einen oder zwei Tage lang damit aufhörte; aber am darauffolgenden Tag kam er wieder betrunken nach Hause. Karl erzählte Greta nie, wie enttäuscht er von seinem Leben war. Das mußte er nicht – denn sie konnte es an seinem Gesicht ablesen, indem sie die frühen Falten zählte.

Als die beiden älteren Kinder die Schule abgeschlossen hatten, gingen sie arbeiten. Sven, der seiner Mutter sehr ähnlich war und der wie sie Süßigkeiten mochte, arbeitete in einem Süßwarengeschäft. Alva, die an Tuberkulose litt, war häufig ans Bett gefesselt. Wenn sie dazu fähig war, arbeitete sie in einem Büro. Jede Woche lieferten sie ihre Löhne bei der Mutter ab, die ihnen erlaubte, ein paar Kronen als Taschengeld zu behalten. Sven und Alva standen ihrer Mutter näher als Greta, die sich auf die Seite des Vaters stellte und versuchte, dessen Vaterrolle gegenüber ihren Geschwistern zu übernehmen. Mit ihren eigenen mageren Einkünften und den Löhnen ihrer beiden älteren Kinder gelang es Anna, das Essen zu kaufen, die Miete zu bezahlen und die Kinder einzukleiden. Sie waren gut gekleidet, denn Anna nähte vieles selbst. Aber Greta war nicht zufrieden. Immer wieder beschuldigte sie ihre Mutter, die Geschwister zu bevorzugen. Wann immer sie sich mit ihrer Mutter zankte, kam auch die Frage nach Gretas Beziehung zu ihrem Vater auf. Die Mutter unterstellte Greta, daß ihre Beziehung nicht nur die einer Tochter zu ihrem Vater sei.

Karl selbst interessierten solche Unterstellungen nicht. Ihn interessierte fast nichts und niemand mehr, nur seine Kinder, insbesondere Greta. Wenn er nicht trank, schlief er. In seiner Jugend hatte er vom Erfolg geträumt; nichts war daraus geworden. Statt dessen hatte er drei Kinder, eine nörgelnde Ehefrau und Alpträume vom Scheitern.

Ohne Schule oder eine spezielle Ausbildung war er vom Metzgergehilfen zum Lebensmittelverkäufer, vom Hausmeister zum Straßenfeger geworden, war von einer niederen Arbeit zur nächsten gewan-
dert. Sein einziger Glückstreffer war das Ergebnis eines Unfalls
gewesen. Trotz seiner Krankengeschichte – als Kind hatte er Tuberkulose gehabt, die auch im Erwachsenenalter noch einmal kurz auf-
flackerte – war er während des Ersten Weltkriegs zur Armee eingezogen worden. Während der ersten Woche in der Kaserne wurde er
versehentlich von einem Kameraden verletzt. Mit einer kleinen Inva-
lidenrente, die ihn auch ermächtigte, rationierte Nahrungsmittel für
seine Familie zu kaufen, wurde er ausgemustert.

Karls Leben war von entsetzlicher Eintönigkeit. Nach einem Tag
harter, stumpfsinniger Arbeit machte er gewöhnlich in einer billigen
Kneipe halt und genehmigte sich ein paar Gläser. Er wußte, daß er,
sobald er nach Hause kam, nur einen ermüdenden Streit zu erwarten
hatte. Dann würde er sich ins Bett fallen lassen und bis zum nächsten
Morgen schlafen, wo alles wieder von vorne begann. Und so ging es
weiter, Tag für Tag, Woche für Woche, die tägliche Routine nur
unterbrochen, wenn es ihm zu schlecht ging, um aufzustehen.

Die Ziellosigkeit ihres Vaters spiegelte sich in Gretas Unfähigkeit
wider, sich bei ihren schulischen Leistungen auszuzeichnen. Sie
liebte ihren Vater und konnte sich nicht konzentrieren, wenn er
betrunken, krank oder übelgelaunt war. Sie interessierte sich nicht
wirklich für die Schule, fand sie langweilig und demütigend. Das
einzige, was ihr an der Schule gefiel, war die Lektüre von Romanen
schwedischer Autoren; und häufig, wenn sie zu Hause blieb, bat ihr
Vater sie, ihm etwas vorzulesen. Das Werk, das sie am meisten
bewunderten, war Selma Lagerlöfs *Gösta Berlings saga*, eine zweibändige Geschichtensammlung, die das Leben in Värmland in den
dreißiger Jahren des neunzehnten Jahrhunderts schilderte. In Gretas
Augen war Selma Lagerlöf, die 1909 den Nobelpreis für Literatur
erhalten hatte und fünf Jahre später als erste Frau in die Schwedische
Akademie aufgenommen worden war, die großartigste Frau inmitten
einer von Männern dominierten Welt.

Als ihre Mutter herausfand, daß Greta nicht ihr Bestes in der
Schule gab, versuchte sie an das bessere Ich ihres Mannes und sein
Verantwortungsgefühl gegenüber seiner Tochter zu appellieren.
«Wenn sie in der Schule nicht gut ist, wird nie etwas aus ihr werden,

so wie nie etwas aus dir geworden ist. Dann wird eine Herumtreiberin aus ihr oder gar ein Trunkenbold wie du.»

Er reagierte nicht auf die Tiraden seiner Frau, aber als er mit Greta sprach, versuchte er sie zum Lernen zu ermutigen.

«Mutter hat recht», flüsterte er ihr eines Tages zu. «Versuch zu lernen, versuch sobald wie möglich eine Anstellung zu bekommen. Vielleicht wirst du einmal so berühmt sein wie Selma Lagerlöf.»

Die dreizehnjährige Greta hörte ihrem Vater zu, aber sie konnte ihre Einstellung gegenüber der Schule, die für sie zu einer bloßen Anhäufung unangenehmer Erfahrungen geworden war, nicht ändern. Einmal kam sie zu spät ins Klassenzimmer. Der Lehrer fragte, welches die vier Elemente seien. Niemand meldete sich, also bat der Lehrer, der sah, wie Greta sich gerade setzte, sie um eine Antwort. Greta wurde nur selten vom Lehrer aufgerufen, der ein guter Mensch war und sie nicht beschämen wollte. Aber Gretas Schulkameraden waren grausam und freuten sich an ihrem Unbehagen. Als der Lehrer fragte, welches die vier Elemente seien, antwortete sie spontan: «Wasser, Feuer, Luft und *Brännvin.*»

Der Lehrer konnte einfach nicht anders, als mit der Klasse mitzulachen, und brachte gerade noch eine Frage heraus: «Wieso *Brännvin,* erklär mir das bitte.»

Greta antwortete: «Weil wenn mein Vater betrunken nach Hause kommt, dann schreit ihn meine Mutter an: ‹Jetzt bist du in deinem Element!›»

Derartige Demütigungen brachten sie dazu, den Wert der scheußlichen Ausbildung geringzuschätzen. «Ich habe weder die Begabung noch den Willen zur Bildung», sagte sie ihrem Vater. «Aber ich liebe es, Geschichten zu lesen und die Personen nachzuspielen.»

«Wieso machst du das?» fragte er.

«Weil ich das Leben um uns herum hasse.»

«Aber so einfach lassen sich die Dinge nicht ändern ... Weißt du, jeder behauptet, ich sei dumm, und ich kann ihnen durch nichts beweisen, daß ich schlau bin.» Als Greta versuchte, dieser Selbstherabsetzung zu widersprechen, wechselte er das Thema. «Aber du bist äußerst hartnäckig, und weil du hartnäckig bist, wirst du dir das aussuchen, was du am liebsten machen möchtest. Ich jedenfalls werde nicht mehr lange auf dieser Welt sein. Und ich habe keinerlei Einfluß auf irgend jemanden, mich selbst eingeschlossen.»

32

Während seines letzten Winters verbrachte Karl Gustafsson viele Tage im Bett. Eines Tages jedoch stand er auf und zog sich an. Starker Schneefall hatte Stockholms Verkehr lahmgelegt, und die Stadt hatte jeden verfügbaren Straßenfeger aufgerufen. Karl arbeitete lange und machte dann wie gewöhnlich halt in einer nahe gelegenen Kneipe, ehe er seiner Frau gegenübertrat. Er saß an einem Fenster und nippte langsam an seinem Getränk. Während er beobachtete, wie der leise Schnee in die schwarzblaue Nacht fiel, ließ ihn ein Gedanke nicht los – er sollte seine Familie nehmen und zum Land- und Dorfleben zurückkehren. Er war noch nicht alt, und er hatte die Feldarbeit gemocht. Statt vor seiner Frau davon und in eine Kneipe zu laufen, sollte er auf die Felder gehen und Quellwasser trinken. Er bestellte noch mehr *Brännvin*, und die Vorstellung von seinem zukünftigen Leben auf dem Dorf begann in den leuchtendsten Farben zu glühen. Er dachte, er hätte all seine Probleme gelöst. Draußen war es inzwischen vollkommen dunkel geworden, und der Tanz der Schneeflokken wurde immer wilder.

An diesem Tag war Anna früh von ihren Pflichten als Dienstmädchen zurückgekehrt und hatte gleich damit begonnen, das Abendessen vorzubereiten. Die Kinder bemerkten, daß sie außergewöhnlich erregt war. Sven und Alva baten sie um ein frühes Abendessen. Sie blickte sie an und schien dann – beinahe wie zum Trotz – die Vorbereitung der Mahlzeit zu verlangsamen. Vermutlich wartete sie darauf, daß ihr Mann sich zu ihnen gesellte, wollte es den Kindern aber nicht sagen. Sie holte das weiße Tischtuch hervor, und Sven und Alva schlossen daraus, daß es etwas Besonderes zum Abendbrot geben würde, um die Rückkehr ihres Vaters an den Arbeitsplatz zu feiern. Jetzt würde mehr Geld für Essen und Kleidung da sein, und vielleicht würden sie sogar ein kleines Häuschen auf dem Land kaufen können.

Während die anderen von der schönen Zeit, die vor ihnen lag, träumten, stahl sich Greta leise aus der Wohnung. Nachdem sie die Eingangstür des Gebäudes aufgestoßen hatte, trat sie in den Schneesturm hinaus, durch den sich zwei Gestalten wie Geister bewegten. Als sie an ihr vorbeigingen, lief es ihr – obwohl sie in einen Mantel gehüllt war – kalt den Rücken hinunter beim Anblick ihrer Gesichter, die von Eis und Schnee bedeckt waren. Dann fragte sie sich, in welche Richtung sie gehen sollte oder zu welcher Kneipe, um ihren Vater zu finden. Ihre Augen blieben auf dem Platz vor dem Haus haften, der im Sommer immer so trostlos und schmutzig wirkte; nun war er von reinem Weiß bedeckt. Sie erinnerte sich, wie ihr Vater sie immer, wenn er von der Arbeit zurückkam, am Vorplatz abgeholt und zu Agnes Linds Tabakladen mitgenommen hatte, wo er ihr Süßigkeiten und Zeitschriften voll mit Fotos von Theater- und Filmschauspielerinnen kaufte. Er kaufte ihr immer alle Zeitschriften, die sie haben wollte, und das hieß, so viele sie tragen konnte. Manchmal hatte er nicht genug Geld, ihre Einkäufe zu bezahlen, dann kam er mit der Ladenbesitzerin überein, daß er am nächsten Tag bezahlen würde, und sagte zu Greta: «Gönn dir immer alles, was du tun oder genießen möchtest. Wer weiß, vielleicht findest du deine wahre Zukunft darin.»

Das Schneegestöber verzog sich einen Augenblick lang von der Mitte des Platzes und gab eine Gestalt frei, die am Boden lag. Sie lief darauf zu, aber schon bevor sie den gestürzten Körper erreicht hatte, wußte sie, wer es war. Sie nahm ihren Vater bei der Hand und begann an seinem Arm zu ziehen. Sie kniete nieder, legte seine tauben Arme über ihre Schultern und schlang ihre Arme um seine Brust. Mehrmals versuchte sie, ihn mit aller Kraft hochzuziehen. Endlich hatte sie es geschafft, ihn auf die Beine zu stellen, obwohl er sich so eng an ihr festhielt, daß sie für einen Augenblick geglaubt hatte, sie würden nun beide hinfallen. Sein Gesicht war blau, und seine Augen waren geschlossen. Greta hatte Angst.

«Bitte, Vater, bitte versuch mitzukommen», bettelte sie und wußte nicht, ob er sie überhaupt hören konnte. «Bitte, versuch zu gehen.»

Ihr Vater sagte nichts, aber er hing nun weniger schwer an ihr und hatte die Augen geöffnet. Der Schnee wirbelte ihnen ins Gesicht, als sie losgingen, und Greta schleifte ihn Schritt für Schritt vorwärts.

Für die Strecke von der Mitte des Platzes bis zur Haustür, die sie normalerweise in ein paar Minuten zurücklegte, brauchte sie fünfzehn Minuten. Endlich erreichten sie die Halle und setzten sich auf die unterste Stufe, um sich auszuruhen. Greta legte seinen Kopf an ihre Schulter; sein schwerer Atem ängstigte sie. Ihr erster Gedanke war es, ihn dort zu lassen, die vier Treppen hinaufzulaufen und ihre Mutter, Sven und Alva zu rufen, damit sie ihr halfen, den Vater in die Wohnung zu bringen. «Oh, nein», dachte sie, «sobald Mutter Vater sieht, wird sie zu schreien und zu zetern anfangen, und das ganze

34

Haus wird auf der Treppe zusammenlaufen. Sie werden lachen und grölen.» Also half sie ihm hoch und legte seine Hand auf das Geländer; sie schlang den Arm um seinen Körper und schob ihn dann mit aller Kraft hinauf.

Es war ein langer und mühsamer Aufstieg; sie hatte das Gefühl, er würde nie zu Ende gehen. An jedem Absatz machten sie halt, setzten sich und legten eine Pause ein. Sie brauchten zehn Minuten, die Treppen hochzusteigen. Als Greta die Wohnungstür öffnete, sah sie Anna, Alva und Sven beim Abendbrot sitzen.

Anna blickte ihren Mann und ihre Tochter an und schrie: «Du bist betrunken! Ich hasse dich!» Sie drehte sich wieder zum Tisch um und aß weiter. Sie begann ihre Tiraden immer mit diesen beiden Sätzen: «Du bist betrunken! Ich hasse dich!» Danach fing sie meist an, ihn zu schlagen. Aber nicht dieses Mal. Weder Alva noch Sven erhoben sich vom Tisch, um Greta zu helfen. Allein zerrte sie ihren Vater ins Bett, legte ihn behutsam hin, zog ihm den nassen Mantel und die Schuhe aus und deckte ihn zu. Mit letzter Kraft setzte sie sich auf die Bettkante und fing an zu schluchzen. Anna und ihre beiden älteren Kinder blieben am Tisch sitzen und beendeten ihr Abendessen.

Am nächsten Morgen fiel immer noch Schnee. Karl Alfred Gustafsson stand nicht auf, um zur Arbeit zu gehen. Er war tot, erst achtundvierzig Jahre alt. Man schrieb das Jahr 1920 – ein äußerst wichtiges und tragisches Jahr für Greta.

Der Traum

«K-e-t-a! Ke-ta! Keta!... Greta!»

Ich versuchte die Stimme meiner Mutter zu ignorieren. Ich tanzte in einem Orangenhain voller Blumen, exotischer Düfte, lieblicher Lieder und wohltuenden Sonnenlichts. Ich blickte um mich, und anstelle der grobschlächtigen Züge meiner Mutter sah ich die zarten Gesichter vieler schöner Frauen, die in farbenprächtige Seidenkleider gehüllt waren; sie tanzten mit mir zu der Musik. Unter ihnen erkannte ich Sarah Bernhardt, Eleonora Duse und Helena Modjeska. Aber die Stimme meiner Mutter wurde lauter und hämmerte immer stärker gegen meinen Kopf. Plötzlich stieß mich ein kurzer Schlag aus dem Bett; ich fiel auf den Boden und wachte auf. Meine Mutter stand über mir und brüllte: «Keta! Keta! Greta! Es ist schon spät. Du mußt zur Arbeit. Aus dir wird nie etwas!»

Ich öffnete die Augen und sagte verärgert: «Warum hast du mich aus einem schönen Traum gerissen?»

Ich war böse auf meine Mutter. Ich war wütend über mein Leben. Nie hatte ich Zeit für mich selbst oder meine Träume.

So weit ich zurückdenken kann, habe ich immer von Orangen geträumt, die meine Idealvorstellung von einer Frucht und die Quelle alles Guten waren. Vielleicht war ich so entzückt von ihnen, weil sie selten und teuer waren; es könnte aber auch andere mysteriöse Gründe für ihren Zauber geben. Ich weiß, daß in meiner Kindheit Orangen das Symbol für Reichtum, Erfolg und erlesenen Geschmack waren. Sie erregten mich, wenn ich sie im Gemüseladen sah. Ich

36

stellte mir vor, daß sie so streng vom Ladenbesitzer bewacht würden, daß niemand sie jemals hätte stehlen können. Wenn es mir dennoch gelang, eine zu stehlen, oder ich eine kaufen konnte, brachte ich sie immer sofort nach Hause und versteckte sie unter dem Bett. Wenn dann alle fort waren, holte ich sie hervor, legte sie auf den Boden und betrachtete mehrere Minuten lang ihre Form und Farbe. Dann streichelte ich sie mit meinen Fingern und suchte eine schwache Stelle, wo ich die Schale durchstoßen konnte, die so voller Sonne und den Düften ferner Länder war.

Wenn ich die dicke Schale abzog, fühlte ich auf meinem Gesicht den Sprühregen des Saftes, der mich belebte. Das Schälen der Frucht war wie die Suche nach einem Schloß inmitten eines mysteriösen Waldes oder das Aufspüren ungeträumter Träume oder faszinierender Geschichten in meiner Seele. Aber das höchste Erlebnis war es immer, wenn ich eine nackte Orange viertelte. In jedem Viertel sah ich dann die Gesichter von Schauspielern aus vergangenen Tagen oder von denen, über die ich in den Zeitungen und Zeitschriften gelesen hatte. Ich dachte, sie würden Orangen zum Frühstück, Mittag- und Abendessen haben. Und wenn sie sehr berühmt waren, glaubte ich, hätten sie Körbe und Körbe voll von diesen Früchten. Die Orangen selbst assoziierte ich mit Frauen, niemals mit Männern. Einmal aber sah ich meinen Vater auf einem Orangenviertel – er tanzte mit mir in einem Garten; wir waren von Blumen und schönen Frauen umgeben. Ich erzählte niemandem von meinen Erlebnissen, außer meiner Familie; ich dachte, andere Leute würden meinen, mit mir sei etwas nicht in Ordnung, und würden mich auslachen.

Am meisten bereue ich es, meiner Mutter über meine Welt voller Orangen erzählt zu haben. Bald hatte ich nämlich das Gefühl, daß sie ihrem Pastor und unseren Nachbarn von meinen Träumen berichtet hatte. Als ich glaubte, sie hätten angefangen, mich komisch anzusehen, hörte ich damit auf, meiner Familie von meinen Träumen zu erzählen, da ich ihnen, vor allem aber meiner Mutter, nicht trauen konnte. Orangen wurden immer mehr zu einem Teil meines verborgenen Lebens. Ich beschloß, mindestens eine am Tag zu essen. Immer wenn ich ausging, trug ich eine Orange in meiner Tasche und berührte sie von Zeit zu Zeit. Dieser Talisman gab mir Kraft zu leben und das Gefühl, daß ich eines Tages berühmt sein und Hunderte und Aberhunderte von Orangen haben würde.

Ich werde niemals vergessen, wie mich meine Mutter zum erstenmal aus meinem Traum über Orangen wachrüttelte. Ich glaube, ich habe damals einen richtigen Haß gegen sie entwickelt. Ich fing an zu glauben, daß sie all meine Ziele und Pläne vereiteln wollte. Ganz im Gegensatz zu mir lebte sie vollkommen in der Gegenwart. Vielleicht hat sie sich niemals über meine Zukunft Gedanken gemacht; ganz bestimmt aber glaube ich, daß sie nie über ihre eigene nachgedacht hat. Für sie waren Träume von Ruhm und Anerkennung eine dumme und krankhafte Art zu leben. Sie sagte immer: «Das Allerwichtigste ist, wieviel Geld du für deine Arbeit bekommst. Denke nicht über deine Zukunft nach. Kronen! Geld ist die Quelle des Glücks!»

Ich erinnere mich, daß wir alle, als ich etwa vier Jahre alt war, einmal ein paar Tage in Finnaryd, dem Dorf, aus dem mein Vater stammte, verbrachten. Es war ein sehr trockener Sommer. Das Gemüse im Garten ging ein vor Durst. Und jeder sagte, daß irgendeine Katastrophe bevorstünde, da sich keiner erinnern konnte, je einen so trockenen Sommer erlebt zu haben. Während des Mittagessens sagte meine Mutter zu Vater und zu uns: «Regen ist Geld, Geld ist Regen.» Wie immer sagte Vater nichts dazu. Er hielt seinen Kopf über die Suppenschüssel gebeugt und wartete auf mehr Weisheiten von meiner Mutter. Alva wiederholte, was Mutter gesagt hatte: «Regen ist Geld, Geld ist Regen.» Und wie ein Echo tat Sven es ihr gleich. Aber weil ich noch so klein war, verstand ich es nicht.

Am nächsten Morgen, als ich aufstand, goß es in Strömen. Ich lief in die Küche, schnappte mir einen leeren Eimer und ging in den Garten, um etwas Regen aufzufangen. Draußen merkte ich, daß es nur Minuten dauerte, einen halben Eimer voll himmlischen Geldes einzufangen. Es bedurfte einiger Kraft, den Eimer hineinzutragen. Als ich in der Küche erschien, naß von oben bis unten und mit schlammbedeckten Schuhen, stand meine Mutter mit einem Stock in der Hand mitten im Raum. Ich ging lächelnd auf sie zu, aber sie brüllte: «Wieso hast du dir dein Kleid und deine Schuhe ruiniert? Warum bist du nur so dumm?» Und dann fing sie an, mich mit dem Stock zu schlagen.

Ich war verwirrt und verletzt, und mit einem bitteren Lächeln sagte ich: «Ich bin hinausgegangen, um Geld zu beschaffen. Jetzt kannst du mir ein neues Kleid und neue Schuhe und Kleidung für uns alle kaufen.»

Als sie das Wort «Geld» vernahm, hörte sie auf, mich zu schlagen, und fragte: «Wo ist das Geld?»

«Im Eimer», sagte ich.

Sie starrte mich an und brüllte dann mit Zornesstimme: «Im Eimer, da hast du nichts als Wasser!»

«Aber Mutter, es ist doch Regenwasser, und gestern hast du gesagt: ‹Regen ist Geld, Geld ist Regen.›»

Ohne auch nur zu lächeln, fing sie wieder an, mich zu schlagen. Ich überstand die Schläge, ohne zu weinen und ohne ein Wort zu sagen. Und die ganze Zeit über quoll mein Kopf über von drei Worten, die ich meiner Mutter innerlich entgegenschrie: Ich hasse dich! Ich hasse dich! Ich hasse dich!

Stellen Sie sich eine einfache, ganz normale Orange vor: Wie konnte sie mir so viele Probleme bereiten und gleichzeitig so viele Geheimnisse und Rätsel bergen?

Tvålflicka und der Pastor

Einar Widebäck, der Besitzer des Friseursalons auf der Hornsgatan in Södermalm, war ein Freund Karl Gustafssons. Nach Karls Tod bot Einar dessen Witwe, Anna, ein Darlehen an. Anna bat ihn, statt dessen ihr dabei behilflich zu sein, eine Anstellung als Putzfrau im Hause eines seiner wohlhabenden Kunden zu bekommen. Und sie schlug vor, er solle Greta in seinem Salon als *Tvålflicka*, «Einseifmädchen», anstellen.

Gretas Arbeit bestand darin, die Gesichter der Kunden einzuseifen, Handtücher aufzuhängen und die Friseurutensilien zu reinigen. Für die Arbeit einer langen Woche in Widebäcks Friseursalon bekam sie sieben Kronen plus Trinkgeld, das sich auf weniger als zwei Kronen belief. Sie gab die sieben Kronen ihrer Mutter und behielt die zwei für sich selbst. Mit dieser kleinen Summe kaufte sie Theater- und Kinokarten und vor allem Zeitschriften über das Leben von Schauspielern und Schauspielerinnen, die sie mit mehr Ernst studierte als jemals irgendein Schulbuch. Über ihrem Bett, das in der nordwestlichen Ecke ihres Zimmers nahe beim Fenster stand, hingen Bilder von vielen Schauspielern und Schauspielerinnen, sowohl amerikanischen als auch schwedischen. Unter ihnen Norma Talmadge, William S. Hart, Clara Kimball Young, Thomas Meighan. Ihre häufig wechselnden Vorlieben hatten eine mit Kleber verschmierte Wand zur Folge, die immer wieder Gegenstand zahlreicher Auseinandersetzungen zwischen Greta und ihrer Mutter war. Aber Greta blieb hart, und ihre Galerie durfte bleiben.

Mit vierzehn war Greta bereits einen Meter achtundsechzig groß. Sie war, mit Ausnahme ihres kleinen Busens, körperlich gut entwickelt und sehr reif für ihr Alter. Trotz der Einwände ihrer Mutter ging sie jeden Abend nach der Arbeit und einem leichten Abendessen aus und stand vor den beiden benachbarten Theatern, dem Mosebacke und dem Söder, um sich die Fotografien in den Schaukästen anzusehen. Manchmal gelang es ihr, sich hinter die Bühne zu schmuggeln. Sie war fest entschlossen, die Schauspielkunst durch Lektüre, Beobachtung und das Gespräch mit Theaterleuten zu erlernen. Schon in ihrem neunten Lebensjahr hatte sie sich geschworen, wenn sie schon keine Prinzessin sein konnte, eine berühmte Schauspielerin zu werden. Sie studierte die Schauspieler genau, ihre Mimik, ihre Gesten. Und ganz allmählich fand sie dann auch den Mut, einen der Großen anzusprechen; gewöhnlich versagte ihr dabei die Stimme. Aber bisweilen begann auch der Schauspieler eine Unterhaltung, wenn er sah, wie intensiv ihn das schüchterne Mädchen beobachtete. Und oft genug passierte es auch – zur freudigen Erregung Gretas –, daß er sie ins Theater einlud.

Aber das genügte Greta nicht. Sie wünschte sich eine größere Vertrautheit mit den Schauspielern, die sie bewunderte. Oft fühlte sie sich so frustriert, daß sie sich, mit den Fotos ihrer Lieblingsschauspieler unter der Bettdecke versteckt, sexuell befriedigte. Wenn sie schon nicht mit ihnen auf der Bühne stehen konnte, so wollte sie auf diese Art wenigstens eine private Phantasierolle mit ihnen spielen. Als ihre Mutter dahinterkam, was Greta tat, versuchte sie, vernünftig mit ihr zu reden. Sie schlug vor, sie solle doch einen Arzt oder den Pastor aufsuchen, aber Greta weigerte sich. Wenn ihre Mutter sie wieder einmal überraschte, lief sie aus der Wohnung zum Haus ihrer Freundin Eva Blomkvist.

Schließlich beschloß ihre Mutter, drastischere Maßnahmen zu ergreifen. Eines Tages, als Greta auf den Flur hinaus zur Toilette ging, wartete sie ab, um zu sehen, wie lange Greta ausbleiben würde. Nach zehn Minuten ging sie leise auf den Flur hinaus und stieß dann unvermittelt die Tür zur Toilette auf. Greta saß da, in einer Hand eine Fotografie, die andere zwischen den Beinen. Ihre Mutter packte sie bei den Haaren und zerrte sie über den Flur in die Wohnung, wobei sie brüllte: «Jetzt gehst du aber in die Kirche! Jetzt gehst du aber in die Kirche!»

Als sie in der Wohnung waren, fing ihre Mutter an, sie mit beiden Fäusten zu prügeln. Greta reagierte nicht; sie versuchte nicht, sich zu verteidigen oder wegzulaufen. Sie stand aufrecht da, während ihre Mutter auf sie einschlug, beinahe als wäre sie stolz auf ihre Demütigung. Der Zorn ihrer Mutter wich einer tiefen Erschöpfung; mit wunden Fäusten und schweißbedecktem Gesicht ging sie zu einem Stuhl. Ohne irgendeine Gefühlsregung sah Greta zu, wie ihre Mutter sich in den Stuhl fallen ließ und den Kopf in ihren abgearbeiteten Händen hielt. Sie war jedoch erleichtert, daß Sven und Alva nicht zu Hause waren, denn die würden vielleicht ihren Freunden erzählen, was vorgefallen war. Aber sie fürchtete auch, daß ihre Mutter Frau Widebäck von ihren sexuellen «Problemen» berichten würde. Herr Widebäck würde es dann seinen Kunden erzählen, und schließlich wüßte es die ganze Nachbarschaft. Also suchte sich Greta eine Anstellung bei einem anderen Friseur und dann eine in einem Gemüseladen auf der Götgatan.

Eines Morgens, auf ihrem Weg zur Arbeit, begegnete ihr Pastor Hjalmar Ahlfeldt auf der Straße. Er hatte sie konfirmiert, und er hatte immer ein freundliches Wort für sie. «Guten Morgen. Wie ich sehe, arbeitest du nicht mehr in Herrn Widebäcks Geschäft.»

«Guten Morgen», erwiderte sie und vermied es, ihm in die Augen zu sehen. «Ich mag den Geruch von Gemüse und Obst lieber als den von Menschen.»

«Ich stelle aber auch fest, daß du nicht zur Kirche kommst.»

«Nein. Gott hat mich im Stich gelassen, weil ich arm bin, und wenn ich arm bin, dann braucht man mich nicht in eurer Kirche.»

«Keta, Keta», sagte der grauhaarige Pastor und nahm sie am Arm. «Ich sehe, daß deine Mutter recht hatte, als sie sagte, du seist ungeduldig und arrogant.»

«Bitte sagen Sie mir, was mit mir nicht stimmt», bat sie ihn.

«Vermutlich ist es nur sehr wenig», erwiderte er. «Ich weiß, daß du Schauspielerin werden willst. Aber denke daran, daß dir der Weg zum Theater oder zum Film nicht durch Kämpfe mit deiner Mutter geebnet wird.»

Greta schwieg zu seiner Weisheit. Der Pastor drückte ihren Arm ein wenig und sagte: «Ich werde versuchen, dir zu helfen. Ich kenne viele Menschen, vielleicht finden wir einen Weg.»

Plötzlich sah sie zu ihm auf und murmelte: «Wenn das so ist, dann helfen Sie mir, eine Anstellung im Kaufhaus Bergström zu bekommen.»

«Soll das heißen, daß du gar nicht Schauspielerin werden willst, sondern Verkäuferin?»

«Erst einmal muß ich mein Brot verdienen, und ich brauche genug Geld, um von meiner Mutter unabhängig zu werden. Erst dann kann ich über die Schauspielerei nachdenken», erwiderte sie arrogant.

«Das ist ein vernünftiger Ansatzpunkt. Das einzige, was ich dir vorzuwerfen habe, ist deine scharfe Zunge – auch wenn du nicht viel sagst – und dein unhöfliches Benehmen.»

«Das sagt mir jeder», erwiderte sie mit zunehmender Selbstsicherheit. «Aber aus irgendeinem Grund hat jeder Mitleid mit mir und verspricht alles mögliche, und danach passiert doch nie etwas.»

«Du hast recht. Man muß die Menschen nach ihren Taten beurteilen.»

Pastor Ahlfeldt verstand sie, nicht nur weil sie so einfach und direkt war, sondern auch, weil ihre Mutter viele, viele Male mit ihm über sie gesprochen hatte. Er hatte jedoch aus diesen Unterredungen herausgehört, daß es Frau Gustafsson in erster Linie um Mitgefühl und erst in zweiter Linie darum ging, daß Greta geholfen wurde.

«Paul Bergström und seine Familie kommen regelmäßig in meine Kirche. Dort sehe ich auch Hauptmann Lars Ring, der ja allerlei Filme macht. Am nächsten Sonntag werde ich mit beiden über dich sprechen. Vielleicht kommt etwas dabei heraus.»

Greta wurde skeptisch. «Bitte machen Sie sich keine Umstände, Herr Pastor. Wie ich schon sagte, es haben viele Leute versprochen, mir zu helfen. Und? Sie sehen ja . . . Ich kann mich nur auf mich selbst verlassen, nur mir allein trauen; sogar mein Vater lehrte mich, nur auf mich selbst zu vertrauen.»

«Weißt du», sagte der Pastor, «es ist gut, fest an Gott zu glauben und weniger an die Menschen.»

«Eine wunderschöne Philosophie, Herr Pastor, aber was bringt sie mir?»

Er ließ ihren Arm los. «Ich glaube, diese Auseinandersetzung habe ich verloren. In ein paar Tagen werde ich dich wissen lassen, was ich erreichen konnte. Und in der Zwischenzeit, Gott sei mit dir.»

Greta und der Pastor nickten sich höflich zu und gingen in verschiedene Richtungen. Er wandte sich um und blickte zurück, bis ihr ärmlicher schwarzer Mantel um die Ecke verschwunden war. In seinem langen Leben im Dienst der Kirche war er Tausenden von Menschen begegnet; Hunderten von ihnen hatte er bei der Lösung ihrer Probleme geholfen. Und dennoch, gerade dieses einfache Mädchen machte einen besonderen Eindruck auf ihn. «Wenn wir jung sind», dachte er, «versuchen wir, die Welt zu verändern. Wenn wir alt sind, versuchen wir, ohne besonderen Grund, die Jugend zu verändern.» – Aber statt zu versuchen, Greta zu ändern, beschloß der Pastor, ihr zu helfen.

Kalle

Meinen ersten richtigen Kontakt mit dem Theater – oder doch mit einem professionellen Schauspieler – hatte ich mit fünfzehn. Ohne fremde Hilfe.

Das Mosebacke Theater, das in dem Arbeiterbezirk lag, in dem ich geboren wurde und lebte, spielte eine äußerst beliebte Revue, *Der Graf von Söder*, mit Carl Brisson in der Hauptrolle. Beinahe jedes Mädchen in Stockholm sammelte Fotos von «Kalle», wie wir diesen eleganten und gutaussehenden Schauspieler nannten. Viele Mädchen waren heimlich in ihn verliebt, und ich war da keine Ausnahme. Er wurde als Kalle Pedersen geboren, ein Däne, der seine Karriere als Boxer begann. So wie ich ihn in Erinnerung habe, war er groß und hatte lockiges blondes Haar und große blaue Augen. Er war ein guter Tänzer, Klavierspieler und Sänger. Und außerdem war er ein brillanter Theaterschauspieler.

Jede gesparte Krone gab ich für Eintrittskarten aus. In meine beste weiße Bluse und einen feinsäuberlich geplätteten dunkelroten Rock gekleidet, versuchte ich Kalles Aufmerksamkeit zu gewinnen; ich saß in der ersten Reihe und applaudierte heftig. Wenn er dann vor dem Theater auftauchte, lächelte er dem Meer von Mädchen, das auf ihn gewartet hatten, strahlend zu, bis sich in unserer Mitte eine Schneise auftat. Niemals zweifelte ich daran, daß er einzig und allein mir zulächelte.

Eines Abends kam ich zu dem Schluß, daß ich irgend etwas Dramatisches tun mußte, um eine wirkliche Begegnung zu arrangieren. Ich

45

erstand meinen üblichen Platz in der ersten Reihe, und als der Vorhang hoch ging und er auf der Bühne erschien, fing ich laut und aufgeregt zu klatschen an. Ich verlor den Kopf und klatschte, wie mir schien, sehr lange. Er sah mich an und lächelte. Ich lächelte zurück und rief: «Ich liebe dich, Kalle!» Das Publikum richtete seine Blicke auf mich und begann ebenfalls zu klatschen. In diesem Augenblick wäre ich lieber im Erdboden versunken, als dort zu sitzen. Ich schämte mich so sehr, daß ich aufhörte zu applaudieren, den Kopf senkte und die Hände vors Gesicht legte. Die ganze Vorstellung hindurch blieb ich in dieser Haltung; meine Augen waren geschlossen. Nur der Klang von Kalles Stimme und die Musik trösteten mich.

Einige Minuten vor dem Ende des Stücks klopfte mir jemand auf die Schulter. Ich blickte auf und sah den alten Mann, der immer an der Tür zum Bühneneingang stand. Er flüsterte: «Bitte folgen Sie mir.» Das Publikum war völlig gebannt von der Aufführung, während ich dem alten Mann folgte und dabei meinen Blick fest auf seine schwarze Uniform heftete. Ich war beschämt, weil ich dachte, daß mich die Theaterleitung hinauswerfen und die Aufseher anweisen würde, mich nie wieder hereinzulassen.

Nachdem wir langsam durch Korridore und einige Treppen hinauf- und hinuntergegangen waren, wurde ich in eine Garderobe geführt. Der Türsteher sagte mit derselben gedämpften Stimme: «Warten Sie bitte hier.»

Ich setzte mich auf die Kante eines Stuhls und hielt meinen Kopf wieder gesenkt, so daß mein Kinn fast meinen Busen berührte, der mit Watte ausgestopft war. In diesem Augenblick entdeckte ich, daß mein «Busen» verrutscht war. Ich versuchte ihn wieder zurechtzurücken, zuerst mit dem Kinn, dann mit den Händen. Und just in diesem Augenblick öffnete sich die Tür. Ich warf den Kopf hoch und sah «meinen» Kalle erstrahlen.

«Guten Abend», sagte er. «Guten Abend», erwiderte ich mit einer Stimme, die ich selbst kaum hören konnte.

«Sie sagten, Sie lieben mich. Ist das wahr?»

Ich fühlte meine Wangen glühen und bedeckte sie mit meinen Händen. Er kam auf mich zu, strich leicht über mein Haar und sagte: «Nehmen Sie Ihre Hände herunter. Zeigen Sie mir Ihr Gesicht.»

Ich tat es. Er betrachtete mein Gesicht, meine Schultern, und dann sagte er: «Sie sind bemerkenswert schön.»

Ich sagte nichts, aber ich spürte eine Gänsehaut auf meinem ganzen Körper. Und dennoch wurde ich mutiger. Dies war meine erste Chance und vielleicht auch meine letzte, mit diesem berühmten Schauspieler zu sprechen; ich mußte etwas sagen.

Dann fragte er mich: «Sie wollen zum Theater, vermute ich?»

«Ja», erwiderte ich.

«Wenn Sie Schauspielerin werden wollen, brauchen Sie Mut», sagte er. «Das ist die erste Voraussetzung, um ein professioneller Schauspieler zu werden.»

«Hab' ich den nicht?» fragte ich.

Er zog sich einen Stuhl heran und setzte sich mir gegenüber. «Vielleicht», sagte er nach einigem Zögern, so als wollte er mich nicht entmutigen. «Aber zu schreien bedeutet nicht, daß man Mut besitzt.»

«Ich lese, ich studiere Stücke, und ich gehe ins Theater.» Meine Verwegenheit siegte über meine Ängstlichkeit.

«Das ist etwas anderes. Ihre Ernsthaftigkeit gefällt mir.»

«Meine Freundinnen sagen, ich sei arrogant und raffiniert.»

«Ich habe diese Züge zwar noch nicht festgestellt, aber sie sind sehr wichtig für eine angehende Schauspielerin.»

Er war ruhig und betrachtete mich mit ironischer Distanz in den Augen. Schließlich sagte er: «Jedenfalls sind Sie sehr ehrlich. Das ist schon ein guter Anfang, obwohl ich nicht weiß, was danach kommt.»

Er ging zu einem Tisch und nahm ein Buch. Ich beobachtete ihn, wie er einige Minuten lang darin blätterte, bis er die Passage gefunden hatte, nach der er suchte.

«Lesen Sie das bitte», sagte er.

Mit zitternden Händen nahm ich das Buch: Shakespeares *Die lustigen Weiber von Windsor*. Ich sah mir ganz schnell die ersten Seiten des Stücks an und konnte sehen, daß er ungeduldig war. Er muß versucht haben, mich unter Druck zu setzen, um festzustellen, wie ich reagieren würde.

«Worauf warten Sie noch?» sagte er. «Lesen Sie. Lesen Sie schon!»

Mit gedämpfter Stimme fing ich an, die Dialoge zwischen Mistress Ford und Mistress Page, zwischen Robin und Falstaff zu lesen. Ich variierte meine Stimme, um Charakterunterschiede anzudeuten.

Ich glaubte, es ziemlich gut zu machen. Plötzlich unterbrach er mich. «Sie haben Talent», sagte er. «Trotzdem müssen Sie noch zur Schauspielschule.»

Ich stand da, das Buch in der linken Hand und die Augen auf den Boden gerichtet. Er begann ohne einen offensichtlichen Grund zu singen. «Hier ist das Mädchen aus Södermalm, schlank und sanft wie 'ne Wüstenpalm'...» Er streckte seine Hand aus und hob mein Kinn an. Da blickte ich ihm zum erstenmal in die Augen. Er hörte auf zu singen und begann zu lachen. Obwohl ich das Gefühl hatte, daß in seiner Heiterkeit eine gewisse Distanz lag, so war sie doch freundlich. Plötzlich hörte er zu lachen auf und fragte: «Vielleicht haben Sie Lust, mit mir zu Abend zu essen?»

«Ich bin nicht hungrig, und weil ich morgen wieder zur Arbeit gehen muß, muß ich jetzt auch nach Hause und ins Bett.»

«Was arbeiten Sie?»

«Eigentlich nichts. Ich schäme mich, darüber zu sprechen. Es ist wie jede andere Arbeit, die nichts mit dem Theater zu tun hat. Einfach nur Arbeit.»

«Wollen Sie es sich nicht noch einmal überlegen und mit mir zu Abend essen?»

«Nein, danke. Ich muß nach Hause.»

«Dann geben Sie mir Ihre Adresse.»

«Wozu?»

«Vielleicht kann ich Ihnen helfen.»

«Ich bin morgen wieder im Theater. Mein Name ist Greta Gustafsson», sagte ich und stand auf. Als ich zur Tür ging, kam er auf mich zu und küßte mich auf die linke Wange. Ehe es mir bewußt wurde, lief ich durch die häßlichen Straßen, und ich stellte mir vor, es wären die Wiesen nahe bei dem Weiler, wo ich im letzten Jahr meine Verwandten besucht hatte. Der harte Bürgersteig war weich von lauter Blumen und Gras, und in der Ferne konnte ich die Ufer des Årsta erkennen. Der kalte Wind, der mir beißend ins Gesicht blies, schien den Duft eines Frühlings auf dem Lande mit sich zu tragen. Es war Winter in Stockholm, aber in meinem Herzen herrschte eine völlig andere Jahreszeit. Eine kalte Nacht stand bevor, aber für mich war es wie ein früher Morgen im Sommer.

Als ich die Blekingegatan 32 erreichte, sprang ich die Stufen zu unserer Wohnung hinauf, immer zwei auf einmal. Ich öffnete die Tür und trat leise in die dunkle Stille ein, in der meine Mutter und meine Geschwister schliefen. Aber in meinem Kopf herrschte weder Dunkelheit noch Stille. Während ich meine Schuhe auszog, konnte ich das Raunen des Applauses hören – er galt mir. Ich ging zu Bett, und da, auf der anderen Seite des Zimmers, auf der anderen Seite der beleuchteten Bühne, stand Kalle. Ich improvisierte eine Hochzeitsszene mit ihm. Ich schloß die Augen und befand mich plötzlich in einer luxuriösen Wohnung und Augenblicke später auf einer Yacht. Allmählich flossen all diese Szenen, die so voller Farben und Lachen und Dramatik waren, zusammen und gaben mir das berauschende Gefühl von Zufriedenheit und Glück. Als ich langsam in den Schlaf sank, gewannen meine Träume vollkommen die Oberhand über die Wirklichkeit: Ich war eine reiche und verheiratete Schauspielerin.

Aber die Realität kam gewöhnlich am nächsten Morgen, wenn mich das Schreien meiner Mutter aus dem Schlaf riß. Nach einem hastigen Frühstück und einigen weiteren Rüffeln war ich dann wieder einmal auf der Straße und lief erneut einem sinnlosen Tag entgegen. Meine Mutter holte mich immer wieder in die Eintönigkeit zurück, in die Langeweile und die Ängste meines wirklichen Lebens. Deshalb habe ich mir oft gedacht, daß Kinder eigentlich keine Mutter haben sollten.

Eine Drohung

Obwohl Greta Pastor Ahlfeldt soviel Hochmut und Mißtrauen entge-
gengebracht hatte, verhalf er ihr zu ihrer ersten kleinen Nebenrolle
im Film. Er wußte, daß ihre Schwester Alva auch an der Schauspielerei interessiert war, und empfahl deshalb beide Mädchen für die
Zweitbesetzung in *En Lyckoriddare* (Ein Glücksritter), ein Film unter
der Regie von John Brunius. Jede der Schwestern erhielt für ihre
Arbeit zwanzig Kronen, also etwa fünf Dollar. Wichtiger als die Gage
war für Greta die Erkenntnis, daß sie außergewöhnlich fotogen war.
Dies versicherte ihr Brunius, als er ihr einige Dutzend der besten
Abzüge gab: «Die hier könnten sich für dich als nützlich herausstellen, wenn du dir weitere Filmjobs sichern willst.» Dies war allerdings
das einzige Zeichen seines guten Willens.

Im Juli 1920 fand Pastor Ahlfeldt für Greta eine Anstellung als
Verkäuferin in Bergströms Warenhaus, dem PUB. Lars Ring gegenüber sprach er von ihr in den höchsten Tönen. Der pensionierte
Armeeoffizier war innerhalb der schwedischen Filmindustrie äußerst
aktiv und führte im Augenblick gerade Regie bei Werbespots für
dieses riesige Stockholmer Warenhaus. Hauptmann Lars Ring versprach dem Pastor, mit seinem Produzenten, Hasse W. Tullberg, zu
sprechen, ob es nicht Arbeit für Greta in einem seiner Filme gäbe.

Inzwischen freundete sich Greta mit den anderen Verkäuferinnen
und den Abteilungsleitern an; ihre ruhige Art und ihr Fleiß zogen die
Bewunderung ihrer Arbeitskolleginnen auf sich, die sie für etwas
Besonderes hielten, weil sie eine angehende Schauspielerin war.

Zu Beginn des Jahres 1921 kam Hauptmann Lars Ring in Begleitung der Schauspielerin Aga Andersson in das Warenhaus. Er kün-
digte an, daß er einen Werbefilm drehen würde. Einige Minuten
später erschien auch seine technische Mannschaft. Die Verkäuferinnen beeilten sich, noch schnell ein frisches Make-up aufzulegen.
Einige von ihnen versuchten auch, so nahe wie nur irgend möglich an
die Kamera heranzukommen – in der Hoffnung, dann mit im Film zu
sein.

Greta war anders. Sie gab ihrer Freundin Eva Blomkvist eine
Fotografie von sich und verschwand dann im Lager. Aber Eva schaffte
es nicht, an Hauptmann Ring heranzukommen. Zu jedermanns
Überraschung jedoch bat Ring den Abteilungsleiter ihm Greta Gustafsson zu bringen. Der Abteilungsleiter ließ Greta rufen, aber sie
stand nicht hinter ihrem Ladentisch. Auch auf der Damentoilette
oder im Lager war sie nicht. Der Abteilungsleiter, David Fischer,
hatte in seiner Jugend selbst in einigen kleineren Rollen mitgespielt
und ging höchstpersönlich auf die Suche nach Fräulein Gustafsson.
Er dachte, falls er sie fand, würden die Mädchen und Greta ihn als
denjenigen in Erinnerung behalten, der ihr das erste Filmangebot
vermittelt hatte.

Schließlich tauchte Greta dann doch plötzlich auf. «Herr Hauptmann», sagte sie ruhig, «eines der Mädchen sagte, daß Sie nach mir
suchen.» Als er in ihr Gesicht sah, fielen ihm außer der Alabasterö-
nung ihrer Haut zwei Dinge auf: große, offene blaue Augen und
glänzend weiße Zähne, wovon die beiden vorderen vorstanden.

«Das Mädchen würde sich in unseren Filmen gut machen», flüsterte er Aga Andersson zu.

«Für dich ist fast jedes Mädchen gut. Aber es ist etwas anderes, in
einem deiner Filme mitzuwirken.»

«Ich werde sie einbauen», sagte er.

Aga Andersson erhob weiterhin Einsprüche: «Du hast gar keine
Rolle für sie.»

Hauptmann Ring hörte seiner eifersüchtigen Begleiterin nicht zu;
er befahl Greta, sich rasch das Kostüm anzuziehen, das für ein
Autorennen geeignet gewesen wäre, und wieder auf dem Set zu
seinem Werbefilm zu erscheinen, der den Titel *Wie man sich nicht
kleiden soll* trug. Sie wandte sich um und verschwand. Der Hauptmann sagte zu denen, die um ihn herumstanden: «Mit so einem

Gesicht, solchen Augen und der Art, wie sie sich bewegt, könnte das Mädchen die Rolle spielen, die Lili Ziedner gewöhnlich in ihren Varietés übernimmt. Wir müssen ihr helfen, auf die Königliche Schauspielschule zu gehen. Und ich muß sie mit einigen Theaterleuten bekannt machen.»

Da schaltete sich Aga ein: «Mit anderen Worten: Du nimmst sie unter deine Fittiche – und deine Bettdecke.»

Für weitere Kommentare und Diskussionen blieb keine Zeit mehr, denn Greta erschien in ihrem neuen Kostüm. Alle Augen richteten sich auf sie. Aga Andersson ließ die Bemerkung fallen, Greta sei fett und plump, aber Ring überhörte das und begann sofort zu drehen. In zwei Minuten war Gretas Rennanzug zum Vergnügen aller Umstehenden und ihrem eigenen Unbehagen in ein Reiterkostüm umgewandelt worden.

«Vergiß nicht», sagte er zu Aga, «dies ist nur ein Werbefilm. Ihr Gesicht wird wunderbar zur Geltung kommen; das wird sehr schön werden.»

Greta hatte die Unterhaltung mit angehört und fühlte sich gar nicht gut, weil ihr bewußt wurde, daß Eifersucht, Hinterhältigkeit und Bitterkeit nicht nur das Familienleben vergiften, sondern auch andere zwischenmenschliche Beziehungen. Wieder einmal wurde ihr klar, daß sie, wollte sie im Leben irgendwie erfolgreich sein, Bitterkeit, Schmähungen und sogar Erniedrigung würde ertragen müssen. Und obwohl sie es nicht zuließ, daß sich diese Erkenntnis auf ihrem Gesicht zeigte, spürte Ring, was in ihr vorging.

«Hören Sie gar nicht auf uns», sagte er. «Wir reden immer so. Denken Sie daran: Wenn es einem gelingt, ins Showgeschäft vorzudringen, hört man viele negative Dinge über sich. Um Stärke zu entwickeln, muß man sich diese kritischen Bemerkungen anhören und den Mund halten. Erst wenn man die Oberhand gewonnen hat und stärker und sicherer in seiner Position geworden ist, kann man anfangen, etwas gegen andere Leute zu sagen. Wenn man nicht redet, wenn man sich nicht von der Spannung befreit, wird man verrückt. Und dann, gute Nacht, Karriere.»

Greta schwieg erstaunt, und Ring wechselte das Thema. «Geben Sie mir ein Stück Papier und einen Stift.» Sie langte zum Ladentisch hinüber und holte ihren Block und einen Bleistift.

«Geben Sie mir Ihre Adresse. Wir schicken Ihnen die Gage für diesen Auftritt zu. Und außerdem würde ich Ihre Adresse gern an bestimmte Leute weiterreichen, die sich für Sie als nützlich herausstellen könnten.»

Er nahm ihre Hand und dankte ihr, und Greta ging zurück an ihre Arbeit. Einige Monate später bat Ring sie, in *Unser täglich Brot* aufzutreten, einem Werbefilm für die Genossenschaftskooperative von Stockholm. Aga Andersson, die in dem unerfahrenen Mädchen eine Konkurrentin sah, wurde wütend.

«Ich muß rasch handeln», dürfte sie sich gesagt haben, «bevor irgend etwas Ernstes zwischen ihr und Lars entsteht.» Die Lage wurde schon bald dringlich. Aga hatte herausgefunden, daß ihr Liebhaber vorhatte, Greta für einen abendfüllenden Spielfilm zu engagieren. Sie sollte neben Aga eine wichtige Rolle bekommen. Aga wußte jedoch, daß sie mit einem attraktiven jungen Mädchen nicht konkurrieren konnte. Deshalb beschloß sie, drastische Maßnahmen zu ergreifen. Zuerst heuerte sie einen Detektiv an, der Lars bespitzeln sollte, und dann schickte sie Greta einen Brief, in dem sie sie bat, zu ihr zu kommen, um über einen neuen Film zu sprechen.

Da Greta wußte, daß Aga Andersson ihr nicht freundlich gesinnt war, las sie den Brief mit Verwunderung und Mißtrauen. Manchmal glaubte sie, Aga Andersson wolle ihre angehende Karriere stoppen, dann wieder war sie sich dessen nicht mehr so sicher. Greta war neugierig, sie würde Aga Andersson, die in der Nähe von Björns Park wohnte, besuchen. Es war ein kalter Herbsttag, aber Greta, obgleich nur leicht gekleidet, spürte die Kälte nicht.

Aga Anderssons Wohnung bestand aus vier Räumen, die bis ins letzte Detail außergewöhnlich geschmackvoll mit Louis-XVI.-Möbeln eingerichtet waren. Eine mollige blonde Frau mittleren Alters in einem goldbestickten grünen Kleid öffnete die Tür. Sie war so professionell zurechtgemacht, sie hätte sofort auf eine Bühne hinaustreten können. Unter freundlichsten Begrüßungsfloskeln führte sie Greta zu einem kleinen Tisch, auf dem Speisen und Wein bereitstanden.

«Lassen Sie uns eine Kleinigkeit essen und trinken», sagte ihre Gastgeberin.

«Nicht jetzt, vielen Dank», erwiderte Greta.

«Sind Sie nicht hungrig?»

«Doch, ich glaube schon, aber ich kann jetzt nicht essen», sagte Greta und reichte ihr den Mantel.

«Warum nicht? Setzen Sie sich doch, und essen Sie etwas.»

Greta setzte sich gehorsam und sagte: «Ich bin ausgesprochen neugierig darauf, was Sie mit mir besprechen wollen.»

«Wir werden essen und dabei reden. Möchten Sie etwas Wein?» fragte ihre Gastgeberin und griff nach der Flasche.

«Nein, danke sehr, aber bitte, lassen Sie sich durch mich nicht abhalten.»

Aga goß sich ein Glas Wein ein und begann dann nach einigen Schlucken zu sprechen: «Als ich so alt war wie Sie, habe ich Tagebuch geführt.»

«Ich habe keines», sagte Greta sanft.

«Ältere Frauen wie ich sammeln die Adressen von Männern», fuhr Aga fort.

Greta fragte sich, was dieses Geplänkel sollte, beschloß aber, mitzuspielen. Lächelnd sagte sie: «Ich kenne keinen Mann gut genug, um seine Adresse zu haben.»

Aga Andersson füllte ihr Glas nach. «Wollen Sie nicht doch etwas trinken?» fragte sie. «Und bitte, nehmen Sie sich etwas von dem Rindfleisch oder dem Fisch.»

Greta hatte das Gefühl, daß Aga etwas Wichtiges zu sagen hatte, aber nicht wußte, wie sie anfangen sollte. Wenn sie einwilligte, etwas zu essen, dachte sie, dann würde vielleicht eine richtige Unterhaltung zustande kommen. Sie nahm eine Scheibe Brot und griff sich, die Vorlegegabel außer acht lassend, mit den Fingern eine Scheibe Räucherlachs. Als Greta ihren ersten Bissen genommen hatte, redete Aga plötzlich ganz anders. «Früher habe ich die Adressen vieler Männer gesammelt. Das war mein großes Hobby, ja fast ein Beruf. Aber jetzt habe ich nur mehr eine Adresse in meinem Notizbuch, die von Lars Ring. Greta, darf ich Sie Keta nennen – wie Ihre Freunde?»

Greta konnte nicht antworten, da sie den Mund voll hatte. Ihre Gastgeberin schob ihr ein Glas Wein hin. «Sie essen nur Brot und Fisch. Warum trinken Sie nicht ein Glas?»

«Ich trinke niemals vor einer Offenbarung.»

«In der Liebe gibt es so etwas wie eine Offenbarung nicht, nur unverbrüchliche Treue und Vertrauen. Ich bin Lars treu!»

«Das glaube ich Ihnen. Aber was hat das mit mir zu tun?» fragte Greta, die bemerkte, daß ihre Gastgeberin allmählich betrunken wurde.

54

«In der Welt der Erwachsenen heißt es, daß ein Mann für das Gute, das er tut, bewundert wird, während eine Frau bewundert wird für das Schlechte, dem sie widersteht.» Und erneut füllte sie ihr Glas nach und insistierte: «Trinken Sie etwas mit mir.»

Greta erhob schließlich ihr Glas, stieß mit ihrer Gastgeberin an und nahm langsam zwei Schlucke.

«Obwohl ich viele Männer ausprobiert habe», sagte die ältere Frau, «bin ich jetzt nur mehr Lars treu. Aber das ist es nicht, was ich sagen wollte.» Sie fing an zu stottern. «Seit Lars Sie gesehen hat, wird er immer distanzierter mir gegenüber. Er spricht nur noch davon, daß er seiner ‹armen Söder*flicka*› helfen muß.»

Greta hörte auf zu essen und murmelte: «Ich habe ihn um nichts gebeten.»

«Ich weiß. Sie hatten noch nicht die Gelegenheit dazu, aber ich habe gesehen, wie Sie mit Ihrem Hintern vor ihm herumgewackelt haben, als wir uns für den Film umzogen.»

Greta erhob sich vom Tisch, mit der Absicht, ihren Mantel zu nehmen und zu gehen. Ihre Gastgeberin ergriff sie beim Arm. «Setzen Sie sich!» befahl sie. «Gehen Sie nicht! Ich bin noch nicht fertig!»

Greta befreite ihren Arm aus dem Griff der älteren Frau und sagte, ohne sich zu bewegen: «Ich habe nicht vor, mir Ihre Unverschämtheiten anzuhören.»

«Das war keine Unverschämtheit, das war die reine Wahrheit. Sie haben ihn ermutigt.»

«Es ist doch nicht meine Schuld, daß er im PUB nach mir gesucht hat. Ich habe schließlich nicht nach ihm gesucht.»

«Das weiß ich. Pastor Ahlfeldt war dafür verantwortlich. Er will, daß Sie, Ihre Schwester und Ihr Bruder selbständig werden, weil er nämlich gern Ihre Mutter als Haushälterin und Geliebte zu sich nehmen würde.»

Greta war vollkommen überrascht von dieser Eröffnung. Sie hatte weder die Worte noch die Stärke, darauf zu reagieren. Sie stand da wie ein toter, ausgetrockneter Baum inmitten eines riesigen Feldes. Tränen stiegen ihr in die Augen. Sie war einem Zusammenbruch nahe. Aga schrie: «Ich weiß das! Ich habe die ganze Geschichte immer und immer wieder nachgeprüft. Ich weiß es!»

Greta gewann ihre Fassung zurück und sagte ganz ruhig: «Warum greifen Sie mich an?»

«Sie sind eine Söder*flicka*, und wenn eine Söder*flicka* hinter einem reichen und berühmten Mann her ist, dann bekommt sie ihn auch.»

«Das ist doch lächerlich.»

Sie hatte mit all dem nichts zu tun. Sie hatte Lars Ring nicht gebeten, ihr zu helfen, und sie hatte auch Pastor Ahlfeldt nicht gebeten, ihr zu helfen. Beide Männer waren aus eigenen Motiven an ihr interessiert. Sie setzte sich wieder, legte ihre Hände vors Gesicht und schluchzte. Aga kniete sich vor sie hin und fing an, sie mit heiserer Stimme zu trösten. «Vielleicht ist es nicht Ihre Schuld», sagte sie, «aber bitte gehen Sie Lars aus dem Weg. Wenn Sie Geld brauchen, leihe ich Ihnen welches. Wenn Sie Hilfe benötigen, ich werde alles tun. Wenn Sie nur Lars aus dem Weg gehen. Ich habe Angst davor, allein zu sein, und Lars ist mein ganzes Leben.»

Ihre Hände immer noch vor dem Gesicht, sagte Greta kein Wort. Sie rührte sich nicht, aber sie hatte zu weinen aufgehört. Alle möglichen Gedanken über ihre Mutter und den Pastor schossen ihr durch den Kopf. Sie hatte nur mehr wenig übrig für sie alle. Jetzt verstand sie die Situation, in der sie sich befand: Ihre Mutter zankte sich mit ihr, weil sie sie loswerden wollte. Aber warum stritt sie sich mit ihr mehr als mit Alva oder Sven? Das war ihr ein Rätsel. Und dann Pastor Ahlfeldt, der vorgab, ein Mann Gottes zu sein, und dabei genau wie alle anderen Männer war. Lief denn jeder nur dem Geld und dem Sex hinterher? Es schien so.

«Warum sagen Sie nichts?» fragte Aga, während sie sich mühsam von ihren Knien erhob. «Wenn Sie mein Angebot ablehnen, werde ich Sie vernichten.» Ihre Stimme klang trocken, hart und haßerfüllt.

«Ich glaube, ich will nur noch weg von den Menschen und mit dem Wind und dem Regen und dem knisternden Feuer leben. Und sogar in diesem Traum höre ich die grelle Stimme meiner Mutter», dachte Greta.

«Sagen Sie etwas! So sagen Sie doch etwas!» schrie Aga. Sie wankte zum Tisch, goß sich ein weiteres Glas ein, trank es leer und kehrte zu ihrem Opfer zurück. «Warum machen Sie Ihren Mund nicht auf? So sagen Sie schon, daß Sie meinem Vorschlag zustimmen!»

Aga wartete einige Sekunden, packte Greta dann bei den Haaren und zerrte sie zu Boden. Greta sprang auf die Füße und lief zur Tür, aber Aga bekam sie zu fassen und riß sie wieder zu Boden. Sie begannen sich herumzuwälzen, und Greta versuchte sich zu befreien. Sie schlug nun zurück. Einen Augenblick lang dachte sie, sie kämpfe mit ihrer Mutter. Diesmal jedoch war sie diejenige, die austeilte. Aga fühlte den Schmerz, den Gretas Fäuste ihr zufügten, und schlug fester. Beide Frauen atmeten schwer, als sie sich jede auf einen Stuhl fallen ließen – beide zu erschöpft, um auf den Füßen zu stehen.

Aga spürte, daß sie den Kampf verlor. Sie taumelte zum Tisch und schnappte sich eine der Flaschen. Greta sah ihre Chance, sprang auf, griff sich ihren Mantel und rannte zur Tür. Sie öffnete sie und sprang in den leeren Korridor.

Aga erschien mit erhobener Flasche unter der Tür und schrie laut: «Üble Schlampe! Ich bringe dich um. Ich bringe dich um.»

Getrieben von der Gewalt dieser Worte, lief Greta noch schneller. Sekunden später blies ihr der schneidend kalte Wind erneut ins Gesicht. Sie spürte ihn kaum; der Stachel, den Agas Worte hinterlassen hatten, schmerzte mehr.

Die Königliche Schauspielschule

Ich war vielleicht vier oder fünf Jahre alt. Sven und Alva waren nicht zu Hause. Ich tat so, als schliefe ich in meinem Bett in der Ecke. Meine Mutter, die über die Hitze klagte, hatte sich völlig ausgezogen. Sie fing an, im Zimmer herumzugehen, wobei sie ihren fetten Körper und ihren wogenden Busen schüttelte. Vater lag vollkommen bekleidet auf dem Bett und schenkte ihr keinerlei Aufmerksamkeit. Er war nicht sonderlich begeistert von dem Gedanken, mit einer Frau zu schlafen, die sich ständig mit ihm herumzankte. Aber meine Mutter war hartnäckig. Sie ging in die kleine Küche, zog eine Flasche *Brännvin* hervor, goß ein Glas ein, ging an Vaters Bett und reichte es ihm mit den Worten: «Trink das.» Das mußte man ihm nicht zweimal sagen. Er schnappte sich das Glas und leerte es in einem Zug. «Gib mir noch eins.»

Mutter rannte in die Küche. Sie füllte das Glas, diesmal fast bis zum Rand, und verschüttete bei der hastigen Übergabe fast ein Drittel davon. Ich lugte unter der Decke hervor, weil ich spürte, daß irgend etwas Wichtiges passieren würde, vielleicht sogar eine Aussöhnung zwischen meinem Vater und meiner Mutter. Und wieder schüttete Vater den *Brännvin* hinunter; Mutter nahm ihm das leere Glas ab und ging die paar Schritte zum Küchentisch, um es abzustellen. Als sie zurückkam, entdeckte sie, daß Vater sich zur Wand gedreht hatte und schnarchte.

«Wach auf!» brüllte meine Mutter, während sie sich über ihn beugte und ihre Brüste seinen Rücken berührten. «Wach auf!» schrie

58

sie lauter. Vater hörte zu schnarchen auf, rührte sich aber nicht. Mutter fing an, mit ihren Fäusten auf seinen Rücken einzuhämmern. Sein Körper bebte unter ihren kräftigen Fäusten, aber er blieb mit dem Gesicht zur Wand liegen. Plötzlich sprang meine Mutter auf, schnappte sich einen Stuhl und schlug ihm damit auf Rücken und Kopf. Der Stuhl brach entzwei, und Mutter wurde hysterisch. Sie rannte durch die Wohnung und kreischte: «Du bist ein Säufer und Betrüger! Mit anderen Frauen kannst du es treiben, aber nicht mit mir!» Sie wurde immer hysterischer, rannte im Kreis herum und rieb sich dabei unentwegt den Bauch, die Brüste und den Kopf. Schließlich beschloß ich, aufzustehen und mich auf die Bettkante zu setzen. Ich wußte nicht genau, wie ich auf so eine Szene reagieren sollte; also starrte ich völlig regungslos auf meinen Vater. Ich hatte meine Mutter viele Male nackt gesehen, und ihre Nacktheit war von keinerlei Interesse für mich. Aber ich war neugierig, wie mein Vater auf so eine eigenartige Situation reagieren würde.

Ich mußte nicht lange warten, denn wie auf meinen Befehl erhob er sich. Dort, wo ihn der Stuhl getroffen hatte, war Blut auf seinem Gesicht. Es tropfte von seiner Stirn auf die linke Wange hinunter. Mit unsicheren Schritten ging er zur Tür und verschwand. Meine Mutter, die mitten im Zimmer stand, starrte die Wände an und wich meinem Blick aus. In ihren roten Augen stand der Wahnsinn. Sie weinte nicht. Einige Minuten lang stand sie nur so da, dann ging sie wie in Trance zu dem Stuhl, auf dem ihr Kleid und ihre Unterwäsche hingen. Sie zog sich an. Dann nahm sie einen leeren Kohlensack und ging im Zimmer herum, um die Einzelteile des zerbrochenen Stuhls aufzusammeln. Als sie damit fertig war und auch den kleinsten Splitter aufgehoben hatte, knotete sie den Sack zu und verstaute ihn unter dem Bett, auf dem Vater noch vor wenigen Augenblicken gelegen hatte.

Als Sven und Alva zurückkamen, fragten sie nach Vater. Mutter antwortete: «Er ist noch nicht wieder zurück, wie immer. Vermutlich säuft er wieder irgendwo.»

Von meinem Bett aus schrie ich: «Du lügst!»

Da rannte sie auf mich zu und fing an, mit ihren Fäusten auf mich einzuschlagen. Ich weiß nicht, was passiert wäre, wenn meine Geschwister sie nicht weggezerrt hätten. In solchen Augenblicken schien sie immer jemanden zu brauchen, der sie davon abhielt, noch gewalttätiger zu werden.

Offensichtlich hatte meine Mutter nach diesem Vorfall sexuelle Beziehungen zu anderen Männern. Mir fiel auf, daß sie jetzt nur noch für reiche Leute arbeitete. Um sich selbst und uns davon zu überzeugen, daß sie gute Gründe dafür hatte, sagte sie gewöhnlich: «In den reichen Haushalten wird nicht um den Lohn geschachert.» Obwohl sie selbst immer mit ihren Händen gearbeitet hatte, verachtete sie andere, die das auch tun mußten. Die Reichen waren anders; sie waren fein, gut und aufrichtig. Immer drängte sie meine Schwester und mich, nur reiche Männer zu heiraten. Darum versuchte sie uns auch immer davon abzuhalten, mit Nachbarjungen auszugehen. Ihre Begründung war einfach: «Verlier bloß nicht deine Jungfräulichkeit», sagte sie. «Wenn du einmal einen reichen Mann heiratest, kannst du deine Unschuld als Mitgift in die Ehe einbringen.» Diese Philosophie wiederholte sie zwei- bis dreimal die Woche. Um des lieben Friedens willen stimmte meine Schwester ihr zu, aber mir sagte sie, daß sie von Mutters Argumenten nicht viel hielt. Wenn ich meine Mutter darüber reden hörte, wie man sich einen reichen Mann angelt, mußte ich an ihre vergeblichen Versuche denken, meinen Vater zu erregen.

Über Jahre hinweg blieb diese schreckliche Szene in meiner Vorstellung lebendig und beeinflußte meine Einstellung sowohl zu den Männern als auch zu den Frauen, die ich mochte. Ich schämte mich, weil ich alles gesehen hatte. Ich schämte mich für Mutter, weil sie nackt herumtanzte und Vater mit einem Stuhl schlug. Und ich schämte mich vor allem für meinen Vater. Ich hatte Mitleid mit ihm, und in dieses Mitleid mischte sich ein Gefühl der Schuld und der weiblichen Überlegenheit. Und nachdem ich entdeckt hatte, daß Mutter eine Affäre mit Pastor Ahlfeldt hatte, änderte sich auch meine Einstellung zur Religion. Rasch verlor ich auch das bißchen Frömmigkeit, das ich bis dahin gehabt hatte. Diese Dreierbeziehung zwischen Vater, Mutter und dem Pastor lag mir schwer auf der Seele. Ich fing an, dem Sex gegenüber Ekelgefühle zu entwickeln. Wenn ich daran dachte, bekam ich Bauchschmerzen, und ich fühlte eine Schwäche in meinem ganzen Körper und das Verlangen, mich zu übergeben. Was mich aber nie beunruhigte, war die Tatsache, daß ich sowohl für Jungen als auch für Mädchen sexuelle Gefühle hegte. An den Ufern des Årsta, die ich jeden Sommer an einigen Wochenenden besuchen konnte, beobachtete ich häufig und voller Faszination das Spiel nackter Jungen und Mädchen. Ich bewunderte die Jungen, wenn sie am Ufer entlangliefen, und ebenso bewunderte ich die im Gras liegenden Mädchen. Und manchmal stellte ich mir vor, daß sie auf mich, meine Gesellschaft, meine zarten Küsse warteten. In diesen meinen Phantasien erhielt ich Zärtlichkeiten sowohl von den Jungen als auch von den Mädchen. Wenn es aber wirklich einmal soweit war, dann verlor ich die Nerven, lief davon und versteckte mich. Freundinnen und Freunde erkannten meine Schüchternheit rasch.

Eines Tages im Sommer bat mich meine Schwester, ihr dabei zu helfen, ein Zelt aus Decken zu bauen. Ich spielte sehr gern mit ihr und willigte deshalb ein. Wir benutzten zwei große graue Decken, die wir über Sträucher breiteten und dann am Boden festmachten. Als das Zelt errichtet und das Innere mit weichem Gras ausgelegt war, ging Alva hinein und zog mich mit sich. Wir trugen beide unsere schwarzen Badeanzüge, und wie auf ein geheimnisvolles Kommando zogen wir sie gleichzeitig aus. Wir sagten nichts zueinander. Alva zog mich zu sich hinüber und legte ihren linken Arm um mich, während sie mich mit ihrer rechten Hand zwischen den Beinen streichelte. In einem süßen Flüsterton drängte sie mich, das gleiche bei ihr zu machen. Unsere Erfahrungen im Zelt waren eine Offenbarung für mich.

Eines Tages, während ich im Zelt auf Alva wartete, lugte ein Junge aus der Umgebung herein. Als er mich nackt sah, sagte er: «Ich weiß, was du da mit deiner Schwester machst, aber jetzt werde ich dir zeigen, wie die Dinge wirklich sind.» Es war mir peinlich, und eine Mischung aus Furcht und Bewunderung für den Jungen, der sich auszog, ließ meine Glieder gefrieren. Ich sagte kein Wort und bewegte mich nicht, als er sich auf mich warf und anfing, seinen Penis zwischen meine Beine zu schieben. Aber er war ungeschickt und verteilte alles auf meinem Bauch. Dann machte ich die Entdeckung, daß er mich auf dieselbe Art streicheln konnte wie meine Schwester. Und obwohl dies eine angenehme Erfahrung war, kam nicht allzuviel Vertrautheit auf, weil er mir fremd war und ich nicht wußte, was ich zu erwarten hatte.

Von da an träumte ich häufig von einem reifen, erfahrenen Mann mit der Leidenschaftlichkeit eines Jungen und der verfeinerten Technik eines Erwachsenen. Seltsamerweise träumte ich auch von Frauen im Alter meiner Mutter, die für mich die idealen Liebhaberinnen darstellten. Diese Träume überlagerten sich. Manchmal war das männliche Element vorherrschend, manchmal das weibliche. Ein andermal war ich mir nicht sicher. Und häufig sah ich in meinen Träumen einen weiblichen Körper mit männlichen Geschlechtsorganen oder einen männlichen Körper mit weiblichen Geschlechtsorganen. Diese Bilder, die sich in meinem Kopf vermischten, bereiteten mir bisweilen Vergnügen, aber noch öfter Schmerz. Es gibt für mich nur ein Wort, das meine Haltung dem Sex gegenüber auszudrücken vermag: Verwirrung. Sex war für mich nie ein Mittel, zum Bevölkerungswachstum beizutragen. Für mich war Sex immer eine Quelle des Vergnügens, auch wenn ich mich dieser Quelle nur zögernd genähert habe. Verwirrung bringt nun einmal Zaudern mit sich, und das Gefühl sexueller Verwirrung hat mich von frühester Kindheit an verunsichert. Ich glaube, ich könnte niemals für längere Zeit mit einem Mann oder einer Frau zusammenleben. Männer und Frauen ziehen mich verstandesmäßig an, aber jede Intimität macht mir Angst. Ich brauche ein langes zärtliches Vorspiel, ehe ich mich selbst vergessen und mich einem anderen Menschen wirklich hingeben kann. Aber auch dann noch bleibt der dominierende Faktor Verwirrung. Wenn ich mit einem jungen Mädchen zusammen war, träumte ich von einem jungen Mann – und umgekehrt. Wenn alles vorbei war, fühlte ich mich leer und unbefriedigt. Ich glaube, daß die Ursache dieser Verwirrung die Beziehung zwischen meinen Eltern war.

Wie zum Ausgleich für meine sexuellen Unzulänglichkeiten oder, wenn Sie so wollen, meine Bisexualität, hatte ich den unwiderstehlichen Drang, auf der Bühne zu stehen oder in Filmen zu spielen. Mein Verstand, mein Unterbewußtsein erhielten dadurch eine Art Gleichgewicht, ich spürte etwas von Ordnung und Glück. Mehr noch, auf der Bühne oder vor der Kamera zu stehen war für mich ein sexuelles Erlebnis. Das war es, was mich für die Öffentlichkeit so fantastisch spielen ließ. Wenn ich das Gesicht, die Hand oder das Bein meines Partners berührte, fühlte ich mich großartig. Wenn ein Partner mich umarmte oder küßte, verspürte ich ein angenehmes Gefühl im Bauch. Regisseure, Kameramänner, Techniker, Schauspieler, die mir zusahen und unter den heißen elektrischen Lampen schwitzten, dachten: So kann nur die Garbo spielen. Für mich war es ein rein sexuelles Erlebnis und mein absolutes Geheimnis. Vielleicht ist dieses rein emotionale Erleben, gepaart mit tiefer sexueller Befriedigung, die Grundlage meiner Kreativität.

Es ging los mit Werbefilmen, und Lars Ring gefiel meine Arbeit sehr. Aga jedoch verhinderte, daß sich zwischen mir und diesem ideenreichen Mann eine professionelle Beziehung entwickelte. Mir blieb nichts anderes übrig, als meine Anstellung als Verkäuferin bei Bergström zu behalten. Aber da ich lange Abende an der Schauspielschule herumhing, fiel es mir schwer, am nächsten Morgen wieder zur Arbeit zu gehen. Manchmal tauchte ich gar nicht erst an meinem Arbeitsplatz auf. Meine Freunde in der Schule, Mimi Pollak, Curt Andersson und Lena Cederström, waren ununterbrochen mit ihren schauspielerischen Studien beschäftigt. Ich beneidete sie sowohl für ihre Freiheit, dies zu tun, als auch für ihre großen Möglichkeiten. In der Zwischenzeit war meinem Abteilungsleiter, Herrn Fischer, meine zunehmende Abwesenheit aufgefallen, und er drohte mir mit Kündigung. Schließlich war es soweit. «Ich kann Sie hier im Warenhaus nicht länger dulden», sagte er. «Ich muß Ihre schlechte Arbeit, Ihr Zuspätkommen, Ihre langen Mittagspausen und die Tage, die Sie sich freinehmen, vertuschen. Ihretwegen könnte ich meine Anstellung verlieren.»

Ich werde wohl nie wissen, warum, aber drei Tage später rief man mich ins Kaufhaus zurück und sagte mir, ich könnte meine Stelle wiederhaben, unter der Bedingung, von nun an eine fleißigere Angestellte zu sein. Ich sagte, ich würde es versuchen. Zu diesem Zeitpunkt hatte ich aber bereits beschlossen, daß mir bei meiner Schauspielausbildung nichts – nicht einmal eine Anstellung, die ich brauchte – im Wege stehen würde. Ich ging weiterhin jeden Tag zur Akademie, manchmal während einer langen Mittagspause, meistens jedoch nach der Arbeit, um mit Freunden zu tratschen, bei den Proben zuzusehen und ein wenig den Dialogen zwischen den jungen Schauspielern zuzuhören. Ich war besonders aufmerksam, wenn der Direktor der Schule, Frans Enwall, oder seine Tochter Signe, eine Schauspiellehrerin, die Leitung hatten. Gustaf Molander, der später, nach Enwalls Krankheit, Schuldirektor wurde, war ein weiterer großer Lehrer. Außerdem waren auf den Korridoren der Schule häufig professionelle Schauspieler und Regisseure zu sehen, die in den Theatern Stockholms Gastspiele gaben. Tagsüber besuchten sie die

Schule, um ihre Erfahrungen mit den jungen Anwärtern auszutauschen.

Eines Tages, ich ging gerade durch die Korridore, erhaschte ich einen flüchtigen Blick auf die große, leicht gebeugte Gestalt von Mauritz Stiller, der schon bald zum Mittelpunkt meines Lebens werden sollte. Ich hatte sein Gesicht und seine sonderbaren Augen schon auf Plakaten, in Zeitungen und Zeitschriften bewundert; ich hatte Theaterstücke gesehen, die unter seiner rätselhaft gebieterischen Regie entstanden waren. Aber niemals zuvor hatte ich ihn aus solcher Nähe gesehen wie an diesem Tag auf dem Flur der Schauspielschule. Ich konnte sogar sein Eau de Cologne riechen, das er so großzügig aufgetragen hatte.

Frans Enwall sah mich viele Male in der Akademie. Eines Tages kam er auf mich zu und sagte: «Sie verbringen viel Zeit in den Korridoren, und mir scheint, Sie sind an allem, was hier vor sich geht, interessiert. Ich weiß nicht, wie Sie heißen, aber ich wüßte es gern.»

Ich war von der Direktheit dieses berühmten Regisseurs verblüfft. Noch ehe ich die Gelegenheit hatte zu antworten, sagte er mit äußerst angenehmer Stimme und gleichzeitig sanft meinen Arm berührend: «Seien Sie nicht verwirrt oder verängstigt. Ich möchte nur Ihren Namen wissen. Sie sehen aus, als sollten Sie Schauspielerin werden.»

«Greta Gustafsson», antwortete ich und betrachtete eine Gruppe von Mädchen und Jungen, die nicht weit entfernt in eine hitzige Diskussion verstrickt waren.

Er wiederholte meinen Namen, als dächte er über etwas anderes nach. «Ah ja, ich erinnere mich: Carl Brisson hat Ihren Namen erwähnt. Sie wollen hier an unserer Schule bald Kurse belegen, nicht wahr?»

«Ja. Aber tagsüber muß ich arbeiten, also kann ich die Schule nicht regelmäßig besuchen. Ich muß Geld verdienen.»

Er merkte, daß ich noch etwas sagen wollte; vielleicht spürte er auch das Selbstmitleid in meiner Stimme. Jedenfalls nahm er mich beim Arm und sagte: «Wir wollen in mein Büro gehen und darüber sprechen.»

Während ich folgsam neben ihm herlief, drehten sich die Studenten nach uns um und fragten sich wohl, warum der große Frans Enwall Interesse an mir zeigte, obwohl ich doch noch gar kein Vorsprechen an der Akademie gehabt hatte.

64

Als wir sein Büro betraten, bat er mich, mich zu setzen, und sagte dann: «Ich verstehe nicht, warum Sie nicht früher gekommen sind, um sich einen Rat zu holen.» Er drehte sich in seinem Stuhl um und griff nach einem Buch auf dem Regal hinter sich. «Hier», sagte er, «suchen Sie sich eine Szene aus und lesen Sie sie mir vor. Brisson sagte mir, Sie hätten Talent.»

Ohne auf das Kompliment zu achten, nahm ich das Buch und fing an, darin herumzublättern. Es war *Madame Sans-Gêne* von dem französischen Dramatiker Victorien Sardou. Glücklicherweise hatte ich das Stück vorher schon zweimal gelesen, einmal mit Mimi Pollak und ein zweites Mal, als ich in der Bibliothek keinen Roman von Selma Lagerlöf finden konnte. Natürlich tat ich so, als würde ich das Stück noch nicht kennen. Ich suchte immer noch nach einer geeigneten Stelle, die ich vorlesen konnte, als er mir das Buch aus der Hand nahm, mir ungeduldig eine Passage daraus zuwies und sagte: «Lesen Sie das.»

Die Leseprobe verlief gut, und Enwall sagte: «Sie haben Talent und eine schöne Stimme.» Innerlich war ich glücklich, aber ich sagte nur: «Danke. Vielen Dank.»

«Ich werde Ihnen Privatunterricht geben, wann immer es Ihnen paßt», fuhr er fort. «Wenn ich keine Zeit habe, wird meine Tochter Signe für mich einspringen.» Ich wollte ihm abermals danken, aber er hatte noch etwas zu sagen. «Sie sollten etwas Schauspielerfahrung sammeln. Letzte Woche habe ich mit Erik Petschler gesprochen, einem Produzenten, der auf der Suche nach jungen Schauspielerinnen ist. Mit Ihrer Erlaubnis würde ich Sie ihm gern weiterempfehlen.»

Ich war von Frans Enwalls Worten so überwältigt, daß ich seine alte Hand nahm und sie küßte. Er war äußerst gerührt und sagte: «Das müssen Sie nicht tun. Sie müssen sich nicht für Ihr Talent entschuldigen. Ihre Begabung hat es nicht nötig zu betteln. Und es ist schließlich meine Pflicht, Ihnen zu helfen. Sonst brauchte ich diese Schule hier nicht zu leiten.»

Das ganze Frühjahr 1922 über, die Zeit, da meine richtige Schauspielkarriere begann, ging ich zu Enwalls Büro oder zu ihm nach Hause, um Privatstunden zu nehmen. Wenn er keine Zeit hatte, trainierte mich Signe, die normalerweise die fortgeschrittenen Schüler unterrichtete. Zusammen brachten sie mir praktisch alles über die

Schauspielerei bei. Sie gaben mir Unterricht im Lesen, Sprechen, wie man sich auf der Bühne bewegen muß, und im Singen. Wir fingen mit Lagerlöf an und gingen dann zu Sardou und Shakespeare über. Ich arbeitete hart an diesen Texten und verbrachte manche schlaflose Nacht, weil ich entschlossen war, meine Arbeit im PUB zu behalten. Diese Anstellung blieb die Hauptquelle meiner finanziellen Unabhängigkeit und lieferte außerdem das Geld, mit dem ich Geschenke für Signe und ihren Vater kaufen konnte. Die ganze Angelegenheit versetzte mich in einen Zustand nervöser Erschöpfung. Mir war klar, daß ich möglicherweise vollkommen zusammenbrechen würde, wenn ich mich weiterhin so unter Druck setzte, aber ich hatte das unbedingte Gefühl, ich sollte versuchen, mich bei ihnen irgendwie zu revanchieren. Das war einer der Hauptgründe, warum ich meine Stelle im Kaufhaus behielt. Am Anfang kaufte ich eine Pfeife für Enwall und ein Paar Handschuhe für Signe. Schon bald versuchte ich, ihm jeden Monat etwas mitzubringen. Zum Geburtstag schenkte ich Enwall einen guten Wollpullover und Signe eine italienische Spitzenbluse. Sie nahmen meine Geschenke gern an, aber ich muß zugeben, daß sie mir auch Fragen stellten. Meine Antwort war einfach: Ich war in einem Kaufhaus angestellt, das mir einen hohen Rabatt auf seine Waren gewährte. Aber das war nur die halbe Wahrheit. Gewöhnlich kaufte ich ein Geschenk mit Rabatt und entwendete das andere. Ich rechtfertigte meine Diebstähle, indem ich mir einredete, die Enwalls seien so großzügige Menschen, die soviel für mich getan hatten, daß sie einfach Geschenke verdienten. Außerdem sagte ich mir: «Wenn ich erst einmal ein Stipendium für die Königliche Schauspielschule bekomme, dann werde ich weniger abhängig sein von den Enwalls.»

Weil ich begriffen hatte, daß ich das Stipendium nur bekam, wenn sie mir ein gutes Empfehlungsschreiben ausstellten, beschloß ich, ihnen wirklich teure Abschiedsgeschenke zu machen. Bis zum April hatte ich bereits eine Kaschmirweste für Enwall und ein rotes Seidenkleid für Signe ausgesucht. Dann mußte ich feststellen, daß mich diese zwei Geschenke praktisch das Gehalt eines ganzen Jahres kosten würden, sie zu kaufen also nicht in Frage kam. Und doch wollte ich ihnen diese Geschenke machen – wegen des Stipendiums. Also nahm ich eines Tages das Kleid aus den Verkaufsräumen und brachte es in das Büro der Geschäftsleitung. Ich versteckte es hinter einem Schrank voller Rechnungsbücher und Papiere. Ich wußte, daß dieser

Platz sicher war, denn selbst wenn jemand das Kleid fände, so würde man mich kaum verdächtigen. Einige Tage danach suchte ich eine wunderschöne braune Weste aus und versteckte sie erfolgreich zusammen mit dem Kleid. Das nächste Problem war, wie ich die beiden Sachen am besten aus dem Kaufhaus brachte. Zunächst dachte ich daran, Sven und Alva um Hilfe zu bitten; sie könnten im Kaufhaus vorbeischauen, die Kleidungsstücke anziehen und wieder gehen. Und da sie beide Mäntel tragen würden, könnten sie es schaffen. Aber dann fiel mir ein, daß sie so erführen, daß ich eine Diebin war. Und wenn einer oder beide geschnappt würden? Sie würden mir niemals verzeihen, ihren Ruf und ihre Karriere zerstört zu haben. Und auch ich würde mir nie vergeben können, wenn ein solches Unglück passierte.

David Fischer war noch immer mein Abteilungsleiter. Es hieß, er sei mit dem beliebten Bühnenschauspieler Josef Fischer verwandt, und er sprach immer von der Schauspielkunst. Seit der Zeit, da Lars Ring angefangen hatte, im PUB Werbefilme zu drehen, hielt mich Fischer für etwas Besonderes. Häufig blieb er an meinem Ladentisch stehen und unterhielt sich mit mir. Da ich seine Interessen kannte, beschloß ich abzuwarten, bis er das nächstemal krank und sein Büro leer wäre. Dann würde ich unter dem Vorwand, ihm ein paar Bücher oder Theaterstücke nach Hause zu bringen, hineingehen, die Sachen nehmen, verpacken und das Büro wieder verlassen.

Ich wartete ein oder zwei Wochen, aber Fischer kam zuverlässiger denn je. Ich bemerkte, wie ich nervös wurde. Diese Situation beunruhigte mich so, daß ich in den folgenden Nächten kein Auge zumachte. Sollte ich Fischer bitten, mir die Sachen auf Kredit zu überlassen? Vielleicht wäre er aus Liebe zum Theater einverstanden.

Mittlerweile hatte ich mir selbst eingeredet, daß ich ausgebeutet wurde, weil ich so wenig verdiente, und mir deshalb eine Gehaltserhöhung zustand. Die Gehaltserhöhung würden mir die versteckten Kleider bringen. Fischers Mittagspause war immer auf die Minute genau gleich, und es schien durchaus denkbar, daß ich das kleine Wunder vollbringen und die Sachen aus dem Laden schaffen könnte, während er weg war.

Ich suchte mir einen ausgesprochen sonnigen Tag aus, weil Fischer sich an solchen Tagen immer noch zusätzliche zehn Minuten für einen Bummel durch die Straßen genehmigte. Als ich ihn hinausgehen sah, nahm ich ein Paar Handschuhe unter dem Vorwand, in sein Büro zu gehen und ihn wegen des Rabatts zu fragen. Ich trug den langen schwarzen Mantel, den ich am Morgen angezogen hatte. Sobald ich in seinem Büro war, ließ ich alles fallen und schlüpfte in das Kleid. Es war länger als mein Mantel, und ich steckte es rasch hoch. Dann schlüpfte ich in die braune Weste und zog meinen Mantel an. Die ganze Zeit über zitterte ich und machte mir Mut, indem ich fortwährend wiederholte: «Sie beuten mich aus. Sie beuten mich aus. Sie beuten mich aus.» Mein Gewissen hörte auf, mich zu quälen, und ich ging ganz normal aus dem Büro und durch den Laden. Als ich an der Tür angelangt war, wurde ich von einem großen Mann festgehalten. Er flüsterte: «Greta Gustafsson, was haben Sie unter Ihrem Mantel?»

«Nichts», sagte ich voller Angst.

Er behielt meinen Arm fest im Griff und sagte: «Wir gehen jetzt zu Herrn Fischer.»

Ich hatte keine Möglichkeit, ihm zu entkommen, also mußte ich mitspielen. Ich wußte nicht, ob uns jemand zusah, aber meine Wangen glühten fiebrig, und ich zitterte wie Espenlaub.

Der Detektiv klopfte an die Tür, und als niemand antwortete, öffnete er sie und schob mich hinein. «Warten Sie hier», sagte er und verließ den Raum. Ich hörte, wie er die Tür abschloß. Nach wenigen Minuten hatte ich meine Kraft wiedergewonnen, indem ich meine Litanei aufsagte: «Sie beuten mich aus. Sie beuten mich aus.» Ich zog die Weste und das Kleid aus, faltete beides ordentlich zusammen und legte es auf Fischers Schreibtisch. Ich hatte gerade meinen Mantel angezogen, da hörte ich den Abteilungsleiter und den Detektiv an der Tür. Wortlos kamen sie herein. Schließlich wandte sich der Abteilungsleiter an den Detektiv und sagte: «Bitte, lassen Sie uns allein.»

Als der andere Mann das Zimmer verlassen hatte, sagte Fischer zu mir: «Was ist in Sie gefahren? Sie haben Ihre Karriere noch kaum begonnen, da bereiten Sie ihr schon wieder ein Ende.» Ich sagte nichts, als ich so mit gesenktem Kopf vor ihm stand. Tränen liefen mir die Wangen hinunter und fielen zu Boden. «Sie sind erst siebzehn, und doch haben Sie schon alles hinter sich. Sie sind am Ende.» Niemals habe ich so laut und hysterisch geschluchzt wie damals. Ich war allein und hatte niemanden, an den ich mich wenden konnte. Meine Mutter würde kein Verständnis dafür haben – und mein Bruder, meine Schwester oder meine Freunde auch nicht.

Herr Fischer hörte zu reden auf, und durch meine Tränen hindurch sah ich sein besorgtes Gesicht. Vermutlich dachte er: Was soll ich tun? Ich kann ihren Diebstahl nicht einfach ignorieren. Der Warenhausdetektiv könnte es ja überall herumerzählen. Dann dachte ich: «Wie kann ich je wieder meinen Kollegen ins Gesicht sehen? Wie komme ich aus diesem Schlamassel bloß wieder heraus?»

«Nichts kann mir mehr helfen», dachte ich und sah, wie Fischer in den Papieren auf seinem Schreibtisch blätterte. Dann hob er den Kopf, wandte sich mir zu und sagte: «Kommen Sie her, unterschreiben Sie das.» Er legte seinen Füllfederhalter auf das Stück Papier und verließ das Büro. Zögernd näherte ich mich dem Schreibtisch, unterzeichnete das Papier und stellte mich wieder dorthin zurück, wo ich vorher gestanden hatte. Plötzlich öffnete sich die Tür, und Fischer tauchte mit dem Warenhausdetektiv auf. Er nahm das Papier vom Tisch und überreichte es dem Detektiv. «Wie Sie sehen, hat Fräulein Gustafsson dieses Papier vorgestern unterschrieben. Ich hatte ihr die Weste und das Kleid für ein paar Tage überlassen, damit sie beides ihrer Mutter und ihrer Schwester zeigen konnte.»

Ich war erstaunt und hätte Fischer am liebsten umarmt. Aber ich rührte mich nicht von der Stelle.

«Aber warum hat sie sich mit den Kleidungsstücken unterm Mantel davonstehlen wollen?» fragte der Detektiv.

«Haben Sie jemals ein junges Mädchen gesehen, das um die Mittagszeit mit einem langen roten Kleid herumläuft?» antwortete Fischer mit einer Gegenfrage. Und nach einer Pause fügte er mit einer Spur von Lächeln auf dem Gesicht hinzu: «Und über dem Kleid mit einer Männerweste?»

«Um die Wahrheit zu sagen, nein, niemals.»

«Sie sehen also, das Rätsel ist gelöst. Und wenn ich irgend jemanden hier im Geschäft über diesen Vorfall reden höre, werde ich sofort wissen, daß Sie geplaudert haben. Ich werde kein Auge zudrücken, auch nicht bei der kleinsten Indiskretion.»

«Ich verstehe», sagte der Detektiv mit Nachdruck.

«Absolutes Berufsgeheimnis, verstanden? Zwischen Ihnen und mir.»

«Ja, ja, Herr Fischer.»

Und mit diesen Worten verließ er das Büro. Während dieses Dialogs stand ich nur da und suchte nach einer Möglichkeit, David

Fischer meine Dankbarkeit auszudrücken. Aber er wartete nicht auf meine Reaktion. Statt dessen offenbarte er mir: «Ich weiß, daß Sie von Zeit zu Zeit Kleinigkeiten für Ihre Freunde vom Theater aus dem Laden mitnehmen. Ich habe meine Augen vor diesem Treiben verschlossen. Ich weiß, daß Sie das Bedürfnis haben, wenn Sie für Ihre Stunden schon nicht in Kronen bezahlen, so doch wenigstens mit etwas anderem. Aber das teuerste Kleid zu stehlen – das geht über mein Verständnis. Was soll ich Ihrer Meinung nach tun? Wollen Sie, daß ich meine Stelle verliere?»

Lange Zeit sahen wir uns schweigend an. Ein Sonnenstrahl bahnte sich einen Weg durch das Fenster und erhellte den Raum. Wir waren beide überrascht. Er lächelte und begann zu sprechen, während er zum Fenster hinaussah: «Lassen Sie mich erklären, warum ich Sie in Schutz genommen habe», sagte er. «Wie Sie wissen, liebe ich das Theater schon mein ganzes Leben lang. Als ich noch sehr jung war, träumte ich davon, ein großer Schauspieler zu werden. Aber Träume sind nicht das wirkliche Leben – oder wenigstens nur zum Teil. Als ich also diese Stellung annahm und meine Hoffnung auf die Schauspielerei aufgab, entschloß ich mich, mir eine andere Illusion aufzubauen – daß nämlich Josef Fischer, ein wirklich großartiger Schauspieler, ein Verwandter von mir sei. Tatsache ist, daß weder ich ihn noch er mich kennt. Und es gibt noch eine Reihe ähnlicher Geschichten, in denen ich vorgab, jemand zu sein, der ich nicht sein konnte. Ich würde sogar zum Schwindler, Dieb oder etwas Schlimmerem werden, wenn mich das in den Augen der anderen eher zu einem Schauspieler machte. Ich kann also einen Diebstahl verstehen, wenn er aus Liebe zum Theater begangen wird.»

Langes Schweigen erfüllte erneut den Raum. Ich hatte das Gefühl, daß dies alles Teil eines Traumes war, über den ich keinerlei Kontrolle hatte.

«Sie wissen, was ich tun werde?» fragte er, während er um seinen Schreibtisch herum auf mich zukam. Ich schüttelte den Kopf. «Ich werde Sie gehen lassen. Was mich anbelangt, ist nichts von dem allem jemals geschehen.»

«Danke», war alles, was ich herausbrachte, und ich wollte gehen.

«Warten Sie einen Moment», sagte er. «Ich glaube fest daran, daß Sie eines Tages eine große Schauspielerin sein werden. Und weil ich keine Familie habe und sich niemand an mich erinnern wird, wenn ich einmal nicht mehr bin, werde ich noch etwas für Sie tun.»

Ich sah, daß er aufgeregt war und schwer atmete. Ich wollte ihm, bevor er noch etwas sagte, erklären, wie sehr ich ihn mochte, aber es schien fast so, als hätte ich meine Zunge verschluckt. In meinem Kopf herrschte absolute Leere.

«Nächste Woche, wenn alles wieder seinen gewohnten Gang geht, werden Sie in mein Büro kommen, und Sie werden zwei wunderschön verpackte Pakete vorfinden. Eines davon wird an Professor Frans Enwall, das andere an seine Tochter adressiert sein.»

Ich öffnete den Mund, um ihm zu danken, doch ich war unfähig zu sprechen. Aber ich fühlte zum erstenmal in meinem Leben, wie Freudentränen meine Wangen hinunterliefen. Er fuhr fort: «Sie müssen für diese Sachen nichts bezahlen, weil ich weiß, daß Sie von den Enwalls eine Menge lernen, und kein Geld der Welt könnte diese Art von Wissen für ein verrücktes und talentiertes Mädchen wie Sie kaufen.»

Ich hatte keine Ahnung gehabt, daß er soviel über meine Schule und meine Einstellung zum Leben und zur Kunst wußte.

«Zusätzlich zu diesen Geschenken können Sie sich noch etwas für Ihre Mutter und Ihre Geschwister auswählen. Wenn Sie sich ausgesucht haben, was Sie ihnen schenken wollen, dann lassen Sie es mich wissen, und ich werde dafür sorgen, daß Sie die Sachen nicht bezahlen müssen. Aber bitte, tun Sie mir den großen Gefallen, nie wieder in diesem Laden aufzutauchen, sobald Sie gekündigt haben. Wenn Sie hier nämlich noch länger arbeiten, dann verliere nicht nur ich meine Stelle, sondern Sie werden, statt im Königlichen Schauspielhaus zu spielen, im Gefängnis auftreten.»

Das war das Ende meiner Laufbahn in Paul Bergströms Warenhaus. Jahre später, als ich einmal Verwandte von David Fischer traf, verspürte ich das dringende Bedürfnis, ihnen von seiner Güte zu berichten. Aber irgendwie fand ich, ebenso wie damals, nicht die Worte.

Mein Bruder Sven versuchte mir bei meiner Karriere zu helfen, zum einen durch seinen Rat und manchmal durch kleine Darlehen. Einmal fragte er: «Warum gehst du Lars Ring und Carl Brisson aus dem Weg? Du weißt doch, daß sie dir helfen könnten.»

«Ja, das weiß ich.»

«Warum triffst du dich dann nicht mit ihnen?»

«Ich glaube, sie sind zu intelligent für mich.»

«Was meinst du damit?»

«Wenn ich, was das Leben und die Beziehungen zwischen Männern und Frauen anbelangt, nicht mit ihnen übereinstimme, halten sie mich für dumm. Und wenn ich mich ihren Meinungen über Mädchen anschließe, gerate ich in Panik.»

«Soll das heißen, sie wollen mit dir schlafen – als Gegenleistung für die Hilfe, die sie dir am Theater geben können?»

«Es ist noch nicht so weit gekommen, aber ich habe das Gefühl, daß es genau darauf hinausläuft.»

«Vielleicht ist das nur deine Einbildung. Wie dem auch sei, bleib clever», warnte mich mein Bruder. «Ein Mädchen wie du, mit soviel Talent, sollte so etwas nicht tun. Wenn du erst einmal damit anfängst, dann wirst du am Ende mit jedem gehen, Jungen wie Mädchen, mit Männern wie mit Frauen. Am Schluß bist du dann ausgebrannt und hast nichts als einen schalen Geschmack im Mund und keine Karriere mehr vor dir.»

Ich fragte mich, warum er so mit mir redete. Vielleicht wußte er etwas über meine sexuellen Neigungen – vielleicht sogar mehr als irgend jemand sonst. Aber eines konnte er nicht wissen, daß ich meine Stelle verloren hatte. Alva und Mutter wußten es auch nicht. Ich stand jeden Morgen auf, zog mich an und sagte – nach einem hastigen Frühstück: «Ich gehe zur Arbeit.» Statt dessen lief ich in der Stadt herum, besuchte Freunde und verbrachte die meiste Zeit in Frans Enwalls Schule. Eines Tages erhielt ich einen Brief von Erik Petschler, in dem er mich bat, zu ihm zu kommen, um über eine kleinere Rolle in einem Film zu sprechen. Er erwähnte in seinem Brief, daß mich drei Leute empfohlen hatten: Enwall, Brisson und Ring. Ich war glücklich, denn ich hatte es satt, meine Familie und mich selbst zum Narren zu halten. Ich hatte nur meine Zeit verplempert.

Durch den Klatsch, den ich aufschnappte, wußte ich, daß Petschler ein großer, eleganter Bonvivant war, daß er helle Anzüge und Schweinslederhandschuhe trug und Zigarren rauchte. Er war häufig und an vielen Orten mit gutaussehenden jungen Mädchen gesehen worden. Jedermann fragte sich, woher er die Zeit für die Arbeit an seinen Filmen nahm. Ich war an jenem Nachmittag noch kaum in seinem Haus, da sagte er zu mir: «Ich werde einen Film mit dem Titel *Peter the Tramp* machen. Ich spiele die Hauptrolle und führe selbst Regie. Ich habe zwanzigtausend Kronen für den Anfang, und ich werde Ihnen fünfzehn Kronen am Tag bezahlen.»

Ich war sprachlos. Niemand hatte jemals bei der ersten Begegnung so mit mir gesprochen, und noch dazu zwischen Tür und Angel. Ich faßte mich rasch wieder und gab zurück: «Danke. Was muß ich für meine Gage tun, und wann fange ich an?»

«Kommen Sie herein, legen Sie Ihren Mantel ab, und dann besprechen wir die Einzelheiten.»

An dieser Stelle fiel mir das Gespräch mit meinem Bruder ein, und ich spielte mit dem Gedanken, mich umzudrehen und wieder zu gehen. Aber mein Gastgeber war höflich, und so setzte ich mich auf die Sofakante und wartete, was passieren würde.

«Wir fangen mit dem Film in Djurgården an. Später fahren wir dann nach Dalarö für die Badeszenen.»

«Und welche Art von Film planen Sie?»

«Eine Komödie im Stil des amerikanischen Filmemachers Mack Sennett. Möglicherweise werde ich sogar versuchen, ein wenig wie Charlie Chaplin zu spielen. Ich weiß es noch nicht genau. Ich bin immer noch dabei, mir über meine eigene Rolle klarzuwerden.»

«Das klingt sehr interessant», sagte ich und versuchte mich so reif zu geben, wie man es von einer erfahrenen Frau erwartete. Aber denken mußte ich: «Welche Rolle werde ich spielen? Wann bekomme ich meine ersten fünfzehn Kronen?»

Petschler fuhr fort: «Ich werde kleine Abenteuer haben mit dem Bürgermeister, seiner Frau und deren drei Töchtern. Ich habe noch nicht das gesamte Szenario ausgearbeitet, aber Sie werden eine der Töchter spielen.»

Auf diese Weise fand ich wenigstens heraus, daß ich nicht den Bürgermeister oder dessen Frau spielen würde. Er rückte nahe an mich heran und legte seine Hand auf mein Knie. «Sie sind jung. Wie alt sind Sie?»

«Fast siebzehn», erwiderte ich und rutschte in die Ecke des Sofas.

«Sehr jung, um so schöner. Und noch sehr unerfahren im Film.»

«Warum wollen Sie mich dann engagieren?»

«Man sagt, daß Sie sehr begabt sind. Sie haben schöne Augen – in einem angelsächsischen Gesicht. Ihre Hände sind fantastisch. Ihre

Beine sind auch gut. Nur Ihre Füße sind ein wenig zu groß; wir werden versuchen müssen, sie mit der Kamera zu vermeiden ...»

Ich ließ ihn mich nicht zu Ende beschreiben. Mit ungewohntem Mut unterbrach ich ihn: «Sie brauchen keine Schauspielerin. Sie brauchen eine Freundin.» Mit diesen Worten stand ich auf, willens das Haus zu verlassen. Aber er ergriff meine Hand und zog mich wieder auf das Sofa zurück; dabei sagte er: «Seien Sie nicht töricht. Wenn ich ein Mädchen brauchte, könnte ich jede in Stockholm haben. Aber ich brauche eine Schauspielerin, die ich zu wirklicher Größe formen kann.»

Ich beschloß, auf dem Sofa sitzen zu bleiben, wenn auch mit einigem Abstand zu ihm. «Wenn Sie eine Schauspielerin brauchen, warum reden Sie dann so? Warum sprechen Sie auf diese Art über meine äußere Erscheinung?»

«Weil ich Sie nicht kenne. Ihre Bewegungen, ihr Körper und das Zusammenspiel beider, alles in Ihrer äußeren Erscheinung sagt mir, daß Sie eines Tages eine bedeutende Schauspielerin sein können. Und außerdem sagen Kalle Brisson, Lars und sogar der alte Frans Enwall das gleiche.»

Tack, Herr Brisson; *tack*, Herr Enwall; *tack*, Hauptmann Ring; und *tack*, Herr Petschler. Genügt es denn nicht, wenn ich allen «danke» sage?

Ich hatte ihm nicht erlaubt, frech zu werden, und auch für die Zukunft hatte ich ihm keinerlei Hoffnungen gemacht. Und dennoch bekam ich die Rolle in *Peter, der Vagabund*. Obwohl die Geschichte trivial und die Dreharbeiten wenig beeindruckend waren, machte mir die Arbeit mit den anderen Schauspielerinnen, die meine Schwestern mimten, Spaß. Ich fühlte mich siegreich und war außerdem unglaublich glücklich zu wissen, daß ich nun ein wenig Geld in Reserve hatte.

Die Premiere des Films fand am 26. Dezember 1922 im Odeon-Theater in Stockholm statt. Die Zeitungen schrieben, ich sei eine gute Schauspielerin von angelsächsischer Erscheinung, was mir eine große Zukunft bescheren würde.

Plötzlich erkannten mich die Leute auf der Straße. Diese erste richtige Arbeit, wenn auch nur in einer kleineren Rolle, war ein weiterer Ansporn für mich, die schwedischen Klassiker zu lesen und zu studieren. Ich fing außerdem an, französische und englische Stücke zu lesen und nach und nach zu verarbeiten. Signe verdoppelte ihre Bemühungen, mir soviel ich nur lernen konnte beizubringen. Sie stellte mich verschiedenen Leuten an der Königlichen Schauspielschule vor. Durch sie lernte ich auch Gustaf Molander kennen, den neuen Direktor der Schule.

Nachdem ich in den Schauspielerzirkel in Stockholm eingeführt worden war, begann ich auch mehr Wert auf meine Kleider und im besonderen auf meine Schuhe zu legen, die ich jetzt in guten Geschäften kaufte, um meine großen Füße zu verbergen. Die kleinen Schuhe taten mir weh, aber ich schüttelte den Schmerz um der Kunst willen ab.

Die engen Schuhe waren nicht das einzige, was weh tat. Ich hatte niemanden, dem ich mich bedingungslos anvertrauen und mit dem ich über meine Erfolge und auch meine Niederlagen sprechen konnte. Wenn ich versuchte, Bekannten von meinen kleineren Erfolgen zu erzählen, lachten sie mich meistens aus. Meiner Meinung nach waren sie neidisch. Aber vielleicht war es auch falsch von mir, auf die paar Dinge, die ich gemacht hatte, stolz zu sein. Ich verstand nicht, warum ich mit meinem Bruder oder meiner Schwester nicht offener sprechen konnte. Ich hatte den Verdacht, daß auch sie neidisch auf mich waren. Darum war ich, was Rat oder Trost anbelangte, vollkommen auf mich allein gestellt. Meine Freuden genoß ich allein; meine Schmerzen erduldete ich allein, und nach den Antworten auf meine Zweifel und Fragen suchte ich, im Glauben, sie nirgendwo anders finden zu können, in meinem Herzen.

Die Prüfung

Signe bereitete mich gut auf die Königliche Schauspielschule vor. Aber trotz ihrer Ausbildung und meiner eigenen Studien machte mir die Aufnahmeprüfung immer noch Sorgen. Jedesmal, wenn ich daran dachte, brach mir am ganzen Körper der Schweiß aus. Am Tag der Prüfung bekam ich von Signe jede Menge schwarzen Kaffee und viele aufmunternde Worte. Ich befand mich immer noch in einem Zustand der Panik, weil ich dachte, wenn ich in der Prüfung versagte, würde ich in allem versagen. Es war August, die Sonne schien. In meinem Herzen jedoch herrschte Dunkelheit, in meinem Kopf Verzweiflung.

Ich wußte, daß Molander an der Prüfung teilnehmen würde; er war der neue Direktor der Schule und mochte mich sehr. Außer ihm würden vier Professoren der Schule anwesend sein. Ich gab mich nicht der Illusion hin, daß sie mich alle mögen würden. Der sechste im Prüfungsausschuß würde ein Beobachter der Svensk Filmindustri sein. Selbst wenn mir alle sechs wohlgesonnen wären, so wußte ich doch, daß sie unter den vielen Bewerbern, die an der Prüfung teilnahmen, nur einige wenige auswählen konnten.

«Du kennst Ibsen, Lagerlöf und Sardou, und sogar etwas Shakespeare», beruhigte mich Signe. «Ich bin sicher, sie werden dich aus den drei ersten vorlesen oder vorspielen lassen. Und die kennst du besonders gut.»

Ich dachte, daß mir das nicht viel nützen würde, wo ich mich doch jeden Augenblick schwächer fühlte. Ich war mit Signe in dem Klassenzimmer, das sie von ihrem Vater übernommen hatte. «Du fühlst dich so schrecklich», sagte sie, «weil du warten mußt. Sobald sie dich hineinrufen, wird es dir bessergehen, und deine Nerven werden sich beruhigen. Ich bin überzeugt, du wirst die Prüfung bestehen.»

Signe ging um mich herum und ließ mich dabei nicht aus den Augen. Sie wußte, daß ich kurz vor einem Nervenzusammenbruch stand, und sie merkte auch, daß sie mit ihren Worten nur wenig ausrichten konnte. Ein neuer Gedanke kam mir in den Sinn, und ich fragte diese blonde, rundliche Frau: «Was geschieht, wenn ich die Prüfung nicht bestehe?»

«Nichts wird geschehen. Svensk Filmindustri wird dich sowieso engagieren. Du weißt, daß sie ständig junge Schauspielerinnen suchen.»

«Warum ausgerechnet mich, sogar wenn ich durchfalle?»

«Du bist groß, hast ein schönes Gesicht und schöne Schultern. Diese Eigenschaften und dein Lächeln werden sie bezaubern.»

«Und meine großen Füße? Mein männlicher Gang? Meine vorstehenden Schneidezähne? Was ist damit?»

«Wenn dir diese Dinge bewußt sind, bin ich sicher, daß du sie korrigieren kannst. Die vorstehenden Zähne kann man ziehen und ersetzen, deine langen Schritte werden kürzer, wenn du ganz bewußt auf deinen Gang achtest. Du beschwerst dich über deine großen Füße. Mir kommen sie gar nicht so groß vor. Wenn der Regisseur sie zu groß findet, wird er den Kameramann anweisen, sie nicht ins Bild zu bringen.»

«Ich sehe schon, du hast auf alles eine Antwort», sagte ich zu Signe, während sie durch die Tür auf den Gang hinausspähte. «Und doch, mich kannst du nicht überzeugen.»

Sie versuchte festzustellen, wie lange es noch dauern würde, bis ich an der Reihe war, den Prüfern gegenüberzutreten. Als sie sich wieder umdrehte, fragte ich sie nach dem Namen des Vertreters von Svensk Filmindustri. «Mauritz Stiller», sagte sie, stolz, daß ein so bekannter Regisseur die Schule besuchte.

Ich war überrascht, daß er an der Prüfung teilnahm. Obwohl ich davon geträumt hatte, ihn zu treffen, und ihn vom Sehen her kannte, hatte ich nicht erwartet, daß ich jemals vor ihm auftreten würde. Ich hatte ihn oft auf der Straße oder am Steuer seines schnellen gelben Wagens gesehen. Außerdem hatte ich ihn ein paarmal im Theater gesehen, einmal im PUB und einmal in der Schauspielschule. Er war groß, wohl fast einsneunzig, und dünn. Sein Gesicht war straff und asketisch, und unter seiner ausgeprägten Nase trug er einen gepflegten Schnurrbart. Sein hervorstechendstes Merkmal waren seine schwarzen Augen, das rechte mit einem leichten Silberblick. Immer wenn er jemanden etwas fragte, schien er den Betreffenden vorher mit diesen Augen zu durchbohren.

Leute, die ihn auf der Straße oder im Theater sahen, machten Bemerkungen über seine britische Kleidung, die er mit ebensoviel Selbstsicherheit und Eleganz trug wie ein englischer Lord.

Ich weiß nicht, warum ich in jenem entscheidenden Augenblick vor der Prüfung derartig eingehend über Stiller nachdachte. Jedoch lenkten mich meine Überlegungen ein wenig ab; ich fühlte mich erleichtert, und ein paar Sekunden lang vergaß ich die Prüfung. Auf einmal durchströmte ein sonderbares Gefühl meinen Körper, und ich dachte: «Diese ganze Sache bedeutet mir überhaupt nichts.» Ich begann gymnastische Übungen zu machen; Signe schaute mich an und fragte: «Machst du das immer, wenn du unter Leuten bist?»

«Nein, aber ich habe festgestellt, daß es mir guttut, wenn ich aufgeregt und nervös bin. Mein Körper bekommt wieder Kraft, und meine Seele schöpft neuen Mut. Vielleicht hilft mir das, meine Begabung besser zum Ausdruck zu bringen.»

Ich bemerkte einen seltsamen Ausdruck in Signes Gesicht. «Hältst du mich für verrückt?» fragte ich.

«Nein, aber ich halte dich für ein sehr religiöses Mädchen.»

«Ich war nie religiös, ich bin einfach und ungebildet, und ich glaube nicht an ein Leben nach dem Tod – wenn du das für den Grundstein der Religiosität hältst.»

«Nein, aber ich denke, du glaubst an deine Seele.»

«Ich weiß nicht, was du unter Seele verstehst, aber außer einem Körper habe ich Wünsche, Gefühle, Hoffnungen und so weiter. All das zusammen nenne ich meine Seele. Und ich versuche, mit dieser Seele meinen Körper zu beherrschen. Körperliche Bewegung gibt meiner Seele Raum zum Schweben, und ich gewinne mehr Vertrauen zu mir selbst.» Wieder ging Signe zur Tür, öffnete sie und schaute hinaus auf den Gang. Sie drehte sich schnell um und sah mich in meinem weißen Kleid auf und ab hüpfen. Mit einem Lächeln sagte sie: «Hör mit dieser verrückten Gymnastik auf. Du bist wirklich ein merkwürdiges Mädchen. Reiß dich zusammen und geh jetzt. Du bist als nächste dran.»

Ich weiß nicht, ob die Gymnastik ihre Wirkung getan hatte oder ob unser albernes Gespräch über die Seele mich beruhigt hatte, aber als ich durch die Tür des Prüfungsraumes trat, fühlte ich mich wie im Traum. Ich näherte mich dem Podium, das mit grünem Stoff bedeckt war, und neigte den Kopf. Dann schaute ich zur Mitte des Podiums, wo Molander saß. Er sagte gerade etwas zu mir, als ich nach links schaute und Mauritz Stiller sah; er trug einen grauen Anzug mit einer roten Nelke am Revers. Seine seltsamen Augen fingen meinen Blick auf. Dieser Blickkontakt mit ihm versetzte mich in eine Art Trance. Ich fühlte mich sehr stark.

Als mein Examen vorüber war, wußte ich nicht mehr, was während meines Trancezustands vor sich gegangen war. Ich erinnerte mich vage daran, daß ich zuerst aufgefordert wurde, eine Szene aus Ibsens *Die Frau vom Meer* zu lesen. Hierauf folgten einige persönliche Fragen und eine allgemeine Diskussion über die Schauspielkunst. Danach rezitierte ich einen Prolog von Selma Lagerlöf. Als letzte Aufgabe las ich mit jemandem, an den ich mich nicht erinnern kann, einen Dialog aus Sardous *Madame Sans-Gêne*. Die drei Stunden vergingen wie im Flug. Ich war nicht nervös, schwitzte nicht. Die Leute um mich herum nahm ich nur als eine Reihe von Augen wahr. Ob ich gut gewesen war, wußte ich nicht.

Am nächsten Tag ging die Prüfung weiter; nach Monologen und Dialogen gingen wir dazu über, in der Gruppe vor dem Prüfungsaus-schuß zu spielen. Man stellte mir weitere Fragen zu meinem persön-lichen Leben und meiner Einstellung zur Schauspielkunst und zur Schule. Wieder war ich vollkommen ruhig und gelassen. Ich schrieb meine Ruhe einem langen kalten Bad zu, das ich am Abend vorher genommen hatte. Am Morgen hatte ich über eine halbe Stunde Gymnastik gemacht.

Normalerweise wurden die Rollen, die man mir gab, gefühlsbetont gespielt, jetzt aber spielte ich sie ganz kühl. Wenn mich die Mitglieder des Prüfungsausschusses besonders aufmerksam beobachteten, sagte ich mir, daß sie auf mein schönes rotes Kleid schauten. Und ich spielte meine Rolle weiter.

Ziemlich plötzlich entließ die Kommission alle Prüflinge, ich wurde aufgefordert zu bleiben. Mauritz Stiller stand auf und ging langsam auf mich zu, wobei er mich von Kopf bis Fuß musterte. Als er neben mir stand, flüsterte er mir ins Ohr: «Ich würde dich gern bei Svensk Filmindustri sehen.» Seine Stimme war so suggestiv, daß ich fast ohnmächtig wurde. Mit seinem typischen langsamen Gang kehrte er zu seinem Platz zurück. Ich versuchte, ruhig zu stehen, aber mir war so schwindlig, daß ich fürchtete, jeden Augenblick zusammenzubrechen. In meinem Kopf drehte sich alles, und ich hatte am ganzen Körper eine Gänsehaut. Ich wußte, daß ich in Ungnade fallen würde, wenn ich ohnmächtig zusammenbräche. Da hörte ich Molander sagen: «Sie können gehen.»

Ohne jemanden anzusehen oder irgend etwas zu sagen, ging ich vom Podium zur Tür. Die Strecke erschien mir endlos. Signe Enwall und Mimi Pollak warteten auf dem Gang auf mich. Mit etwas Neid in der Stimme sagte Mimi: «Du hast vielleicht Nerven, ein rotes Kleid zur Prüfung anzuziehen.»

Ich war wieder soweit bei Sinnen, daß ich sagen konnte: «Ich habe es angezogen, weil ich dachte, jeder würde dann auf mein Kleid schauen und nicht auf meine Füße.»

«Du bist eingebildet.»

«Erinnerst du dich nicht mehr, du selbst sagtest, ich hätte große Füße.»

«Raffiniert und unverschämt bist du auch noch», sagte Mimi wütend. Sie drehte sich um und ging.

«Beachte sie nicht», sagte Signe. «Es gibt Mädchen, die keine Konkurrenz ertragen können, nicht einmal, wenn es um Kleider geht.»

«Das macht mir nichts aus. Ich fühle mich nicht schuldig. Nicht für viel Geld oder Ruhm würde ich diese Qualen noch einmal durchmachen.»

«Nun, ich glaube nicht, daß du dir deswegen den Kopf zerbrechen mußt. Du hast sie heute zum letztenmal durchgemacht.»

«Woher weißt du das?»

«Ich bin sicher, daß die Schule dich nehmen wird.»

Sie hatte recht. Ein paar Wochen später wurde mir brieflich mitgeteilt, daß ich aufgenommen war und ein volles Stipendium bekam. Im September würde ich mich offiziell einschreiben.

Sofort begann ich mir Gedanken darüber zu machen, wie ich den Lehrplan der Schule für mich ändern würde. Meiner Meinung nach

waren Fechten, Gymnastik und Tanz für die Ausbildung einer Schauspielerin nicht erforderlich. Ich brauchte die Zeit, um Geld zu verdienen und moderne Stücke zu lesen.

Während ich mir über meine Studien nur einige Gedanken machte,
machte ich mir wesentlich mehr über Mauritz Stiller. Ich sah seine
Augen Tag und Nacht vor mir; sie brachen in meine Träume ein, ob
ich nun wach war oder schlief. Manchmal schien sein Blick wohlwol-
lend, dann wieder wirkte er streng und kühl. Immer jedoch blickte er
ausgesprochen gebieterisch. Und jedesmal, wenn ich seinen Blick
spürte, dachte ich: «Ich werde dich nie vergessen.»

ZWEITER TEIL   *Moje*

Die Geburt eines Genies

Der Mann, der Greta Garbo ihren Namen gab und der sie zur vielleicht größten Filmschauspielerin der Geschichte machte, war Mauritz Stiller. Es gibt zwei verschiedene Versionen seiner Herkunft. Die eine, verbreitete Version besagt, daß er am 17. Juli 1883 in Helsinki als Sohn russisch-jüdischer Eltern zur Welt kam, die andere, daß er am 21. Mai 1882 in Lwow als Sohn polnisch-jüdischer Eltern geboren wurde.

Die Herkunft auch vieler anderer prominenter Figuren des kulturellen Lebens, die vor dem Ersten Weltkrieg in Osteuropa geboren wurden, ist bis heute ungeklärt oder umstritten. Ich selbst machte in diesem Zusammenhang eine ganz typische Erfahrung. Als ich im Herbst 1938 aus Europa zurückkam, überbrachte ich dem bekannten Verleger Alfred A. Knopf einen persönlichen Brief seines Neffen aus Lwow, der den Onkel bat, ihm die Reise nach Amerika zu ermöglichen, so, wie auch Herr Knopf selbst durch Verwandte nach New York gekommen war. Als ich den Brief abgab, las Herr Knopf ihn in meiner Gegenwart in seinem Büro in der Madison Avenue, und er versprach, sich um seine Verwandten in Osteuropa zu kümmern, bei denen er seine Jugend verbracht hatte. Zu meinem Erstaunen las ich später im *Who's Who in America*, Alfred A. Knopf sei in New York City geboren.

Was die Herkunft Stillers angeht, so übernehme ich die polnische Version, da ich vor dem Zweiten Weltkrieg einige seiner Verwandten und Freunde in Polen kannte. Da dies ein Buch über Greta Garbo ist, glaube ich nicht, daß hier die Frage, wo Stiller geboren wurde, von Bedeutung ist. Zwar sprechen wir über einen Mann, der eine große Schauspielerin prägte, seine tatsächliche Herkunft aber kann lediglich seine künstlerischen Ausdrucksformen beeinflußt haben, nicht jedoch seine Beziehungen zur Garbo.

Ich habe übrigens die Hoffnung noch nicht aufgegeben, die Frage nach Stillers Geburtsort endgültig zu klären, weil sein Charakter und seine Arbeit mich faszinieren. Ich glaube, daß intensive Bemühungen es ermöglichen werden, irgendwann die vollständige Geschichte Mauritz Stillers vorzustellen.

Wir wissen, daß Stiller noch keine fünf Jahre alt war, als seine Eltern starben. Seine polnische Mutter, Mieczyslawa Kraszewska, beging Selbstmord; einen Monat später starb sein Vater Abraham an einer unheilbaren Krankheit. Daraufhin nahm ihn die Familie Katzmann auf. Als er erfuhr, wie seine Eltern gestorben waren, änderte er seinen Namen wieder in Stiller um und ließ sich später statt Moyshe Mauritz nennen.

Von frühester Kindheit an interessierte Mauritz sich für Kunst und Theater. Nichts konnte ihn dazu bewegen, in das Familiengeschäft einzutreten. Er gehörte in der Schule zu den Besten, aber sein wirkliches Interesse galt der Schauspielerei. Wenn ein Theaterprojekt zu organisieren war, verstand es sich von selbst, daß Mauritz die Leitung übernahm und am härtesten von allen arbeitete. Jeder mochte ihn, nicht nur, weil er groß war und gut aussah, sondern auch, weil er freundlich war und bei Schularbeiten ebenso bereitwillig half wie bei außerschulischen Unternehmungen. Niemand wußte, warum er neben Polnisch und Jiddisch auch Russisch und Deutsch lernte. Aber daß er diese Sprachen schnell lernte, war offensichtlich. Schließlich fragte ihn jemand nach seinem Interesse für Fremdsprachen. «Ich lese Dramen eben gern in der Originalsprache», lautete seine Antwort.

Als er achtzehn war, organisierte Mauritz ein Laientheater, das er Maska nannte. Mit einer Gruppe junger Leute verschiedener Nationalität führte er Stücke auf, manchmal in Polnisch, Jiddisch und Ukrainisch, gelegentlich auch in Deutsch, obwohl er die deutschsprachigen Österreicher nicht sehr mochte. Das Maska Theater wurde bald von Leuten besucht, die in professionellen Theatertruppen tätig waren, und Mauritz wurde eine Stelle am städtischen Theater angeboten. Er lehnte aber mit folgender Begründung ab: «Ich möchte größere Gewässer überqueren, über Ozeane reisen.»

Nicht lange danach brach er nach Warschau auf, und sobald er in der polnischen Hauptstadt alles Wissenswerte übers Theater gelernt hatte, ging es weiter nach St. Petersburg, und von da aus nach Helsinki.

Er mußte feststellen, daß Helsinki kulturelles Ödland war. Um sich seinen Lebensunterhalt zu verdienen, arbeitete er als Bote, als Gehilfe eines Schneiders und als Kohlenträger. Er lebte in einer Kellerwohnung, in der ihm Ratten Gesellschaft leisteten. Feuchtigkeit und Küchengerüche störten seinen Schlaf. Da es ihm nicht gelang, reiche Gönner zu finden, konnte er das kleine Theater, das er geplant hatte, nicht aufbauen. Die harte Arbeit, die Armut und der Wunsch, Helsinki zu verlassen, machten ihn krank. Er hörte auf zu arbeiten und verbrachte fortan seine Tage und Nächte damit, im Bett zu liegen und darüber nachzudenken, wie er aus Helsinki entkommen könnte.

Nach gründlicher Überlegung beschloß er, den dortigen Sozialdemokratischen Club aufzusuchen und dort um Hilfe zu bitten; er behauptete einfach, ein politischer Flüchtling aus St. Petersburg zu sein.

Im Club traf er Andrej Andrejewitsch Platonow, einen russischen Arzt. Platonow entdeckte, daß Stiller wie er Jude war, und freundete sich mit ihm an. Schon bald bemerkte der Arzt Stillers verängstigten und heruntergekommenen Zustand und fragte ihn besorgt danach. Stiller erklärte seine Krankheit kurz und bündig: «Ich habe Angst vor Ratten.»

Der Arzt antwortete: «Daß man vor Ratten Angst hat, ist normal, aber Sie sind körperlich krank. Sie gehören zur Untersuchung ins Krankenhaus.»

«Ich habe Angst vor der Polizei, deshalb kann ich mich nicht in ein Krankenhaus einweisen lassen. Da Sie freundlicherweise angeboten haben, mich zu untersuchen, könnten Sie mich vielleicht in meinem Zimmer besuchen.»

Platonow kam am nächsten Tag. Nachdem er Stiller untersucht hatte, teilte er ihm mit, daß er Tuberkulose habe. Er bot ihm an, eine Reise auf die Krim für ihn zu arrangieren. Dort lasse sich die Krankheit durch Ruhe, gutes Essen und medizinische Betreuung heilen.

Stiller entgegnete, es wäre ihm lieber, wenn er ihm helfen würde, nach Stockholm oder Paris zu kommen, wo er selbst für sich sorgen könnte.

Bei seinen folgenden Besuchen stellte Platonow fest, daß Mauritz in Panik geriet und bleich wurde, wenn er Ratten sah. Auch litt er zeitweise unter lähmenden Kopfschmerzen, und es gab Phasen, in denen er ständig von einem heftigen Niesreiz geplagt wurde. Der Arzt kam allmählich zu der Überzeugung, daß Stiller geisteskrank sei, und ungewollt ließ er ihn das auch wissen. Stiller berichtigte ihn ruhig: «Sie würden genauso reagieren, wenn in Ihrem Bett Ratten schliefen und nachts auf Ihnen herumkrabbelten, wenn Sie sehen müßten, wie sie Ihre Mahlzeiten fressen, und wenn Sie ständig ihrem Lärm und ihrem Dreck ausgesetzt wären.»

Stiller gewöhnte sich an, stundenlang durch die Straßen zu gehen. Dabei suchte er nach Restaurants, wo man ihn essen ließ, wenn er dafür abspülte. Spät in der Nacht kehrte er dann in sein rattenverseuchtes Zimmer zurück und träumte von einem neuen Leben. Ihm war klar, daß er nicht mehr lange ohne Aussicht auf Arbeit oder eine Karriere weitermachen konnte.

Da seine Verzweiflung mit jedem Tag wuchs und er auch noch damit rechnen mußte, in die zaristische Armee eingezogen zu werden – Finnland stand damals unter der Herrschaft Rußlands –, beschloß er, nach Stockholm zu gehen, wo das Theater florierte. Er hatte auch Zeitungsberichte über die Filmindustrie gelesen, die sich dort zu entwickeln begann, und er glaubte, daß es ihm vielleicht gelingen würde, beim Film Arbeit zu finden. Da es Stiller sehr leicht fiel, Fremdsprachen zu lernen, bereitete es ihm keine Sorgen, daß er Schwedisch lernen mußte. Sein großes Problem bestand darin, Geld aufzutreiben. Ihm fiel ein, daß Platonow immer mit seinen reichen, jüdischen, finnischen und russischen Patienten prahlte. «Es gibt keinen ehrlichen Weg, schnell an ihr Geld heranzukommen», dachte er. «Sie werden es mir nicht geben, nur weil ich frage. Ich werde mir schon irgendeinen Schwindel einfallen lassen müssen.»

Eine Woche lang dachte er über verschiedene Projekte nach, dann fiel ihm das Richtige ein. Er würde zum Schein eine Filmgesellschaft in Helsinki gründen. Falls es ihm gelänge, von einigen der reichen Freunde des Arztes finanzielle Unterstützung zu bekommen, würde er ihnen erzählen, daß er nach Berlin fahre, um Ausrüstung zu kaufen, würde sich aber statt dessen mit ihrem Geld nach Schweden absetzen. Die nächsten vier Wochen verbrachte Stiller hauptsächlich in der Bibliothek, wo er sich darüber informierte, wie in Schweden, Deutschland und Amerika Filme gemacht wurden. Er studierte die technischen Aspekte von Fotografie und Regie. Als er genug wußte, ging er zu Platonow und unterbreitete ihm seinen Plan: «Ich bin dabei, eine große Filmgesellschaft aufzubauen, und ich hätte Sie gern als Präsident.»

Der alte Arzt starrte Stiller lange an, als ob er einen medizinischen Fall prüfen müsse. Dann nahm er behutsam Stillers große Hand und sagte: «Ich habe nicht viel Geld. Ich weiß nicht, was ich davon halten soll. Sind Sie verrückt, oder sind Sie ein Genie?»

Stiller lächelte und zeigte dabei seine schönen Zähne. «Was ich bin, ist momentan nicht wichtig. Und Ihr Geld will ich nicht. Ich möchte, daß Sie der Präsident dieser Gesellschaft werden, sonst nichts. Ich werde nur ein einfacher Regisseur sein. Gemäß den Verordnungen der Gesellschaft werde ich ganz Ihrer Kontrolle unterstehen.»

Es folgte eine lange Pause. Der Ausdruck auf dem faltigen Gesicht des Arztes sagte Stiller, daß dieser angebissen hatte. Er hatte den Eindruck, daß Platonow überlegte, wie er mitmachen könnte, ohne selbst Geld zu investieren. Sein Eindruck bestätigte sich, als der Arzt sagte: «Ihre Idee ist auf jeden Fall interessant, und ich habe eine Reihe von Patienten, die sicher bereit wären, etwas zu investieren, wenn ich die Verwendung des Geldes kontrollieren würde.»

«Sie hätten die absolute Kontrolle. Sie wären sowohl Präsident als auch Schatzmeister. Ich möchte einfach nur Filme machen.»

«Das hört sich gut an. Und wenn ich die Kontrolle habe, würden meine Patienten auch kein Geld verlieren.»

«Sie haben recht», sagte Stiller. Er stand auf, und während er zur Tür ging, sagte er: «Ich werde bald wieder vorbeikommen. Vielen Dank für Ihr Interesse.»

Platonow rief ihn zurück und sagte: «Bitte lassen Sie mich Ihnen hundert Rubel geben, für Ihre Aufwendungen und auch dafür, daß Sie so nett waren, mich zu bitten, Präsident Ihrer Gesellschaft zu werden.»

Stiller drehte sich um. «Ich kann Ihr Geld nicht annehmen, ohne Ihnen eine Quittung zu geben», sagte er und zog ein Stück Papier und einen Stift aus der Tasche. «Ich werde das Geld verwenden, um nach

Berlin zu fahren und mich dort nach Filmausrüstung umzusehen. In der Zwischenzeit können Sie unser Projekt mit Ihren Patienten besprechen. Dann können wir uns zusammensetzen und die ganze Sache diskutieren. Natürlich werden Sie als Präsident dieses Treffen leiten.»

«Ich weiß nicht, warum Sie so aufrichtig sind», sagte der Arzt.

«Bitte warten Sie mit Ihrem Urteil, bis die Gesellschaft anfängt, Gewinne zu machen», sagte Stiller. «Wenn ich wiederkomme, werde ich Ihnen sagen können, was uns die Ausrüstung kosten wird.»

«Es wird nicht nötig sein, Geld für Ausrüstung auszugeben», sagte Platonow mit Nachdruck. «Ich habe Freunde in Berlin, die uns das, was wir brauchen, gegen eine kleine Gebühr leihen können.»

Stiller konnte sehen, daß der Arzt seine Rolle als Präsident genoß. Er wartete darauf, daß er weitersprach.

«In ein bis zwei Tagen werde ich Ihnen ein Empfehlungsschreiben an meine Freunde geben», sagte Platonow. «Aber wenn Sie nach Berlin fahren, werden Sie mehr Geld brauchen.» Er ging zu seinem Schreibtisch und schrieb eine kurze Notiz. «Geben Sie das Madame Bursukow. Sie ist eine reiche Witwe, und sie wird Ihnen Geld für die Reise geben.»

Stiller nahm die Notiz, dankte Platonow noch einmal und legte den ganzen Weg zu Madame Bursukows Haus rennend zurück. Sie war nur zu glücklich, ihm neunhundert Rubel geben zu können. So kam es, daß Stiller am nächsten Morgen mit tausend Rubel in der Tasche Helsinki verließ, um nach Stockholm zu fahren.

«Wenn ich in Stockholm Karriere gemacht habe», sagte er sich, «werden sie über mich in der Zeitung lesen, und sie werden froh sein, mir geholfen zu haben. Und wenn ich ein reicher und berühmter Filmemacher bin, werde ich ihnen ihr Geld mit Zins und Zinseszins zurückzahlen. Gott sei gedankt für die Naiven. Ohne sie wäre das Leben unerträglich.»

In Stockholm angekommen, kaufte sich Stiller zwei Anzüge aus feinem englischen Tuch. Der eine war anthrazitfarben, der andere aus braunem Tweed. Dann mietete er sich im Strandhotel ein, wobei er als Beruf «deutscher Filmemacher» angab. Noch am selben Nachmittag kaufte er diamantbesetzte alte Ringe, die seine dicken Finger schmücken sollten. Als nächstes ging er zu einem Autohändler, der auf ausländische Marken spezialisiert war; dort wollte er sich einen gelben Opel kaufen. Im letzten Moment überlegte er es sich anders, weil ihm plötzlich bewußt wurde, daß er nicht von einem sofortigen finanziellen Erfolg ausgehen konnte.

Am Abend ging er in Reinholds Café, das von Bühnen- und Filmschauspielern frequentiert wurde. Er spielte die Rolle des deutschen Filmemachers gut – er gab für alle Getränke aus und sprach eine bezaubernde Mischung aus Deutsch und Schwedisch. Bei seinen Gesprächen mit verschiedenen schwedischen Berühmtheiten erwähnte er wie zufällig die Namen reicher Männer aus St. Petersburg und Helsinki.

Stiller glaubte, übertreiben zu müssen, um gute Kontakte zu Produzenten, Regisseuren und Sponsoren knüpfen zu können. Es erschien ihm besonders dringend, eine Einkommensquelle zu finden, weil ihm seine Gesundheit Sorgen bereitete. Zwar glaubte er nicht, daß er Tuberkulose hatte, aber die Diagnose des Arztes beunruhigte ihn doch. Er entwickelte eine Strategie des Überraschungsangriffs, um diejenigen, die mit der schwedischen Filmindustrie zu tun hatten, davon zu überzeugen, daß er ein cineastisches Genie war. Sein Glaube an sich selbst war stärker als sein Glaube an Gott. Erfolg bedeutete Geld, und der Weg zum Glück lag für ihn in der Filmindustrie.

In Reinholds Café traf er Julius Jaenzon, einen jungen Kameramann, dem er einen Job bei einem Film versprach, den er angeblich mit finanzieller Unterstützung eines schwedischen Millionärs produzieren wollte. Nachdem Jaenzon ein halbes Dutzend Cognacs hinuntergeschüttet hatte, drängte er Stiller, ihn am nächsten Tag bei der Arbeit zu besuchen. Stiller antwortete: «An kleinen Filmgesellschaften bin ich nicht interessiert. Die Treffen mit meinem Freund nehmen den Großteil meiner Zeit in Anspruch. Wir planen eine ganze Reihe von Filmen.»

Jaenzon drängte: «Vielleicht finden Sie doch bald einmal Zeit. Wir würden gern Ihre Meinung zu unserer Produktion hören. Ich verstehe, daß Sie nur wenig Zeit haben, aber oft besuchen wichtige Leute von Svenska Bio unsere Gesellschaft, und ich denke, daß es von Nutzen für Sie sein könnte, einige von ihnen kennenzulernen. Hauptmann Lars Ring, einer der Gründer der schwedischen Filmindustrie, besucht uns häufig, und erst kürzlich kam Erik Petschler vorbei. Er ist ein richtiger Exzentriker; er hat noch nicht viel Geld mit

Filminszenierungen gemacht, weil er es vorzieht, sich selbst zu inszenieren. Reich ist er durch schwedische Witwen geworden. Jedenfalls ist unsere Gesellschaft, wenn sie auch klein ist, mit einem Dutzend illustrer Namen verbunden.»

Als Mauritz das hörte, legte er behutsam seine Hand auf die Schulter seines neuen Freundes. «Julius», sagte er sanft, «bitte nenne mich Moje wie alle meine Freunde.»

«Danke, Moje», murmelte der schon ziemlich betrunkene Jaenzon. «Morgen kommst du, nicht wahr?»

«Vielleicht, wenn ich Zeit habe. Abgesehen davon, daß ich Kreuger treffen will, habe ich nämlich vor, mir ein Auto zu kaufen. Es ist unangenehm, auf Taxis angewiesen zu sein. Ich habe mir schon ein paar Opel angeschaut. Du weißt ja, Julius, das sind schöne deutsche Autos. Wenn ich einen gelben finde, werde ich ihn kaufen. Ich mag Braun- und Grautöne, aber Gelb liebe ich über alles.»

«Also, das wird auf jeden Fall eine große Sensation, wenn du vor unserem Studio mit einem neuen gelben Opel auftauchst.»

«Ich werde versuchen zu kommen, aber meine Termine lassen sich schwer koordinieren. Gib mir deine Adresse, dann gebe ich dir telegrafisch Bescheid.»

«Mauritz Stiller war ein Energiebündel voller Ideen. Vom Tag seiner Ankunft in Stockholm bis zu dem Zeitpunkt, als er seine erste feste Stelle beim Film bekam, verbrachte er jeden Tag Stunden damit, das avantgardistische Lilla Theater aufzubauen. Er spielte in Stücken von Strindberg und Tolstoi und führte auch selbst Regie.

Charles Magnusson, der seine eigene Filmgesellschaft leitete, war auf der Suche nach einem neuen, unverbrauchten Regisseur. Er hatte von Stillers Theatererfolgen gehört und veranlaßte 1912 seine Gesellschaft, Svenska Bio, Stiller seine erste Filmregie anzubieten. Es ging um den Film *Mor och dotter* (Mutter und Tochter); Stiller schrieb das Drehbuch und spielte die Rolle des Verführers. Stiller spielte oft in seinen eigenen Filmen. In zehn Jahren führte er bei über vierzig Filmen Regie, deren Thematik von Kassenfüllerschnulzen über Volkssagen bis hin zu Satiren über die schwedische Gesellschaft reichte.

Zu den ersten Filmen, die ihm internationale Anerkennung verschafften, zählte *Herr Arnes pengar* (Herrn Arnes Schatz), ein aufwendig inszeniertes historisches Epos mit bewegenden Szenen einer

92

wilden Natur, die sich auf die Entwicklung einer jungen Liebe aus-
wirkt. Mary Johnson, die Stiller für die größte Schauspielerin der
damaligen Zeit hielt, spielte in dem Film die Hauptrolle. Schon bei
ihrem ersten Treffen war Mary Johnson von Stiller begeistert, und sie
bemühte sich, ihm den Zugang zu den Kunst- und Finanzkreisen
Stockholms zu öffnen. Aber obwohl Stiller sie bewunderte, erwiderte
er ihre Leidenschaft nicht. Der Hunger und die Ratten in Helsinki
waren noch in seinem Gedächtnis lebendig. Diese Erinnerungen
töteten die sexuelle Begierde oder dämpften sie zumindest sehr
stark.

1920 führte Stiller Regie bei dem Film *Erotikon*, der erfolgreichsten
Komödie der schwedischen Filmgeschichte. Mehr als jeder andere
Film inspirierte dieser den «Lubitsch touch», mit dem der gleichna-
mige Regisseur in Hollywood soviel Erfolg hatte. Tora Teje spielte in
Erotikon die weibliche Hauptrolle. Wie Mary Johnson verliebte sie
sich in Stiller. Während der Film produziert wurde, versuchte sie
seine Zuneigung zu gewinnen. Er behauptete immer, daß der Erfolg
eines Films feststehe, wenn die Hauptdarstellerin in den Regisseur
verliebt sei.

Stiller war inzwischen eine prominente, wenn auch mysteriöse
Persönlichkeit in Stockholm geworden. Alle bekannten Schauspieler
und Schauspielerinnen suchten seine Gesellschaft, und Finanziers
drängten sich, ihm Geld für neue Filmprojekte anzubieten. Viele
Leute glaubten, daß er als Regisseur ebensoviel Wagemut und Können an den Tag legte wie beim Lenken seines Wagens. Viele waren
bereit, ihre Karriere, ihr Schicksal und ihr Vermögen in seine Hände
zu legen.

Als Mensch trug Stiller alle Kennzeichen besonderer Individualität. Man hielt ihn für den bestangezogenen Mann Stockholms; er
besaß Dutzende maßgeschneiderter Anzüge sowie vier Pelzmäntel,
und an seinen Händen trug er mehrere diamantenbesetzte Ringe. Er
besaß zwei Autos, ein orangefarbenes und den gelben Opel, der
immer vor dem Grandhotel parkte. In Cafés, bei privaten Gesell-
schaften oder in den besten Restaurants, wo sich die Elite der Hauptstadt versammelte, gehörte Stillers Exzentrik zu den beliebtesten
Gesprächsthemen.

Stiller ging freundschaftliche Beziehungen gewöhnlich nur kurz-
fristig und zu seinen eigenen Bedingungen ein. Aber wenn er eine

Beziehung abbrach, tat er das so, daß er später wieder daran anknüpfen konnte. Zwei Dinge waren klar: Er war derjenige, der den Anstoß zu einer Beziehung gab, und er war hauptsächlich an Beziehungen interessiert, die ihm neue Türen öffneten. Einige hielten sein Verhalten für neurotisch. Zu einem Freund sagte er einmal: «Ich bin nicht vollkommen, aber ich glaube, daß es viele fast vollkommene menschliche Wesen gibt. Ich möchte mit ihnen in Verbindung treten, damit ich zu ihrer Vervollkommnung beitragen kann. Ich weiß, daß ich auch einige von ihnen ruinieren werde. Das läßt sich nicht vermeiden.»

Für den intelligenten Beobachter bedeutete Stillers ständige Suche nach neuen Schauspielern und Schauspielerinnen, neuen Kameramännern und neuen Drehbuchautoren jedesmal eine andere Facette seines unzerstörbaren Genies, das in seiner Härte einem Diamanten gleichkam.

Die um die Zeit der Jahrhundertwende beliebteste Autorin in Schweden war Selma Lagerlöf (1858–1940), und ihr meistgelobtes Buch war *Gösta Berlings saga* (1891). Dieses zweibändige Werk war kein Roman im herkömmlichen Sinn, sondern eher eine überarbeitete Wiedergabe schwedischer Volkslegenden.

1917 war die Lagerlöf an den Regisseur Victor Sjöström der Svenska Bio mit dem Vorschlag herangetreten, ihre Romane zu verfilmen. Sjöström war einverstanden, und es wurde ein Siebenjahresvertrag abgeschlossen, wonach jährlich ein Film zu drehen war; sieben ihrer Romane sollten als Vorlage dienen. Obwohl Sjöström schon selbst daran gedacht hatte, *Gösta Berlings saga* zu verfilmen, nahm er von diesem speziellen Projekt aus zwei Gründen Abstand: Erstens würde Svenska Bio nicht genügend Geld zur Verfügung haben, um die üppige Pracht zu finanzieren, die dieses Epos erforderte, zweitens hatte er zu dem Zeitpunkt, als er begann, dieses Projekt ernsthaft in Betracht zu ziehen, bereits einen Vertrag mit der Goldwyn Picture Corporation unterschrieben und war drauf und dran, nach Hollywood zu gehen. Er sagte Selma Lagerlöf, daß er ein so typisch schwedisches Thema in Amerika nicht verfilmen könne, und die Sache schien erledigt.

Stiller erkannte sofort die filmischen Möglichkeiten des Projekts. Ihm, der 1920 schwedischer Staatsbürger geworden war, wurde be-

wußt, welches Prestige es ihm bringen würde, wenn er ein National-
epos für die Leinwand schuf. Das war 1923. Um den *Gösta-Berling*-
Film ganz zu seinem eigenen Projekt zu machen, beschloß er, mit
unbekannten Schauspielern zu arbeiten. Er verbrachte die nächsten
Wochen damit, die Straßen Stockholms zu durchstreifen und Geschäfte und Restaurants zu besuchen; er suchte nach Leuten, «die
noch keine eigene, bestimmte Art des Spielens haben. Sie kann ich
nach meinen Vorstellungen formen». Da er bei diesem Versuch nicht
so erfolgreich war, wie er gehofft hatte, fragte er einige etablierte
Schauspieler, ob sie an dem Film interessiert seien. Die Hauptrolle
würde die des Gösta Berling sein. Er sprach mit Carl Brisson darüber,
aber die Probeaufnahmen mit ihm waren enttäuschend. Statt seiner
engagierte Stiller einen weniger bekannten Schauspieler namens Lars
Hanson. Die wichtigste weibliche Rolle würde Greta Gustafsson
spielen.

Stiller sagte Greta nichts von seinen Plänen, ging aber schon daran,
die übrigen Rollen zu vergeben. Für die Rolle des Majors Samzelius
wählte er Otto Elg-Lundberg; die Rolle der Frau des Majors bekam
Gerda Lundeqvist. Sixten Malmerfeldt würde den Melchior Sinclaire
spielen, Karin Swanström die Rolle der Gustafva Sinclaire. Stiller
dachte an Greta, als er die Rollen der Gräfinnen Ebba und Märta mit
zwei von ihren Freundinnen besetzte, Mona Mårtensson und Lena
Cederström. Obwohl er die Begabung beider bewunderte, war der
Hauptgrund für diese Wahl seine Überzeugung, daß Greta besser
arbeiten würde, wenn sie Freunde um sich hatte. Die Rolle des Grafen
Henrik Dohna übernahm schließlich Torsten Hammarén. Die meisten dieser Schauspieler waren unbekannt; keiner war in mehr als ein
oder zwei Filmen aufgetreten. Bei den Vorsprechproben verwendete
Stiller statt der eigentlichen Szenen Dialoge von Shakespeare. Er
wollte nicht nur herausfinden, ob die Schauspieler begabt waren,
sondern er wollte sie auch durch den Gedanken anspornen, daß er
große Darsteller aus ihnen machen würde. Die Kosten für die Besetzung hielten sich in Grenzen.

In der Zwischenzeit kam Greta durch ihre Freundinnen dahinter,
daß Stiller vorhatte, einen Film zu produzieren, in dem er ihr eine
Rolle zugedacht hatte. Diese Neuigkeit versetzte sie in Aufregung,
aber sie verstand nicht, warum Stiller sich noch nicht direkt an sie
gewandt hatte. Vielleicht hatte er es sich doch anders überlegt? Sie

wußte nicht, inwieweit sie sich auf die Gerüchte verlassen konnte, doch es gab niemanden, den sie hätte fragen können. Sie würde warten. Sie hatte sich längst daran gewöhnt, heimlich zu leiden. Leiden und Schweigen hatten ihr schon viele Male Stärke verliehen. Sie würde warten.

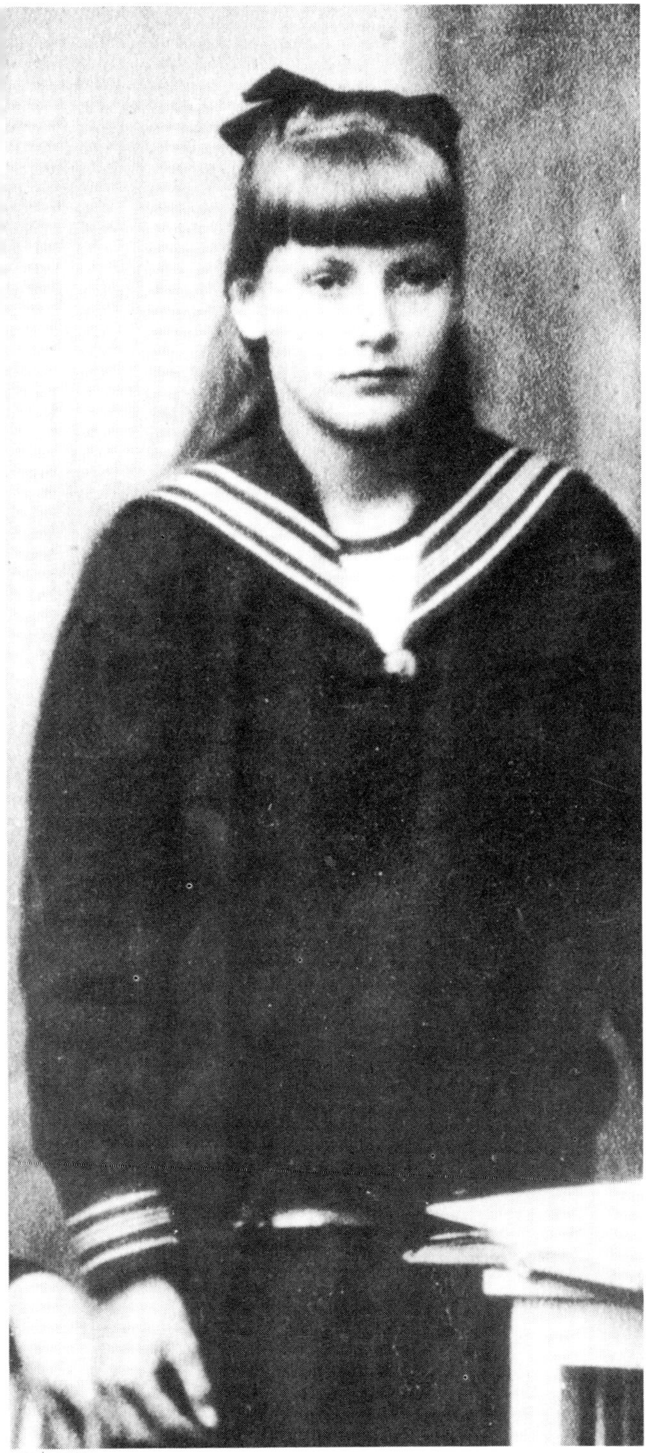

TWO PHOTOS: SVENSKA FILMINSTITUTET

UPI/ACME

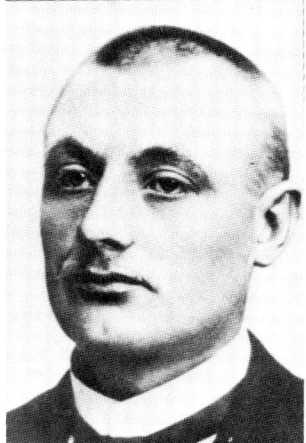

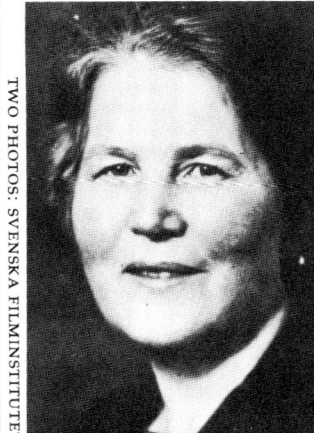

Greta im Alter von zehn Jahren auf einem Schulfoto. Karl Gustafsson (oben rechts), Gretas Vater, dem sie sehr ähnlich sah, und ihre Mutter, eine geborene Anna Lovisa Karlsson.

Zu Greta Garbos ersten Abstechern in die Welt des Films gehörten die Werbespots
Unser tägliches Brot *(oben links) und* Wie man sich nicht kleiden soll *(oben rechts).*
Ihre erste Rolle in einem Spielfilm war die einer Badenixe in Luffar-Petter *im Jahre
1922.*

Greta Garbo in Die freudlose Gasse, *einem Film, den G. W. Pabst mit ihr drehte, weil er ihre schauspielerische Leistung in* Gösta Berlings Saga (Gösta Berling) *bewunderte.*

Oben und rechts: zwei Szenen aus Gösta Berlings Saga (Gösta Berling), *dem Film, der Greta Garbos Ruf als eine ernstzunehmende Filmschauspielerin begründete. Auf dem oberen Bild ist sie mit dem bekannten schwedischen Schauspieler Lars Hanson zu sehen.*

Auf dem linken Foto mit Mimi Pollack, einer Freundin aus den gemeinsamen Tagen an der Königlichen Schauspielschule in Stockholm (1921).

Rechts: Greta Garbo und Mauritz Stiller bei ihrer Ankunft in New York am 6. Juli 1925. Unten: Greta Garbo, fotografiert von Arnold Genthe, kurz bevor sie von New York nach Hollywood abfuhr.
Unten rechts: mit Victor Sjöström (links), dem schwedischen Schauspieler und Regisseur, der in Hollywood als Victor Seastrom arbeitete, und mit Stiller.

CULVER/ARNOLD GENTHE

CULVER

*Gegenüberliegende Seite: Holly-
wood 1926, in* The Torrent (Fluten
der Leidenschaft), *einem Film, der
auf einem Roman von Vincente
Blasco Ibáñez basiert.
Auf dieser Seite: Szenen aus* The
Temptress (Totentanz der Liebe),
*1926. Das Image der Garbo nahm
langsam Gestalt an.*

Flesh and the Devil (Es war), *1927, war der erste einer Reihe von Filmen mit John Gilbert.*

Formung eines Talents

«Du wirst in meinem Film *Gösta Berlings saga* die Gräfin Elisabet Dohna spielen, als Partnerin von Lars Hanson», eröffnete mir Mauritz Stiller, als wir am Eingang seiner Suite im Hotel Esplanade standen. Mir fiel Petschler ein, und ich dachte: «Das ist schon das zweite Mal, daß ein großer Mann des Films mich an der Tür mit einer überraschenden Ankündigung begrüßt.»

«Du wirst von mir dreitausend Kronen für deine Arbeit bekommen.» Er lächelte, und behutsam reichte er mir seine rechte Hand, um mich hineinzuführen. «Bitte setz dich. Das ist nur der Anfang. Ich werde lang und hart mit dir arbeiten, bis wir zusammen etwas Großes aus dir gemacht haben.»

Ich war wie verzaubert. Nie zuvor hatte jemand gesagt, mich zu dem machen zu wollen, was ich selbst unbedingt werden wollte. Ich würde alles tun, was er verlangte.

An diesem Tag im Juni 1923 begann für mich ein neues Leben. Nur eines war noch wichtig für mich, ihm nahezusein, ihm zuzuhören, ihm zu gehorchen, wie ein kleines Mädchen ihrem Vater gehorcht. Ich war gerade achtzehn Jahre alt und hatte mich Hals über Kopf in ihn verliebt. Schon bald nachdem ich ihn das erste Mal gesehen hatte, etwa vier Jahre früher, hatte ich begonnen, die Schauspielerinnen zu studieren, die in seinen Filmen und Theaterstücken auftraten. Ich sammelte Zeitungsausschnitte, in denen er erwähnt wurde. Ich hielt auf den Straßen Stockholms nach seiner hochgewachsenen Gestalt Ausschau, die immer von männlichen und weiblichen Begleitern umgeben war. Manchmal kam ich nahe genug heran, um zu hören, wie er mit seinen Freunden über die Produktion von Filmen und Theaterstücken sprach. Ein- oder zweimal spürte ich den Blick seiner dunklen Augen auf mir ruhen, aber er nahm mich nicht weiter zur Kenntnis. Schon damals sah er mich wahrscheinlich so, wie ein Lehrer seine Schüler sieht. Wie man mir oft sagte, war er ein strenger Lehrer; gelegentlich war er ungerecht.

An jenem Tag in seinem Hotel sagte er zu mir: «Du hast eine gute Figur, anmutige Schultern, schöne Beine, ein ungewöhnliches Gesicht, schöne Augen mit langen Wimpern und eine rauchige Stimme.»

Sein Lob tat ungeheuer gut. Aber er war noch nicht fertig: «Du bist zu dick. Dein Gang ist unmöglich. Du kannst dich nicht ausdrücken. Du weißt nicht einmal, wie man richtig lächelt. Was noch schlimmer ist, du weißt nicht, wie man sich in Gesellschaft benimmt, und denken kannst du auch nicht. Anders ausgedrückt, bevor du Schauspielerin werden kannst, wirst du monatelang, vielleicht jahrelang studieren müssen. Jeden Tag, jede Stunde wirst du mir gehorchen müssen. Wenn du das tust, verspreche ich dir, dich berühmt zu machen.»

Er begleitete seine Worte mit ausladenden Gesten, wobei er mit seinen großen Händen in der Luft herumfuchtelte. Ich hatte das Bedürfnis, nach Luft zu schnappen, hielt aber meine Lippen fest verschlossen. Ich wollte nicht, daß er meine vorstehenden Schneidezähne sah. Er schien das zu wissen, denn er sagte: «Möglicherweise wirst du diese Schneidezähne entfernen lassen müssen. Sie zerstören die Vollkommenheit deines Alabastergesichts, meine griechische Göttin. Du wirst neue Kleider brauchen, und ich werde sie für dich aussuchen. Du wirst nichts dafür bezahlen müssen. Wenn du meinen Anweisungen folgst, werde ich mich um alles kümmern. Ich will weder dein Liebhaber noch dein Vater sein. Ich werde dein Mentor sein und dich zu einer großen Filmschauspielerin machen. Wenn wir beide einmal tot sind, werden unsere Filme überleben. Die Menschen werden dich weiter als die phänomenale Entdeckung des großen Stiller bewundern.»

«Was soll ich bloß antworten?» überlegte ich. Eine große Schauspielerin wüßte auf eine solche Ankündigung sicher etwas zu erwidern.

«Heute mußt du mir versprechen, du mußt schwören, daß du alles

98

tun wirst, was ich verlange, und daß du nie etwas weitererzählen wirst, was ich dir sage. Schwörst du mir das? Schwörst du es?» fragte er mit lauter werdender Stimme.

«Ich schwöre es», sagte ich in unterwürfigem Ton. Ich fühlte mich, als hätten wir einen Vertrag mit unserem Blut besiegelt. Er stand auf und schüttelte mir die Hand, während er mich immer noch unverwandt ansah. Vielleicht bemerkte er die Tränen, die ich mir verstohlen aus dem Gesicht wischte. Er holte seine Brieftasche heraus und sagte: «Hier sind tausend Kronen. Geh in das beste Geschäft Stockholms und kauf dir elegante Unterwäsche.»

Als er meine Überraschung bemerkte, sagte er: «Mach dir keine Sorgen. Wenn aus unserer Zusammenarbeit nichts wird, werde ich das Geld nicht zurückverlangen. In ein paar Tagen werde ich mit dir Kleider und Schuhe einkaufen gehen.»

Meine Hand zitterte, als ich das Geld nahm, und Stiller sagte: «Schau dir deine Hände an. Sie sind schön, aber sie brauchen Pflege. Du hast deine Fingernägel nie richtig gepflegt. Sie müssen verwöhnt werden wie kleine Kinder. Eine Frau, die Theater spielt, muß sich jede Woche um ihre Fingernägel kümmern. Du mußt von Kopf bis Fuß perfekt aussehen. Jawohl, auch die Zehennägel. Du hast große Füße, und wir werden besondere Schuhe kaufen. Nächste Woche werde ich dir nicht nur helfen, Kleider auszusuchen, sondern auch Mäntel, Kostüme, Hüte, Handtaschen, ja sogar deine Taschentücher und Parfüms. Alles muß aus dem feinsten Material sein. Deine Kleidung, dein Parfüm, alles an dir muß in Farbe, Form und Duft harmonieren. Jederzeit, Tag und Nacht mußt du bezaubernd, geheimnisvoll und aufregend aussehen. Und zwar für Männer *und* Frauen. Das Bild einer Leinwandgöttin wird nicht zu deinem oder meinem Vergnügen geschaffen, sondern für Millionen von Kinobesuchern und für die Nachwelt.»

Er schaute mich an und mußte deutlich sehen, daß ich ihm zustimmte. Er wußte, daß ich sein Angebot nicht ausschlagen konnte. Für mich gab es keinen anderen Weg; ich wollte auch keinen anderen. Ich hatte immer davon geträumt, daß jemand wie Mauritz Stiller in mein Leben treten würde.

Während er im Zimmer auf und ab ging, fragte ich mich, wieso er als Hauptdarstellerin nicht Mary Johnson. Tora Teje oder Mona Mårtensson ausgewählt hatte. Er ging weiter auf und ab und sagte:

«Du mußt deinen Namen ändern. Gustafsson hat nichts Glanzvolles. Es muß in Skandinavien Tausende von Gustafssons geben.»

Da kam mir ein Gedanke: Wie werden die Leute mich erkennen, wenn ich einen neuen Namen habe?

Er konnte meine Gedanken lesen. «Nach diesem Film wird dein neuer Name in ganz Europa bekannt sein; man wird in der schwedischen Presse und in den Zeitungen auf der ganzen Welt über dich schreiben. Mach dir keine Gedanken wegen deiner Freunde. Wenn ich mit dir fertig bin, wirst du keine Freunde mehr haben, dafür aber überall Bewunderer.»

Diese Bemerkungen erschreckten mich ein wenig, aber ich blieb ruhig und fragte: «Soll ich mir einen neuen Namen überlegen?»

«Ich habe die ganze Nacht an diesem Problem gearbeitet», erwiderte er bestimmt.

«Wie wird der Name sein?»

«Du wirst Greta Garbo heißen.»

Als ich die Worte hörte, die er langsam aussprach, fühlte ich mich plötzlich ganz sonderbar und beugte mich ohne Grund zur Seite. Er sah mein Unbehagen und fragte: «Ist dir schlecht? Gefällt dir der Name nicht?»

«Ich fühle mich so eigenartig; ich kann vor Schwäche kaum sprechen.»

«Reg dich nicht auf. Der Name ist einfach und einprägsam, und er paßt zu dir. Obwohl er aus dem Polnischen stammt, läßt er sich in jeder Sprache gut aussprechen.» Er wurde ärgerlich. «Und wenn er dir nicht gefällt, dann wird eben ein anderes Mädchen die Gräfin Dohna spielen», schloß er mit einem freudlosen Lächeln.

Er öffnete sein goldenes Zigarettenetui, aber es war leer. «Hast du eine Zigarette für mich? Meine sind alle», sagte er in überraschend versöhnlichem Ton.

Ich war noch ganz benommen wegen des Namens, den er vorgeschlagen hatte, aber es gelang mir, meine Handtasche zu öffnen, um die Schachtel Zigaretten herauszunehmen, die ich immer mit mir herumtrug. Zwar rauchte ich zu der Zeit nicht, aber ich hatte gewöhnlich eine von den Packungen dabei, die Sven aus dem Tabakgeschäft heimbrachte, in dem er damals arbeitete. Während ich nach den Zigaretten suchte, entschied ich, daß es dumm wäre, den Namen abzulehnen, den Stiller mir geben wollte. Wenn dies ein Teil unseres

Abkommens war, würde ich eben zustimmen. Als ich ihm die Zigaretten reichte, bemerkte er: «Diese schwedischen Zigaretten sind nur etwas für Hunde. Von nun an wirst du Fatimas bei dir haben, eine türkische Zigarette.»

«Ja», antwortete ich gehorsam und dachte an die tausend Kronen, die er mir gegeben hatte.

«Außerdem, Greta, wirst du dir Kämme aus Elfenbein kaufen und Puderdosen mit Goldrand, Börsen aus Krokodilleder, einen edlen Lippenstift sowie Scheren und Feilen für deine Nägel. Aber du darfst tagsüber keinen Puder oder Lippenstift benutzen, sondern nur, wenn du spielst.»

«Warum muß ich dann all diese Dinge überhaupt bei mir haben?»

«Jede elegante Frau hat sie bei sich und benutzt sie. Du wirst elegant sein, aber anders. Du wirst so etwas zwar bei dir haben, aber nicht benutzen.»

Seinen seltsamen Augen entging nichts. Er hatte wahrscheinlich in meine Handtasche geschaut, als ich nach den Zigaretten suchte. Er nahm ein paar lange Züge, blies die Rauchringe in die Luft und schaute ihnen nach, bis sie sich auflösten. Dann fuhr er fort, mir zu erklären, was ich zu tun hatte und wie ich spielen sollte.

«Du mußt in deinem Haus ein Telefon installieren lassen. Ich werde es bezahlen.»

«Ich brauche kein Telefon, weil mich niemand anruft. Mit meinen Freunden spreche ich immer persönlich.» Aus mir sprach die Sparsamkeit.

«Ich werde dich häufig anrufen.» Augenblicklich erkannte ich, daß ich sogar in so kleinen Angelegenheiten wie der Installation eines Telefons überstimmt werden würde.

«Wie du weißt, befindet sich die Svensk Filmindustri in Råsunda. Ich fahre jeden Tag dorthin, und von nun an werde ich dich abholen und mitnehmen. Wenn ich verhindert bin, wirst du ein Taxi nehmen. Unter keinen Umständen wirst du mit der Straßenbahn fahren.»

«Wieso nicht? Wenn ich mit der Straßenbahn fahre, spare ich Geld.»

«Die Antwort – da du unbedingt eine willst – ist einfach. Eine Schauspielerin mit deiner Zukunft muß in allen Dingen Eleganz zeigen.»

Er nahm meine Hand und ging mit mir zur Tür. Ich stellte fest, daß seine Hand größer war als die meines Vaters und durch körperliche Arbeit rauh geworden war. Außerdem bemerkte ich, daß sie mit schwarzen Haaren bedeckt war.

«Unsere erste Lektion ist beendet», sagte er und nahm ein Drehbuch in die Hand. «Aber hier hast du deine Hausaufgabe. Lies das Ganze, und achte dabei besonders auf deine eigene Rolle. Komm morgen um elf wieder, dann werde ich sie mit dir besprechen. Danach werden wir zu Mittag essen. Am Nachmittag werden wir einkaufen gehen. Einverstanden?»

«Einverstanden.» Und so begann mein Leben mit dem legendären Moje.

Ende Juli 1923 unterschrieb ich meinen ersten Vertrag, meinen ersten richtigen Vertrag mit Svensk Filmindustri.

Als ich am nächsten Tag in seiner Hotelsuite erschien, sagte Stiller: «Ich glaube, daß du im Leben etwas erreichen wirst, weil du ein pünktlicher Mensch bist. Jede Art Kunst erfordert eiserne Disziplin.»

Bewußt kühl antwortete ich: «Ich hatte eigentlich vor, zu spät zu kommen, aber im letzten Augenblick habe ich es mir doch anders überlegt.»

«Ich sehe, du wirst mutiger und hast keine Angst mehr vor mir», sagte er, klemmte sich eine Zigarette zwischen die Lippen und nahm mich in seine langen Arme. So umarmt ein Vater seine Tochter, wenn sie von einer Verabredung eher als zu der von ihm festgesetzten Zeit nach Hause kommt.

Er bedeutete mir, mich genau dort hinzusetzen, wo ich schon am Tag zuvor gesessen hatte, und fragte: «Bist du hungrig?»

«Ich habe schon gefrühstückt und möchte erst heute abend wieder etwas essen. Sie sagten doch, ich sei zu dick.»

«Diät halten ist eine Sache, hungern eine andere. Du mußt unbedingt Dinge essen, die um die Hüften nicht dick machen. Aber du brauchst drei richtige Mahlzeiten am Tag, damit du für die Arbeit genug Kraft hast. Im Laufe des Tages wirst du von mir einen Diätplan bekommen. Aber erst einmal habe ich für ein Uhr einen Tisch bei Bern bestellt.»

Er nahm mir das Drehbuch ab und begann darin zu lesen. Nachdem er einige Minuten überlegt hatte, sagte er: «Bevor wir über deine Rolle in dem Stück sprechen, würde ich gern ein paar Bemerkungen

102

zu deiner Person machen.» Er nahm sich eine Zigarette und begann vor mir auf und ab zu gehen. «Ich möchte, daß du mir im Restaurant beim Essen zusiehst und beobachtest, wie ich die Gabel halte. Du solltest auch darauf achten, wie ich das Weinglas halte und die Serviette auseinanderfalte. Du mußt dir feine Tischmanieren angewöhnen. Wenn du einer von mehreren Gästen am Tisch bist, sprich über Kleidung, über das Wetter, aber nie über dich selbst. Sei verschwiegen. Verhalte dich aber trotzdem anderen Leuten gegenüber ganz normal. Wenn dich irgend jemand zwingt, über dich selbst zu sprechen, sei kritisch. Wenn du über andere Künstler sprichst, lobe sie.»

All diese Anweisungen machten mich ganz ungeduldig, daher unterbrach ich ihn: «Was soll denn diese Art von Disziplin mir bringen?»

«Fang nicht an, mich zu kritisieren. Ich werde dir schon zeigen, was es bringt. Eins nach dem anderen.» Er überlegte einige Augenblicke und versuchte es dann von einer anderen Seite her. «Du solltest inzwischen wissen, daß sich die meisten Künstler nach Publicity sehnen, vor allem Schauspieler. Manche zahlen viel Geld für Publicity.»

«Ich kann kein Geld für Publicity ausgeben, denn ich habe keines.»

«Du wirst deine Publicity auf andere Weise bekommen. Du wirst dafür kein Geld brauchen. Hör mir nur zu. Du mußt allen Reportern und Journalisten aus dem Weg gehen. Solltest du sie zufällig treffen, dann verweigere Aussagen zu deiner Person. Wenn sie nicht lockerlassen, verweise sie an mich. Anfangs wird es schwierig sein, auf dieser Haltung zu beharren. Aber nach einer Weile wird es viel leichter werden. Bald werden dir die Reporter und Fotografen nachlaufen, während du ihnen weiter aus dem Weg gehst. Da sie es nicht schaffen werden, sich dir direkt zu nähern, werden sie sich an deine Freunde und sogar an entfernte Bekannte wenden. Schillernde Lügen werden sich um den Namen Greta Garbo ranken, Lügen, für die du nicht verantwortlich bist. Du wirst im Mittelpunkt von halben Wahrheiten und halben Lügen stehen. Und ich werde all diesen Klatsch in die richtigen Bahnen lenken, um ein geheimnisvolles Image für dich zu schaffen. In einem Jahr etwa, es kann auch etwas länger dauern, wirst du in den Augen des breiten Publikums eine wirklich faszinierende Frau sein. Glaub mir, dies ist die sicherste Methode, die beste

Art, um Publicity zu bekommen. Das Publikum wird in deine Filme rennen, und auf der ganzen Welt wird man über dich reden.»

Während er sprach und dabei mit langen Schritten im Zimmer auf und ab ging und sich gelegentlich wiederholte, begann ich zu verstehen, wie enorm clever dieser Mann war. Es schien, als hätte er jeden Aspekt meiner Karriere genau durchdacht. Aufmerksamer als zuvor hörte ich ihm zu.

«Wenn du bei großen Veranstaltungen zu Gast bist, sprich nie laut. Beginne damit, die Gastgeber zu loben. Geh dann zu Schauspielern, Schriftstellern und Musikern über; wenn irgendwelche politischen Größen anwesend sind, lobe auch sie – aber so, daß niemand sich über dich lustig machen kann. Wenn du wenig über ein bestimmtes Thema weißt – und du weißt über die meisten Dinge nur wenig –, dann lächle und sage nichts. Wenn du eine solche Veranstaltung besuchst, dann iß nichts und, vor allem, trink nichts. Wenn du etwas essen oder trinken mußt, dann nur ganz wenig. Vermittle allen den Eindruck, daß Kunst deine Nahrung ist und geistige Übung dein Trank. Iß auf keinen Fall etwas, wenn du nur mit Frauen zusammen bist. Sprich über sie, über ihre Vorzüge, und schau ihnen dabei gerade in die Augen. Wirf mit Komplimenten um dich. Egal, was du in Wirklichkeit über die Männer und Frauen denken magst, behalte es für dich. Verhalte dich so, daß die Leute den Eindruck haben, sie hätten es mit einem Engel an Güte und Bescheidenheit zu tun. Geh Klatsch aus dem Weg und schließe keine Freundschaften. Halte zu allen einen angemessenen Abstand. Sei unabhängig und selbstgenügsam. Wenn du etwas brauchst, wirst du es von mir als Gegenleistung für deine Arbeit bekommen. Wenn du eingeladen wirst, sag es mir. Ich werde entscheiden, welche Veranstaltungen du besuchen solltest und welche nicht.»

Allmählich langweilte mich dieses ganze Gerede, aber ich hielt es für klug, trotzdem zuzuhören. Stiller, der immer noch auf und ab ging und rauchte, fuhr fort: «Wenn du zu einem Empfang oder einer Party gehst, werde ich auch dort sein. Versuch, in meiner Nähe zu bleiben. Ich werde dir in schwierigen Situationen aus der Patsche helfen und dir auf so subtile Weise Format verleihen, daß niemand es merken wird. Du allein wirst es wissen, weil du meine Geheimsprache verstehst. Und wenn du meine Anweisungen befolgst, kannst du alles lernen, so daß du schließlich einmal auf eigenen Füßen stehen wirst. Vor allem aber solltest du dich auf keine Romanzen einlassen, denn...»

An dieser Stelle in seinem Monolog klopfte es an der Tür. Stiller hielt inne, schaute mich prüfend an und öffnete dann die Tür. Drei Hotelangestellte kamen mit einem Dutzend Paketen unterschiedlicher Größe herein. Er forderte sie auf, die Pakete irgendwo abzulegen, gab jedem ein großzügiges Trinkgeld und schickte sie eilig wieder hinaus. Dann drehte er sich um und erklärte mir in hochmütigem Befehlston: «Das ist deine Garderobe. Zieh dich aus und probiere alles an.»

Ich war wie versteinert und konnte mich nicht bewegen. Als er mein Widerstreben sah, sagte er leichthin: «Eigentlich wollten wir ja zusammen einkaufen gehen, aber ich habe bei deinen Maßen ein bißchen geraten, und um dich nicht in Verlegenheit zu bringen, habe ich die Garderobe bestellt und hierher liefern lassen.» Seine Erklärung beeindruckte mich nicht; ich dachte nur: «Alle Männer sind doch gleich.»

«Wenn man uns in einem Geschäft zusammen sähe, würde man uns anstarren und sagen: ‹Der alte Stiller kauft Geschenke für seine Freundin.› Dieses Gerücht würde sich in Stockholm herumsprechen. Wie du dir denken kannst, wäre das nicht gut für deine Karriere. Das verstehst du sicher, nicht wahr?» Ärgerlich zog er die Stirn in Falten. «Zieh dich aus, und glaube bloß nicht, daß ich vorhabe, dich anzurühren oder sonst etwas!» Er drehte sich um und begann, mit dem Rücken zu mir die Pakete auszupacken und mir über die Schulter Kleidungsstücke zuzuwerfen. «Zieh erst diese Unterwäsche an, denn ich bin sicher, deine hat Löcher.»

Was konnte ich tun? Ich überwand meine Scheu und fing mechanisch an, mich auszuziehen. Er blieb in der gleichen Stellung, während er weiter Pakete aufriß; seine Zigarettenasche flog in alle Richtungen davon. Er war ausgesprochen treffsicher, und das, obwohl er so stand, daß er mich nicht sehen konnte. Als ich ausgezogen war und einen neuen Slip angezogen hatte, warf er mir einen schönen pinkfarbenen Seidenunterrock zu. Als nächstes zog ich ein Kleid in einem dunklen Orangeton an und bewunderte mich in einem Spiegel. Dann warf er mir noch Schuhe und eine Schmuckschatulle zu. «Zieh das an. Dann sage mir, wann ich mich umdrehen kann, um meine einfältige Jungfrau zu besichtigen.»

Ich fragte mich, was Mauritz wirklich damit bezweckte, daß er mich die Kleider in seiner Gegenwart anziehen ließ, wo es in der Suite doch zwei weitere Räume gab, in die er sich hätte zurückziehen können. Wahrscheinlich versuchte er mich davon zu überzeugen, daß sein Interesse an mir rein künstlerischer Natur war. Zumindest kam es mir in dem Moment so vor. Nervös zupfte ich meine neuen Sachen zurecht, stolz auf den Erfolg, den ich bei ihm hatte. Aber als ich auf meinen Slip schaute, der am Boden lag, entdeckte ich ein Loch. Wie hatte er das wissen können? Er hatte doch hinten keine Augen. Meine Hände zitterten, als ich meine alten Kleider aufsammelte.

Er wandte mir immer noch den Rücken zu, als ich die Schmuckschatulle öffnete und eine goldene Halskette in ägyptischem Stil darin entdeckte. Außerdem enthielt die Schatulle eine Schweizer Uhr und zwei Ringe. In gereiztem Ton fragte er: «Bist du mit dem Anziehen fertig?»

«Ja, ich bin fertig», sagte ich und erwachte aus meiner träumerischen Bewunderung des glitzernden Schmucks.

«Jetzt geh ins Badezimmer und kämm dich.» Er rührte sich nicht von der Stelle, als ich ins Bad ging, mein Gesicht mit kaltem Wasser wusch und sorgfältig mein Haar kämmte. Als ich mich mit der neuen Kleidung und dem Schmuck im Spiegel sah, gefiel ich mir zum erstenmal in meinem Leben als Frau. Als ich zurückkehrte, stand er in der Mitte des Zimmers. Seine Augen leuchteten, als er mich betrachtete. «Genauso», sagte er, «sollte eine große Schauspielerin aussehen. Einfach gekleidet, aber sehr elegant. Nicht viel Schmuck – gerade richtig.» Ich mußte wie ein Mannequin gehen, mich umdrehen, zurückgehen und nochmals gehen. Mit der Bemerkung «Perfekt! . . . Perfekt!» machte er Schluß und sagte stolz: «Jetzt können wir zu Bern gehen und zu Mittag essen.»

«Wenn ich mich richtig erinnere, sagten Sie, wir würden jetzt studieren.»

«Ich habe es mir anders überlegt. Wir werden nach dem Essen an deiner Rolle arbeiten.»

Er reichte mir einen Mantel und einen Hut. Ich nahm beides und wollte ins Bad gehen, um mich im Spiegel zu betrachten. Aber er hielt mich zurück und meinte: «Hier, benutze doch den großen Spiegel bei der Tür zu deiner Linken. Dort kannst du Mantel und Hut besser sehen.»

Da mir der Spiegel vorher nicht aufgefallen war, geriet ich ganz aus der Fassung. Mir wurde plötzlich klar, daß er, obwohl er mit dem Rücken zu mir gestanden hatte, mich die ganze Zeit im Spiegel beim Ausziehen beobachten konnte.

«Warum haben Sie mich hereingelegt?» schrie ich ihn an. Ohne eine Spur von Verlegenheit schaute er mir ins Gesicht. «Ich sagte dir schon, daß ich an jedem Aspekt von dir interessiert bin. Ich mußte dich nackt sehen, um beurteilen zu können, wie deine Figur zu verbessern ist. Greta, wenn ich dich gebeten hätte, dich vor meinen Augen auszuziehen, dann hättest du gedacht, ich wollte dich verführen. Zu diesem frühen Zeitpunkt unserer Bekanntschaft hätte dich nichts von meinen lauteren Absichten überzeugen können. Durch diesen Spiegel haben wir viel Zeit gespart, und ich kenne nun Details, die beim Aufbau deiner Karriere wichtig sein werden.»

Sprachlos und unfähig, mich zu bewegen, stand ich da; wahrscheinlich war das nur der erste von Stillers Tricks. Wie sollte ich ihn weiter ertragen? Er gab mir das Signal zum Aufbruch, indem er mir auf den Rücken tippte, und folgte mir zur Tür. «Weißt du, das ist das erstemal, daß ich eine Frau gesehen habe, die nackt um tausend Prozent besser aussieht als angezogen. Der Schöpfer hat dir ein großes Geschenk gemacht.»

Murmelnd verfluchte ich Stiller und mich selbst. Ich war drauf und dran, ihn offen und hemmungslos zu beschimpfen, als das Zimmermädchen mit frischer Bettwäsche in der Tür erschien. Ich senkte meinen Kopf und ging hinaus; Stiller folgte.

«Zwei entscheidende Dinge mußt du dir merken, wenn du die Rolle der Elisabet Dohna spielst», sagte Stiller, der neben mir saß, «und ebenso bei jeder anderen Rolle. Erstens mußt du dir der Zeit bewußt sein, in der die Figur lebt. Zweitens mußt du dir als Schauspielerin immer bewußt sein: Wenn du die Rolle spielst und dich dabei selbst vergißt, wird nichts dabei herauskommen. Wenn du aber andererseits deine Persönlichkeit in die Rolle projizierst – das heißt, wenn deine Persönlichkeit über die Rolle dominiert –, dann ist damit ebenfalls nichts erreicht.»

Mein erster Schauspielunterricht mit Stiller erschien mir vielversprechend. Ich hörte ihm aufmerksam zu, hungrig nach seiner Weisheit.

«Intuitiv mußt du einen Weg finden, dein eigenes wirkliches Wesen und deine körperlichen Eigenheiten mit der Seele und den physischen Eigenheiten der von der schriftstellerischen Phantasie geschaffenen Figur zu verschmelzen. Wenn dir das gelingt, wird das Bühnengeschehen für den Zuschauer so echt wirken wie seine eigenen Erfahrungen. Er wird gleichzeitig den von dir gespielten Charakter und deine eigene Persönlichkeit bewundern. Wenn sich der Zuschauer später an die Figur in diesem bestimmten Stück erinnert, wird er sie mit dir in Verbindung bringen. Du wirst im Verlauf deiner Karriere Hunderte von Rollen spielen; stell dir die Millionen Zuschauer vor, die dich für eine Femme fatale halten werden. Es gibt einen lateinischen Spruch: *Fama semper vivet* – Ruhm währt ewig! Denk daran.»

Stiller zündete sich eine Zigarette an und bot mir auch eine an. Er fragte: «Was hältst du jetzt von einem guten türkischen Tabak?» Ich nahm die Zigarette an und genoß ihren vollen, starken Geschmack. Damals fing ich mit dem Rauchen an. «Wunderst du dich eigentlich, wieso ich versuche, dir soviel auf einmal beizubringen?» fragte er. «Der Grund ist, daß mir nicht viel Zeit bleibt. Du wirst mich überleben, deshalb muß ich mich beeilen, dich vorzubereiten.»

Dies schien mir nicht der richtige Zeitpunkt zu sein, von der Kürze seines Lebens zu sprechen. Wir hatten kaum mit unserer Zusammenarbeit begonnen, und da sprach er schon vom Ende. Ich sagte: «Wer weiß schon, wie lange er zu leben hat? Alles liegt in der Hand des Schicksals, wie man so schön sagt.»

«Ich glaube eher an Biologie und an Arbeit als an das Schicksal.» Er rauchte ein paar Züge und wechselte das Thema. «Um eine Symbiose zwischen dir und der von dir gespielten Rolle zu erreichen, mußt du die Unterschiede zwischen deinem eigenen Wesen und dem von dir dargestellten Charakter in Betracht ziehen. Wer bist du, was dein Gefühlsleben und deine körperliche Erscheinung betrifft? Und wer ist die Figur in dem Stück? Wenn du alle Fakten gesammelt hast, mußt du aus ihnen die geeigneten Schlüsse ziehen. Das dürfte nicht allzu schwer sein. Durch dein Spiel, durch die Figur, die du verkörperst, wirst du die wichtigsten Gedanken des Autors zum Ausdruck bringen. Gleichzeitig wirst du aber auch Elemente deiner eigenen Persönlichkeit mit einbringen. Als begabte Schauspielerin mußt du wissen, welche Elemente du bei der Charakterisierung einer bestimmten

Figur verwenden mußt. In der Verbindung der beiden Persönlichkeiten – der fiktiven und deiner eigenen – kannst du eine unvergeßliche Darstellung schaffen, die die Zuschauer zum Zittern bringen wird.» Er machte eine Pause, zündete sich eine neue Zigarette an, um dann fortzufahren: «Ich glaube, ich habe mich soweit klar ausgedrückt. Laß uns jetzt zu etwas Konkreterem kommen. Erkläre mir den Charakter der Elisabet Dohna.»

Ich erinnere mich daran, daß ich murmelte, sie sei eine aufopfernde, aufrichtige Frau, die wie eine Klette an ihrem Mann hing und in jeder Situation ihr Gefühl sprechen ließ – lauter Eigenschaften, die ich überhaupt nicht mit ihr teilte. Stiller war sich dessen bewußt und lachte. «Aus genau diesem Grund sollst du die Rolle der Gräfin spielen. Und du mußt sie so spielen, daß sich die Aufrichtigkeit ihres Charakters mit deiner Kühle und deinen Eigenheiten vermischt. Wenn dieser Film in dreißig oder vierzig Jahren gezeigt wird, dann hätte ich gern, daß die Kritiker und Zuschauer sagen: ‹Der Film selbst ist Mittelmaß, aber Greta Garbo und ihr Spiel verleihen ihm Größe und Dauer.› Ich möchte, daß diese Leute fragen, was dich zu einer geheimnisvollen Femme fatale gemacht hat. Weißt du, was sie denken werden?»

«Ja», antwortete ich ehrlich. «Sie werden sagen, daß Sie mich geschaffen haben, daß ich unter Stillers Regie Ruhm erlangte.»

«Wir wollen nicht übertreiben. Wenn du nicht eine einmalige Begabung hättest, könnte ich nichts für dich tun.»

Während der nächsten sechs Monate übte Stiller jede einzelne Szene mit mir ein, und das jeden Tag, siebenmal die Woche, egal, was wir taten oder wo wir waren, ob bei Svensk Filmindustri, in Råsunda oder in Öregrund, wo wir Außenaufnahmen für den Film machten. Wir sprachen jede Bewegung und jeden Ausdruck auf meinem Gesicht oder in meinen Augen einzeln durch. Ich gewöhnte mir an, jeden Tag die Szene, die gerade an der Reihe war – beziehungsweise meinen jeweiligen Part – mehrmals durchzugehen, bevor ich zur Arbeit aufbrach. Wir kamen immer ungewöhnlich früh zum Drehort, und Stiller ließ mich dabeisitzen und andere Schauspieler beobachten. Schließlich konnte ich den ganzen Film auswendig, nicht nur den Text, sondern auch die Art und Weise, wie jeder Schauspieler seine Rolle spielte.

Abends wurde ich in Reinholds Café oder in ein elegantes Restaurant ausgeführt, wo ich durch Stiller viele wichtige Leute der Stockholmer Kulturszene kennenlernte, darunter zwei Theater- und Filmkriti-

ker, Hjalmar Lenning und Bengt Idestam-Almquist, den Multimillionär Ivar Kreuger, zwei Amerikaner, Mary Pickford und Douglas
Fairbanks, und außerdem Selma Lagerlöf. Er stellte mich sogar Mitgliedern der königlichen Familie vor. Innerhalb kurzer Zeit war ich
eine Berühmtheit geworden, obwohl man mich oft nur als Stillers
Protegé bezeichnete. Diese Beschreibung gefiel mir gar nicht, weil sie
einen sexuellen Unterton hatte. Aber was sollte ich machen? – Ich
wurde sie nicht mehr los.

Nachdem *Gösta Berlings saga* abgedreht war, widmete sich Stiller
vor allem seiner Herausgebertätigkeit, und ich spielte im Königlichen
Dramatischen Theater kleine Rollen in Stücken von Ibsen, Shakespeare, Sardou und Ibáñez. Für diese Arbeit erhielt ich zweihundert
Kronen im Monat – ich bekam also nicht viel Geld, aber dafür jede
Menge Erfahrung. Mit den Worten meines Mentors pflegte ich mir
zu sagen: Jede begabte Schauspielerin sollte alle möglichen Rollen
spielen können, von der Tragödie bis zur Komödie, auf der Bühne
oder vor der Kamera.

Die Premiere des ersten Teils von *Gösta Berlings saga* fand am
10. März 1924 im Röda Kvarn, einem Stockholmer Theater, statt.
Der zweite Teil hatte eine Woche später Premiere. Kurz vor diesem
großen Augenblick in meinem Leben führte mich Moje zum Abendessen aus. Nachher brachte er mich direkt zu sich nach Hause, schloß
die Tür ab und sagte mit dem Lächeln eines Kindes: «Für die Premiere
dieses Films mußt du ganz besonders elegant aussehen.» Er rannte in
eine Ecke des Raumes und nahm einen Nerzmantel aus einer Schachtel. Während er ihn mir um die Schultern legte, sagte er: «In Nerz
siehst du aufregend aus.»

Vorsichtig ließ ich mich in den Mantel gleiten und ging zum
Spiegel. «Es ist ein Verbrechen, wenn ich ihn trage. So ein Mantel
muß ein Vermögen kosten.»

«Mußt du eigentlich immer so knauserig sein? Es ist doch nicht
dein Geld, also genieße es. Außerdem», sagte er, und streichelte das
Fell, «hast du viel Geduld mit mir gehabt und verdienst ihn.»

«Trotzdem würde ich einen gutgeschnittenen Wollmantel vorzie-
hen. Ich finde, Sie sollten den hier zurückgeben.»

«Sei nicht starrköpfig. Ich habe ihn für dich gekauft, und du sollst
ihn auch tragen.»

«Ich werde ihn nicht annehmen, weil es Sie finanziell zu sehr belasten würde. Außerdem wird man sagen, daß Stillers *Protegé* ihm eine besondere Gunst erwiesen haben muß, weil sie einen edlen Nerzmantel von ihm bekommen hat.

«Du hast mich noch nicht einmal geküßt, und du solltest dir im klaren darüber sein, daß wir die Leute nicht daran hindern können, zu denken, was sie wollen.»

Ich hatte Mitleid mit mir und mit ihm. Der ständige Zwang zu lernen, wie man spielen, sich benehmen und leben mußte, hatten mich und wohl auch ihn davon abgehalten, eine tiefe gefühlsmäßige Bindung zu entwickeln. Aber vielleicht waren wir einander auf eine andere, tiefere Weise verbunden. Ich hatte nicht die Kraft, den Mantel auszuziehen; ich setzte mich vor den Spiegel und fing an zu weinen.

Als mein Kinn den weichen Pelz berührte, kam Moje zu mir, umarmte mich und schob dabei den Kragen des Mantels höher. Als ich den Kragen an meinen Lippen spürte, begann ich Mojes Hände zu küssen. Er drückte mich fester an sich. Ich stand plötzlich auf und schlang meine Arme um seinen Hals. Ich glaube, es überraschte ihn, daß ich die Initiative ergriff. Während wir einander festhielten, durchströmte eine angenehme Wärme meinen Körper. Dann hob er mich mit seinen langen Armen hoch und trug mich ins nächste Zimmer. Behutsam legte er mich aufs Bett und zog mir erst den Mantel und dann das Kleid aus. Er tat das so methodisch, so langsam, ja fast träge, daß mich jede Bewegung seiner Hände erregte. Ich schloß die Augen und wartete auf das, was seine Hände, seine Lippen und sein Körper noch tun würden. Seine große Gestalt fiel auf mich, aber ich spürte sein Gewicht nicht. Was ich fühlte, war Glück. Ich glaubte, am Himmel zu schweben – ganz, ganz weit oben, nahe der Sonne. Wir sprachen kein einziges Wort. Worte hätten unsere Gefühle nicht ausdrücken können – die Gefühle *eines* Körpers und *einer* Seele.

Niemals vorher oder nachher in meinem Leben fühlte ich mich so zutiefst befriedigt wie damals. Als die ersten Strahlen der Morgensonne unser Fenster berührten, flüsterte ich ihm zu: «Ich werde dich niemals vergessen», und er wiederholte diese Worte unter Küssen. Wir standen erst sehr spät auf, und keiner von uns sagte etwas zum anderen.

Trotz unserer Befangenheit und unserer Schuldgefühle war es gut zusammenzusein, sich zu berühren und voreinander keine Geheimnisse mehr zu haben. Von da an besaßen wir nicht nur das Wissen um das Wesen und den Körper des anderen, sondern teilten darüber hinaus eine sinnliche Freude, die unserer Beziehung das Siegel des Geheimnisvollen aufprägte.

Der Durchbruch

Beide Teile von *Gösta Berlings saga* hatten innerhalb einer Woche Premiere. Für Stockholm bedeutete das ein großes kulturelles Ereignis, zu dem nicht nur die prominentesten Persönlichkeiten der Stadt kamen, sondern auch Berühmtheiten aus Paris, London, Berlin und sogar Amerika. Wenn ich mich nicht täusche, handelte es sich dabei um den ersten europäischen Film, der in zwei Teilen produziert wurde. Nach jeder der beiden Eröffnungen gab es einen Empfang in Saltsjöbaden, an dem auch Mitglieder der königlichen Familie teilnahmen. Die Autorin der Saga, Selma Lagerlöf, fand, der Film sei billig gemacht, vor allem auf Effekte aus und verzerre ihr Werk. Moje war wütend, und mit Hilfe von Freunden machte er sie nach den Premieren betrunken und ließ sie sicher nach Hause bringen, ehe sie die Möglichkeit hatte, weiter ihre Meinung zu sagen. Ich weiß nicht, ob Selma Lagerlöf die Rezensionen in den Stockholmer Zeitungen beeinflußte, sie fielen jedenfalls mittelmäßig aus. Nur mich lobten die Kritiker, und sie prophezeiten mir eine große Karriere. Allerdings schränkten sie ihr Lob ein, indem sie mich als das Werk Stillers hinstellten, von dem auch meine Zukunft abhängen werde.

Trotz der schlechten Rezensionen war der Film ein finanzieller Erfolg; die Bürger Stockholms standen Schlange, um ihn zu sehen. Sofort nach der Premiere wurden die Vertriebsrechte für hunderttausend Mark an Trianon verkauft, eine deutsche Filmgesellschaft, die den Film in Berlin zeigen wollte.

Moje fuhr aus anderen Gründen nach Berlin. Auf meine Fragen

antwortete er mir: «Bitte verrate es niemandem, aber ich habe besondere Pläne. Ich bin sicher, daß ich, wenn wir nach Berlin fahren, eine Million Mark für die Produktion eines neuen russischen Films bekommen könnte. Ich zähle auf die Unterstützung von David Schratter, der bei der Trianon-Filmgesellschaft das Sagen hat. Er ist wie ich Jude und aus Osteuropa.»

Dann sprach er von seinem neuen Drehbuch. Der Film sollte zur Zeit des Krimkriegs spielen und hatte den Arbeitstitel «Das Mädchen von Sewastopol». Die Hauptperson war Nina, eine junge russische Adlige, die auf der Suche nach ihrem Verlobten war, der in Konstantinopel in türkische Kriegsgefangenschaft geraten war. Die Rolle der Nina war auf mich zugeschnitten. Moje glaubte, daß es uns noch besser gelingen würde, mir einen festen Platz in der Welt des Films zu sichern, wenn wir unseren nächsten Film im Ausland drehten.

«Da kein Mensch in der Türkei Filme macht», argumentierte er, «wird es uns jede Menge kostenloser Publicity bringen, wenn wir dort drehen.»

«Heißt das, ich werde mehr Anerkennung finden, wenn ich in einem Film spiele, der von einer deutschen Gesellschaft auf türkischem Boden produziert wird?» Er gab keine Antwort.

Bevor wir nach Berlin aufbrachen, überredete Moje den Kameramann Julius Jaenzon, der in *Gösta Berling* sehr schöne Bilder von mir gemacht hatte, uns zu begleiten. Der junge Schauspieler Einar Hanson und der Drehbuchautor Ragnar Hyltén-Cavallius kamen ebenfalls mit. Als Vorwand für unseren Besuch diente die Premiere von *Gösta Berling*. Vertreter der Trianon begrüßten uns wie Könige, und wir waren im besten Hotel Berlins untergebracht. Als Gegenleistung für die großzügige Gastfreundschaft sollten wir vor Beginn des Films auf der Bühne erscheinen. Moje drückte sich vor dieser ziemlich erniedrigenden Pflicht. Er hetzte von Konferenz zu Konferenz, von Schratter zu Pabst, und versuchte verzweifelt, ein Geschäft zu machen. Als Hanson und Jaenzon gegen seine ständige Abwesenheit protestierten, sagte er: «Ich weiß, daß ich eigentlich bei euch sein sollte, weil wir ja als Gruppe gekommen sind, aber ich habe da etwas Gutes in Aussicht.» Als sie ihn danach fragten, lächelte er und verschwand erneut für Stunden.

Kurz vor der Rückkehr nach Stockholm rief mich Moje in sein Zimmer und eröffnete mir: «Ich habe einen Vertrag mit Trianon

unterschrieben. Du wirst monatlich fünfhundert Mark plus Neben-
kosten bekommen.»

Ich war sprachlos, und er fuhr fort: «Jetzt werde ich wirklich ein
Wunder für dich inszenieren. Du wirst in allen Hauptstädten glänzen, einschließlich Stockholm, und –» Ich fiel ihm um den Hals und
küßte ihn. Behutsam schob er mich zur Seite. «Laß uns die Gefühle
für später aufsparen», sagte er. «Wir haben noch unser ganzes Leben
– das heißt, mein ganzes Leben. Es ist Zeit, mit dem Orientexpreß in
die Türkei zu fahren.» Mit uns kamen Hanson und Hyltén-Cavallius,
und natürlich das Kamerateam.

Vom Fenster des fahrenden Zugs aus sah ich Gruppen von Häusern, die ganz eng aneinandergebaut waren, so als fürchteten sie sich.
Unter der dünnen Schneedecke sah ich Dächer, die nur aus Stroh und
zerfallenen Schindeln bestanden. Als ich von meinem gemütlichen
Platz im Abteil des fahrenden Zuges aus auf diese armseligen Häuser
blickte, erfaßte mich ein Gefühl der Angst. Zweifellos hatten auch die
Leute, die darin wohnten, wegen ihres armseligen Lebens Angst.
Aber meine Furcht war anderer Natur; sie war sowohl wirklich als
auch lächerlich. Ich, ein skandinavisches Mädchen mit einer gewissen
Begabung und einem guten Start in Stockholm, reiste nun durch
Süddeutschland, die Tschechoslowakei, Österreich, Jugoslawien und
Bulgarien in die Türkei, das ärmste Land Europas, um einen teuren
Film zu drehen.

Wir hatten gerade die bulgarisch-türkische Grenze hinter uns
gelassen, als sich uns zu unserer Linken ein wunderschöner Blick auf
das Istranca-Gebirge bot. Moje gab mir ein Sandwich, bulgarischer
Kielbasa auf Schwarzbrot, und dazu eine Tasse türkischen Kaffee. Er
zündete sich eine Zigarette an und sagte: «In Kürze werden wir im
Reich Mustafa Kemals ankommen. Obwohl er der Türkei eine Verfassung gegeben hat, regiert er das Land mit eiserner Hand. Vergiß
nicht, die Türkei ist nicht Schweden.»

Moje teilte uns mit, daß wir in Konstantinopel angekommen waren. Ich blickte aus einem schmutzigen Fenster, auf dem Regentrop-
fen ein verwirrendes Mosaik hinterlassen hatten. Ich versuchte, es
mit meinem Arm sauberzubekommen, aber der meiste Schmutz war
außen. Wir sahen viele ärmlich gekleidete Männer in schwarzen
Umhängen und Kinder, die die Hand ausstreckten und auf dem
Bahnsteig bettelten. Wir fuhren in einem offenen Wagen zum Hotel

Pera, und auf dem Weg dorthin stellte ich fest, daß sich die Regierungsgebäude in einem viel besseren Zustand befanden als die Häuser, in denen die Menschen wohnten. Es fing noch stärker zu regnen an, und ich sehnte mich nach der Trockenheit und Wärme unseres Hotels.

Als wir dort ankamen, stürzte sich eine Horde von Bettlern auf unsere Koffer, aber die Hotelangestellten drängten sie durch Schläge zurück. Das Durcheinander von Männern in Lumpen und Männern in schönen Uniformen war ein deprimierender Anblick. Ein bärtiger alter Bettler mit einem langen Schnurrbart packte mich bei der Hand und sprach in einer fremdartigen Sprache zu mir. Einer der Hotelangestellten übersetzte, was er sagte: «Ich möchte Ihnen etwas Wichtiges sagen.» In dem Augenblick trat Moje zwischen uns und schob den alten Bettler weg. «Bitte, Moje», beschwor ich ihn, «der alte Mann will mir nicht weh tun. Er möchte mir nur etwas sagen.»

Moje sah die Angst in meinen Augen, und begann in verschiedenen Sprachen zu dem Mann zu sprechen. Schließlich fand er die richtige, eine Mischung aus Slawisch und Deutsch, und unterhielt sich kurz mit dem Alten. Dann drehte er sich zu mir um und sagte: «Er ist ein Zigeuner, der dir die Zukunft vorhersagen möchte.» Wieder wollte Moje ihn wegschieben. Und wieder bat ich, ihn in Ruhe zu lassen. Wir drei traten näher an die Mauer des Hotels heran, wo uns ein breites Dach vor dem Regen schützte. Der alte Mann gab mir durch Zeichen zu verstehen, daß er nicht auf Geld aus sei, sondern nur reden wolle. Schließlich brachte ich Moje dazu, sich mit dem Zigeuner zu unterhalten, und ich bat ihn, das Gespräch zu übersetzen. Zuerst sprachen sie deutsch. Dann redete er auf einmal russisch. Ebenso plötzlich begann Moje, polnisch mit ihm zu sprechen.

«Was sagt er?» fragte ich.

«Er erzählt mir jede Menge Unsinn über dich.»

«Bitte übersetze mir alles.»

«Er sagt, daß du ein außergewöhnliches Mädchen voller Ängste und Wünsche bist. Du wirst immer von vielen Menschen umgeben sein, aber keine Freunde haben. Obwohl dich jeder bewundert, wirst du ein einsames Leben führen und einen tragischen Tod sterben.«

Als Moje weiter zuhörte, wurde er bleich. Der alte Zigeuner sprach jetzt ohne Unterbrechung, und ich bemerkte, daß Moje plötzlich sehr verstört wirkte. Dann drehte sich der Zigeuner um, ging einige Schritte, schaute mich noch einmal an und ging im Regen davon. Als die gebeugte Gestalt des Propheten in Bettlerkleidern verschwunden war, packte ich Moje am Arm und fragte: «Was hat er dir gesagt?»

Langsam murmelte er: «Wie konnte er wissen, daß ich Angst vor Ratten habe? Er sagte, daß ich Angst vor Ratten hätte und wie eine Ratte sterben würde, einsam und weit weg von dir. Ich würde einsam und von allen verlassen sterben.»

Ich war vor Schreck wie gelähmt. «Was? Wie kann er das sagen? Bist du sicher?»

«Reiner Zufall. Reiner Zufall. Ich glaube nicht an Prophezeiungen. Es spielt keine Rolle, wer er ist oder woher er kommt. Ich glaube nicht an solche Vorhersagen.»

«Hat er sonst noch etwas über uns beide gesagt?»

Moje vermied es, mir in die Augen zu sehen. «Erstaunlich, einfach unglaublich – ein Bettler ohne Geld und Schuhe. Ein Bettler in Lumpen, und er wollte kein Geld nehmen.»

Ich wiederholte meine Frage. Jetzt, wo Moje so durcheinander war, dachte ich, würde er vielleicht noch mehr verraten; wenn ich wartete, würde er seine Fassung ganz zurückgewinnen und sein Geheimnis für sich behalten.

«Es ist ganz unwichtig. Er sagte, unser Aufenthalt in der Türkei werde nur Probleme mit sich bringen und zu nichts führen.»

«Die letzte Vorhersage kannte ich selbst. Ich habe dir ja gesagt, daß wir nicht hier sein sollten.»

Am nächsten Tag mietete Moje für uns alle Autos, und wir fuhren in der Stadt herum, um malerische Stellen ausfindig zu machen. Obwohl türkische Polizisten zu unserem Schutz abgestellt waren, wurden wir überall, wo wir anhielten, von Bettlern umringt, die Almosen verlangten. Wir hatten zunächst die Erlaubnis der Regierung erhalten, durften dann an bestimmten Orten aber doch nicht drehen. Der Tag war ein einziger Reinfall, und alle waren entmutigt. Moje aber schienen solche Situationen besondere Stärke zu verleihen. Er rannte von einem zum anderen, unterhielt sich mit jedem und sprach allen Mut zu. Der nächste Tag würde erfolgreicher sein, sagte er ihnen. Es war der Weihnachtstag. Um mich aufzuheitern, kaufte er mir zwei Kleider aus chinesischer Seide und einen russischen Zobel. Ich versuchte, nach außen hin glücklich zu wirken, aber innerlich war ich traurig. Kleider oder Pelzmäntel konnten mich da nicht aufmuntern. Es regnete unaufhörlich; die Straßen bestanden nur noch aus schlammigen Pfützen. «Ich verstehe nicht, wieso du in dieser schwierigen Phase auch noch Geld für mich ausgibst.»

«Weißt du nicht, daß heute Weihnachten ist und daß es üblich ist, an diesem Tag Geschenke auszutauschen?»

Aber das Geld wurde knapp, und Moje wurde immer nervöser. Er schickte Telegramme nach Berlin mit der Bitte um zusätzliche Mittel. Wir bekamen keine Antwort, obwohl abgemacht war, daß wir für die nächsten zwei Monate in Konstantinopel bleiben sollten. Unsere Gruppe bestand aus neunzehn Personen, und sie mußten alle untergebracht, ernährt und mit Geld für Spesen ausgestattet werden. Als Moje gar nicht mehr weiterwußte, beschloß er, mit dem Orientexpreß nach Berlin zu fahren und die Vertreter der Trianon um eine weitere Million zu bitten. Wir saßen im Hotel herum, aßen, unterhielten uns, spielten Karten und versuchten, unsere Ausgaben niedrig zu halten. Nach zwei Wochen des Wartens erhielten wir ein Telegramm, daß David Schratter Trianon überraschend verlassen habe. Zu dem Zeitpunkt versuchte Moje, G. W. Pabst, der für Sofar-Film Regie führte, zu überreden, die Produktion unseres Films zu übernehmen. Pabst lehnte ab.

Nach unserer Rückkehr nach Berlin war ich niedergeschlagen und ohne Geld. Soweit hatten sich die Prophezeiungen des Zigeuners also erfüllt. Zum erstenmal war Moje in derselben Lage wie ich. Er fing an, mehr zu rauchen und zu trinken, obwohl er seinen Lieblingschampagner aufgeben und auf *Brännvin* umsteigen mußte. Als einzigen Luxus leistete er sich, im Hotel Esplanade wohnen zu bleiben. «Ich kann aus einer Mülltonne essen», sagte er oft. «Es macht mir auch nichts aus, wie ein Bettler angezogen zu sein. Aber ich brauche ein ordentliches Bett zum Schlafen.»

Zu der Zeit hörte ich erstmals von den Leitungen amerikanischer Filmemacher und ihrer Studios. Als ich erfuhr, daß sich Louis B. Mayer, einer der Bosse von Metro-Goldwyn-Mayer, in Berlin aufhielt, nutzte ich jede nur erdenkliche meiner Verbindungen, um mit ihm Kontakt aufzunehmen, aber es gelang mir nicht, mich mit ihm zu treffen. Das war vielleicht auch ganz gut so, denn ich wußte ohnehin nicht, was ich Mayer über Moje und mich hätte sagen sollen.

Eines Tages, Unter den Linden, traf ich Asta Nielsen, eine dänische

Schauspielerin, die ich aus Stockholm kannte. Sie war in Begleitung von Pabst, der meine Hand küßte und sagte: «Ich habe Sie schon mindestens zehnmal als Gräfin Elisabet Dohna gesehen.»

«Er übertreibt nicht», bemerkte Asta. «Er hält Sie für eine große Schauspielerin und möchte Sie für die Hauptrolle in einem neuen Film. Wir sprachen gerade darüber.»

Ich ging ausgesprochen raffiniert vor. «Herr Stiller und ich wurden erst kürzlich von Svensk Filmindustri gebeten, an einem neuen Film zu arbeiten. Außerdem hat man uns nach Hollywood eingeladen. Die Frage ist nun, welches Angebot wir annehmen sollen.»

Als wir am Café Rumpelmayer vorbeikamen, sagte Pabst: «Ihr müßt beide müde sein. Wir wollen uns ein wenig hinsetzen und etwas trinken.»

Sobald wir saßen, begann Pabst seinen Plan darzulegen. «Der Titel des Films ist *Die freudlose Gasse*. Als Vorlage wird der Roman von Hugo Bettauer dienen. Der Film wird das Wien der Nachkriegszeit zeigen, eine im moralischen und physischen Sumpf der Entbehrungen versunkene Stadt. Sie, Fräulein Garbo, werden das ehrliche Mädchen spielen.»

«Selbst wenn ich Ihr Angebot und Ihr Drehbuch, das ich noch nicht kenne, annehmen könnte, so muß ich Ihnen gleich sagen, daß ich schon einen Regisseur und einen Kameramann habe, die beide mein vollstes Vertrauen genießen.»

Der erstaunte Pabst wandte sich mir so ruckartig zu, daß er dabei seinen Kaffee verschüttete. «Fräulein Garbo, zunächst möchte ich unterstreichen, daß Sie zusammen mit so hervorragenden Schauspielern wie Asta Nielsen, Jaro Furth, Valeska Gert und Werner Krauss spielen werden. Ich bin derjenige, der bei dieser Besetzung Regie führen muß! Und außerdem ist mein Kameramann, Guido Seeber, technisch wesentlich besser als Ihr Julius Jaenzon!»

«Ich streite ja nicht ab, daß Ihr Angebot sehr attraktiv ist», antwortete ich kleinlaut, weil mir klar wurde, daß es eine große Tragödie für mich bedeuten würde, wenn sich dieses Angebot zerschlug, wo ich doch keine fünfzehn Mark mehr in der Tasche hatte. «Sie müssen aber zugeben, daß Julius sehr schöne Bilder von mir macht.»

«Ich kann Ihnen versichern, daß Guido lernen wird, noch schönere Aufnahmen von Ihnen zu machen.»

«Lassen Sie uns nicht mehr darüber reden», sagte ich. Ich dachte, daß er, wenn er mich wirklich für eine große Schauspielerin hielt, vielleicht einen Ausweg fände. Die Entscheidung lag bei ihm, also stand ich auf, um zu gehen. Pabst erhob sich und faltete die Hände, als wolle er beten. «Bitte, Fräulein Garbo», beschwor er mich, «verlassen Sie mich und mein Projekt nicht auf so unerfreuliche Weise.»

Ich setzte mich wieder und hob als Zeichen der Versöhnung seine Kaffeetasse auf.

«Ich kann weder die Regie noch die Kameraarbeit einem anderen überlassen.» Und dann kam er direkt zum Thema: «Ich werde Ihnen zweitausend Mark im voraus bezahlen. Wir werden die Einzelheiten später besprechen, aber bedenken Sie, daß Sie an dem Film keinen Monat arbeiten werden!»

«Um meine finanziellen Angelegenheiten kümmert sich Mauritz Stiller», sagte ich. «Sie werden mit ihm sprechen müssen.» In Astas und Pabsts Augen konnte ich lesen, daß ich als Geschäftsfrau ebenso gut war wie als Schauspielerin.

Als ich ins Hotel zurückkam, erfuhr ich, daß Moje schon von Pabsts Angebot wußte, und zwar durch Hanson, der am selben Morgen mit Seeber gesprochen hatte. Er griff mich sofort an und warf mir vor, ich hätte keine Selbstbeherrschung und mache hinter seinem Rücken Geschäfte.

Ich verteidigte mich. «Wenn du dir die Mühe machtest, mit Pabst zu sprechen», entgegnete ich, «würdest du erfahren, daß ich ihn an dich verwiesen habe. Außerdem haben wir nicht einmal Geld, um uns etwas zu essen zu kaufen, und ich muß aus Sparsamkeitsgründen zu Fuß gehen.»

Moje beruhigte sich schnell. «Ich weiß», sagte er. «Aber wir beide, die wir uns lieben, sollten uns unsere harten Worte sparen und miteinander über das reden, was uns beide betrifft.»

Ich war den Tränen nahe. «Aber genau das habe ich doch getan», sagte ich. «Ich traf Pabst und Asta nur zufällig. Als er mir eine Rolle in dem Film anbot, verwies ich ihn an dich.»

Als Moje das hörte, sprang er von seinem Bett auf, fiel mir um den Hals und küßte mich. «Ich wußte, daß du nichts Falsches tun könntest», sagte er, «aber mir war einfach nach Schimpfen zumute.»

Natürlich nahmen wir Pabsts großzügiges Angebot an, und in der folgenden Woche begann ich mit ihm zu arbeiten. Er drehte fünfzehn Stunden täglich, um eine dreimonatige Produktionszeit in sechs Wo-

120

chen unterzubringen. Weil Pabst mir soviel abverlangte, überredete mich Moje, krank zu spielen und im Hotel zu bleiben, bis er zweitausend Mark mehr herausschinden konnte. Und es gelang ihm, weil der Produzent sich in mich verliebt hatte. Als Moje das herausfand, sagte er: «Das ist alles deine Schuld. Du bist zu nett zu Pabst.» Meine Antwort war einfach: «Ich habe nichts mit Pabst. Wenn du mir nicht glaubst, dann beauftrage doch einen Detektiv. Du hast ja die zweitausend Mark zusätzlich.»

Er beruhigte sich, weil er erkannte, daß ich diesen Vorschlag nicht gemacht hätte, wenn ich tatsächlich eine Affäre mit Pabst gehabt hätte. Dann sagte er geheimnisvoll: «Dem werde ich eine Lektion erteilen. Ich werde ihn in seine Schranken weisen.»

«Wie?» fragte ich ihn erschrocken. Ich wußte, daß Mojes Eifersucht nichts Gutes verhieß. Jahre später erfuhr ich von Cavallius, daß Moje in Berlin eine Prostituierte auftrieb, die Schwedisch sprach und an einer Geschlechtskrankheit litt. Er kaufte ihr elegante Kleider und stellte sie Pabst als schwedische Schauspielerin vor. Weil sie jung war und trotz ihrer Krankheit sehr schön, fing Pabst eine Beziehung mit ihr an und hatte sich schon bald die Krankheit geholt. Aber das reichte Moje noch nicht. Eines Abends traf er ihn mit dem Mädchen in dem Hotel, in dem wir auch wohnten, und schlug ihn zusammen. So endete unsere Beziehung zu G. W. Pabst.

Die freudlose Gasse hatte am 18. Mai 1925 im Berliner Mozartsaal Premiere und in Stockholm am 28. September. In London lief der Film später als *The Joyless Street* an und in New York als *The Street of Sorrow*. Die Reaktionen der Presse waren gemischt, vor allem wegen des brutalen Realismus des Films, der darin seiner Zeit voraus war. Die engstirnigen Kritiker verurteilten den Film in Bausch und Bogen, aber sogar sie, und im Grunde alle anderen, lobten meine schauspielerische Leistung. Sie fanden auch lobende Worte für Seeber, der nach Mojes Anweisungen hervorragende Aufnahmen von mir gemacht hatte. So endete meine Karriere in Europa. Ich sollte vielleicht noch erwähnen, daß ich nie auch nur für eine Sekunde meinen Glauben an Mojes geschäftliches Genie verlor, auch wenn manche seiner Taktiken meine Geduld auf eine harte Probe stellten. Ich vertraute nun schon stärker darauf, daß mir und meinem Talent die Welt gehörte.

Ich erinnere mich noch genau daran. Es war Sonntag, und die Sonne schien. Tausende von Menschen schlenderten Unter den Linden dahin, während Moje und ich im Esplanade saßen und über unsere Zukunft sprachen.

«Ich bin sicher, du hättest gern ein Haus in Stockholm und ein Haus auf dem Land, auch wenn es nicht unbedingt so stinken muß wie bei mir in Lidingö», fing Moje an. «Aber das, was man aus solchen Gaunern wie Pabst herausholen kann, reicht nicht einmal, um sich anständig einzukleiden.»

«Vielleicht wäre es besser, wenn du dich von Zeit zu Zeit auch mal danach erkundigen würdest, was ich möchte.»

«Was du brauchst, weiß ich. Als berühmte Schauspielerin solltest du Pelze, Kleider und anderes Zubehör besitzen. Was die Häuser angeht, die möchte dann eben ich.»

«Ich werde mich nicht sträuben. Ich merke schon, daß du versuchst, mir etwas zu sagen, aber ich weiß nicht, was es ist.»

«Von nun an werde ich dich über jeden meiner Schritte unterrichten. Auf diese Weise können wir uns viele Mißverständnisse ersparen. Zuerst einmal habe ich Kontakt mit Pathé, der französischen Gesellschaft, aufgenommen. Ich erklärte ihnen, daß ich bei deinen Filmen Regie führen würde, und daraufhin machten sie mir ein lächerliches Angebot; sie scheinen zu glauben, daß Schweden sich damit zufriedengeben, für ein Butterbrot zu arbeiten. Vielleicht gibt es aber auch eine andere Erklärung. Einar Hanson oder Asta Nielsen könnten ihnen erzählt haben, daß wir kein Geld haben.»

«Wahrscheinlich sind sie einfach gute Geschäftsleute. Ich glaube nicht, daß sich unsere Freunde einmischen würden.» Zwar hielt ich es durchaus für möglich, daß diese beiden hinter unserem Rücken intrigierten, aber es widersprach meiner Natur, schlecht über jemanden zu reden. «Die großen Filmgesellschaften würden sich nicht durch die Meinung einzelner beeinflussen lassen, vor allem nicht durch die Meinung von zwei unserer Landsleute, die ja aus persönlichen Gründen gegen uns sprechen könnten.»

Moje war vor Ärger ganz rot. «Wir sind Künstler, wahre Künstler, und unser Land ist die Welt. Wir gehören nicht zu einem bestimmten Land. Unser Land, unsere wirkliche Heimat ist die Kunst.»

«Laß uns doch die Philosophie auf ein andermal verschieben», fiel ich ihm ins Wort, «und der Realität ins Auge sehen.»

«Du hast recht», sagte er. Er zog eine deutsche Zeitung heraus und zeigte mir einen kurzen Artikel, in dem stand, daß Louis B. Mayer beabsichtige, Mauritz Stiller und Greta Garbo für einen neuen Film zu engagieren. Ich war sehr überrascht, daß eine derartige Information in eine Berliner Zeitung geraten war.

«Ich habe nicht mit Mayer gesprochen. Du?»

«Nein», antwortete er mit sanfter Stimme. Ich fragte ihn nochmals. Wieder stritt er ab, mit Mayer gesprochen zu haben, aber nach einer langen Pause gestand er: «Ich habe die Meldung durch Beziehungen in die Zeitung setzen lassen.»

«Aber was ist, wenn Mayer diesen Artikel nicht liest?»

«Ich bin sicher, daß er ihn lesen wird, denn ich habe den Manager des Esplanade gebeten, ihn ihm zu zeigen. Wie du weißt, wohnen Mayer und seine Tochter im Esplanade. Natürlich hat er die teuerste Suite.»

«Aber was passiert, wenn er die Meldung liest, aber nicht auf uns zukommt?»

«Dann gehe ich zu ihm und frage ihn geradeheraus: ‹Warum verbreiten Sie falsche Gerüchte und schaden unserem Ruf? Sie wissen ganz genau, daß Berlin, Stockholm und Paris die Filmzentren der Welt sind. Jeder weiß, daß Amerika nur versucht, mit Europa Schritt zu halten.›»

«Gut», sagte ich, «aber jeder, der mit dir spricht, weiß, daß du scharf auf Dollars bist. Bittest du nicht immer die europäischen Produzenten, in amerikanischer Währung zu bezahlen?»

«Das stimmt, aber Mayer weiß das nicht – zumindest bis jetzt noch nicht. Er ist erst seit ein paar Tagen in Berlin.»

Moje hatte für jede Frage eine Antwort parat. «Nur mit Dollars kann man in Schweden billig Häuser kaufen. Wir werden nicht länger als zwei Jahre in Hollywood arbeiten; wir werden diesen Bastards schon beibringen, wie sie uns zu bezahlen haben und wie man richtig Regie führt. Sobald wir ein paar hunderttausend Dollar beisammen haben, werden wir nach Europa zurückkehren; hier können wir dann frei von allen Sorgen an künstlerischen Filmen arbeiten, reisen, und wir brauchen uns vor allem nie mehr wegen Hotelrechnungen Gedanken zu machen.»

«Das hört sich alles sehr aufregend an, aber wie kann man in so kurzer Zeit so große Dollarsummen kassieren?»

«Wenn ich mit Mayer keine Abmachung treffen kann, werde ich mit anderen Produzenten in Hollywood sprechen. Wir brauchen nur ein einziges wirklich gutes Geschäft. Und außerdem werden wir beide arbeiten. Auch hoffe ich, zum erstenmal in der Geschichte des Filmemachens prozentual an dem Gewinn beteiligt zu werden, den unser Film einspielt. Unsere Dollars werden wir dann in amerikanische und europäische Unternehmen investieren und von einem Teil des Ertrags leben. Wir könnten in Öl, Stahl, Zink oder Gott weiß was investieren.»

Moje war aufgeregt; er rauchte eine Zigarette nach der anderen und ging im Zimmer umher. Auch mich hatte sein phantastischer Traum gefangengenommen. Trotzdem blieb ich vorsichtig. «Dieser Plan würde einem amerikanischen Multimillionär alle Ehre machen. Aber vergiß nicht, wir kennen Mayer nicht einmal.»

«Mach dir deswegen keine Sorgen. Weißt du überhaupt, warum wir an diesem schönen Tag hier sitzen, anstatt irgendwo draußen spazierenzugehen?»

Bevor ich etwas erwidern konnte, beantwortete Moje seine Frage bereits selbst: «Wir warten auf Mayers Anruf.»

«Da muß noch etwas anderes dahinterstecken, wenn du dir so sicher bist.»

«Vielleicht», sagte er und zündete sich mit dem Rest seiner Zigarette gleich die nächste an.

Nun kannte ich mich wirklich gar nicht mehr aus. «Was meinst du mit vielleicht?»

«Ich werde dir alles erzählen, weil du es in ein paar Stunden ja sowieso wissen wirst.»

«Du hast noch eine Überraschung für mich?»

«Ja, aber eine angenehme. In diesem Moment lädt der Manager des Hotels die führenden Theater- und Filmkritiker Berlins zu einem erlesenen Empfang ins Esplanade ein. Ich habe versprochen, ihm ein paar hundert Dollar zu geben, sobald ich mit Mayer einen Vertrag unterschreibe.»

«Von welcher Art Empfang sprichst du?»

«Von einem Abschiedsempfang anläßlich unseres Weggangs aus Berlin. Mayer ist auf der Liste des Managers, also werden wir ihn ganz sicher sehen. Er wird bestimmt kommen, da ihm soviel daran gelegen ist, deutsche Kritiker, Schauspieler, Regisseure und sonstige

Leute kennenzulernen, die mit der Filmbranche zu tun haben. Du weißt, daß er hier ist, um Leute anzuwerben. Und wie ich Mayer kenne, wird er mich anrufen, ehe er zu einem Empfang geht.» Ich war sehr erschrocken, weil ich wußte, daß Moje sich einen Empfang gar nicht leisten konnte. Er hatte nicht einmal genug Geld, um die Hotelrechnung zu bezahlen. Aber was hätte mein Ärger schon genutzt? – Ich wußte, daß er das alles mehr für mich als für sich selbst tat. Mit Tränen in den Augen lief ich zu ihm und umarmte ihn. «Moje», sagte ich, «was machen wir, wenn es dir nicht gelingt, einen Vertrag mit einem amerikanischen Produzenten abzuschließen? Woher willst du das Geld für den Empfang nehmen, wenn du nicht einmal deine eigene Hotelrechnung bezahlen kannst?»

Er nahm mich in die Arme, setzte mich in den Sessel und sagte: «Mach dir darüber keine Sorgen. Ich bin Jude. Und Mayer ist auch Jude. Ich bin mir hundertprozentig sicher, daß er an dem Empfang teilnehmen wird, um mit den Koryphäen der deutschen Kunstszene zu sprechen.»

«Nun gut; vielleicht kommt er. Aber das heißt noch lange nicht, daß er mit uns beiden einen Vertrag abschließt. Wir werden ein Wunder brauchen.»

«Dann wird es eben ein Wunder geben.» Er hielt mich fest und begann mich auf Wangen und Lippen zu küssen. Ich reagierte nicht, empfing seine Zuneigung nur. Plötzlich klingelte das Telefon. Er sprang auf, und schon einen Augenblick später quasselte er auf jiddisch. Ich verstand von dem Gespräch kein einziges Wort, aber ich hoffte inbrünstig, daß der Anrufer Louis B. Mayer war. Ich hörte, wie mein Name in Zusammenhang mit drei magischen Worten genannt wurde: Metro, Goldwyn und Mayer. Das halbe Wunder ist schon geschehen, sagte ich mir.

Sie unterhielten sich lange Zeit auf jiddisch. Alle paar Minuten wandte Moje mir sein lächelndes Gesicht zu, winkte mit der Hand und tanzte sogar um das Telefon herum. Ich hatte ihn noch nie so glücklich gesehen. Ich war ebenfalls glücklich. Ich stand auf und strich über mein Kleid und über meine Haare. Ich beobachtete Moje, wie er sprach und Fragen beantwortete, und ich spürte, daß am anderen Ende der Leitung Interesse vorhanden sein mußte, weil sich die Unterhaltung so lange hinzog. Ich ging langsam auf ihn zu. Plötzlich legte er den Hörer auf, riß mich in seine Arme, trug mich zum Bett hinüber und meinte: «Weißt du, was dieser *Skorwysyn* über dich gesagt hat?»

«Woher soll ich das wissen? Ich kenne ja nicht einmal das Wort, das du eben gebraucht hast. Ihr habt jiddisch miteinander gesprochen.»

«Du hast recht, wir sprachen jiddisch, aber das Wort eben war polnisch. Es bedeutet Hurensohn.»

«Egal. Sag mir, wie die Dinge mit Mayer stehen.»

«Sehr gut, sehr gut. Weißt du, was er über dich sagte?»

«Was?» fragte ich, während ich immer noch auf dem Bett lag und zu zittern begann.

«Er sagte, er kenne dich nicht. Er hat noch nie von dir gehört.»

«Das heißt, er will dich – nicht mich?»

Moje beugte sich über mich und küßte meine Stirn. «Ich habe ihm gesagt, er solle sich erst deine Filme ansehen und sich dann entscheiden.»

«Wolltest du dadurch deine eigenen Chancen zunichte machen? Du weißt ganz genau, daß du ruhig auch allein in die Vereinigten Staaten gehen und eine große Karriere als Regisseur machen kannst; in Stockholm komme ich schon allein zurecht.»

Moje setzte sich auf, nahm sich eine Zigarette und sagte, wobei die Worte nur so aus ihm heraussprudelten: «Ich würde gern für immer mit dir zusammenleben. Ich würde gern viele Filme mit dir machen. Ich würde sogar gern mit dir zusammen sterben.»

Ich fand nicht die Worte, um meine Dankbarkeit auszudrücken. Ich küßte seine Hand. Dies war der glücklichste Tag meines Lebens. Ich hatte einen Mann gefunden, der alles mit mir teilen wollte. In diesem Augenblick war ich der glücklichste Mensch auf der ganzen Welt.

Der zweite Teil des Wunders war von realistischerer Natur. Es war ein finanzielles Wunder. Moje schloß einen Vertrag mit Louis B. Mayer ab, der besagte, daß er vom 1. Juli 1925 an ein Jahr lang wöchentlich tausend Dollar erhalten würde. Ich würde dreihundertfünfzig Dollar wöchentlich bekommen, und der Betrag würde sich auf fünfhundert Dollar erhöhen, sobald ich in Amerika ankam. Irgendwie trieb Moje auch das Geld für den Empfang, das Hotel, die Trinkgelder und die übrigen Ausgaben auf, die mit unserem Leben in Berlin zusammenhingen.

Während des Empfangs erwähnte Moje Mayer gegenüber, daß Samuel Goldwyn ein entfernter Verwandter von ihm sei und in Wirklichkeit Goldfisch heiße.

«Wenn wir in Hollywood sind, werde ich mit meinem Verwandten Sam ein anderes Abkommen treffen», flüsterte Moje mir während des Nachtischs ins Ohr. «Ich werde ihn schon lehren, seine Verwandten nicht zu vernachlässigen.» Er befand sich in Hochstimmung. Aber sobald sich ihm jemand näherte, zeigte er sich zurückhaltend und ausgesprochen höflich. Ich stellte fest, daß Moje immer wieder anders sein konnte, je nachdem, mit wem er gerade zusammen war.

«Ich prophezeie dir, daß du in kürzester Zeit ein erfolgreicher amerikanischer Regisseur sein wirst», sagte ich.

«Tief in deinem Innersten glaubst du doch selbst nicht, was du da sagst. Aber ich, Mauritz Stiller, erkläre dir jetzt und heute und bürge mit meinem Leben dafür, daß ich dich dort in Hollywood zu der größten Schauspielerin machen werde, die die Welt je gesehen hat.»

Zwischen uns war in diesem Augenblick nichts als Vertrauen – Vertrauen zueinander.

Nachdem wir den Vertrag mit Metro-Goldwyn-Mayer unterzeichnet hatten, brachen wir nach Schweden auf. Moje war müde, blaß und brach fast im Stehen zusammen. Sein Haar war grau geworden. Im Zug nach Stockholm fragte ich ihn immer wieder, wie er sich fühle. Er wollte nicht darüber reden, und als wir in der Stadt ankamen, fuhr er sofort seine Vorstadtvilla in Lidingö. Er lud mich ein, mich mit ihm zusammen für eine Woche auszuruhen, aber ich beschloß, nach Hause in die Blekingegatan 32 zu gehen.

Eigentlich hatte ich nicht vor, länger zu bleiben, tat es dann aber doch, weil meine Schwester Alva, die Tuberkulose hatte, mich unbedingt eine Weile bei sich haben wollte. Etwa um diese Zeit bekam sie eine kleine Rolle in einem schwedischen Film. Ich weiß nicht, warum, aber ich hatte das Gefühl, daß ihre Karriere schon zu Ende war, oder daß sie nie eine Karriere gehabt hatte. Ich war auch überzeugt, daß ich Alva nie wiedersehen würde, wenn ich in die Vereinigten Staaten ging. Man wird es mir vielleicht nicht glauben, aber noch lange nachdem der Vertrag unterzeichnet war, überlegte ich, ob ich nicht doch lieber in Stockholm bleiben sollte, statt im Ausland ein schwierigeres Leben zu beginnen. Natürlich spielte der Gesundheitszustand meiner Schwester dabei eine große Rolle, obwohl ich wußte, daß sie medizinische Hilfe dringender nötig hatte als die Gefühle, die uns beide verbanden.

Ich begann mich zu fragen, ob es überhaupt die Mühe lohnte, meine Karriere fortzusetzen. Mojes anstrengende Verhandlungen mit Mayer waren mir ziemlich erniedrigend vorgekommen. Es hatte einmal eine Zeit gegeben, da hatte ich geglaubt, daß man nur Talent brauche, um Karriere zu machen. Aber nach diesen meinen Erfahrungen mit Vertretern der amerikanischen Filmindustrie hatte ich völlig meinen Glauben an die sogenannten kulturellen Kreise verloren, die angeblich den Mittelpunkt, das Herz unserer westlichen Kultur bildeten. Diese Erfahrungen und die Gespräche, die ich mit meiner kranken Schwester über die Leistungen des Films in der Sowjetunion führte, ließen mich auf meine naive Weise an den Sozialismus glauben. Ich dachte über Alvas Traum nach, mit ihr zusammen in die Sowjetunion zu gehen und dort eine Filmkarriere zu machen.

«Wir werden in Moskau Filme machen», pflegte Alva zu sagen, «und in den Ferien werden wir in den Kaukasus oder ans Schwarze Meer fahren.»

«Das hört sich sehr verführerisch an», erwiderte ich, ohne wirklich irgend etwas über die Sowjetunion zu wissen. «Welchen Status hat man dort als Künstler?»

«Ich habe eine Menge darüber gelesen», sagte sie. «Künstler, die am Theater oder beim Film arbeiten, haben ein festes Engagement, und sie müssen nicht mit dem Produzenten schlafen, um eine Rolle zu bekommen. Alle Künstler und anderen Personen des kulturellen Lebens sind beim Staat angestellt, und sie genießen sehr großen Respekt, mehr als in jedem anderen Land. Du gehst nach Amerika, und ich gehe nach Rußland, und wir werden sehen, wer zuerst Karriere macht.»

«Sicher wirst du es zuerst schaffen», sagte ich. «Du bist anmutiger und schöner als ich und hast mehr Talent.»

«Das sagst du nur so, denken tust du etwas anderes.»

«Warum sagst du das? Ich glaube mehr an deine Fähigkeiten als an meine. Ich habe immer an dich geglaubt.»

Alva fing an zu husten, und zwischen zwei Hustenanfällen sagte sie: «Laß uns einen Spaziergang zu Björns Park machen. Hier im Haus bekomme ich keine Luft.»

Bei unseren langen Spaziergängen hatten wir Zeit, über unsere Filmkarriere zu sprechen. Wenn Alva müde wurde, setzten wir uns in ein Café und aßen Gebäck. Sie sagte: «Weißt du noch, wie gern wir immer das Sahnegebäck mochten und wie du spartest, um in ein Café gehen zu können, wo wir bekannte Schauspieler trafen?»

«Ja, ich erinnere mich daran. Ich erinnere mich auch noch daran, daß ich Mutter etwas klaute, wenn ich nicht genügend Kronen hatte.»

«Für mich bist du immer noch eine arme *Tvålflicka*, auch wenn du heute als Gräfin Elisabet Dohna bekannt bist.»

Wir führten lange Gespräche, und ich erzählte ihr auch von meiner Angst, Stockholm zu verlassen. Alva machte mir Mut, indem sie zu bedenken gab, daß ich in Moje einen guten Beschützer hatte und großen Ruhm erlangen würde. Ich gab ihr jedesmal zur Antwort, daß wir, wenn ich mit meinen Reichtümern zurückkehrte, alles für sie und mich ausgeben würden. Wir vertrauten uns einander an, wie wir es seit unserer Kindheit nicht mehr getan hatten. Wir gingen zusammen bummeln, und ich kaufte für uns beide neue Kleider.

Der Tag, an dem ich nach Amerika aufbrechen sollte, kam näher, und Alva fragte mich, ob ich mit ihr ans Årsta-Ufer fahren würde. Sie erinnerte sich gern an die Tage, die wir dort mit Vater und Mutter verbracht hatten. Wenn wir auf dem Land waren, gab es nie Streit in der Familie. Es fielen keine bösen Worte. Und mein Vater wurde in der freien Natur so ruhig und still wie ein Baby nach dem Füttern.

An jenem Junitag bot das friedliche Grün des Ufers einen schönen Anblick, und da Werktag war, waren nur wenig Leute da.

Ich dachte daran, wie ich in jenen Tagen mit Alva fischen ging und wie wir nach einem guten Fang den Fisch über dem offenen Feuer brieten. Wir gingen spazieren, liefen wie Kinder Vögeln und Schmetterlingen hinterher; wir dachten nicht an die Vergangenheit und nicht an die Zukunft, der Zauber der Gegenwart hielt uns gefangen. Unsere Liebe zueinander war rein, so wie sie zwischen zwei Menschen sein kann, die zu nichts verpflichtet sind und die nichts zu bedauern haben. Wir waren in die Kindheit zurückgekehrt. Natürlich hatte es auch zwischen uns Konflikte gegeben, denn wir hatten das Gefühl gehabt, daß unsere Eltern uns gegeneinander ausspielten. Aber keines unserer damaligen Probleme glich denen, die wir jetzt hatten: Da war Alvas schlimmer Gesundheitszustand, mein sehnlicher Wunsch nach Geld und Ruhm – und, bis zu einem gewissen Grad, mein tiefes Gefühl von Einsamkeit und Unsicherheit.

Wieder dachte ich, daß dies unser letztes Zusammensein am Årsta-Ufer war, daß ich ihr feines Gesicht nie mehr sehen würde und nie mehr erleben würde, wie sie ihre realistischen Bemerkungen über das Leben machte und sich dabei benahm wie ein Kind.

Später träumte ich viele Male und in regelmäßigen Abständen von Alva; dabei war sie stets von summenden Insekten und duftenden Blumen umgeben. Es roch nach frischem Gras, und ich hörte Alva sagen: «Keta, Keta, du wirst immer eine einfache Söder*flicka* bleiben. Und du wirst dein Leben lang gern Sahnegebäck essen.»

DRITTER TEIL   *Amerika*

Die erste Überfahrt

Am frühen Morgen des 27. Juni 1925 nahmen Moje und ich einen Zug von Stockholm nach Göteborg. Dort gingen wir an Bord der S. S. *Drottningholm*, die uns nach New York bringen würde. Obwohl es ein schöner und sonniger Tag war, lag es wie ein Schleier vor meinen Augen. Moje war ebenfalls ernst. Bis zum allerletzten Augenblick konnten meine Mutter, Sven und Alva nicht glauben, daß wir in ein fernes Land fahren würden. Alles war unwirklich und wie ein Alptraum. Ich konnte keinen klaren Gedanken fassen und wußte nicht, was ich meiner Familie sagen sollte.

Auf der S. S. *Drottningholm* ging es zu wie im Zirkus. Ganze Gruppen von Skandinaviern unterhielten sich unter Tränen und Küssen. Manche fuhren nach Amerika, andere kehrten von einem Besuch zurück. Alle waren aufgeregt, und der Anblick der farbenfrohen Kleider und die Lautstärke der Gespräche führten dazu, daß sich in meinem Kopf alles drehte. Die Kinder schienen der Zirkusatmosphäre auf dem Schiff am besten gewachsen zu sein. Sie liefen so frei und unbeschwert herum wie wilde Tiere, die man aus ihrem Käfig befreit hat.

Schließlich wurden der Lärm und das Durcheinander unerträglich, und ich ging in meine Kabine. Meine Mutter, mein Bruder und meine Schwester folgten mir. Moje stand auf dem Hauptdeck und sprach mit den Reportern. Er war die eigentliche Attraktion. Mir schenkte niemand Aufmerksamkeit, obwohl Moje, wie ich später erfuhr, mehrmals erwähnte, daß ich in Hollywood einen Vertrag hatte und

133

daß mich in Amerika eine große Karriere erwartete. Die Reporter suchten nicht nach mir, um meine Meinung zu diesen Übertreibungen zu hören. Für sie war Moje ein großer Mann des europäischen Kinos, der nach Hollywood ging, um das Filmemachen zu revolutionieren. Ich war froh, daß es ihm gelang, aufgrund seines schöpferischen Genies ihr Interesse und ihre Aufmerksamkeit auf sich zu ziehen. Ich war nur ein einfaches Mädchen, das sich bemühte, unter seiner Führung Schauspielerin zu werden und seine schöpferischen Intuitionen zu entwickeln.

In Kabine 7 verging die Zeit für meine Familie und mich wie im Flug. Wir saßen uns gegenüber, starrten auf die Tür und warteten darauf, daß jemand sie öffnete und uns aus unserer Benommenheit befreite. Durch ein geöffnetes Bullauge drang der Lärm immer stärker herein. Ich stand auf und versuchte, das Fenster zu schließen, aber ich war nicht stark genug. Sven schaffte es schließlich. Ich setzte mich wieder auf den Rand des Betts, rückte näher an Alva heran und ergriff ihren Arm. Alva reagierte nicht; sie bewegte sich überhaupt nicht. Auch äußerte sie keinen Wunsch.

«Hast du ein schlechtes Vorgefühl?» brach meine Mutter das Schweigen und wandte mir ihr Gesicht zu.

«Nein. Ich bin nur traurig.»

In dem Augenblick streifte Alva meine Hand von ihrer Schulter und sagte: «Du darfst nicht traurig sein. Du mußt dich wichtigeren Dingen zuwenden, denn jetzt hast du eine wirkliche Chance, dein Schauspieltalent unter Beweis zu stellen.»

«Ich werde allein sein. Deswegen bin ich traurig.»

«Aber Stiller reist doch in der nächsten Kabine mit dir.»

Da mischte sich Sven mit einer Bemerkung ein, die mir zu Herzen ging. «Er hat dich in Europa nicht allein gelassen, und ich bin sicher, er wird es auch in Amerika nicht tun.»

«Wer weiß?» fügte Alva mit monotoner Stimme hinzu. «Du könntest ihn verlassen, oder er könnte dich verlassen. Aber eines solltest du nicht vergessen, vertraue nie einem Mann.»

«Ja, ja, ja», stimmte meine Mutter ein, die auf dem schmalen Stuhl kaum Platz hatte. «Ja, ja, ja, traue keinem Mann. Bleibe nicht länger als ein Jahr. Verdiene viel Geld und komme dann nach Stockholm zurück.»

Ich hatte mir ein paar Worte zurechtgelegt, die ich jedem einzelnen sagen wollte, aber sie erstarben mir auf den Lippen. Dann entbanden mich der Gong auf dem Korridor und die Schiffssirene aller Verpflichtung. Wir umarmten und küßten uns, wie es bei uns in der Familie üblich war. Wir wischten uns salzige Tränen aus dem Gesicht. Aber wir sagten nichts, was die Freude eines künftigen Wiedersehens vorweggenommen hätte.

Sven öffnete die Tür, und Mutter ging nach ihm hinaus. Alva folgte und nahm mich bei der Hand. Als wir versuchten, uns zur Laufplanke durchzukämpfen, tauchte plötzlich Moje auf.

«Seid nicht traurig, ich verspreche euch, Greta wird in Amerika berühmt werden.»

Sven und Alva schauten ihn an, dann wechselten sie einen Blick, sagten aber nichts. Mutter jedoch gab ihm letzte Anweisungen.

«Tu alles dafür, daß sie hunderttausend Dollar verdient und nächstes Jahr zu uns zurückkommt.»

«Ja, Mutter, das werde ich. Ich werde alles tun, um Greta reich und glücklich zu machen; es soll ihr gutgehen.» Er küßte ihre Hand. Dann küßte er Alva auf die Wange, schüttelte Sven die Hand und sagte zu ihm: «Bis bald.»

Mutter schrie: «Ich liebe dich», und meine Familie verließ das Schiff, während die Schiffskapelle einen Walzer von Johann Strauß spielte. Moje und ich suchten nach einem Platz an der Reling, um einen letzten Blick auf die schwedische Landschaft und die vielen Leute zu werfen, die am Pier standen. Ich stand ganz nahe bei Moje und versuchte, meine Familie zu entdecken. Es war schwierig, in der sich bewegenden Menge vor uns jemanden zu erkennen. Moje fragte mehrmals: «Wo sind sie? Siehst du sie? Siehst du sie?» Als ich zu ihm aufblickte, bemerkte ich aber, daß sein Blick irgendwo über der Menge ruhte. Sein Gesicht wirkte finster und nachdenklich, und die Muskeln seiner Wangen zuckten. Plötzlich wandte er sich mir zu: «Falls wir in Amerika keinen Erfolg haben sollten, wirst du dann mit mir nach Europa zurückkehren?»

«Bist du verrückt? Wir haben noch nicht einmal angefangen, und du sprichst schon von unserer Rückkehr.»

«Ein eigenartiges Gefühl sagt mir, daß ich trotz des Vertrags in meiner Tasche dort nichts erreichen werde. Sie werden meine Ideen nicht akzeptieren. Ich werde mich streiten und nach Europa zurückfahren.»

«Wenn du schon jetzt so sprichst, wo wir noch in Schweden sind», erwiderte ich scharf, «dann werden wir ganz bestimmt nichts erreichen. Du mußt lernen, deine Launen zu beherrschen.»

«Meine Launen gehen Hand in Hand mit meiner Kreativität. Es ist schwierig, das eine vom anderen zu trennen.»

«Bitte, versuch es. Wenn dir das nicht gelingt, werden wir mit leeren Händen nach Stockholm zurückkehren. Dann würde die europäische Presse über uns herziehen, man würde Witzfiguren aus uns machen. Und alle Türen blieben uns verschlossen. Wir könnten nie mehr in unserem Beruf arbeiten.»

«Auf schwedischem Boden kann ich immer wieder neu anfangen, aber nicht dort drüben. Wahrscheinlich sollte ich nicht mit dir darüber reden.»

«Warum nicht? Sind wir nicht Partner? Sind wir nicht erwachsene Menschen?»

«Bei einer Schauspielerin ist das etwas ganz anderes. Du kannst jede Rolle spielen, die man dir anbietet, aber ich als Regisseur muß nach neuen Wegen suchen, nach neuen Möglichkeiten, mit der Kamera, mit Schauspielern und mit Drehbuchautoren zu arbeiten. Ich muß experimentieren, weil der Film ohne Experiment eine tote Kunst ist.»

«Ich bin sicher, die Amerikaner werden dir Gelegenheit zum Experimentieren geben. Sie mögen Leute, die so erfinderisch sind wie sie selbst.» Ich versuchte, ihn mit Worten aufzumuntern, die von ihm selbst stammten. Mit einer Hand hielt ich mich an der Reling fest, mit der anderen drückte ich seine feuchte Hand.

Er sagte: «Ich weiß, du fühlst ähnlich wie ich, aber manchmal erstaunst du mich mit deiner starken Natur. Wenn es mir ganz schlecht geht, dann zeigst du gewöhnlich deine Stärke.» Ich hörte ihm zu und fühlte mich gut. Moje fuhr fort: «Weißt du, was ich gern tun würde?»

«Was?»

«Mit dir einen Pakt schließen.»

«Welche Art von Pakt?»

«Nehmen wir einmal an, daß ich alles in meiner Macht Stehende tun werde. Ich werde also versuchen, die Leute bei Metro-Goldwyn-Mayer zufriedenzustellen, und ich werde meine künstlerischen Launen – womit ich meine filmischen Experimente meine – auf ein

Minimum beschränken. Jetzt sag mir bitte, was geschehen wird, wenn nichts dabei herauskommt?»

«Nichts wird geschehen. Sie werden den Vertrag mit uns nicht brechen.»

«Aber wenn sie es doch tun?»

Um Mojes Frage nicht beantworten zu müssen, blickte ich erst nach links, dann nach rechts, um schließlich im Zentrum der Menge nach meiner Familie Ausschau zu halten. Aber er nahm mich bei beiden Armen, schaute mir ins Gesicht, in die Augen, und fragte noch einmal: «Was werden wir tun, wenn sie ihren Vertrag mit mir brechen?»

«Möchtest du, daß ich dann mit dir zurückgehe?»

«Ich möchte nichts von dir, wozu ich dich zwingen oder auch nur überreden müßte!»

«Gut. Dann sage ich dir jetzt aus freiem Willen, daß ich noch am selben Tag und auf demselben Schiff mit dir zurückkehren werde.»

Sein Gesicht begann zu leuchten, und mit zusammengebissenen Zähnen flüsterte er: «Willst du es schwören?»

«Ich will.»

Er riß mich in seine Arme und küßte meine Wangen, während ihm die Tränen herunterliefen. Er küßte mich wieder und gab mich dann frei. Er nahm mich bei der Hand und zog mich von der Menschenmenge fort. «Darauf müssen wir in unserer Kabine mit Champagner anstoßen.»

«Ja, das müssen wir, das müssen wir», flüsterte ich, aber in meinem Herzen spürte ich einen furchtbaren Schmerz.

Das Orchester spielte die Nationalhymne, und die Passagiere fingen an zu singen. Moje blieb vor meiner Kabine stehen und stimmte mit seiner lauten, mächtigen Baritonstimme die «Internationale» auf französisch an.

Er war noch nicht zu Ende, als ihn schon die halbe Schiffsbesatzung umringte, und er fing an, jeden zu umarmen. Ich glaubte, er sei übergeschnappt. Es dauerte einige Minuten, bis es mir gelang, ihn in die Kabine zu ziehen. In meinem ganzen Leben habe ich keinen Mann mehr so glücklich gesehen, wie er es in jenem Augenblick war.

Wir verbrachten viel Zeit in meiner Kabine, weil die von Moje kleiner war und in meiner zwei Betten standen sowie eine Badewanne und andere Einrichtungen, die man normalerweise in einem Hotelzimmer findet. Ich bemerkte nicht, wie die Dunkelheit hereinbrach, spürte nur den Geschmack von Salz auf meinen Lippen. Zwei Bullaugen standen offen, und ich hörte die angeregten Gespräche der Passagiere, die auf Deck spazierengingen. Moje lag auf einem Bett, den Kopf auf die Hand gestützt, und erklärte mir seine Zukunftspläne in einem unbekannten Amerika. Ich saß ihm gegenüber auf meinem eigenen Bett; das Licht ließ ich aus. Er hatte mir eine Vorlesung darüber gehalten, wie ich mich in Amerika verhalten sollte. Ihn schien die Zwangsvorstellung zu quälen, daß ich durch mein Verhalten irgendwie nicht nur meine, sondern auch seine Karriere ruinieren könnte. Ich erinnere mich daran, daß er mich erneut vor gesellschaftlichen Kontakten warnte und mir nochmals nahelegte, mich verschlossen zu zeigen, Diskussionen und eigentlich auch Gesprächen ganz allgemein aus dem Weg zu gehen. Seiner Meinung nach würde ich mich durch mein Schweigen von den geschwätzigen Hollywood-Schauspielern abheben.

«In ihrem Land wird viel Geld für Publicity und Werbung in Zeitungen, im Rundfunk und auf Plakaten ausgegeben», fuhr er fort. «Die schlauen Bastarde, die in Hollywood eine führende Position einnehmen – die meisten davon sind Juden –, können aus einer unbekannten und völlig untalentierten Schauspielerin innerhalb weniger Wochen eine Göttin machen. Wenn natürlich eine solche Schauspielerin die Chance nutzt, ihr Können zu verbessern, dann kann aus ihr eine Bernhardt, Modjeska oder Duse werden. Schließlich bekommt sie dann einen guten Vertrag und eine feste Arbeit. Wenn sie darüber hinaus noch Glück hat und ihr Film Geld einspielt, dann wird die Filmgesellschaft ihren Etat für Publicity erhöhen und im Rahmen einer noch brillanteren Publicity-Strategie männliche Begleiter und wilde Tiere anmieten, die ihr dann auf Schritt und Tritt folgen, überallhin und zu jeder Zeit, Tag und Nacht. Aber wenn ihre Filme kein Geld bringen, dann wird der Produzent die Ausgaben für ihre Publicity streichen, ebenso wie ihre Verträge, und damit die Schauspielerin vernichten.»

An dem Punkt unterbrach ich ihn: «Und wie sollen wir uns verhalten?»

«Gemäß dem Vertrag haben wir nur beschränkte Rechte, aber viele Pflichten. Wie du weißt, hatte ich Schwierigkeiten, Mayer zu einem großzügigeren Vertrag zu bewegen. Ich muß eine Situation herbeiführen, in der Mayer an uns herantreten wird, um uns zu bitten, bei Publicity und Werbung mitzuarbeiten.»

«Das wird schwierig sein», erwiderte ich. Moje gab keine Antwort. Es war plötzlich sehr still im Raum. Dann, nach einer ganzen Weile, sagte er: «Als erstes muß ich mir ein gutes Drehbuch für dich ausdenken. Ich habe schon ein paar Geschichten im Kopf, und ich arbeite ständig daran. Wir brauchen Publicity, müssen aber gleichzeitig den Eindruck vermitteln, daß wir keine Publicity wollen. Wenn wir in New York anlegen, und später, wenn wir in Hollywood angekommen sind, muß ich ein paar intelligente Schweden auftreiben und sie bitten, lächerliche Geschichten über deine Vergangenheit bei Rundfunk und Presse durchsickern zu lassen.»

«Dagegen habe ich nichts, wenn du auch ein paar Gerüchte über dich verbreitest.»

«Mein Leben ist für das Publikum nicht wichtig. Mich werden sie im Film nicht sehen. Bei dir ist das etwas anderes. Ich werde ein paar pikante Geschichten zu deiner Person erfinden, beispielsweise über die Geheimnisse deiner Schönheitspflege, über dein Liebesleben und sogar über deine Lebensphilosophie.»

«Ich glaube nicht, daß du dir irgendwelche interessanten Lügen über mich ausdenken kannst.»

«In der richtigen Dosierung können Klatsch, Anspielungen und Halbwahrheiten die Basis künftigen Ruhms sein. Dein Talent wird dich vor Schaden bewahren. Außerdem kannst du den Klatsch jederzeit dementieren und die Verantwortung auf mich, auf Herrn Jones, auf Herrn Brown oder auf irgendeinen verliebten Schweden abwälzen. Du wirst sehen, daß die PR-Leute von MGM das Potential solcher Klatschgeschichten bald entdecken werden; sie werden Rundfunk und Presse damit füttern und selbst weitere Geschichten erfinden. Wenn dein erster Film dann schließlich das Publikum erreicht, wird es neben der offiziellen Publicity durch das Studio auch noch einen überfließenden Strom zusätzlichen Klatsches geben.»

«Und was passiert, wenn mein erster Film ein Flop wird?»

«Darüber mache ich mir keine Gedanken», sagte Moje etwas lauter, als wolle er meine Ungläubigkeit übertönen.

«Wenn deine eigenartige Schönheit die Männer nicht fasziniert, dann wird sie die Frauen faszinieren. Aber ich bin zuversichtlich, daß sie auf beide ihre Wirkung tun wird. Deine phantastische Intuition und die Art, wie du deine Rollen interpretierst – und dazu meine Anweisungen, die deine natürliche Primitivität in intelligentes und faszinierendes Spiel verwandeln –, werden alle begeistern. Du wirst eine Sensation in Amerika sein. Ach, laß uns nicht mehr darüber reden, denn du weißt sehr gut, daß ich an dich mehr als an alles andere glaube. Ich habe großen Hunger. Wenn du das Licht anmachst, bestelle ich beim Steward etwas zu essen.»

«Warum dieses ‹Laß uns nicht mehr darüber reden›?»

«Einfach so. Mach bitte das Licht an.»

«Nicht, bevor du mir alles sagst, was du auf dem Herzen hast.»

«Du starrköpfiges und einfältiges Mädchen. Du weißt sehr gut, daß ich dreiundzwanzig Jahre älter bin als du und daß meine Bemühungen, möglichst schnell etwas aus dir zu machen, einem einfachen Wunsch entspringen: Ich würde dich gern berühmt sehen, bevor ich sterbe.»

Ich schaltete das Licht an und schaute Moje ins Gesicht. Er war blaß, aber aus seinen Augen leuchtete ein geheimnisvolles Feuer.

«Sieh mich nicht an, als wäre ich schon tot. Läute dem Steward.»

Langsam ging ich zu seinem Bett hinüber und umarmte ihn. Ich hatte das Gefühl, nicht nur seine Freundin zu sein, sondern auch seine Tochter und seine Mutter.

«Ich bin hungrig. Ich habe heute den ganzen Tag noch nichts gegessen.» Mit einer Hand hielt er mich, mit der anderen drückte er den Knopf für die Bedienung. «Wenn ich über Kunst nachdenken und sie schaffen will, muß ich anständig essen und trinken. Luxus ist die Voraussetzung für meine Kreativität. Und um uns Luxus leisten zu können, brauchen wir Geld. Um Geld zu verdienen, müssen wir Filme machen, Filme, die Geld bringen... Amerika ist in meinem Kopf, in meinem Bauch, in meinem Blut, in jedem meiner Atemzüge.»

Ich hörte nie auf, Mojes Vitalität und Originalität zu bewundern. Seine genauen Beobachtungen inspirierten ihn immer wieder zu neuen Ideen. Natürlich wußte er mehr vom Filmemachen als jeder andere. Er hatte in seinem Gehirn Millionen von Fakten und Geschichten gespeichert und konnte in einem halben Dutzend Sprachen über unzählige Themen sprechen. Zwar war er Autodidakt, aber wenn man mit ihm sprach, überzeugte er durch seine Logik; seine

Argumente waren stichhaltig, seine Beobachtungen klug und seine Schlußfolgerungen klar und einleuchtend. Und auch im Bett war er einzigartig. Diese Originalität bezauberte und erregte mich, und sie war einer der Hauptgründe für meine Zuneigung und Liebe. Zu jeder Zeit und an jedem Ort lernte ich etwas von ihm.

Eindrücke von New York

Es war der 6. Juli 1925. Und es war ein Montag – da bin ich mir ganz sicher, weil ich an jedem Montag meines Lebens um fünf Uhr morgens aufstand, um meine Unterwäsche für die kommende Woche zu waschen. Aber an jenem Montag hatte ich vergessen, daß ich ja auf einem Schiff reiste und dieses Schiff seine eigene Wäscherei besaß. Jedenfalls wachte ich Punkt fünf Uhr morgens auf; durch das Bullauge sah ich einen Schwarm Seemöwen, die sich vom dunstigen Himmel abhoben. In weiter Entfernung war Land zu sehen, und auf dem Land, wie ein Tumor, eine Ansammlung von Gebäuden. Ich dachte: «Das muß New York sein.» Die *S. S. Drottningholm* verringerte ihre Geschwindigkeit, und ich hörte das gedämpfte Tuten des Lotsenboots und des Schleppkahns. Als ich erneut hinausschaute, sah ich ein halbes Dutzend kleiner Boote unseren Dampfer umkreisen. Wir hatten unser Ziel erreicht.

Ich nahm rasch ein Bad und fing dann an, mich mit großer Sorgfalt anzukleiden. Als erstes zog ich Seidenunterwäsche an; als nächstes eine weiße Bluse mit weitem Kragen. Dann zog ich einen weiß-blau-karierten Rock an, der gerade meine Knie bedeckte, und dazu schwarze, hochhackige Schuhe. Über die Bluse kam eine lange, dazu passende Jacke. Ich stellte mich vor den Spiegel, kämmte mich sorgfältig und rückte meinen Hut zurecht. Dann wählte ich weiße Handschuhe und eine dunkelblaue Handtasche, betrachtete mich noch einmal im Spiegel und sagte: «Gut siehst du aus: konservativ, aber elegant.» Ich ging auf den Gang hinaus und klopfte an Mojes Tür. Er trug einen grauen Sommeranzug; in die Brusttasche des Anzugs hatte er ein weißes Seidentuch gesteckt. Er trug einen grauen Hut, seine Schuhe waren wie immer auf Hochglanz poliert. «Wir sind bereit. Nicht wahr?» Er gab mir einen Kuß auf die Wange, und wir traten aufs Deck hinaus. Hinter uns befand sich jetzt die Freiheitsstatue, geschmückt von einer amerikanischen Flagge, die wohl anläßlich der Feier zum Unabhängigkeitstag dort befestigt worden war. Dunst lag in der warmen Luft und strich über unsere Gesichter, während das Schiff sich langsam vorwärts bewegte.

«Es wird sehr heiß werden», sagte Moje. «Ich weiß nicht, wie wir diesen Dschungel aus Beton ertragen sollen.»

«Wir werden alles ertragen, wenn sie uns richtig behandeln.»

Es dauerte etwa zwei Stunden, bis das Schiff schließlich am Pier der schwedisch-amerikanischen Linie anlegte. Wir spürten, wie es allmählich wärmer wurde, während wir uns dem Land näherten. Die Gebäude wurden vor unseren Augen langsam größer, und wir konnten ganze Menschenmassen dahinströmen sehen. Mein erster Eindruck von New York war der eines riesigen Friedhofs voller überdimensionaler Grabsteine. Einige von ihnen ragten bis in den Himmel. Andere waren nahe am Boden. Millionen von Fenstern schauten uns apathisch an. Mit der Betriebsamkeit am Pier und auf dem Schiff nahm auch die Hitze zu. Zwischen Autos, Pferdekutschen und Handwagen liefen Arbeiter in grünen Overalls umher. Ganze Stapel von Koffern, Schachteln und Kisten unterschiedlichster Formen und Farben hinderten Menschen und Fahrzeuge am Weiterkommen. Ich weiß nicht, wie lange wir brauchten, um in all diese Linien, Farben und Bewegungen Ordnung hineinzubringen, aber ich weiß noch, daß Moje, als ich ihn nach der Uhrzeit fragte, mechanisch und ohne auf die Uhr zu sehen sagte: «Zehn Uhr.»

In diesem Augenblick tauchten zwei Männer vor uns auf. Einer von ihnen war groß und dünn wie Moje und trug einen modischen dunkelblauen Anzug. Der andere war klein und schleppte eine Kamera und entsprechendes Zubehör. Der große sprach als erster. «Mr. Stiller? Miß Garbo?» Als wir nickten, plazierte er uns an die Reling und befahl dem Fotografen, einige Aufnahmen von uns zu machen. Der Fotograf winkte mich näher heran und machte ein paar Nahaufnahmen von mir, teils mit Hut, teils ohne. Es stellte sich heraus, daß die beiden Herren das Begrüßungskomitee der MGM waren – ein

PR-Mann, Hubert Voight, der Schwedisch sprach, und ein Fotograf, James Sileo.

«Wo ist unser Freund Louis Mayer?» fragte Moje.

Würdevoll antwortete Voight auf schwedisch, daß Mayer in Hollywood sei. Seinem Ton entnahm ich sofort, daß er es dumm von uns fand, zu erwarten, daß ein bedeutender Mann wie Mayer uns persönlich empfangen würde. Aber Moje ließ nicht locker: «Warum ist er nicht gekommen, um uns zu begrüßen?»

Die beiden Männer wechselten einen Blick und antworteten dann ruhig und noch würdevoller, in gut einstudiertem Chor: «Mr. Mayer ist ein vielbeschäftigter Mann.»

Moje drehte sich zu mir um und flüsterte: «Mach dir nichts daraus. Der Tag wird kommen, an dem sie sich die Hacken ablaufen werden, um dich zu sehen.»

Es fiel mir schwer, das zu glauben. Die Hitze hatte alle Gefühle in mir erstickt, sonst hätte ich sicher geheult. Es war noch nicht einmal Mittag, und es hatte schon fast dreißig Grad. Über dem Schiff hing der Geruch faulenden Abfalls.

Ich bat unser Begrüßungskomitee, uns zum Buckingham Hotel zu bringen; es lag an der Ecke 57th Street und Sixth Avenue, und ich hatte gelesen, daß Paderewski dort immer wohnte. Sie nickten zustimmend, aber ich war mir sicher, daß sie an ein anderes Hotel dachten. Schließlich hörte einer von ihnen auf zu nicken und erklärte, daß er im Commodore, nicht weit vom New Yorker Büro der MGM, Zimmer für uns reserviert habe. Der Schluß war einfach: Wir würden nach der Pfeife unseres Chefs tanzen. Ich hatte Angst und sagte zu Moje: «*Mitt liv är ett enda sorgligt misstag.*»

«Mit Rücksicht auf unsere zwei Engel hier mußt du das auf englisch sagen. ‹*My life has been one sad mistake.*› Wie du weißt, sprechen sie hier nicht Schwedisch. Du mußt schnell Englisch lernen.»

Zu dem Zeitpunkt konnte ich nur ganz wenig Englisch, obwohl ich auf dem Schiff jeden Tag geübt hatte. Auch hatte Moje versucht, mir einige wichtige Sätze beizubringen, als wir noch in Schweden waren. Aber jetzt brauchte ich mein Schwedisch. Ich beschwerte mich bei Moje: «Du kannst leicht Witze machen; dafür, daß du als Regisseur mit der Hand winkst, bekommst du viel mehr Geld als ich. Ich muß meine Rolle sehr gut lernen, um wirklich etwas zu verdienen.»

144

«Was bleibt uns schon anderes übrig? Ein bißchen herumalbern muß man doch. Was die Dialoge angeht, die lernst du schnell, und wenn du im Film einen Fehler machst, kann man das leicht korrigieren. Wichtig ist vor allem, wie du spielst. Was das angeht, bist du hervorragend, und das weißt du auch.»

Während ich in ein Taxi stieg, erwiderte ich: «Es ist nicht gut, daß du mich dauernd lobst. Ich muß lernen, auch mit Negativem zu rechnen.»

Moje kniff mich in den Hintern und setzte sich neben mich.

Voight gab dem Taxifahrer Anweisungen und setzte sich neben Moje. Der andere Mann nahm vorn neben dem Taxifahrer Platz.

Langsam fuhren wir auf der 57th Street ostwärts. Zu beiden Seiten der Straße spielten Kinder vor grauen und bräunlichen Häusern. Die Erwachsenen bewegten sich trotz der Hitze schnell. Einige von ihnen schoben kleine Karren mit Obst und Blumen. Mit den Händen schienen sie Fliegen von ihren Waren zu scheuchen. Wir überquerten die Ninth Avenue, und ich stellte fest, daß die Leute dort besser angezogen waren. Ich sah weniger Schwarze. Als wir an der Kreuzung von 57th Street und Seventh Avenue vorbeikamen, öffnete der Taxifahrer sein Fenster, winkte mit der Hand und erklärte: «Carnegie Hall.» Ich sah ein dunkelbraunes Gebäude, das mit Plakaten beklebt war. In dem Augenblick sagte Moje: «Das ist die berühmteste Konzerthalle Amerikas, wo die besten Musiker der Welt spielen.»

«Auch Paderewski?» fragte ich.

Der Taxifahrer sagte: «Ja.»

Ich wandte mich an Moje: «Bitte doch den Taxifahrer, uns das Hotel zu zeigen, in dem Paderewski immer wohnt.»

Der Taxifahrer muß mein Schwedisch verstanden haben, denn er reagierte sofort, indem er nach links zeigte und sagte: «Buckingham Hotel.»

Ich schaute auf das Gebäude, dessen Eingangstür von zwei Männern in dunkelroten Uniformen mit goldgeränderten Ärmeln und Kappen bewacht wurde. Als wir die Fifth Avenue erreichten, bog das Taxi rechts ab, und ich entdeckte Geschäfte, die wirklichen Reichtum ausstrahlten. In den Schaufenstern konnte man funkelnde Juwelen, schimmernde Pelze und farbenfrohe Kleider bewundern.

In Europa hatte ich von den amerikanischen Waren gehört. Sie jetzt wirklich zu sehen, war ziemlich beruhigend.

«Um diese Dinge zu bekommen, diese edlen Kleider, Schuhe, Hüte und Pelze», sagte ich zu Moje, «muß ich zehntausend Dollar pro Woche verdienen.»

«Glaubst du, daß du das alles brauchst?» Ich antwortete nicht, und Moje fuhr fort: «Du bist begabt. Wenn du hart arbeitest, wirst du von den Produzenten alles bekommen.»

«Nach dem Empfang zu urteilen, den man uns heute bereitet hat, glaube ich nicht, daß uns die Produzenten für begabt halten. So wie es aussieht, halten sie uns nicht einmal für Menschen.»

«So geht man eben in Amerika an die Dinge heran», behauptete Moje, der sich Mühe gab, sein Vertrauen nicht zu verlieren. «Morgen wird sich die ganze Sache klären. Ich werde geradewegs zum Büro von MGM gehen. In der Zwischenzeit wollen wir diese freundlichen Herren nicht beleidigen.»

Das Taxi hielt vor dem Hotel Commodore, und der blonde Fahrer stieg aus und hielt mir die Tür auf. Ich griff in meine Handtasche, in der ich amerikanisches Kleingeld hatte, zog ein paar Vierteldollarstücke heraus und schob sie ihm in die Hand. Gierig griff er danach und sagte: «*Tack.*» Er schaute wieder auf das Geld in seiner Hand und sagte nochmal: «*Tack.*»

Dann stellte er sich sehr aufrecht hin und schaute mir ins Gesicht; dabei vergaß er das Geld in seiner Hand und vielleicht auch, daß er Taxifahrer war. Auf schwedisch sagte er: «Ich werde Sie nie vergessen.»

«Wenn Sie schon behaupten, daß Sie sie nie vergessen werden, dann sollten Sie wenigstens ihren Namen kennen.»

«Ich kenne ihn.»

«Wie heißt sie denn?»

«Greta Garbo.»

Ich fühlte mich gut in New York in diesem Augenblick. Ich schüttelte dem Fahrer die Hand und ging dann schnell über den Gehsteig auf das Hotel zu. Der Fahrer sagte noch etwas. Ich wandte mich zu Moje um und fragte: «Was hat er noch gesagt?»

«Er murmelte auf schwedisch, daß er dich liebt.»

«Wenigstens gibt es einen in Amerika, der mich liebt. Bitte frag an der Rezeption, ob wir Zimmer mit Bad haben, denn wenn ich nicht sofort ein Bad nehmen kann, werde ich mich umbringen, nicht aus Liebe, sondern weil ich so dreckig bin.»

Während Moje in ganz New York unterwegs war, um geschäftliche Dinge zu regeln, saß ich in unserem düsteren Hotelzimmer im vierten Stock und las Bücher über Amerika oder aalte mich in einer Wanne mit kaltem Wasser. Wenn ich in die Innenstadt Richtung Fourteenth Street, Union Square und Bowery ging, fiel mir auf, daß manche Leute schlimmer angezogen waren als die Menschen in den übelsten Armenvierteln von Berlin, Stockholm oder Konstantinopel. Was mich verwirrte, war die Tatsache, daß Amerika auf der ganzen Welt den Ruf hatte, ein reiches Land mit hart arbeitenden und aufrichtigen Menschen zu sein. Warum aber gab es dann bei den Amerikanern so enorme Unterschiede im Lebensstandard? Meine begrenzte Kenntnis der englischen Sprache und meine völlige Unkenntnis der Geschichte und der aktuellen Probleme ließen mich keine optimistischen Schlüsse ziehen. Der Gedanke, in diesem großen Amerika arm zu sein, machte mir angst.

Ich gab Moje zu verstehen, daß er sich verstärkt darum bemühen sollte, die New Yorker MGM-Leute zu überreden, uns mehr Geld zu geben und uns zu Filmaufnahmen nach Hollywood zu schicken. Als ich hörte, daß sich der Präsident von MGM, Nicholas Schenk, in New York aufhielt, drängte ich Moje, alles daranzusetzen, um ihn zu treffen. Aber der große Präsident weigerte sich, uns zu empfangen; statt dessen sollten wir uns mit Edward Bowes treffen, dem Vizepräsidenten, der für das Büro in New York zuständig war. Er wurde später als der berühmte Major Bowes bekannt.

Bei MGM wollte man Moje in seine Schranken weisen. Der Vorstand der Filmgesellschaft war an mir ursprünglich nicht interessiert gewesen. Da Moje darauf bestanden hatte, zeigte man ihm jetzt, wer der Boß war, indem man ihn untätig in New York herumsitzen ließ. Sie waren an ihm als Regisseur interessiert, er aber drängte ihnen eine Unbekannte auf. Er war für sie nur ein weiterer Europäer, den sie mit ihrem Geld hatten kaufen können.

Gegen Mittag fuhren wir zum Büro der MGM, gut vorbereitet auf die Verabredung mit Bowes. Wir probten sogar, was wir ihm sagen würden. Man ließ uns eine Stunde warten. Schließlich wurden wir in ein riesiges Büro gerufen; die gesamte Einrichtung und die Täfelung waren aus wunderschönem Mahagoni. Als Begrüßung sagte Bowes zu mir: «Wie soll Miß Garbo in unseren Filmen spielen, wenn sie nicht einmal Englisch lesen kann?»

147

Obwohl Mayer mit Bowes einer Meinung gewesen wäre, nutzte Moje die Abwesenheit Mayers zu einem Angriff: «Mr. Mayer meinte, daß sie sich sehr gut machen würde, und das ist auch der Grund, warum er uns unter Vertrag nahm.»

«Das ist keine Antwort auf meine Frage», sagte Bowes, der in einem großen Sessel hinter einem riesigen Schreibtisch saß und zur Decke starrte. Plötzlich erfaßte ich die Lage und kam zu dem Schluß: Die würden uns gern loswerden und uns in New York unserem Schicksal überlassen, damit wir uns abkühlen, wie sie es ausdrücken. Rasch sagte ich: «Ich kann mit Leichtigkeit jede beliebige Rolle in ein bis zwei Tagen lernen.» Moje griff das Stichwort auf. «Miß Garbo hat ein hervorragendes Gedächtnis, und ich bin sicher, sie könnte sogar die Bibel in ein paar Wochen auswendig lernen.»

«Das glaube ich Ihnen nicht», sagte Bowes.

Ich hatte das Gefühl, daß es hoffnungslos war. Ich mußte einen Trumpf ausspielen. «Wenn Sie uns nicht glauben, und wenn niemand von Ihren Vorgesetzten uns glaubt, dann bleibt uns wohl nichts anderes übrig, als nach Europa zurückzukehren.»

«Und was geschieht mit dem Vertrag? Wer wird das Geld zurückzahlen, das Ihnen Mr. Mayer in Europa als Vorschuß gezahlt hat?»

«Fragen Sie ihn, nicht uns.» Mit diesen Worten verließ ich das Büro. Ich schaute mich um und sah, wie Bowes sich erhob. Er war sehr bleich. Moje stand auch auf, weiß wie die Wand. Ich nehme an, er hatte zum erstenmal miterlebt, wie kühn ich sein konnte, wenn ich verzweifelt war. Ich ging in den Warteraum zurück und dachte: «Hier also beginnt und endet die Geschichte der schwedischen Norma Shearer» – so hatte mich Mr. Voight genannt. Ich setzte mich so, daß ich die Tür von Bowes' Büro sehen konnte, weil ich glaubte, daß Moje jeden Augenblick herauskommen würde und wir ins Hotel fahren und packen konnten.

Die Wartezeit erschien mir wie eine Ewigkeit. Leute gingen in Bowes' Büro und kamen wieder heraus, aber Moje war nicht unter ihnen. Für den Bruchteil einer Sekunde sah ich durch die geöffnete Tür, wie Moje heftig mit den Händen gestikulierte, um auf irgend etwas Besonderes hinzuweisen.

Es war längst vier Uhr, als Moje wieder erschien. Sein Gesicht war gerötet, aber er lächelte glücklich.

«Es sieht gut für uns aus. Laß uns etwas essen.»

«Wie ist das möglich? An einem Nachmittag erst schlecht und dann gut?»

«Du mußt doch bemerkt haben, daß die ganze Aktivität dir galt. Erst bat er seinen Assistenten um die Aufnahmen, die bei unserer Ankunft von dir gemacht wurden. Dann kamen beide zu dem Schluß, du seist sehr fotogen und von auffallender Schönheit. Daraufhin telefonierte Bowes mit Hollywood, und dort stimmte man ihm zu. Sie willigten sogar ein, uns mehr Geld zu geben, um all unsere Ausgaben in New York zu decken, einschließlich Kleidung, Hotel, Restaurants, Fahrkosten und so weiter. Aber wenn wir in Hollywood ankommen, werden wir uns an einen detaillierten Kostenplan halten müssen.»

«Das klingt wie ein Wunder», sagte ich, als wir das Gebäude verließen und auf einen Broadway traten, auf dem sich die Leute drängten, die von der Arbeit kamen. Wir verließen die Innenstadt und gingen ins nächste Restaurant. An meine Worte anknüpfend, entgegnete Moje: «Es war kein Wunder. Deine Verärgerung und dein plötzlicher Abgang aus seinem Büro und dazu noch die hervorragenden Aufnahmen von dir taten ihre Wirkung. Wie du weißt, trifft er die Entscheidungen nicht selbst. Er ist nur Vizepräsident. Als du drohtest, nach Europa zurückzukehren, bekam er es mit der Angst zu tun.»

«Laß uns etwas essen», sagte ich, als ich bemerkte, daß der Ober mit den Speisekarten in der Hand neben uns stand. Moje nahm die Speisekarte und sagte: «Oh, ein jüdisches Restaurant. Ich habe schon so lange nicht mehr in einem jüdischen Restaurant gegessen.» Er wechselte mit dem Ober einige Worte in Jiddisch und stellte dabei fest, daß sie beide aus dem gleichen Teil Osteuropas stammten. Kurz darauf unterhielten sie sich, wobei sie ein Drittel Englisch, ein Drittel Polnisch und ein Drittel Jiddisch sprachen. Obwohl es noch nicht Zeit zum Abendessen war, bestellten wir auf Anraten des Obers kalten Borschtsch mit saurer Sahne und anschließend gefilte Fisch. Danach gab es Karpfenfilet, Kartoffelpfannkuchen und andere jüdische Spezialitäten aus Osteuropa, die uns von unserem eifrigen Ober aufgedrängt wurden. Moje war nach dem erfolgreichen Besuch bei MGM glücklich und aß in Polakoffs Restaurant mit gutem Appetit. Es dauerte einige Zeit, bis wir den Namen herausfanden, denn er stand weder auf der Speisekarte noch auf dem Fenster. Der Ober verriet uns den Namen, servierte uns ein köstliches Essen und erzählte uns Geschichten aus seinem Heimatort.

Nach dem Essen gingen wir auf einem Broadway spazieren, auf dem die Menschen sich drängten und ein betäubender Lärm von Straßenbahnen, hupenden Taxis und Pferdewagen herrschte. Obwohl wir nur einige wenige Häuserblocks entlanggegangen waren, hatte ich zahlreiche Geschäfte mit einer enormen Vielfalt von Produkten gesehen, hatte viele Sprachen gehört und Gesichter vieler verschiedener Rassen gesehen – schwarze, weiße und gelbe. In meinem Kopf drehte sich alles, und mir war heiß. «Laß uns irgendwo etwas trinken», sagte ich zu Moje.

«Was möchtest du trinken?»

«Ich würde gern einmal den amerikanischen Whiskey probieren.»

«Weißt du denn nicht, daß in Amerika Prohibition herrscht und man nur in bestimmten, versteckten Restaurants Alkohol bekommt?»

Ich war sehr erstaunt, daß in einem Land, in dem nichts verboten schien, der Alkohol verboten war. Wir begannen nach einem Restaurant zu suchen, in dem wir unseren ersten illegalen Drink einnehmen konnten. Moje benutzte bei seinen Nachforschungen alle Sprachen, die er konnte, von Deutsch, Jiddisch, Polnisch, Russisch, Finnisch und Schwedisch bis hin zu Französisch und Englisch. Ich bewunderte in der Zwischenzeit die vielen Kinos. In einem wurde ein Film von Chaplin gespielt. Direkt gegenüber lief *The Lucky Devil* mit Esther Ralston und Richard Dix. In einer Seitenstraße wurde in einem offiziellen Kino *Desire under the Elms* mit Walter Huston gespielt. Und eines auf der gegenüberliegenden Straßenseite zeigte Pauline Lord in *They Knew What They Wanted*. Ich registrierte noch ein paar weitere Filmtitel, zum Beispiel *The Freshman* mit Harold Lloyd und *Don, Son of Zorro* mit Mary Astor und Douglas Fairbanks.

Moje war immer noch bemüht, eine Mondscheinkneipe zu finden, aber ich schlug vor: «Wir könnten uns *The Lady Who Lied* mit Lewis Stone und Nita Naldi ansehen. In Europa hörte ich, Stone sei ein guter Schauspieler.»

So kam es, daß unser erster Film in Amerika *The Lady Who Lied* war. Und unser erster Nachtklub war das Lido Venice, wohin wir uns nach dem Film wagten, um unser erstes Glas verbotenen Alkohols zu trinken. Bis heute erinnere ich mich daran, daß wir einen Dollar für

.

einen kleinen Schluck Roggenwhiskey bezahlten, und noch einmal die gleiche Summe für ein Glas Bier. Als kostenloses Extra gab es jede Menge Lärm und viele Betrunkene, die sich in diesem kleinen Viertel zusammendrängten.

Coney Island

«In New York sein und Coney Island nicht sehen», sagte Martha Hedman in der U-Bahn zu mir, «das ist so, als wäre man in Rom und sähe den Vatikan nicht.»

Es war Sonntag, und Moje hatte ein Treffen mit Miß Hedman arrangiert, einer schwedischen Schauspielerin und Sängerin, die er kannte. Sie hatte sich darauf eingestellt, den Tag in Coney Island zu verbringen, und zwar mit Arnold Genthe, einem berühmten Fotografen, der laut Moje ein beeindruckendes Atelier in der 57th Street hatte.

Ich hatte mein Ohr dicht an Miß Hedmans Mund wegen des ungeheuren Krachs, den die U-Bahn machte. Ich wußte nichts von den Spielen und Fahrten und anderen aufregenden Dingen von Coney Island, die sie beschrieb, aber ich nickte Zustimmung.

Sie hatte ein gutgeschnittenes grünes Kleid an und sah sehr schön aus, aber Genthe war noch eleganter als seine Martha. Er trug einen weißen Anzug, gelbe Schuhe und einen gelben Strohhut. Moje und ich hatten wieder die Kleider an, die wir getragen hatten, als wir von Bord der S. S. *Drottningholm* gegangen waren.

Wir brauchten eine Dreiviertelstunde bis zur Endstation, vielleicht auch länger. Als wir aus der rüttelnden U-Bahn stiegen, schlug uns schwüle Hitze entgegen, und wir waren inmitten Tausender von Menschen, die unterschiedlich alt waren und sich unterschiedlich schnell bewegten. Die Hitze, der Lärm, das Kindergeschrei, das allgemeine Brüllen und Rufen waren die reinste Hölle für mich.

«Noch nicht mal ein Uhr, und schon sind ein paar hunderttausend Leute da», sagte Miß Hedman und riet, daß wir einander an den Händen hielten, sonst würden wir uns in diesem Menschenmeer verlieren. Ich wußte nicht, wohin wir gingen, aber Genthe sagte: «Ich hätte Lust auf ein paar Dutzend Venusmuscheln und eine Bostoner Fischsuppe.»

«Keine schlechte Idee!» schrie Moje über die unzählig vielen anderen Stimmen hinweg. «Ich sehe hier Schilder, auf denen *Wienie* steht. Sind das Wiener Würstchen?»

«Ja!» rief Miß Hedman. «Ich hätte gern Wiener mit Sauerkraut. Aber Miß Garbo möchte sicher lieber ein Coney-Island-Hühnchen probieren, nicht wahr?»

Ich nickte, fast zu sehr in den Anblick all der Leute vertieft, die sich den breiten Plankenweg entlangschubsten. Wir gingen zu einem Lokal in der Surf Avenue, das Lane's Irish House hieß. Als wir eintraten, sang der Kellnerchor gerade *When Irish Eyes Are Smiling*. Einer der Kellner näherte sich und steckte uns den Shamrock an, das irische Kleeblatt. Dann kam der Besitzer, Dan Lane, dickbäuchig und eine Zigarre in der Hand, um uns zu begrüßen. Er schüttelte uns freundlich die Hand und fragte, aus welchem Land wir kämen. Ich war sehr überrascht, weil wir noch kein Wort gesagt hatten, in welcher Sprache auch immer. Vielleicht waren wir ein bißchen anders angezogen als das normale Coney-Island-Publikum.

Das Restaurant war voller Männer, glücklich oder traurig vom Alkohol – und doch war nirgendwo ein Tropfen Alkohol zu entdekken. Einige der Männer sahen so aus, wie ich mir amerikanische Gangster vorstellte. Dann öffnete Lane eine Tür und führte uns in ein Hinterzimmer, wo alle Whiskey oder Bier tranken. Ab und zu hörte ich sogar Sektkorken knallen. Die Männer bestellten Whiskey; Miß Hedman nahm Sarsaparilla-Limonade und ich ein Lemon Soda.

Wir baten den Besitzer, uns das Gericht bringen zu lassen, das er für das beste des Hauses hielt. Wir mußten nicht lange warten. Drei Kellner, die die *Beer Barrel Polka* sangen, kamen mit vollen Tabletts. Unter den vielen Speisen, die sie auftrugen, waren das berühmte Coney-Island-Hühnchen und jene Wiener Würstchen, die hier Hot dogs genannt wurden. Ehe die Kellner uns vorgelegt hatten, tauchte der Besitzer wieder mit einer Flasche Champagner auf. «Die geht auf Kosten des Hauses», sagte er. Das war kein schlechtes Geschäft für ihn, denn als Moje seinen Whiskey austrank, bestellte er noch drei Flaschen Champagner, ohne auch nur von der ersten gekostet zu haben. Die drei Kellner kehrten zurück, jeder mit einer Flasche, und sangen diesmal *Did Your Mother Come From Ireland?* Wir verbrachten wahrscheinlich drei Stunden mit Essen und Trinken und sahen nichts vom Ozean.

Von Lane's Irish House zogen wir weiter zu den Streamlined Follies, angelockt von dem Plakat eines nackten Mädchens namens Mona. Auf Mojes Drängen gingen wir in dieses Etablissement und sahen ein nacktes Mädchen, das im Kreis lief und seine Brüste wippen ließ. Andere Mädchen, die Höschen trugen, betrieben irgendwelche Gymnastik. In ihrer aller Mitte stand reglos die berühmte Mona, nackt und schön. Sie mochte zwanzig Jahre alt sein – bestimmt war sie nicht älter als einundzwanzig – und hatte lange schwarze Haare, die über ihre schönen Brüste fielen und fast bis zu ihren Knien reichten. Sie war wirklich eine amerikanische Venus. Männer umdrängten die Bühne, schrien aufgeregt und machten alle möglichen obszönen Gesten und Bewegungen. Wir waren gefesselt von dieser Szene. Auf der einen Seite die schönen Gesichter der halbnackten Mädchen, auf der anderen die ledrigen, faltigen Gesichter der Männer in mittleren Jahren. Ich muß gestehen, daß ich stärker fasziniert war als alle anderen. Moje mußte mich förmlich wegschleifen.

Unsere nächste Station war das Wachsfigurenkabinett. Die Wirkung des Champagners hatte sich verflüchtigt, und wir verließen die Ausstellungsräume nüchtern. Genthe, der mich beobachtete, wie ein guter Fotograf einen beobachten soll, sagte schließlich: «Eines Tages werden auch Sie hier als Wachsfigur stehen.»

«Ist das unumgänglich, wenn man berühmt ist?» fragte ich.

«Ja! Alle berühmten Leute werden hier gezeigt. Und Sie werden bald in ganz Amerika berühmt sein.»

«*Tack*», sagte ich höflich, flüsterte jedoch auf schwedisch: «Sie sind betrunken.»

Moje hörte meine Bemerkung und sagte zu mir: «Arnold ist sehr nett, und wenn er dich fotografiert und auf die Titelseite der *Vanity Fair* bringt, wirst du tatsächlich berühmt.»

«*Vanity Fair*? Was ist das?»

«Eine Zeitschrift. Sie wird von allen Leuten gelesen, die im kulturellen Leben Amerikas eine Rolle spielen.»

«Ah!» rief ich überrascht aus.

Die nächste Attraktion waren die Fahrten im Vergnügungspark. Wir begannen mit der Achterbahn. Anschließend kam die Raupe. Dann schlug Genthe eine Fahrt mit der neuen Berg-und-Tal-Bahn vor, die angeblich über siebzig Stundenkilometer schnell war. Moje und ich nahmen ganz vorn Platz, Genthe und Miß Hedman setzten sich hinter uns. Die Wagen bewegten sich langsam nach oben; links konnten wir den Ozean sehen, rechts waren die Gebäude Manhattans, umwölkt vom Rauch zahlloser Schornsteine. Die Reihe der fünfzehn oder mehr Wagen bewegte sich immer schneller und immer höher hinauf, bog immer rasender in die Kurven. Mir wurde schwindlig, und der Magen hob sich mir bis zum Hals. Moje bemerkte mein kalkweißes Gesicht und fragte: «Möchtest du aussteigen?»

«Wie denn?» Ich hatte mit der einen Hand die Haltestange gepackt und mit der anderen Mojes Arm. Plötzlich wurde ich durch einen ungeheuren Ruck nach vorn geworfen und vom Sitz auf die Verkleidung des Wagens geschleudert. Mein Kopf schien zu platzen, und ich verlor das Bewußtsein. Pechschwarze Nacht hing vor meinen Augen; ich wollte schreien, aber die Stimme versagte mir. Ich hörte andere Stimmen rufen, aber ich wußte nicht, wer mich rief und warum.

Ich weiß nicht mehr, wie lange das ging, aber als ich erwachte, knieten Genthe und Moje neben mir. Martha Hedman stand in der Nähe. Die beiden Männer hatten mich mit Hilfe des Personals vom Wagen gezogen. Ich sah drei blasse Gesichter. Ich erhob mich, stand auf schwachen Beinen da und versuchte, die Treppe der Berg-und-Tal-Bahn hinunterzusteigen. Und nun schloß mich Moje in seine Arme. Er drückte mich an sich und küßte mich.

Von der
Vanity Fair zu Sinclair Lewis

Mittag für Mittag wurde es im Asphaltdschungel unerträglich heiß. Ich dachte, die Hitze müsse ungewöhnlich sein, aber man sagte mir später, dies sei ein ganz normaler New Yorker Sommer. Niemand verlor ein Wort darüber; die Armen waren damit beschäftigt, über ihrer Arbeit zu schwitzen, und die Reichen hielten sich außerhalb der Stadt auf, in den Bergen oder am Strand, und ruhten sich aus.

Als ich Genthes Atelierwohnung betrat, waren die Jalousien bis auf halbe Höhe der Fenster heruntergelassen. Die Fenster standen offen, damit ein wenig frische Luft hereinkam. Die Wohnung war gut eingerichtet, im viktorianischen Stil; überall lagen Orientteppiche. Ich sah gleich, daß das Atelier mit den neuesten Geräten und aus Deutschland importierten Kameras ausgestattet war. Die Wände hingen voller Fotos von Männern und Frauen unterschiedlichen Alters in vielfältigen Posen und Kleidern. Einige hatten überhaupt nichts an. Genthe hatte seinen schwarzen Schnurrbart gestutzt, vielleicht eigens für mich, und er trug eine weiße Hose und ein kastanienbraunes Jackett. Eau-de-Cologne-Duft strömte von ihm aus, als er in der Wohnungstür erschien und sagte: «Es macht mich sehr glücklich, Sie in meinen bescheidenen Räumen zu sehen.» Seine Stimme klang kokett, eine Koketterie von der donjuanesken Sorte. Ich erinnere mich nicht mehr an meine Antwort, aber ich weiß noch, daß ich mir wiederholte, was mir Moje vorher gesagt hatte: «Genthe ist einer der besten Fotografen Amerikas, und sein Wort gilt viel bei der *Vanity Fair*. Wenn er dich mag und dieser Zeitschrift oder einer ähnlichen

156

Publikation mit einem Foto von dir aufwartet, wird MGM deine Gage auf siebenhundertfünfzig Dollar pro Woche oder mehr erhöhen.»

Und so spielte ich eine Frau, die sich sehr für Genthes Wohnung und Genthes Atelier, vor allem aber für ihn selbst interessierte. Ich hatte ständig Mojes Worte im Sinn.

Natürlich kannte der Fotograf seine Macht, und nach einem kurzen Gespräch begann er mir die nackten Frauen an der Wand zu zeigen. «Sie haben eine schöne griechische Stirn und romantische blaue Augen, die zu solch überraschender Schönheit nicht recht passen wollen. Trotzdem haben Sie etwas, das ich gern in der Wärme eines tropischen Landes herausbringen würde. Ihre Ohren stehen ein bißchen zu sehr ab, und Sie haben viel zu lockige Haare. Ihr Mund ist zum Küssen gemacht.» Und während er dies sagte, faßte er mich überall an und tänzelte um mich herum, wobei er die ganze Zeit schwatzte. «Ihre Hände sind köstlich, aber ich würde gern ein wenig mehr von Ihrem Körper sehen. Ich möchte ein paar Ganzporträts von Ihnen machen, von Kopf bis Fuß, mit Kleidern und ohne Kleider. Einige davon werden an die *Vanity Fair* gehen, andere an Filmstudios und Theaterunternehmen. Ich werde binnen kurzem eine Sensation aus Ihnen machen.»

Er sah die Überraschung in meinem Gesicht und fügte hinzu: «Natürlich nur mit Ihrem und Mr. Stillers Einverständnis.»

Mit einiger Mühe faßte ich mir ein Herz und schob seine Hände höflich von meinem Körper fort. «Mr. Genthe, lassen sie uns bitte mit dem Kopf anfangen. Ich würde gern sehen, wie mein Profil herauskommt. Wenn das nichts wird, möchte ich auf den Rest des Projekts verzichten.»

«Aber Greta» – und hier begann er mich mit meinem Vornamen anzureden –, «sagen Sie Arnie zu mir, okay?»

«Okay, Arnie», erwiderte ich, «lassen Sie uns, wie gesagt, mit dem Kopf anfangen. Für den Rest des Körpers haben wir noch viel, viel Zeit.»

«Aber Moje hat mir gesagt, ich könnte alles mit Ihnen machen, wenn es nur eine Sensation in künstlerischen Kreisen hervorruft.»

«Arnie, Sie sind ein sehr liebenswürdiger Mensch und ein großer Fotograf, aber ich versichere Ihnen, weder Moje noch ich dachten daran, daß ich mich für ein Fotoporträt ganz ausziehen müßte.»

«Ich muß wissen, wo ich anfangen soll.»

«Sie meinen, Arnie, daß Sie mich nackt begutachten müssen, um zu wissen, wo Sie anfangen sollen – oben oder unten?»

«Ja, genau das meine ich», sagte er und versuchte, mich auszuziehen. «Ich bin Berufsfotograf, und ich würde gern eine künstlerische Aufnahme von Ihnen machen. Ich muß den Körper nackt sehen, um eine ausgewogene Vorstellung entwickeln zu können. Schauen Sie sich die Fotos an der Wand an. All diese Frauen sind heute berühmt – am Theater, in der Mode, beim Film –, und keine von ihnen hatte etwas dagegen.»

«Arnie, glauben Sie mir. Mein Kopf ist das Beste an meinem Körper», sagte ich und schob seine Hände von meinen Schultern. «Wenn mein Kopf trotz Ihrer fotografischen Kunst nicht gut herauskommt, möchte ich es dabei belassen.»

«Aber ich muß mich überzeugen», wiederholte er penetrant.

«Nein, nicht jetzt. Erst muß ich überzeugt sein. Sie müssen mir etwas Zeit geben.» Und damit begann ich, meine Bluse zuzuknöpfen. «Vielleicht morgen, vielleicht übermorgen. Es ist mir peinlich.»

Er klopfte mir leicht auf die Schulter und fuhr dann langsam mit seiner Hand über meinen Rücken. «Gut, ich mache eine Ausnahme. Aber nur unter einer Bedingung. Ich werde Ihren Kopf aus allen Blickwinkeln aufnehmen, und wenn nichts Spektakuläres dabei herauskommt, machen wir morgen Bilder von Ihrem Oberkörper. Einverstanden?»

«Vielleicht.»

Er beschäftigte sich nun mit seinen Kameras und seinen Lampen. Die Lampen strahlten eine ungeheure Hitze ab, und ich fühlte mich unbehaglich. Aber ich saß still auf einer Art Barhocker und wartete. Er trat an mich heran und nahm meinen Kopf in seine Hände. Er drehte ihn langsam in verschiedene Richtungen. Er legte mir die Hand unters Kinn und begann meine Haare zu kämmen. Dann nahm er die Hand von meinem Kinn, führte meine dorthin und sagte: «Stützen Sie den Kopf ganz zart in die Hand. Machen Sie große Augen, als hätten Sie von Ihrer ersten Liebe geträumt oder von Ihrer ersten Liebesnacht mit dem Menschen, mit dem Sie sterben werden. Mit anderen Worten, seien Sie eine heißblütige Südländerin, keine kühle Skandinavierin.»

Ich hörte auf alles, was er sagte, und befolgte seine Anweisungen genau.

«Öffnen Sie die Lippen etwas mehr, als wollten Sie Ihren Geliebten küssen.» Und dann, indem er meine Wangen berührte: «Der Blick sollte verträumter und natürlicher sein.» Er verließ mich, um von Kamera zu Kamera zu gehen. Alle waren um mich herum aufgebaut. Ich hörte das langsame, gleichmäßige Klicken.

«Jetzt können Sie sich eine Weile entspannen», sagte er schließlich. «Ich muß neue Platten einlegen.»

Ich stieg vom Hocker, begann herumzugehen und machte dabei gymnastische Übungen. Er beobachtete mich. «Das ist eine gute Idee; Gymnastik lockert die Muskeln.»

Seine Vorbereitungen zogen sich vielleicht zehn Minuten hin. Ich ging immer noch im Atelier herum. Ich sah, daß er ein wohlhabender Mann war, der praktisch jede schöne und reiche Frau Amerikas kannte. Es überraschte mich sehr, daß Martha Hedmann sein Lieblingsmodell war. Ich entdeckte ein Dutzend Fotos von ihr, einige mit Kleidern und einige ohne. Als ich wieder auf meinem Hocker saß, sagte er: «Wie Sie den Fotos an der Wand entnehmen können, wollen schöne Frauen in Posituren fotografiert werden, die sehr sexy sind – alle außer Ihnen.»

Ich gab keine Antwort. Er fuhr fort, mich zu umschwirren und das zu tun, was ihm soviel Lust bereitete: mich zu befingern. Proportional zu seiner Lust wurde ich immer kühler. Wie lange, fragte ich mich, werde ich noch hierbleiben und leiden müssen, um mir einen sicheren Platz in der künstlerischen Welt Amerikas zu erobern? Ich war ziemlich verärgert über Moje, weil er den Fototermin arrangiert hatte. Ich dachte mir sogar einen Dialog aus, den ich mit ihm über diese Folter von seiten eines sexuell Pervertierten, getarnt als der respektable Arnie Genthe, führen wollte. Doch ich nehme an, Mojes Eifer war nicht allein seine Schuld; ich selbst war versessen darauf, auf dem großen amerikanischen Kontinent weiterzukommen.

Arnies Fotos waren außerordentlich gut. Moje ließ ein paar hundert Abzüge machen und schickte sie an Theaterimpresarios und Filmstudios im ganzen Land. Es wurde so dargestellt, als habe der berühmte Fotograf Arnold Genthe eine unverbildete Schönheit entdeckt, den «neuen Star aus dem Norden». Eines der Porträts erschien am 25. November auf der Titelseite der *Vanity Fair*. Moje schickte Probedrucke nach Europa. Wir erfuhren, daß viele Leute, die mit der Filmwelt zu tun hatten, von mir sprachen, aber nicht so wie früher als von der «schwedischen Norma Shearer». Ich war in ihren Augen eine eigenständige Persönlichkeit geworden, eine Persönlichkeit namens Greta Garbo.

Danach verzieh ich Moje, daß er mich zu Arnie geschickt hatte. Um des lieben Friedens willen verzieh ich sogar Arnie, der, als er merkte, welche Wirkung seine Fotos hatten, zerknirscht tat, weil er darauf bestanden hatte, mich nackt zu sehen. Ich antwortete: «Sie können nicht gegen Ihre Natur an, aber in Zukunft müssen Sie mir wirklich glauben, daß mein Kopf das Beste an meinem Körper ist.»

Wir schrieben, wenn ich mich recht erinnere, den 9. oder 10. August. Es war ein heißer Nachmittag. Moje lag auf dem Sofa im Wohnzimmer, während ich ein kaltes Bad nahm. Plötzlich hörte ich eine kräftige Männerstimme: *»Jag älskar dig, tvålflicka.»* Ich sprang aus der Wanne und rief Moje zu, er möge nachsehen, wer das sei. Da er keine Antwort gab, zog ich einen Bademantel an und rannte zur Tür. Als ich sie öffnete, sah ich Victor Sjöström, der seinen Gruß auf englisch wiederholte. «Ich liebe dich, Einseifmädchen.» Dann umarmte er mich. Moje sagte irritiert: «Geh wieder in deine Wanne oder trockne dich ab, bevor du das ganze Zimmer unter Wasser setzt.» Und so löste ich mich wie ein gehorsames kleines Mädchen aus den Armen meines Gastes und eilte ins Bad zurück. Sjöströms Worte klangen mir noch in den Ohren.

Ich hatte Victor, der sich hier in Amerika Seastrom nannte, schon in Schweden gekannt, wenn auch nicht gut. Um die Wahrheit zu sagen, Moje wollte nicht, daß ich mit ihm Umgang hatte, weil er behauptete, Seastrom sei ständig hinter jungen Mädchen her. An dem Tag, da wir in New York eintrafen, rief Moje ihn in Hollywood an, aber Seastrom war nicht da. Er hatte es in Amerika zu Reichtum und Ruhm gebracht. Statt Mojes Anruf mit einem Rückruf zu beantworten, kam er vier Wochen später nach New York.

«Ich weiß, was euch beiden Kummer macht. Ihr seid fremd hier. Niemand interessiert sich für euch. Ich habe versucht zu erfahren, wie es bei MGM für euch steht. Ich habe sogar mit Mayer geredet, und er hat versprochen, alles werde in Ordnung kommen. Er sagte, irgend jemand verbreitete dumme Gerüchte über Greta, unter anderem, daß sie einmal in einem Friseurladen gearbeitet und alte Männer eingeseift hätte.»

Als ich aus dem Bad rief, das sei wahr, sagte er: «Ich weiß, ich weiß. Moje hat mir alles von Ihnen erzählt, mehr, als Sie wissen, aber . . .» Und hier fiel ihm Moje ins Wort: «Vergessen wir, was Sie über Greta und mich wissen. Verraten Sie mir nur, warum Mayer sagte, alles werde in Ordnung kommen. Sein New Yorker Büro ignoriert uns seit Wochen.»

Als ich erfrischt und angezogen aus dem Bad kam, bemitleidete Victor gerade Moje. «Sie ahnen nicht, wieviel Demütigungen und Leiden ich hinter mir habe. Auch ich habe die amerikanische Methode der Demütigung erfahren. Sie hauen europäische Künstler auf jede erdenkliche Weise übers Ohr. Und wenn die Künstler all das satt haben, kommen die Filmbosse und machen ihnen ein Angebot. Natürlich sieht nach einer solchen Tortur jedes Angebot gut aus.»

Moje stimmte zu. «Sie spucken uns ins Gesicht, aber wir müssen sagen, es sei Manna vom Himmel gefallen.»

«Richtig, Moje. Das Entscheidende ist, Ruhe zu bewahren, emotional stark zu bleiben und die Leute völlig zu ignorieren. Unterdessen müssen Sie hinter ihrem Rücken etwas zur Förderung Ihrer Karriere tun.»

«Aber wie, Victor, wenn wir hier niemanden kennen?» fragte Moje.

«Keine Sorge, Sie machen das doch ganz gut. Zum Beispiel wirken die Fotos von Greta wahre Wunder. In Hollywood sprechen jetzt viele Leute von Greta Garbo.»

«Dabei hat mich Greta fast hinausgeworfen, Victor, weil sie mich bezichtigte, ich hätte mich mit dem Fotografen gegen sie verschworen.»

«Ich habe dich nicht fast hinausgeworfen, aber du hättest mir sagen sollen, welche Methoden er anwendet, um seine Bilder zu bekommen.»

«Wie konnte ich wissen, daß du dir seine amourösen Avancen würdest gefallen lassen müssen?»

Victor schaltete sich ein. «Kinder! Kinder! Streitet euch nicht vor mir.»

«Habe ich nicht das Recht zu protestieren?»

Victor antwortete: «Doch, bis zu einem gewissen Grad, aber Sie sollten sich darüber im klaren sein, daß sich die ganze Theater- und Filmwelt auf dem Verhältnis zwischen Mann und Frau aufbaut –

161

darauf, wer mit wem schläft. Für einen Mann ist das nicht so schlimm, aber für ein junges Mädchen aus Europa ist es fürchterlich. Sie schläft vielleicht mit jedem und muß dann entdecken, daß nichts dabei herauskommt. – Letzten Endes ist Talent das Entscheidende. Kein Produzent wird eine Million Dollar oder mehr für einen Film ausgeben, in dem eine Frau die Hauptrolle hat, weil sie auch eine wichtige Rolle in seinem Bett spielt. Sex kann man überall kriegen – und billiger. Aber ein Film muß gute Schauspieler, eine gute Regie, eine gute Kamera und eine gute Story bieten, wenn er der Firma Geld bringen soll. Und obwohl Sex nicht der Schlüssel zum Erfolg ist, ist Erfolg in gewisser Weise mit Sex verbunden. Reden wir nicht mehr davon. Gehen wir lieber aus. Ich würde euch gern zu Delmonico's zu einem guten Essen und anschließend ins New Amsterdam Theater ausführen.»

«Was wird da gespielt?» fragte ich.

«Die *Ziegfeld Follies* mit W. C. Fields und Will Rogers und einer Menge junger, schöner Mädchen. Es ist eine typisch amerikanische Show, und ihr müßt noch so manches über Amerika lernen. Fields und Rogers ironisieren die amerikanische Upperclass. Es ist hochinteressant, die Reaktionen des Publikums zu beobachten. Und es ist wichtig für uns als Leute vom Fach, zu sehen, wie hier die Harmonie von Wort, Musik und Tanz verwirklicht wird. Danach gehen wir noch zu einer Party.»

Der dritte Teil des Abends war für mich der interessanteste. Nach dem Essen und nach dem Theater nahm uns Victor zu einer Privatparty im Hotel Chelsea in der 23rd Street in Manhattan mit. Bei dieser Party lernte ich Helen Hayes kennen, die mir leise, fast flüsternd sagte, sie sei alt und berühmt. Tatsächlich war sie noch keine fünfundzwanzig und spielte Shaws Cleopatra am Broadway.

Miß Hayes war klein und zierlich und hatte straff zurückgekämmte Haare. Sie hatte ständig ein Glas in der Hand, aber ich weiß nicht, ob ihr nachgeschenkt wurde oder ob das Glas immer dieselbe Flüssigkeit enthielt. Aufmerksam lauschte sie all den Männern, die ihr mit bedeutungsvollen Gesten dies und jenes erklärten. Auch ich trat zu diesen Männern – oder vielleicht traten sie zu mir; das weiß ich nicht so genau. Jedenfalls fand ich mich in ihrer Gesellschaft wieder und versuchte, in meinem gebrochenen Englisch mit ihnen zu sprechen. Doch die Unterhaltung nahm keinen guten Verlauf. Ich

162

wartete auf eine Möglichkeit zu gehen, als Humphrey Bogart vor mir auftauchte, ein Glas und eine Zigarette in der Hand. Er verbeugte sich und sagte: «Ich würde mich gern mit Ihnen verabreden.» Bogart, damals noch nicht berühmt, spielte in *Hell's Bells*. Ich habe seine Filmkarriere mit großem Interesse verfolgt; ich fand immer, daß seine faszinierende Stimme meiner in mancher Hinsicht ähnlich war. Während wir miteinander sprachen, sah ich Victor mit Sinclair Lewis kommen. «Verzeihung, Greta, ich möchte Ihnen einen sehr bedeutenden amerikanischen Romancier vorstellen.» Bogart versetzte wie aus der Pistole geschossen: «Wenn er keine Kriminalromane schreibt, werde ich ihn nicht lesen», und fügte einen Moment darauf hinzu: «Wir kennen uns.» Lewis ignorierte die anderen fast vollständig. Er nahm meinen Arm und sagte: «Ich möchte einige Zeit mit dieser jungen Dame verbringen.» Der vierzigjährige Romancier, dessen *Main Street (Die Hauptstraße)* und *Babbitt* recht populär waren, war die wichtigste Trophäe des Abends. Lewis war sehr groß und mager, hatte rote Haare und das Gesicht voller schrecklicher Pickel, die purpurrot wurden, wenn er trank. Er machte mich mit dem schottischen Whisky bekannt.

Wir gingen mit unseren Gläsern in den nächsten Raum, wo Lewis einen freien, weichen Sessel entdeckte und mich bat, Platz zu nehmen. Er setzte sich mir zu Füßen. Ich vermute, Victor war uns gefolgt, denn ich sah, daß er uns beobachtete. Er verschwand und kehrte mit Moje zurück. Die beiden blieben nur ein paar Minuten, dann gingen sie. Ich saß in dem weichen Sessel, mir zu Füßen den Autor des *Babbitt*. Lewis stieß mit mir an und sagte: «Auf unsere blühende Freundschaft und auf Ihren Erfolg in Hollywood.»

«Freundschaft okay, aber Erfolg – ich weiß nicht.»

«Der Pessimismus mag Ihnen ganz gut anstehen, aber lassen Sie sich nicht von ihm überwältigen. Sie haben genau das Gesicht, um das Geheimnis aller Zeiten zu werden.» Er machte eine Pause, nahm einen tiefen Schluck von seinem Drink und fuhr fort: «Ich weiß, daß es hart für Sie werden wird. Amerika ist kein gerechtes Land. Es ist voller Widersprüche und Elend, aber wir Künstler können unseren dauerhaften kleinen Beitrag leisten. Wir haben eine gewisse, wenn auch sehr geringe Chance, das Leben zu verbessern, die Kunst zu verbessern, anderen zu zeigen, daß wir mit unserer visionären Kraft die Wirklichkeit erfolgreich umgestalten können. Als Hilfe haben wir hochbegabte Leute wie Sie, Mr. Seastrom und Mr. Stiller, die aus Europa geflohen sind und nun versuchen, uns beim Aufbau zur Hand zu gehen.»

«Ich bin nicht geflohen. MGM hat mir einen Vertrag gegeben, und so bin ich hierhergekommen.»

Lewis erwiderte: «Seien Sie nicht beleidigt. Ich bin ein bißchen betrunken, und ich habe noch nie ein so schönes Mädchen mit so hinreißenden Augen und so langen Wimpern gesehen.»

«Sie schmeicheln mir», sagte ich, aber ich dachte: «Hier hast du eine Neuauflage von Arnold Genthe.»

«Ich versuche, ehrlich zu sein. Ich würde Sie gern morgen wiedersehen und unser Gespräch bei einer Rundfahrt durch New York fortsetzen. Ich möchte Ihnen versichern, daß mein Verhältnis zu Ihnen rein platonisch ist. Obwohl ich nicht gut aussehe, bin ich von vielen Frauen umgeben. Sie wollen mich, weil ich berühmt bin und weil sie glauben, ich hätte eine Menge Geld. Wie Sie sehen, habe ich keine sehr hohe Meinung von amerikanischen Frauen.»

«Was mir unter anderem bei meinem kurzen Aufenthalt in Amerika aufgefallen ist...»

«Ja? Was ist Ihnen aufgefallen?» fragte er und nahm sich hastig ein Glas Scotch von einem Tablett, das von einem schwarzen Dienstmädchen herumgereicht wurde. Das Tablett war voller seltsam geformter Gläser mit weißen, bernsteingelben, roten, grünen und anderen bunten Getränken. Ich wandte mich wieder Lewis zu. «Mir ist aufgefallen», sagte ich, «daß die amerikanischen Männer sehr freimütig sind und ihre Meinung sehr oft zu schnell und zu laut verkünden. Meistens zeigt hinter ihrer Philosophie der Sex seine Zähne.»

«Das ist richtig. In unserem Land müssen Sie sehr laut schreien, um gehört zu werden, und Sie müssen sehr geschäftstüchtig sein, um Erfolg zu haben. Schenken Sie dem Sex nicht zu viel Aufmerksamkeit, denn mit dem ist es überall dasselbe. Ich verspreche Ihnen, morgen nicht von Sex zu reden. Statt dessen werde ich Ihnen von meinem Land erzählen, das immer schneller die würzige Individualität seiner Menschen verliert. Jeder ist Mitglied des Hinzvereins oder der Kunzgesellschaft. Jeder versucht, immer mehr Geld zu machen und Einfluß zu gewinnen.»

«Mit einem Wort – Babbitt», erwiderte ich.

«Sie haben meinen Roman gelesen!» Lewis versagte die Stimme vor lauter Aufregung.

«Nein, ich habe ihn nicht gelesen. Auf dem Weg hierher hat mir Victor Seastrom von den Leuten berichtet, die bei der Party sein würden. Als er den Namen Sinclair Lewis nannte, bat ich ihn, mir Ihre Lebensgeschichte zu erzählen und mir zu sagen, welche Meinung er von Ihren Romanen hat.»

«Ich bewundere Ihre Ehrlichkeit. Eine Amerikanerin würde mir in einer solchen Situation sagen, wie sehr sie meine Bücher schätzt, und diverse dumme Bemerkungen machen. Und ich würde dazu nicken und eben mitspielen.»

«Ich muß schneller Englisch lernen, damit ich Ihre Romane lesen kann, denn ich habe das Gefühl, daß Sie außer Geld noch ein paar bedeutende Preise bekommen werden.»

«Sie sind einfach wunderbar, und Ihr Englisch ist bezaubernd. Wo haben Sie es gelernt?»

«Als mir Mr. Stiller sagte, wir gingen vielleicht nach Hollywood, beschloß ich, Tag und Nacht Englisch zu lernen. Und auf dem Schiff habe ich jeden Tag mit Amerikanern geübt.»

«Gestatten Sie mir, Ihr Lehrer zu sein.»

In diesem Moment schlenderte eine Gruppe völlig betrunkener Männer und Frauen in den Raum, in dem wir saßen. Wir wandten den Blick zu ihnen. Ich nutzte die Gelegenheit und stand auf. «Ich muß Mr. Seastrom und Mr. Stiller finden. Ich bin müde und möchte in mein Hotel zurück.»

Lewis erhob sich langsam vom Boden und sagte: «Ich werde Sie hinbringen.»

Ich sah, daß er schwankte. Um höflich zu sein, sagte ich: «Ich habe den beiden Herren versprochen, mit ihnen zurückzukehren. Aber ich wüßte gern, wovon Ihr nächster Roman handelt.»

«Jetzt höre ich einen falschen Klang», sagte Lewis. Sein Gesicht sah wie eingelegte rote Bete aus. «Sie übertreiben Ihr Interesse an meiner Kreativität.»

«Nein, das tue ich nicht. Ich mache jede Wette, daß Sie eines Tages den Nobelpreis bekommen.»

Lewis suchte in seinem alkoholüberschwemmten Gehirn nach Worten und sagte schließlich: «Ich bin bezaubert von Ihrer reizenden Schlichtheit. Der Nobelpreis – nun, ich weiß nicht, aber mein nächster Roman handelt von einem Prediger, der die Massen bekehren will.»

Als Sinclair Lewis 1930, fünf Jahre später, den Nobelpreis erhielt, schickte er mir ein Telegramm aus Stockholm: «Bei allen Heiligen! Woher haben Sie das gewußt? Bitte kommen Sie zu mir.»

Chaplin

Spät in der Nacht – vielleicht war es auch schon der frühe Morgen des 16. August – kehrte Moje erregt und gegen mich aufgebracht ins Hotel zurück. Am Abend hatten wir die New Yorker Premiere von Charlie Chaplins *The Gold Rush (Goldrausch)* im Strand Theater besucht. Mojes Verärgerung zeigte sich deutlich.

«Warum bist du nach dem Film in unser Hotel zurückgegangen? Du wußtest doch, daß du zu einem Empfang im Hotel Ambassador eingeladen warst, wo Chaplin wohnt.»

«Ganz einfach. Ich war müde. Ich hatte Kopfschmerzen, und ich wollte ein kaltes Bad nehmen», erwiderte ich.

«Du hast die Gelegenheit versäumt, Chaplin kennenzulernen, der in Amerika bereits eine lebende Legende ist. Du bist wirklich dumm. Er kann in Hollywood ein sehr wichtiger Kontakt für dich sein!» schrie Moje.

«Vielleicht hast du recht, aber ich lerne lieber Leute kennen, die ich mag. Chaplin spielt nur Betrunkene und Slapstick-Komödien, und ich bin eine ernsthafte Schauspielerin.»

«Du bist ein Idiot!» Moje zitterte vor Wut. «Er hat ein begnadetes komisches Talent und eine unerschöpfliche Phantasie. Er kann alle Rollen spielen. Das weiß jeder. Denk dir nur, er ist erst sechsunddreißig Jahre alt und schon international berühmt.»

«Was hat das mit mir zu tun? Ich mag seine Schauspielerei nicht, und ich mag seine Frauenabenteuer nicht.»

«Es kommt nicht darauf an, wie Chaplin lebt und was er spielt. Er ist bereits Millionär. Er hat über sechzig Filme gemacht, und er hat eine Prachtvilla in Hollywood. Bei ihm können wir alle Leute kennenlernen, die für uns nützlich sind.»

«Wenn dein und mein Talent und unser Vertrag mit MGM nicht genügen –»

«Hör zu. Chaplin hält dich für eine hochbegabte Schauspielerin. Er glaubt auch, daß ich ein großer Regisseur bin. Über ihn könnte ich vielleicht für dich Kontakte zu Cukor, De Mille und Lasky knüpfen...»

Ich lag auf dem Bett und beobachtete Moje. Er unterbrach seinen Monolog eine Weile und ging auf und ab, wobei er eine Zigarette rauchte. Ein tiefes Mitleid kam über mich. Ich wußte, daß er das Beste für mich zu tun versuchte, während ich ständig auf irgendeine Weise sein Denken und Handeln unterminierte. In meinem Innersten spürte ich, daß ich ihn liebte. In diesem Moment blieb er am Fenster stehen, zog den Vorhang auf, blickte in den jungen, hellen Tag hinaus und sagte: «Weißt du, was ich am meisten an ihm bewundere?»

«Seine Fähigkeit, sich mit Teenagern zu umgeben?»

«Nein.»

«Sein Geld?»

«Nein, die Tatsache, daß er von ganz unten aufgestiegen ist. Als er und ich den Empfang verlassen hatten, gingen wir in ein kleines griechisches Restaurant in der City. Dort sagte er mir: ‹Das Leben kann mich nicht besiegen. Nichts zählt außer dem körperlichen Schmerz. Unsere Tragödien sind nur so groß, wie wir sie machen.›»

«Sehr gescheit», sagte ich. Ich stand vom Bett auf und wollte ins Bad gehen.

Moje fuhr fort: «Ein guter Schauspieler – und Chaplin ist ein Genie – kann jede dramatische Rolle spielen. Und ich will dir noch etwas sagen. Du, die du immer von dramatischen Rollen sprichst, kannst auch komische Rollen spielen.»

«Das möchte ich bezweifeln.»

«Stell dir vor, du trätest in einer guten Rolle mit Chaplin auf», sagte Moje. Ich entdeckte einen enthusiastischen Klang in seiner Stimme.

Aber ich war anderer Meinung. «Kein Mensch würde gern einen Film mit mir als Partnerin von Chaplin sehen.»

«Überlaß das mir. Zuerst muß ein Drehbuch geschrieben werden. Wenn es Chaplin gefällt, dürfte der nächste Schritt ganz einfach sein.»

«Ich weiß, daß du bereits zwei oder drei fertige Drehbücher hast, die du den Leuten in Hollywood zeigen willst. Findest du nicht, daß du schon genügend Projekte hast?»

Ich schien Moje immer wieder vom Himmel auf die Erde zurückzuholen. «Nehmen wir an, dein Drehbuch gefällt ihm. Dann wird er Georgia Hale als Hauptdarstellerin wollen oder irgendeine andere Frau, die in seinen Filmen mitgespielt hat, Edna Purviance zum Beispiel oder Mildred Harris. Warum sollte er sich für eine unbekannte schwedische Schauspielerin entscheiden?»

«Du hast doch selbst gesagt, daß Chaplin seine Frauen so oft wechselt wie andere Leute ihre Hemden.»

«Aha! Möchtest du, daß ich in Chaplins Harem eintrete?»

«Du redest schon wieder Unsinn», versetzte Moje gereizt. «Habe ich je gesagt, du solltest mit jemandem schlafen, um eine Rolle zu bekommen?»

«Irgendwann passiert etwas immer zum ersten Mal, und wie ich höre, bietet Hollywood fast unbegrenzte Möglichkeiten für den Handel mit Körpern.»

«Zieh dich an!» blaffte Moje. «Wir machen einen Schaufensterbummel in der Fifth Avenue. Geh ins Bad und zieh dich an!»

Ich fand bald heraus, daß Moje sich Seastroms bediente. Er sollte Chaplin dazu überreden, mir in Amerika weiterzuhelfen. Eines Abends lud uns Chaplin zu einem luxuriösen Empfang ein, den er in der Königssuite des Hotels Ambassador gab. Es kamen praktisch alle, die in New York Rang und Namen hatten. Mary Pickford war da, ebenso Marie Dressler. Gloria Swanson kam und folgte Chaplin durch die ganze Suite, weil sie gern in seinem nächsten Film mitgespielt hätte. Ihre erste und einzige Rolle in einem Chaplin-Film war eine Nebenrolle gewesen, die der Stenographin in *His New Job*, wobei sie nicht einmal auf den Kinoplakaten genannt wurde. Jeder, der den Film sah, erkannte die Swanson, aber wenn man sie fragte, leugnete sie immer, in einem seiner Filme mitgespielt zu haben. Chaplin mochte sie, doch er sagte: «Sie erinnert mich zu sehr an mich selbst. Darum will ich nicht, daß sie in meinen Filmen auftritt.»

Edna Purviance, eine gute Freundin von Chaplin, die in vielen seiner Filme mitspielte, war auch da. Sie war sehr freundlich zu mir, aber ich entdeckte, daß sie irgendwie eifersüchtig war, sie dachte wohl, ich könnte ein Verhältnis mit ihm anfangen. Vielleicht lag es daran, daß sie an die elf Jahre älter war als ich. Weitere Gäste waren Eva Le Galienne, Carl Sandburg, Douglas Fairbanks und Max Eastman, ein sehr guter Freund von Chaplin. Unter den Autoren, die zugegen waren, befanden sich Alexander Woolcott und Heywood Broun, den Charlie als «alten Bolschewiken» bezeichnete, und auch Sinclair Lewis war wieder da, ein Glas Scotch in der Hand.

Ich wurde Chaplin vorgestellt, und seine Begrüßung verblüffte mich: «Sie haben einen Vertrag mit einem Mann unterschrieben, den ich vor fünf Jahren ins Gesicht geschlagen habe.»

«Louis B. Mayer?»

«Ja. Aber erst habe ich ihn aufgefordert, seine Brille abzunehmen. Und wie ein vernünftiger Geschäftsmann, der auf den guten Rat eines anderen hört, hat er es getan. Worauf ich gelassen und mit aller Kraft zuschlug. Er ist ein unangenehmer Bursche, und ich habe ihn geschlagen, weil er versuchte, meine Frau zu verführen.»

Chaplin geleitete mich durch die Scharen halbbetrunkener Menschen und begann mich vorzustellen. Er bemühte sich, mich mit jedem der vielen Gäste bekannt zu machen, aber wegen des ungeheuren Lärms – Gesang, Tanz und Musik – verstand ich von zehn Namen immer nur einen. Außerdem waren praktisch alle in einem alkoholischen Nebel, durch den ernsthafte Gespräche nicht dringen konnten. Schließlich gab Chaplin es auf und nahm mich beiseite. Wir redeten über seine Filme und seine Theorien zur Schauspielkunst und zur Komödie.

Nach fast einer Stunde drehte er sich um und sagte: «Miß Garbo, ich muß meine Familie in Kalifornien anrufen. Aber gehen Sie nicht; ich bin gleich wieder da, und dann werden wir etwas für unsere betrunkenen Gäste inszenieren.»

Victor und Moje traten zu mir, und Victor sagte: «Ich habe noch nie erlebt, daß Chaplin so intensiv mit jemandem gesprochen hat wie mit Ihnen. Darauf können Sie stolz sein, Greta.»

«Endlich hat er jemanden gefunden, der ihm ebenbürtig ist», sagte Moje.

«Statt mich über den grünen Klee zu loben, solltet ihr lieber etwas für mich tun.»

«Wir tun alles, was möglich ist», sagte Moje verärgert.

«Aber es ist nichts dabei herausgekommen», erwiderte ich.

Victor schaltete sich ein: «Ihr seid alle beide ungeduldig. Ihr wart noch nicht einmal in Hollywood, und trotzdem habt ihr schon die gesamte künstlerische Welt Amerikas kennengelernt. Reicht das nicht?»

Die Diskussion wurde durch Chaplins Rückkehr beendet. Er legte seinen Arm um meine Taille und fragte: «Kennen Sie *Die Kameliendame* von Alexandre Dumas?»

«Ja.»

«Dann lassen Sie uns für unsere Gäste die Sterbeszene daraus spielen.»

Ich fiel fast in Ohnmacht, weil ich nicht glauben konnte, daß ich mit diesem großen Komödianten eine tragische Szene spielen würde. Moje und Victor waren auch überrascht, aber Moje gewann seine Fassung schnell wieder und drängte mich, es zu tun.

Ich begann, mir die Szene zwischen Marguerite und Armand ins Gedächtnis zu rufen. Unterdessen bat Charlie Victor, er möge den Gästen unsere kleine Darbietung ankündigen. Jemand schob eine Couch in die Mitte des großen Raumes, und Victor sprang darauf und schrie und fuchtelte mit den Händen, um das Publikum zum Schweigen zu bringen. Als völlige Stille eingekehrt war, ergriff Chaplin das Wort. «Meine sehr verehrten Damen und Herren», sagte er. «Bei mir ist die berühmte schwedische Schauspielerin Greta Garbo. Sie und ich werden jetzt die Sterbeszene aus *Die Kameliendame* spielen.»

Ich versuchte verzweifelt, mich auf den Dialog zwischen den beiden berühmten Liebenden zu besinnen, und Chaplin sagte, als könne er meine Gedanken lesen: «Machen Sie sich keine Sorgen wegen des Dialogs. Wir werden eine Pantomime aufführen. Sie müssen nur komischer sein als ich.»

Der Ausgang dieses Abenteuers war vorhersagbar. Statt sich auf die sterbende Marguerita zu konzentrieren, erstickten alle vor Lachen über Armand. Ich lag auf der Couch in der Mitte des großen Salons, während Chaplin um mich herumsprang. Nachdem er alle möglichen komischen Verrenkungen vorgeführt hatte, sprang er auf mich, und ich begann ihn zu liebkosen und an mich zu drücken. Plötzlich streckte er alle viere von sich, quiekte und starb in meinen Armen.

Die Hunderte von Gästen brüllten vor Lachen. Ich schaute zu Moje hinüber und sah, daß auch er lachte. Ich ahnte, was er dachte; wir glaubten beide, Chaplin werde mich zu seiner Hauptdarstellerin machen. Ich würde mit ihm in vielen Slapstick-Komödien spielen. An unserem Erfolg konnte es keinen Zweifel geben. Wir würden eine Menge Geld verdienen, mit meinen Schwierigkeiten würde es ein Ende haben, und ich würde berühmt sein. Moje, Victor und ich warteten auf Chaplins Angebot.

Als der Jubel und das Gelächter erstorben und die Leute zu ihren Drinks zurückgekehrt waren, bat Chaplin den Kellner, vier Gläser Champagner zu bringen. Er reichte mir eines mit dem folgenden Toast: «Sie sind eine große Schauspielerin, und Sie spielen sehr gut in Komödien... aber nicht mit mir.»

Ich hatte nicht die Kraft, nach dem Warum zu fragen. Ich sah Moje und Victor an und hatte von allem genug.

«Der Grund ist ganz einfach. Sie sind zu groß für mich, und neben Ihnen ginge ich praktisch unter. Ich brauche eine kleine Schauspielerin mit zehn Prozent Ihrer Persönlichkeit und einem Prozent Ihrer Begabung.»

All der Champagner, den ich an diesem denkwürdigen Abend mit Chaplin trank, konnte meine bittere Enttäuschung nicht lindern.

Durch die Vereinigten Staaten

Es war offensichtlich, daß uns die Direktoren von MGM in New York am ausgestreckten Arm verhungern lassen wollten. Sie hofften, die Hitze, die Schwüle und das Warten würden uns zermürben. Geistig und körperlich ermüdet, würden wir dann merken, wer der Boß war – eine amerikanische Redewendung, die zu unserer Lage paßte. Aber schließlich kam doch der Tag unserer Abreise nach Hollywood.

Es war ein schwüler Augustabend. Moje und ich waren gerade, beladen mit Paketen von Einkäufen in letzter Minute, in unser Hotel zurückgekehrt. In der Halle wartete eine Gruppe von MGM, um uns zum Zug zu begleiten – Edward Bowes, Hubert Voight und Jimmy Sileo. Auch Sinclair Lewis hatte sich eingefunden, um adieu zu sagen. Er küßte mich auf die Wange und seufzte. «Neulich hatten wir nicht genug Zeit zum Reden. Ich sähe es sehr gern, wenn Sie in Hollywood meine Romanheldinnen verkörpern würden. Ich fahre demnächst selbst hin, und ich hoffe, wir werden dann Gelegenheit haben, diese Dinge konkreter zu diskutieren.»

Ich schüttelte ihm die Hand und nickte Zustimmung, merkte aber, daß Moje die sich anbahnende Freundschaft mit Lewis nicht eben begrüßte. Bowes ging unruhig herum und machte uns darauf aufmerksam, daß uns bis zur Abfahrt des Zuges nur noch wenig Zeit bliebe.

«Es sind bloß ein paar Minuten bis zur Grand Central Station», warf Lewis ein, und dann sagte er, zu Bowes gewandt: «Machen Sie keine nervösen, sprunghaften Amerikaner aus ihnen. Sie kommen

173

aus Stockholm, wo das Leben normal ist und die Menschen sich noch wie Menschen benehmen.»

Voight, der versuchte, ein guter Werbemann zu sein und seinem Boß zu gefallen, schien zuversichtlich. «Alles ist bereit. Die Fahrkarten sind schon vorbestellt und von der Twentieth Century bezahlt. Die Gepäckträger warten. Miß Garbo muß nur noch fertigpacken, dann können wir in den Zug steigen.»

Bowes funkelte seinen Werbemann an, als wollte er sagen, es sei nicht seine Aufgabe, mich herumzuscheuchen. Ich machte mir derweil Gedanken über meine Zukunft und meine kleinen Erfolge in New York. Die Fotos von Arnold Genthe, die so weite Verbreitung gefunden hatten, die Partys, bei denen ich so viele Menschen kennengelernt hatte, die Publicity in Zeitschriften da und dort, Mundpropaganda – all das hatte mir sehr geholfen. Ich hatte bereits entdeckt, daß in Amerika nichts ohne Druck und Manipulation zustande kommt.

Wir brauchten etwa zwanzig Minuten, um zu packen und die Grand Central Station zu erreichen, die für mich wie eine im Eiltempo gebaute Kathedrale aussah, voller Menschen, die niemand kannte und die hierherkamen, um zu beten oder der Eintönigkeit und Häßlichkeit ihres Arbeitslebens zu entrinnen. Voight ging rechts, Lewis links von mir. Dahinter folgten Moje mit Bowes und eine Gruppe Fotografen.

Wir stiegen in den Zug mit seinen schmalen, mit dicken Läufern ausgelegten Gängen und suchten unser Abteil. Ein Schwarzer mit weißem Jackett machte eine tiefe Verbeugung. Als wir in unser Zweibettabteil traten, fanden wir einen gedeckten Tisch vor, auf dem kalte Speisen und – der Prohibition wegen – ein paar Flaschen Mineralwasser in silbernen Sektkübeln standen. Voight wandte sich Bowes zu. «Sollen wir sie aufmachen?»

Der Vizepräsident nickte, und sofort erschienen zwei Schwarze, um die Flaschen zu öffnen und uns Mineralwasser einzuschenken. Mr. Bowes nahm das erste Glas und reichte es mir. Ein Fotograf machte ein Bild davon. Nach diesem schnellen Toast gingen die Schwarzen und der Fotograf. Dann gab Bowes Voight ein Zeichen, und Voight holte zwei Flaschen Champagner aus der Aktentasche, die er bei sich hatte, und stellte sie in die silbernen Kübel. Während sie kühlten, aßen wir die belegten Brote.

Bowes redete sehr schnell auf mich ein, und sein Werbemann übersetzte. Ich hörte nicht zu. Ich sah Lewis an. Ich glaube, wir verstanden uns und unsere Stellung als Menschen im komplizierten Räderwerk der amerikanischen Gesellschaft. Der eine Produkt dieser Gesellschaft, der sie gleichwohl mit Zähnen und Klauen bekämpfte; der andere erst im Begriff, in sie einzutreten, nicht an sie gewöhnt, aber willens, ebenso hart zu kämpfen.

Plötzlich tauchte der Schaffner auf und sagte, der Zug werde in genau vier Minuten abfahren. Ich warf einen Blick auf meine amerikanische Uhr und stellte fest, daß es vier vor neun war. Wir hatten noch Zeit für einen raschen Schluck, dann würde unser Verabschiedungskomitee gehen. Lewis küßte mich wortlos auf die Wange. Der Zug setzte sich in Bewegung. Wir traten ans Fenster, um Lewis, Bowes und Voight, die mit dem Bahnhofsvorsteher sprachen, Lebewohl zu winken.

Als sie verschwunden waren, aßen und tranken wir weiter. Wir waren beide müde, und nach dem Abendbrot drückte Moje einen Knopf neben der Tür. Kurz darauf erschien ein schwarzer Steward, und Moje bat ihn, unsere Betten zu machen. Wir verließen das Abteil und betrachteten den dunklen Himmel durch ein Fenster auf dem Gang. Der Zug wurde schneller, schnaufte heftig und schwankte mit zunehmender Geschwindigkeit. Die Leute, die durch den Gang liefen, rempelten einander an wie auf der Straße. Die meisten waren auf dem Weg zum Ende des Zuges. Ich sagte: «Wahrscheinlich wollen sie zum Essen. Das ist das erste Mal, daß ich Amerikaner rückwärts gehen sehe und nicht in die Richtung des Fortschritts.»

Moje lächelte. «Ich habe, ehrlich gesagt, mehr als genug von diesem amerikanischen Fortschritt, dem technischen vor allem, und ganz besonders von der Seichtigkeit und der unaufrichtigen Höflichkeit. Ich würde jetzt gern schlafen gehen. Du auch, Gräfin Elisabet Dohna?» Er nahm mein Gesicht in seine Hände und küßte mich.

«Warum nennst du mich so?»

«Weil dieser Name mit deiner bislang größten künstlerischen Leistung verbunden ist.»

«Apropos Namen, du hast mir noch nicht überzeugend und vollständig erklärt, wie du dazu gekommen bist, mich Garbo zu nennen. Bitte sag mir die ganze Wahrheit. Ich frage dich noch einmal – war Greta Gustafsson nicht gut genug für mich?»

«Das war schon in Ordnung, nur zu prosaisch und zu gewöhnlich. Heute gibt es auf der ganzen Welt nur *eine* Garbo», erwiderte er und setzte sich neben mich aufs Bett.

«Erkläre mir ein für allemal – wie bist du auf diesen Namen gekommen? Jeder fragt mich nämlich danach, und ich weiß nicht, was ich sagen soll.»

«Ach, laß uns schlafen gehen. Plötzlich wird etwas Unwichtiges wichtig für dich.»

«Ich gehe nicht schlafen, bevor du mir nicht das Geheimnis meines Namens erklärt hast.»

«Es wird dir nicht gefallen.»

«Woher weißt du das?»

«Ich fühle es.»

«Bitte weniger Gefühl und mehr Fakten», sagte ich verärgert.

«Als ich dir begegnete, warst du schön, aber deine Schönheit war ohne Raffinement. Du warst frisch und einfach in deinem Benehmen und Auftreten. Ich sagte zu mir: *Wygarbować* – das muß ich mit diesem Mädchen machen.»

«Was heißt das?»

«Es ist das polnische Wort für Leder machen. Eine frische Tierhaut, gerade vom Kadaver abgezogen, ist übelriechend und zu nicht viel nutze. Sie muß gereinigt und allen möglichen Prozeduren unterzogen werden, damit erstklassiges Leder daraus wird, aus dem man die exquisitesten Produkte herstellen kann.» Er sah mein Erstaunen, fuhr aber mit seiner Erklärung fort. «Wenn ich unleidlich war oder mich unmöglich benahm, sagten meine Eltern oft: ‹Wir müssen ihm das Fell *wygarbować*.› Das war die Vorankündigung einer Tracht Prügel, einer Schelte oder zumindest einer Gardinenpredigt über Manieren und die Notwendigkeit, anderen Menschen höflich zu begegnen.»

«Das bedeutet, ich war nichts weiter als ein Kälbchen, einfältig und unwissend?»

«Um genau und ehrlich zu sein, müßte ich sagen, daß du ein sehr einfaches und sehr bescheidenes Mädchen warst.»

«Trotzdem habe ich ein so häßliches Wort nicht verdient.»

«Das Verbum *garbować* ist schön, stark und wichtig. Ich kam zu dem Schluß, daß ich viel an dir arbeiten müßte, und so –»

«Hast du ein polnisches Wort gewählt.»

«Wort ist Wort, aber dieses spezielle Wort paßt sehr gut zu dir. Und wie schön es auf englisch klingt! *The great Garbo!* Die große Garbo!» Er wiederholte diese drei Worte einige Male und umarmte mich.

«Wollten wir nicht schlafen gehen?»

«Doch.» Und er begann mich auszuziehen. Der Rhythmus des Zuges brachte uns zusammen, und wir lagen eng umschlungen, um den Lärm und die ständige monotone Bewegung zu vergessen. Der Zug raste dahin, während wir uns aneinander festhielten. Es war anders als in Stockholm. Es war auch anders als in unserem New Yorker Hotel. Wir waren sehr innig zusammen, trotz des ständigen Ratterns der Räder – des Geräuschs von Stahl auf Stahl. Wir waren nicht aus Stahl. Wir waren zerbrechlich mitsamt unseren Gefühlen. Wir waren mutterseelenallein in diesem gigantischen Land, und wir fuhren dem Unbekannten entgegen. Bang, aber glücklich glaubten wir, dieses Glück werde jede Bitternis und jede Enttäuschung überstehen.

Wir lagen noch im Bett, als der Schaffner an unsere Tür klopfte und sagte, wir seien in Chicago. Er teilte uns mit, daß wir hier in einen Zug umsteigen müßten, der unter dem Namen *California Limited* bekannt sei. Dazu müßten wir zu einem anderen Bahnhof fahren. Wie verwirrend, dachte ich, als wir uns anzogen und uns auf den Weg zu dem anderen Bahnhof machten. Chicago schien uns ebenso laut und geschäftig wie New York, allerdings neuer und weniger interessant. Trotzdem versuchten wir, alles zu sehen, wofür diese Stadt berühmt war. Aber ich weiß nicht mehr, was wir sahen. Nur die Viehhöfe sind mir aus irgendeinem Grund in Erinnerung geblieben. Zum Zug zurückgekehrt, gingen wir gleich zu Bett.

Als wir am nächsten Tag die Jalousien öffneten, strömte Sonnenlicht in unser Abteil. Wir blickten über einen gewaltigen Teppich aus grünen Feldern und stellten fest, daß wir, wenn wir uns sehr bemühten, ab und zu ein weißes Haus entdecken konnten. Doch meistens überwältigte uns die ungeheure grüne Weite.

Moje zog eine Landkarte aus der Tasche, auf der er unsere Reiseroute eingezeichnet hatte. Er deutete auf die Städte, die wir in der Nacht passiert hatten.

«Was zählt das für mich», sagte ich, «daß du mir die Städte zeigst, durch die wir gefahren sind? Ich würde gern mit den Menschen sprechen, die dort wohnen, und ihre Äcker und Gärten riechen. Wir sind hier in einem Käfig eingesperrt, der durch die Staaten rast und in dem wir nichts tun können als essen und schlafen.»

«Die Städte werden nicht verschwinden», sagte Moje und nahm seinen Finger von der Karte. «Wenn wir es im amerikanischen Film zu Ruhm bringen, können wir uns eine Weile freinehmen und durchs ganze Land reisen, die Menschen kennenlernen, die Parks bewundern und die Blumen riechen. Die Menschen werden immer noch da sein, und die Parks sind dann vielleicht noch größer und schöner geworden.»

Ich war voller Zweifel. Wenn ich niedergeschlagen war, war Moje gewöhnlich bei bester Laune und versuchte, mich zu trösten. Das funktionierte ausnahmslos auch umgekehrt, denn wenn er niedergeschlagen war, versuchte ich, ihn aufzuheitern. Nun sagte ich: «Ich möchte bezweifeln, daß wir je durch dieses große Land reisen.»

Moje sprang vom Bett auf und begann ohne Anlaß, grob gegen mich zu werden. «Du bist ein Idiot. Selbst bei kleinen Dingen hast du die größten Zweifel.»

«Immer schimpfst du mich einen Idioten. Ich weiß nicht, warum du mich so herabsetzt.»

«Es tut mir leid. Ich kann offenbar immer noch nicht würdigen, daß dein Charme in deiner Einfalt besteht. Es ist nicht meine Schuld, daß du schön bist und keinen Verstand hast», sagte er, halb im Scherz, und versuchte, alles wiedergutzumachen, indem er mich umarmte. Ich wußte nicht, wie ich reagieren sollte. Obwohl mir seine Worte weh taten, besänftigten mich seine Küsse. Mein Zorn ließ nach, und ich sagte: «Meine Liebe ist stärker als ich.»

«Ich würde sagen, unsere Liebe ist stärker als wir beide. Weißt du noch, was wir einander auf Leben und Tod versprochen haben?»

«Ja.»

«Trotzdem werde ich unsere Abmachung noch einmal wiederholen, damit wir sie beide im Gedächtnis behalten. Wenn es einer von uns in Hollywood zu Ruhm und Geld bringt, der andere dagegen das Feld räumen muß, werden wir beide nach Europa zurückkehren. Erinnerst du dich?»

«Ich erinnere mich sehr gut.»

«Manchmal habe ich das Gefühl, du wirst dich nicht an dieses

Versprechen halten. Aber ich rede Unsinn. Ich bin mir sicher, daß wir beide reich und berühmt werden.»

Wir waren beeindruckt von der gleichförmigen Landschaft von Missouri und Kansas – endlose Ebene und riesige Farmen mit immer mehr Tieren und immer weniger Menschen. Wenn wir es leid waren, in unserem Abteil zu sitzen, gingen wir zum Ende des Zuges, in den Aussichtswagen mit seinen drei Räumen. Während wir westwärts fuhren, saßen wir dort, fasziniert von der Landschaft, die sich allmählich wandelte – an die Stelle des Flachlands traten Hügel und Täler.

Als wir Colorado erreichten, machten die Berge einen starken Eindruck auf mich. Die braunen Plateaus nahmen langsam die rote Farbe der Sonne an, oder vielleicht waren sie auch vom eingetrockneten Blut niedergemetzelter Indianer gefärbt.

Ehe wir Colorado verließen, hielten wir in der kleinen Stadt La Veta, die in der Sangre de Cristo Range liegt. Am Bahnhof von La Veta stiegen wir aus dem Zug, um uns die Beine zu vertreten und die herrliche Bergluft zu atmen. Wir waren wie geblendet von den Farben des Blanca Peak; nie werde ich das Gold, Silber und Rot vergessen, in dem der Gipfel prangte. Ich rief Moje zu: «Wir müssen bald wiederkommen und ein paar Wochen hierbleiben, um dieses Wunder anzustaunen.»

Plötzlich rief uns der schrille Pfiff des Schaffners in die Wirklichkeit zurück. Der Zug schlängelte sich langsam durch die Sangre de Cristo Range. Eine müde Sonne blutete tief in den Bergen aus und verlor mehr und mehr an Kraft. Zu unserer Linken sahen wir den Costilla Peak und zu unserer Rechten die kleine Stadt gleichen Namens. Wir fuhren in New Mexico ein.

Es wurde rasch von der Nacht verschluckt. Das Zugpersonal machte in allen Wagen das Licht an. Die Lokomotive sprühte silberne Funken zu beiden Seiten des Schienenstrangs, der jetzt am Rande eines Cañons entlangführte. Obwohl wir New Mexico in seiner kahlen Grandiosität nicht mehr sehen konnten, spürten wir noch seine Wildheit und die Bedeutungslosigkeit des schwachen Menschen in der Konfrontation mit dem unermeßlichen Raum.

«Gehen wir», sagte Moje plötzlich. «Wir wollen zu Abend essen und unsere Mitreisenden bewundern, wenn es denn welche zu bewundern gibt.»

Als wir in den Speisewagen traten, begrüßte uns der Oberkellner mit einer tiefen Verbeugung. Wir waren die einzigen, die zum Essen in Abendkleidung erschienen, als gehörten wir zur europäischen Oberschicht. Die Kleidung der anderen Gäste war bunt gemischt, vom Cowboyanzug bis zur gewöhnlichen Straßenkleidung war alles vertreten.

Während wir aßen, sagte Moje leise: «Schau mal da hinüber, rechts von dir. Da spielt sich gerade eine Tragödie ab.»

Jenseits des Ganges saßen ein etwa neunzehnjähriges Mädchen und ein Junge in den Zwanzigern. Sie war außerordentlich schön, dunkelhaarig und blauäugig. Er hatte blonde Haare und ein sehr ebenmäßiges Profil. Sie sprachen erregt miteinander. Der Kellner stand in der Tür und starrte sie an; ich dachte, er werde sie jeden Moment bitten, mit dem Streit aufzuhören. Plötzlich sprang das Mädchen auf und begann zur Spitze des Zuges zu rennen. Der Junge folgte ihr. Beide verschwanden. Nur die zwei umgeworfenen Stühle und die zusammengeknüllten Servietten auf dem Boden verrieten, was geschehen war. Der Oberkellner zog das Tischtuch glatt, hob die Servietten auf, stellte die Stühle wieder hin und wollte gerade ein paar neue Gäste begrüßen, als jemand schrie: «Sie ist aus dem Zug gesprungen! Sie ist aus dem Zug gesprungen!»

Irgend jemand zog die Notbremse. Der Speisewagen schien in Stücke zu gehen. Er war ein Mosaik aus verstreuten Speisen, zerbrochenem Geschirr und erschrockenen Gesichtern geworden. Die Reisenden dachten nicht mehr an das Mädchen – nur noch an sich selbst und ihre beschmutzten Kleider. Als der letzte zerbrochene Teller zu klappern aufgehört hatte, sagte der Oberkellner mit lauter Stimme: «Bitte bewahren Sie Ruhe. Das Mädchen ist gefunden worden, und alles ist in Ordnung. Bitte nehmen Sie Platz, meine Damen und Herren. Wir werden sofort neu auftragen.»

Moje flüsterte mir ins Ohr: «Unser nächster Halt ist Santa Fe. Laß uns dort heiraten.»

«Warum gerade jetzt?» fragte ich und setzte mich wieder.

«Weil ich das Gefühl habe, daß wir in Amerika noch viele Überraschungen erleben werden, und es wird uns leichterfallen, sie durchzustehen, wenn wir Mann und Frau sind.»

«Warum begeisterst du dich plötzlich so für die Ehe, wo du vor nicht allzu langer Zeit gleichgültig und sarkastisch warst? Es könnte sein, daß du einen großen Fehler machst, wenn du dich mit mir verheiratest.»

«Ich ziehe einen Fehler aus Begeisterung der Gleichgültigkeit des Weisen vor.»

Ich sagte nichts. Vielleicht erstaunte es mich, in dieser Situation solche Worte von ihm zu hören. Er spürte meine Vorbehalte. «Warum zögerst du? Liebst du mich nicht? Schwebt dir ein texanischer Millionär vor?»

«Du weißt ganz genau, daß ich dich mehr mag als jeden anderen und daß du meine einzige Liebe bleiben wirst.»

«Nun, warum bist du dann so widerwillig? Laß uns in Santa Fe heiraten. Glaubst du nicht, daß das sehr romantisch wäre?»

«Doch, aber nach diesem Zwischenfall mit den beiden jungen Leuten ist mir absolut nicht danach zumute.»

«Eben darum sollten wir jetzt heiraten.»

«Meiner Meinung nach sollte man eine Ehe unter heitereren Umständen schließen – wenn Friede in Geist und Seele herrscht.»

«Du wartest auf etwas und weißt nicht, woher es kommen soll.» Moje griff nach einer Zigarette, und ein bedrückendes Schweigen entstand. Ich wußte nicht, was sagen und was tun. Schweigen schien mir das Beste.

Wir waren immer noch beim Essen, als uns der Kellner erzählte, das Mädchen sei von dem Wunsch besessen gewesen, Karriere beim Film zu machen. Sie war erst achtzehn und hatte entgegen dem Rat ihrer Eltern und ihres Verlobten beschlossen, nach Hollywood zu gehen. Sie war in Chicago in den *California Limited* gestiegen. In letzter Minute hatte ihr Verlobter sich ihr angeschlossen. Während der Reise hatte der junge Mann sie ständig attackiert, sie der Selbstsucht, der Gleichgültigkeit und des Verrats bezichtigt. Das Mädchen hatte versucht, sich gegen seine Anschuldigungen zu wehren. Ich nehme an, sie verlor plötzlich ihr inneres Gleichgewicht und sprang aus dem Zug. Wir erfuhren bald, daß der Oberkellner gelogen hatte – das Mädchen war tot am Bahndamm gefunden worden. Ihr Leichnam wurde in einen Postsack gesteckt und in einen Zug umgeladen, der nach Chicago zurückfuhr. Ihr Verlobter begleitete den Leichnam.

Ich merkte bald, daß die Tragödie dieses jungen Paares das Zugpersonal nicht bewegte. Es ging den Leuten nur darum, im Interesse der

Eisenbahn und der Versicherungsgesellschaft zu beweisen, daß sie nichts für den Unfall konnten.

Ich kam zu der Überzeugung, daß der Dollar der höchste Wert in der amerikanischen Gesellschaft war. Das Mädchen und der Junge waren Produkte dieser Gesellschaft. Und Moje und ich fuhren in einem Zug mit rasender Geschwindigkeit einem Brennpunkt jener Welt entgegen.

Den ersten Halt in Kalifornien machte der *California Limited* in einer Stadt, die Barstow hieß. Dann bewegten wir uns rasch in südwestlicher Richtung auf Los Angeles zu. Während der letzten Etappe der Reise saßen Moje und ich schweigend da und vermieden es, uns in die Augen zu sehen. Wir dachten wahrscheinlich beide dasselbe: Was wird aus mir? Es war ein dumpfes, schreckliches Schweigen, besonders für zwei Menschen, die eigentlich ineinander verliebt waren.

Am Southern-Pacific-Bahnhof in Los Angeles wurden wir von Zeitungsfotografen und Repräsentanten von MGM empfangen. Die einzige Überraschung war Victor Seastrom, der zu mir sagte, wir hätten New York in solcher Hast verlassen, daß er uns in Los Angeles begrüßen müsse. Tatsächlich war er schon einige Tage vor uns gefahren und hatte es uns nicht gesagt. Victor sorgte für eine weitere Überraschung. Er hatte Kinder aus einem schwedischen Wohnviertel mitgebracht, die mich mit Blumen begrüßten. Victor überzeugte die Fotografen davon, daß es hübsch wäre, wenn sie ein paar Bilder von mir mit den Kindern und ihren Blumen machten. Während die Kameraverschlüsse klickten, ging er zu Moje, der trübsinnig abseits stand. Victor umarmte ihn. «Moje, mein Freund», sagte er. «Ist alles in Ordnung mit Ihnen? Ich bin's, Victor.»

Mojes Miene veränderte sich nicht, als er sagte: «Ich erinnere mich wohl an Ihren Namen, Sir, aber ich erinnere mich nicht an Ihr Gesicht.» Er lächelte matt, als versuche er, lustig zu sein.

Ich war verärgert, ja zornig. Ich wußte nicht, was ich von Mojes Reaktion halten sollte. War er krank, oder benahm er sich nur töricht?

Die Reporter stellten mir Fragen: «Was werden Sie tun? – Wohin wollen Sie gehen? – Wen kennen Sie hier?» Ich wich ihnen auf gewohnte Weise aus: «Ich bin sehr müde. Ich möchte jetzt in mein Hotel, ein Bad nehmen und eine Woche schlafen.»

Tatsächlich fürchtete ich mich. Die Müdigkeit überwältigte mich fast. Ich vergaß, wie ich meine Beine und Hände gebrauchen sollte; ich wußte nicht mehr, daß ich lächeln konnte. Ich hatte solche Angst, daß ich am liebsten geschrien hätte. Ich versuchte es auch, aber es kam kein Ton heraus.

VIERTER TEIL   *Hollywood*

Fluten der Leidenschaft

Mein erstes Zuhause an der Westküste war das Hotel Miramar in Santa Monica. Es war ein reizender und heiterer Ort, nicht allzuweit von den MGM-Studios entfernt. Moje mietete in der Nähe des Miramar ein Strandhaus mit fünf Zimmern, und unser Leben bestand darin, daß wir von acht Uhr morgens bis elf Uhr abends ständig zwischen Hotel, Studio und Strandhaus unterwegs waren. Obwohl die Landschaft schön und das Wetter mild war, entsprach unser Seelenzustand nie der Umgebung. Wir wurden von Büro zu Büro gehetzt, von Louis B. Mayer zu Irving Thalberg, dem Produktionsdirektor von MGM. Er verwies uns oft an den Produktionsleiter, einen raffiniert manipulierenden Menschen namens Harry Rapf. Obwohl Moje behauptete, er sei mit Sam Goldwyn verwandt, besserte sich nichts für uns.

Wir wurden zwischen dem dicken Mayer, dem jungen Rapf und dem gutaussehenden Thalberg hin und her geschoben. Alle drei trugen Tag und Nacht Hüte und kleideten sich in europäischer Manier. Auch legten sie in ihrem verzehrenden Drang, Geld zu scheffeln, eine durchaus unredliche Haltung gegenüber ihren Konkurrenten und sogar ihren Schauspielern an den Tag. Selbst Moje, der sich auf jiddisch mit ihnen unterhielt, kam nicht mit ihnen zurecht.

Wir sollten am 1. September 1925 mit der Arbeit beginnen, aber meine Arbeit fing zunächst mit Publicity an. Erst maßen sie mich. Wenn ich mich recht erinnere, war ich etwas über einen Meter einundsiebzig groß und wog siebenundfünfzigeinhalb Kilo. Dann

187

arbeiteten sie an meinen Zähnen, meinen Händen und meinen Füßen. Sie gaben mir sogar Anweisungen, wie ich mich bei allen möglichen Gelegenheiten anziehen sollte. Danach machten sie Werbefotos, auf einem war ich mit einem Löwen zu sehen, auf einem anderen mit der Leichtathletikmannschaft der Vereinigten Staaten. Es gab noch viele weitere dumme Fotos, auf die ich mich nicht mehr besinne. Ich erinnere mich aber noch an meinen Zorn, als ich die Abzüge bekam.

Auch Moje war verärgert, als er entdeckte, daß die Produzenten sein Drehbuch *The Affair of Lemberg,* an dem er in Stockholm zu arbeiten begonnen hatte, abgelehnt hatten. Sie beschwerten sich darüber, daß seine Art, Filme zu drehen, zu teuer sei. Mayer und seine Partner mochten Mojes Methoden nicht, sie hielten es für reine Geldverschwendung, verschiedene Szenen aus verschiedenen Blickwinkeln aufzunehmen. Ihre ursprünglich günstige Meinung von Mojes Werk beruhte auf seinen europäischen Filmen, auf seinen schriftlich niedergelegten Projekten und auf Gesprächen mit ihm. Sie hatten noch keine Gelegenheit gehabt, ihn im Studio bei der Arbeit zu erleben. Sie hatten ihn nie Geld ausgeben sehen. Und es war nicht ihr Geld, das er in Europa ausgegeben hatte. Sie hatten auch Angst davor, sich auf die Ideen dieses schwierigen Genies einzulassen – sie schoben sein erstes Projekt auf die lange Bank, bezahlten ihn aber regelmäßig Woche für Woche.

Eines Abends kehrte Moje, beladen mit Büchern des spanischen Romanciers Vicente Blasco Ibáñez, ins Hotel zurück. «Ich habe Informationen aus erster Quelle. Du sollst die weibliche Hauptrolle in dem Film *The Torrent* nach Blasco Ibáñez' Roman *Entre naranjos* spielen.» Erregt fuhr er fort: «Du weißt ja, daß Rudolph Valentino mit *Die vier apokalyptischen Reiter* Karriere gemacht hat. Du mußt mit all seinen Figuren vertraut werden, und der beste Weg dazu ist, daß du möglichst viele von Blasco Ibáñez' Werken liest. Auf diese Weise wirst du den Geist der Figuren erfassen. Und danach wird es dir leichtfallen, seine Frauen darzustellen.»

Ich nahm die Bücher an mich und fragte: «Und was wirst du tun?»

«Sie wollen mich nicht haben», erwiderte Moje und nahm in einem alten Sessel Platz, dessen Knarren mich an das Geräusch von Sargscharnieren erinnerte. Sein Gesicht war aschfahl, und er schwieg, während er seine Gedanken ordnete. Nachdem er eine Weile in dem alten Sessel hin und her gerutscht war, sagte er langsam: «Ich werde schon damit fertig. Sorge dich nicht meinetwegen. Was mich mehr als alles andere beunruhigt, ist, daß sie eine zweite Norma Shearer oder Pola Negri aus dir machen wollen. Ich hoffe, sie entscheiden sich für eine zweite Pola, denn selbst Thalbergs Bewunderung kann aus der Shearer keine Schauspielerin machen.»

«Vielleicht sollte ich mit den Studiobossen reden.»

«Das hilft auch nichts. Ich habe ihnen bereits erklärt, daß du niemanden imitieren wirst. Erstens ist es nicht deine Art, zu allem ja und amen zu sagen. Und zweitens kann nichts dabei herauskommen, wenn man zwei- oder drittklassige Schauspieler imitiert. Aber sie hören nicht auf mich; sie bestehen auf ihren abgedroschenen Ideen und führen ihre Gewinnbilanzen an, um zu beweisen, daß die Shearer dem Studio eine Menge Geld bringt.»

«Dann sollte ich wirklich mit ihnen reden.»

«Nein!» schrie Moje. «Wenn du zu ihnen gehst, lösen sie womöglich den Vertrag mit dir auf. Laß es. Warten wir ab, was passiert. Ich bin, juristisch gesehen, immer noch unter Vertrag. Da sie mir keine Aufgabe zuteilen wollen, werde ich die Zeit mit dir verbringen, deine Rolle mit dir studieren, deinen Dialog und deine Bewegungen vor der Kamera mit dir durchsprechen. Ich habe mit einem exzellenten Kameramann über den Film diskutiert, mit William Daniels. Er wird sein Bestes für dich tun. Überdies mag er mich, und ich bin mir sicher, daß er auf meine Vorschläge, wie er dich fotografieren soll, eingeht. Wenn MGM meine Vorschläge ignoriert und ein schlechter Film dabei herauskommt, werden sie merken, daß sie, um einen besseren zu kriegen, mich aktiv werden lassen müssen.»

Seine Argumente überzeugten mich. Ich wandte all meine Energie an das Studium von Blasco Ibáñez' Romanen. Einer biographischen Darstellung entnahm ich, daß er 1869 in Valencia geboren war. Viele Jahre war er Abgeordneter der Cortes, des spanischen Parlaments, gewesen. Warum erwähne ich diese beiden Punkte? Weil ich Mojes Arbeitsweise veranschaulichen will. Er bestand darauf, daß ich nicht nur die Werke eines bestimmten Autors las, sondern auch möglichst viel über den Mann selbst in Erfahrung brachte, damit ich ein wirklich fundiertes Verständnis für jede seiner Figuren entwickeln konnte.

Systematisch analysierte und studierte ich mit Moje Tag für Tag Charakter, Hintergrund, Gewohnheiten und Eigenarten der Spanierinnen in Blasco Ibáñez' Romanen. Ich hatte seine politischen Anschauungen ebenso in mich aufgenommen wie den Inhalt seiner literarischen Werke. Ich lernte ihn schätzen und bewundern, weil er auf der Seite von Freiheit und Gerechtigkeit stand. Neben seiner Liebe zum spanischen Volk bewunderte er Paris wie Moje und ich – obwohl ich noch nicht dort gewesen war.

Unser Produzent, Irving Thalberg, war der Begründer des Star-Systems, das aus unbekannten Mädchen Schönheitsköniginnen machte. Die ideale Jungfrau Norma Shearer, das Ladenmädchen Joan Crawford, das Sexsymbol Jean Harlow erschienen dem Publikum als himmlische Gestalten voller Zauber und Weiblichkeit, jede andere Frau, sei sie lebendig oder tot, weit übertreffend. Thalbergs Evangelium besagte, daß ein talentloses, aber schönes Mädchen mit der richtigen Publicity auch mit sehr wenig Ausbildung eine akzeptable Schauspielerin werden und die Liebe und Bewunderung aller gewinnen könne.

Thalberg glaubte außerdem, der Regisseur müsse dem Schauspieler bis ins kleinste Detail vorschreiben, wie er seine Rolle zu spielen habe. Moje war völlig anderer Meinung. Er glaubte, daß der Schauspieler jeden Aspekt seiner Rolle selbst meistern müsse. Ehe er versuchte, seine Rolle vor der Kamera zu spielen, sollte er die Figur mimisch darstellen und sich den Dialog bis aufs letzte Wort einprägen. Es war Aufgabe des Schauspielers, eine Interpretation zu finden, die der Figur gerecht wurde. Dann kam die Arbeit des Regisseurs, der – nachdem er den Schauspieler bei der Probe beobachtet hatte – seinen Dialog, sein Auftreten und seine Bewegungen vor der Kamera korrigierte. Wobei die Betonung darauf lag, die Qualitäten des Schauspielers zu loben, damit sie gesteigert und Marotten auf ein Minimum reduziert oder, falls möglich, in positive Eigenschaften umgewandelt wurden. Moje war überzeugt, wenn Schauspieler und Regisseur jeweils das Talent des anderen förderten, käme auch ein guter Film zustande.

Ich glaubte fest an Mojes intuitive Einstellung zur Schauspielkunst, aber ich machte mir weiterhin Sorgen, was seine Position in Hollywood betraf. Eines Tages beschloß ich ohne sein Wissen, zu MGM zu gehen und mit Thalberg zu reden. Als ich vor seiner Tür stand, bekam ich es plötzlich mit der Angst zu tun. Ich drehte mich um und eilte auf das Ende des Flurs zu. Dann hörte ich, wie sich Thalbergs Tür öffnete. Er rief: «Miß Garbo! Was tun Sie hier?»

«Ich möchte mit Ihnen sprechen.»

Er kehrte in sein Büro zurück und kam mit einem großen Kuvert aus Manilapapier wieder, das er mir reichte. «Hier ist das Drehbuch von *The Torrent*. Gehen Sie in Ihr Hotel und lernen Sie die Rolle der Leonora.»

Ich nahm den Umschlag gehorsam von ihm entgegen, fast so, als hätte ich es mit Moje zu tun; ich drehte mich um und ging ohne ein weiteres Wort nach Hause. Moje war da und begrüßte mich in der Tür.

«Wo warst du? Beim Einkaufen? Oder hast du einen Bummel gemacht?»

«Beides, und unterwegs bin ich Thalberg begegnet, der mich mit in sein Büro genommen und mir dieses Drehbuch gegeben hat.»

Moje riß mir das Kuvert förmlich aus der Hand. «Du hast nichts von mir gesagt, oder?»

«Ich hatte keine Chance.»

«Gut. Ich will nicht, daß du dich in meine Angelegenheiten einmischst.»

Mehr sagte Moje dazu nicht, und wir gingen zur Couch und setzten uns, um das Drehbuch von Dorothy Farnum zu lesen. Es handelte sich um die Liebesgeschichte zwischen einem spanischen Bauernmädchen, Leonora, die schön war und gut singen konnte, und Don Rafael Brull, dem Sohn eines reichen Grundbesitzers, dessen despotische Mutter ihn daran zu hindern versuchte, daß er sich mit der Tochter einer ganz gewöhnlichen Frau traf. Ich weiß nicht, warum, aber ich dachte an meine Mutter, als wir das Drehbuch lasen. Es war, von den Emotionen, der Handlung und der Psychologie her gesehen, eine einfache, ja banale Geschichte. Die Rolle abzulehnen war mir nicht möglich, und so beschloß ich, daß ich, die in Amerika unbekannte schwedische Schauspielerin, dem angelsächsischen Publikum zeigen würde, wie gut ich spielen konnte. Ich brütete wochenlang, von sieben Uhr morgens bis sieben Uhr abends, über der Rolle der Leonora. Nach einigen Tagen erfuhr ich aus dem Studio, daß die Rolle des Don Rafael mit Ricardo Cortez, dessen richtiger Name Jacob Krantz lautete, besetzt werden sollte. Meine nervöse Spannung verlor sich, als ich herausfand, daß Cortez kein Spanisch konnte und nie in Spanien gewesen war. Er war ein angenehmer Mensch mit dunklen Haaren und dunklen Augen. Überdies war er jung und sehr populär in Hollywood. Das Studio hatte uns gewählt, weil wir in Aussehen und Charakter so gegensätzlich waren.

Wenn mein Spiel oder mein Äußeres das Publikum nicht in die Filmtheater locken konnten, dann würde Cortez, der Rudolph Valentino ähnlich sah, sie füllen. Thalberg plante immer jedes Detail im voraus.

Ricardo spielte die Rolle des schwachen Liebhabers sehr gut. Im Rückblick war es die größte Leistung seiner Filmkarriere. Danach ging es mit ihm bergab. Ich weiß nicht, wer daran schuld war, aber ich bin mir sicher, daß der mittelmäßige Regisseur des Films, Monta Bell, der nie einen wirklichen Filmerfolg hatte, nicht einmal mittelmäßig gewesen wäre, wenn Stiller nicht die Oberaufsicht geführt hätte.

Daß ich in diesem Film fotografisch so gut herauskam, war der exzellenten Kameraführung von William Daniels zu verdanken, der mich aus den bestmöglichen Blickwinkeln aufnahm. Vermutlich hatte ich hier sehr viel Glück, denn Daniels, der mich bewunderte, folgte Mojes perfektionistischen Forderungen und gab sich auch sonst viel Mühe mit mir. Er korrigierte meine Aussprache und lehrte mich sogar einige seiner fotografischen Tricks. Er hatte eine Engelsgeduld und machte Moje gelegentlich eifersüchtig, weil er nicht nur in den MGM-Studios, sondern auch bei sich zu Hause viel Zeit damit verbrachte, Tausende Bilder von mir aufzunehmen. Aber insgesamt hatte seine Anhänglichkeit eine beruhigende Wirkung auf Moje, der damals ziemlich deprimiert war. Er dachte, ich würde untergehen bei all den Hollywoodleuten, die dem Kommerz hinterherrannten. Daniels versuchte auch, ein paar von den Differenzen zwischen MGM, Moje und mir beizulegen. Wenn er von uns sprach, dann immer liebevoll, und er tat es stets vor einem möglichst großen Publikum. Zum Dank für seine kleinen und großen Gefälligkeiten bemühte ich mich, ihn in jeder Hinsicht zufriedenzustellen. Ich akzeptierte seine Vorschläge und seine Kritik ohne Widerrede und tat, was er wollte.

Während der anstrengendsten Phase unserer Arbeit nahm ich ab. Ich aß nur Orangen, Bananen und Trauben und rauchte exzessiv. Ich hatte auf nichts Lust außer auf lange Stunden harter Arbeit.

Der Film war Ende Dezember fertig. Ich wußte, daß er dank

Daniels ein Erfolg werden würde. Als Moje den Rohschnitt sah, sagte er: «Sehr gut, exzellent sogar. Alles klappt wunderbar. Du hast diese sehr schwache Geschichte veredelt und den anderen Schauspielern geholfen. Selbst Ricardo Cortez macht sich gut.» Moje versuchte, meine Stimmung zu heben. Später fand ich heraus, daß er den Film für entsetzlich hielt.

Die Meinung der Studiobosse war vorhersagbar. In ihren Augen war ich eine Mischung aus Norma Talmadge, Pola Negri, Alma Rubens und Norma Shearer. Mit anderen Worten, eine große Verdienstquelle, die *Fluten der Leidenschaft* zum Kassenschlager machen würde. Und sie irrten sich nicht. Als der Film am 26. Februar in Loew's State Theater in Los Angeles und im Capitol Theater in New York anlief, war das Publikum wie elektrisiert, und Mojes Stimmung besserte sich. Er wußte, die Einnahmen aus diesem Film würden gewährleisten, daß mir MGM einen langfristigen Vertrag gab. Nach der Premiere begannen wir Briefe an unsere Verwandten und Freunde in Stockholm zu schreiben, in denen wir mit dem finanziellen Erfolg des Films prahlten. Als Schauspielerin fand ich mich darin nicht besonders, aber als Handelsartikel war ich für MGM durchaus wertvoll. Und so beschloß ich, von den Studiobossen einen größeren Anteil an dem Reichtum zu fordern, den ich ihnen einbrachte.

Wenn mich jemand fragen würde, was mir an Kalifornien gefiel, würde ich ohne langes Nachdenken sagen: «Nicht die Studios, nicht die Schliche und Ränke der Produzenten, nicht die übertriebene Freundlichkeit der Filmtechniker, nicht einmal die Schauspieler und Schauspielerinnen als Menschen. Eher der Ozean, die Fülle von Zitrusfrüchten und das freundliche Wetter.»

Da sich die MGM-Studios in Culver City befanden, etwa dreißig Kilometer von Santa Monica entfernt, wo ich wohnte, konnte ich anfangs noch in einem gewissen Maß für mich sein und Frieden haben. Ich stand ungefähr um sieben auf, und wenn ich nicht arbeiten mußte, packte ich Orangen, Bananen, Äpfel und andere Früchte in meinen Korb und verbrachte den Tag mit Moje am Strand. Das Salzwasser und der ständige Wellenschlag gaben mir Kraft und weckten in mir den Wunsch, etwas Lohnendes zu tun.

Trotz der wohltuenden Atmosphäre dieses einfachen Lebens weitab vom Studio blieb Moje deprimiert und zog sich in sein Inneres zurück, zu dem ich immer schwerer Zugang fand. Von Zeit zu Zeit schickte das Studio einen gutaussehenden Schauspieler, der versuchen sollte, meine Beziehung zu Moje zu zerrütten. Das erboste Moje. Ich flehte ihn an, die Taktik des Studios, Thalberg und seine Gruppe nicht so ernst zu nehmen. Aber Moje erboste sich nur noch mehr und wurde manchmal sogar heftig, obwohl er mich kein einziges Mal schlug. Danach verfiel er schnell in unnahbares Schweigen.

Ich glaube, Mojes Eifersucht wurde zunächst durch meine freundschaftliche Beziehung zu Ricardo Cortez geweckt. Während wir *Fluten der Leidenschaft* drehten, spielte Ricardo die Rolle eines überaus verliebten Mannes sehr gut. Er versuchte oft, in meine Privatsphäre einzudringen, entweder im Hotel oder in meiner Studiogarderobe, wo er mich immer wieder zu Spaziergängen oder an den Strand oder sogar dazu einlud, den Abend mit ihm zu verbringen. Und so akzeptierte ich, um meine schwache Position als Anfängerin im Studio nicht zu gefährden, die meisten seiner harmlosen Vorschläge, aber ich bestand immer darauf, daß Moje mitkam. Bei diesen Exkursionen sprachen wir oft über den schwedischen Film und besonders über Mojes Auffassung vom Filmemachen, die ich Ricardo mit den folgenden knappen Worten zu erklären versuchte: «Das Maximum aus dem Schauspieler herausholen und nicht an die Kosten denken.» Das war genau das Gegenteil der in Hollywood verbreiteten Methode, Geld zu sparen.

Wann immer Moje uns ein paar Minuten allein ließ, brachte Ricardo das Gespräch auf persönliche Dinge. Er kehrte stets den Romantiker heraus. Ich flehte Moje an, nicht einzuschreiten, und versicherte ihm, ich würde mit Ricardo sehr gut selbst fertig. Aber Moje ließ nicht locker und bemerkte sarkastisch: «Sie wollen, daß du dich in ein billiges Verhältnis mit Cortez verstrickst. Auf diese Weise könnten sie mich aus deinem Leben drängen und mich dann aus dem Land ekeln.» Ich wußte nichts darauf zu sagen, denn das, was er vorbrachte, entsprach nur zu sehr der Wahrheit.

Der hübsche Cortez spielte seine Rolle meisterhaft. Er war ein guter Schwimmer, und weil Moje nicht mithalten konnte, lockte er mich oft weit hinaus, um mir zu sagen, wie sehr er mich liebe und daß er es nicht mehr ertrage, ohne mich zu leben. Ich nahm dann den Mund voll Wasser und sprühte es ihm wie eine Fontäne ins Gesicht. Das war meine einzige Reaktion.

Nach vielen ähnlichen Begegnungen sagte ich eines Tages zu Cortez: «Ich mag Sie, Ricardo, aber allmählich werde ich Ihres Gehabes müde. Ich weiß nicht, wer dahintersteckt und was es soll, aber ich möchte das nicht länger fortsetzen. Ich möchte, daß Sie Moje und mich in Ruhe lassen.» Und so wurde diese Beziehung durchtrennt, rasch und ohne emotionale Verletzung auf beiden Seiten. Danach trat jemand anderer in Erscheinung.

Als ich *Fluten der Leidenschaft* filmte, hörte mein schwarzes Dienstmädchen Schauspieler am Drehort sagen, ich sei originell, unprätentiös und faszinierend; alle männlichen Schauspieler hätten den heimlichen Wunsch, Filmpartner von Greta Garbo zu sein. Mein Dienstmädchen liebte mich auf eine gewiß seltsame Weise. Solche mitgehörten Gespräche machten sie eifersüchtig. Zum Mittagessen brachte sie mir immer Obst und trug mir den neuesten Klatsch zu. Die meisten Gerüchte, die sie gehört hatte, schrieb sie in Druckschrift auf braune Papiertüten. Vielleicht habe ich es von ihr übernommen, nicht in Normalschrift zu schreiben wie die meisten Menschen, sondern in Druckschrift, als wollte ich meinen wahren Charakter verbergen. Von da an schrieb ich jedenfalls alles in Druckschrift, sogar meinen Namen.

Dorothy Farnum machte mich mit Antonio Moreno bekannt und sagte, er werde wahrscheinlich mein Partner in dem zweiten Film sein, den das Studio mit mir plante: *The Temptress (Totentanz der Liebe);* als Vorlage diente wieder ein Roman von Vincente Blasco Ibáñez: *La tierra de todos.* Ich sollte die Rolle der Elena übernehmen, während Moreno, den alle Tonio nannten, den Manuel Robledo spielen würde.

Tonio war ein in jedem Sinn spanischer Typ – hübsch, athletisch gebaut, romantisch und elegant. Er sprach gut Spanisch und Englisch und war seit zehn oder mehr Jahren bekannt. In aller Welt rannten Frauen ins Kino, um ihn zu sehen. Dorothy erklärte, er sei nicht nur ein guter Schauspieler, sondern auch reich. Ich erwiderte, er interessiere mich nicht, weil er zu klein für mich sei.

Dorothy teilte mir mit, meine Einwände würden wahrscheinlich keine Wirkung auf die Besetzung haben. Sie sagte: «Tonio ist ein Schauspieler, der Geld bringt. Er besteht darauf, Ihr Partner zu sein, und er hat tatsächlich Einfluß im Studio.»

Nach meinen Gesprächen mit Thalberg beschloß ich, die Situation zu akzeptieren, wie sie war. Ich hatte damals nicht viel Macht in Hollywood, und so mußte ich mich fürs erste mit allem abfinden, was auf mich zukam. Bei den Gesprächen mit Thalberg betonte ich immer wieder, der Regisseur meines nächsten Films müsse Mauritz sein, aber ich erhielt vom Studio nie eine verbindliche Zusage.

Eines Tages, als ich mich am Strand ausruhte, kamen Dorothy und Tonio. Sie hatten kaum guten Tag gesagt, da begann Tonio mit seiner lebhaften Tenorstimme aus einem *Variety*-Artikel vorzulesen: «Dieses Mädchen hat alles, was Aussehen, schauspielerisches Talent und Persönlichkeit betrifft. Sie macht *Fluten der Leidenschaft* zum Erlebnis. Louis Mayer kann sich selbst dafür auf die Schulter klopfen, daß er dieses Mädchen aus Europa geholt hat!»

Dann griff Tonio nach einer Kritik aus der *New York Times* von Mordaunt Hall, der schrieb: «Sie ist nie um Ausdruck, nie um eine Geste verlegen, und in den meisten Szenen scheint sie ganz zwanglos vor der Kamera zu agieren. Miß Garbo nutzt sämtliche Gelegenheiten, ihre Fähigkeiten als Filmschauspielerin zu zeigen, und ihre Leistung verdient allen Respekt.»

Diese Würdigung gefiel mir sehr. Moje, der die ganze Zeit neben mir gelegen hatte, sagte nichts, er blickte aufs Meer. Tonio bemerkte unsere stille Freude und las weiter vor, diesmal aus einem *Herald-Tribune*-Artikel von Richard Watts jr.: «Greta Garbo, schwedischer Leinwandstar, gibt ihr amerikanisches Debut...»

In diesem Moment erhob sich Moje, immer noch aufs Meer starrend, und ging langsam aufs Wasser zu. Ich behielt ihn im Auge. Er kehrte nicht um. Er bewegte sich wie in Trance. Das Wasser stieg bis zu seinen Beinen, dann seinen Rücken hinauf, und ehe ich meine Lage geändert hatte, sah ich, daß die Wellen gegen seine Schultern schlugen. Er ging immer noch weiter. Ich sprang auf.

«Moje! Moje!»

Ich lief, so schnell ich konnte, aufs Wasser zu. Dorothy und Tonio stürzten mir nach. Ich rannte ins Wasser und schwamm, so schnell ich konnte, hinter Moje her. Sein Kopf verschwand in den Wellen, und ich packte ihn bei den Haaren. Ich griff nach seinem Arm und versuchte, ihn landwärts zu ziehen, aber er war schwer wie Stein. Ich weiß nicht, woher ich die Kraft nahm, gegen die Wellen zu kämpfen, mich über Wasser zu halten und Moje zum Strand zu schleppen. Schließlich kamen Dorothy und Tonio und halfen mir.

Als wir im seichten Wasser und damit in Sicherheit waren, stellte sich Moje abrupt auf die Füße; er war blaß, doch er sagte mit kräftiger Stimme: «Ich weiß nicht, warum du dich in meine Unterhaltung mit dem Wasser eingemischt hast.»

Keiner von uns konnte etwas darauf erwidern. Es war reichlich verrückt. Wir drei sahen uns nur in tiefem Entsetzen an. Um das makabre Schweigen zu brechen, sagte ich zu Dorothy und Tonio: «Mr. Stiller kann tausendmal besser schwimmen als Sie und ich, aber weil er es leid war, sich dumme Kritiken anzuhören, ist er eben gegangen und hat mit dem Ozean gespielt.»

Dorothy blickte noch einmal in Mojes aschfahles Gesicht und wandte sich ab. Tonio fragte: «Wenn er so gut schwimmen kann, warum hat er dann den Kopf nicht über Wasser gehalten?»

Ich zitterte, und das Herz schlug mir bis zum Hals. Ich spürte, daß Moje am Rand einer Tragödie stand.

Totentanz der Liebe

Als ich in Louis B. Mayers mit teuren Nippsachen vollgestopftes Büro trat, stand der Selfmade-Millionär nicht etwa hinter seinem großen Mahagonischreibtisch auf, er rückte nur seine schwarzgefaßte Brille zurecht und bedeutete mir mit einer Bewegung seiner Zigarre, Platz zu nehmen. Am Tag zuvor hatte ich mir in allen Einzelheiten überlegt, auf welche Weise ich mit ihm verhandeln würde. Sein Verhalten erschreckte mich nicht, noch schüchterte es mich im geringsten ein. Ich ließ mich in einen bequemen Ledersessel sinken und log, um dem, was ich zu sagen hatte, möglichst viel Nachdruck zu verleihen, mit kräftiger Stimme: «Ich möchte nicht mehr spielen. Ich möchte mit Mr. Stiller nach Stockholm zurückgehen.»

Mayer nahm die Zigarre aus dem Mund und rückte noch einmal seine Brille zurecht. Es hatte ihm jedoch nicht die Sprache verschlagen.

«Miß Garbo, Sie sind verrückt. Wir haben bereits über eine Million Dollar für Publicity ausgegeben. Sehen Sie sich dieses Foto an.»

Er holte einen Abzug aus seiner Schreibtischschublade und warf ihn mir herüber. Es handelte sich um eine Reproduktion der Sphinx mit meinem Kopf und den drei Worten «Die schwedische Sphinx».

Ich blickte flüchtig darauf und wiederholte: «Ich möchte mit Mr. Stiller nach Stockholm zurückgehen.»

Mayer rutschte mit seinem fetten kleinen Körper in dem Ledersessel hin und her und suchte nach Worten.

198

«Es trifft zu, daß meine Leute Sie ignoriert, Sie vielleicht nicht einmal vorgelassen haben», sagte er, «aber vergessen Sie eines nicht, Miß Garbo: Ich habe das alles geändert.»

«Ich weiß. Sie haben mich zur Kenntnis genommen, als *Fluten der Leidenschaft* Ihnen Geld zu bringen begann.»

«Mag sein, aber auch Sie werden zu Geld und Ruhm kommen. Sie werden der Star in *Totentanz der Liebe* sein.» Er zog ein paarmal an seiner Zigarre. «Noch ein, zwei Millionen mehr für Publicity, und Sie werden die Königin von Hollywood sein. Sagen Sie selbst, wer hat sonst noch eine solche Chance?»

Ich ignorierte die Frage und sagte statt dessen: «Sie haben in Mauritz Stiller einen großen Regisseur, und ich finde, Sie sollten ihm alle Unterstützung zukommen lassen, die Ihnen möglich ist.»

«Das werde ich tun, das werde ich tun», sagte Mayer und erhob die Stimme, als sei er über seinen Butler verärgert. Ich wurde gelassener.

«Für mich als Schauspielerin ist es nicht wichtig, wieviel Geld ein Film einbringt. Für mich ist es wichtig, Ihnen nicht zu erlauben, daß Sie mit der Regie meiner Filme Leute betrauen, die meine Arbeit und mich nicht kennen und von denen ich nicht das geringste weiß. Sagen Sie mir bitte, warum müssen Sie sich alle Mr. Stiller gegenüber so kleinlich und dumm benehmen?»

«Ich entschuldige mich, auch im Namen meiner Leute.» Mayers Stimme wurde milder. «Das wird sich alles ändern. Niemand wird Ihnen und Mr. Stiller Schwierigkeiten machen.»

Ich fühlte mich gut, weil ich, ein einfaches schwedisches Mädchen, das erste Mal in meinem Leben einen mit allen Wassern gewaschenen Geschäftsmann übervorteilt hatte. Wie um zu betonen, daß ich ihm überlegen war, sagte ich noch einmal: «Ich möchte mit Mr. Stiller nach Europa zurückgehen.»

Mayer erhob sich hinter seinem riesigen Schreibtisch und kam um ihn herum, um meinen Arm zu tätscheln.

«Ich gebe Ihnen und Mr. Stiller einen neuen Vertrag, einen Drei-jahresvertrag. Mehr noch, er wird bei Ihrem nächsten Film Regie führen.»

Ein langes Schweigen trat ein, während Mayer zu seinem Sessel zurückkehrte. Seine stechenden Augen schienen hinter den dicken Brillengläsern größer zu werden. Er nahm die Zigarre aus dem Mund und fragte: «Nun, sind Sie einverstanden?»

Ich überlegte mir, wieviel Geld ich von ihm verlangen und wie ich Moje dieses Gespräch darstellen sollte. Ich beschloß, Mayer noch ein wenig zappeln zu lassen.

Schließlich sagte ich: «Ich werde darüber nachdenken. Ich werde es mit Mr. Stiller besprechen, und dann werden wir Ihnen Bescheid geben. Aber eines möchte ich jetzt schon sagen: Wenn sich jemand in Mr. Stillers Regie einmischt oder ihn der Verschwendungssucht bezichtigt, werde ich den Vertrag auflösen und nach Europa abreisen.»

Nun machte Mayer auf gefühlvoll. «Miß Garbo», sagte er, «Sie wissen, daß Stiller aus demselben Teil Europas kommt wie ich. Und ich weiß, daß er ein guter Regisseur ist. Wir kennen uns wirklich. Aber er muß lernen, wie man beim Filmen spart. Hollywood ist fürs Kino dasselbe wie Pittsburgh für den Stahl. Jedes Geschäft basiert auf Profit. Hier bei MGM haben wir unsere eigene Methode, Filme zu machen.»

«Ich sehe schon, Mr. Stiller und ich werden Sie Ihrer großen Filmproduktion überlassen und woanders hingehen müssen.»

«Okay, okay, okay. Ich werde Sie beide in Frieden lassen. Ich werde nicht einmal mit Mr. Stiller *reden*. Er hat freie Hand. Ich möchte sehen, was aus Ihrem Film wird, wenn Ihr Freund die Verantwortung dafür trägt.»

Ich erhob mich, um das Büro zu verlassen. Mayer streckte mir seine Hand entgegen und sagte: «Vielleicht haben Sie recht. *Fluten der Leidenschaft* bringt jedenfalls Geld, und für den nächsten Erfolg brauchen wir ein freundschaftliches Verhältnis. Ich will Ihnen ein kleines Geheimnis verraten. Ich habe vor, Ihre Gage zu verdreifachen.»

«Und Mr. Stillers Gage?»

«Die auch.»

Ich wollte möglichst viel Geld aus Mayer herausholen, und so sagte ich: «Ich bin Ihnen sehr dankbar für Ihr großzügiges Angebot, aber legen Sie mich bitte nicht darauf fest, denn das endgültige Arrangement muß mit Mr. Stiller besprochen werden. Wir werden Sie rechtzeitig informieren. Ich bin sicher, daß wir einander entgegenkommen können, was die Gage betrifft.»

«Was soll das heißen? Ich bin bereit, Ihre Gage zu verdreifachen, und Sie reden immer noch von Geld!»

Als ich nach Hause kam, berichtete ich Moje und Lars Hanson, der gerade zu Besuch bei uns war, von dem Gespräch. Moje schrie mich an:

«Wer hat dir erlaubt, mit dem Studio über Geschäftliches zu verhandeln? Es war abgemacht, daß du dich auf die Schauspielerei beschränkst, während ich mich um die Verträge kümmere.»

Lars versuchte, Moje zu beruhigen. «Sehen Sie», sagte er, «eigentlich ist es doch gut, daß Greta die geschäftliche Seite ihrer Karriere mit Mayer besprochen hat. Schließlich steht sie in dem Ruf, ein einfaches Mädchen vom Land zu sein, das von einem klugen Mann gesteuert wird.»

«Ist das wahr?» fragte ich.

«Vielleicht», erwiderte Moje. «Aber ich habe diesen Eindruck nur erweckt, um eine geheimnisumwitterte Person aus dir zu machen. Ich will, daß man denkt, du gingest ganz in deiner Filmkunst auf, alles andere zähle nicht für dich. Du bist eine große Schauspielerin, und die Leute sollen deine Schöpfungen bewundern, nicht dein Bankkonto.»

Lars warf ein: «Aber nun werden die Klatschmäuler sagen, daß Greta nicht nur eine große Schauspielerin, sondern auch eine gute Geschäftsfrau ist. Alle werden verwirrt sein, und das ist keine schlechte Publicity.»

«Was sagen Sie? Und wie sehe ich dann aus? Ich, Mauritz Stiller, der Greta Garbo geschaffen hat?»

«Aber sie muß auf eigenen Füßen stehen können. Jeder weiß, daß die Garbo eine Persönlichkeit ist.»

Moje faßte meine Arme und küßte mich auf die Stirn.

«Sorge dich nicht, Moje», sagte ich. «Es ist wahr, daß du mich geschaffen hast, aber in letzter Zeit warst du sehr niedergeschlagen. Ich dachte mir, es wäre das beste, wenn ich ein paar von unseren Problemen mit dem Studio bereinige. Ich hatte das Gefühl, so könnten wir nicht mehr weitermachen.»

Lars, der Mojes Charakter ganz gut kannte, versuchte, uns aus dem Emotionalen herauszulösen und zum Konkreten hinzuführen. «Dreifache Gage – das ist nicht übel», sagte er. «Um der Wahrheit die Ehre zu geben, es ist phantastisch.»

«Was sagen Sie?» schrie Moje. «Sie müssen Greta mindestens fünftausend Dollar pro Arbeitswoche zahlen, und mir noch mehr. Die Differenz werde ich mit Greta teilen. Sie muß teure Kleider, Hüte, Schuhe und die exquisiteste Seidenunterwäsche haben.»

Da ich sah, daß Mojes Miene glücklich war, schlug ich vor:

«Gleichzeitig sollten wir sparen. Wer weiß? Vielleicht überlegt es sich Mayer doch noch anders und gibt uns nach dem Film nur eine Rückfahrkarte nach Europa.»

Überraschenderweise stimmte Moje mir zu. «Du hast recht. Einem Lumpenhändler, der den lieben Gott spielt, kann man nicht vertrauen.»

Ich versuchte, die Feindseligkeit des einen Juden gegen den anderen abzubauen. «Noch sind wir in Hollywood nicht erfolgreich», sagte ich. «Besonders du nicht, Moje. Aber wenn wir künstlerisch und finanziell erfolgreich sind, werden Millionäre und die Crème de la crème des europäischen Adels hinter uns herlaufen. Dann haben wir die Oberhand und nicht Mayer.»

Als ich das sagte, erkannte ich, wie sehr ich Mojes Denkweise übernommen hatte. Lars muß etwas Ähnliches gedacht haben, denn er sagte: «Wer weiß? Vielleicht werden wir bald *alle* hinter Ihnen herlaufen und Sie um Ihre Gunst bitten: ‹O große und weise Königin des Films! Neige dein Angesicht zu uns und gib uns deinen Segen. Schenk uns dein Lächeln. Laß uns einen kleinen Teil deiner Macht und Güte zufließen.›»

Ich fing zu lachen an, und Moje und Lars lachten mit.

«Die Rolle der Elena in *Totentanz der Liebe* unterscheidet sich nicht wesentlich von der Rolle der Leonora in *Fluten der Leidenschaft*», sagte Moje, wobei er nervös im Raum auf und ab ging und eine Zigarette rauchte. «Aber wenn ich fertig bin, wirst du der Welt zeigen, daß du eine südamerikanische Kurtisane genauso gut spielen kannst wie ein einfaches, rechtschaffenes Mädchen.»

Moje war ganz überwältigt vor Begeisterung und wiederholte einige Male: «Und ich werde ihnen zeigen, wie man einen Film macht. Mehr noch, ich werde ihnen zeigen, daß ich einen erstklassigen Film produzieren kann, der MGM ungeheure Einnahmen bringt.»

Ich erwähnte nicht, daß die Leute im Studio über seinen Handel mit Charlie Chaplin klatschten. Chaplin hatte Moje davon überzeugt, *Totentanz der Liebe* könnte eine Zirkusszene brauchen. Er arbeitete seit Anfang des Jahres 1925 an seinem Film *The Circus (Zirkus)*. Die Produktionskosten beliefen sich auf über neunhunderttausend Dollar. Um diese enormen Ausgaben zu senken, wollte er, daß Moje seinen Zirkus mietete. Er hatte sich auch seiner finanziellen Probleme wegen ein paarmal gezwungen gesehen, die Dreharbeiten zu unterbrechen.

In Chaplins Zirkustruppe arbeiteten viele europäische und amerikanische Spitzentalente. Es war ein richtiger kleiner Zoo mit großem Zelt, Zirkuswagen, Dompteuren und zwei eigens gebauten Plattformen, von denen aus man die Hochseilakrobaten filmen konnte. Chaplin versprach sogar, gemeinsam mit dieser Truppe aufzutreten, zu der auch Merna Kennedy gehörte, die ohne Sattel auf einem ungezähmten Pferd reiten sollte.

Für die ganze Show verlangte Chaplin hunderttausend Dollar. Moje erkannte dankbar an, daß Chaplin eine Rolle in seinem Film übernehmen wollte, und bot ihm zwanzigtausend Dollar für seine und Merna Kennedys Dienste. Am Anfang sah es so aus, als wäre das Projekt wegen der Differenz von achtzigtausend Dollar zum Scheitern verurteilt. Aber Moje hatte insofern Glück, als Charlie Eheprobleme mit seiner zweiten Frau, Lita Grey, hatte. Da er mit einem langen und kostspieligen Scheidungsprozeß rechnete, willigte er schließlich unter der Voraussetzung in Mojes Angebot ein, daß er nicht gemeinsam mit der Zirkustruppe aufzutreten brauchte.

Als Mayer und Thalberg von dieser Vertragsdiskussion erfuhren, waren sie wütend. Moje versuchte sie davon zu überzeugen, daß der Film, wenn Chaplin in der Zirkusszene auftrete, von größerem kommerziellem Wert sei. Aber Mayer und Thalberg ließen sich nicht davon überzeugen, daß Chaplin in einem Film, den er nicht selbst machte, auftreten würde. Schrieb er nicht fast immer ein Drehbuch selbst, war er nicht Regisseur und Hauptdarsteller in einer Person, und kontrollierte er nicht auch die Finanzen? Sie glaubten einfach nicht, daß der berühmte Chaplin damit einverstanden war, eine Nebenrolle in einem Stiller-Film zu spielen. Trotzdem behauptete Moje hartnäckig, Chaplin werde spielen. Wenn er Mayer glauben machen konnte, daß Charlie in *Totentanz der Liebe* auftreten würde, ließ sich vielleicht noch etwas mehr Geld für den Film herausholen. Diese Kontroverse zwischen Moje und dem Studio war für beide Teile keine gute Publicity. Die Kluft zwischen ihnen wurde größer, und sie zogen sich immer mehr auf ihre unversöhnlichen Standpunkte zurück.

Ich hielt mich aus alledem heraus oder versuchte es zumindest. Ich fuhr fort, die Rolle der Elena zu studieren, und Moje leitete mich weiterhin an. Oft stand er auf einem Stuhl und tat so, als sei er eine Kamera, die meinen Soloauftritt filmte. Sieben Möbel stellten die anderen Schauspieler dar. Ich weiß noch, wie sehr ich es genoß, mit den sorgfältig plazierten Lampen, Sesseln und Tischen zu proben. Moje war durchaus erfinderisch und sprang oft von seinem Stuhl, um hinter eines der Möbel zu eilen und einen bestimmten Schauspieler nachzuahmen. Auf diese Weise inszenierten wir einen kompletten Film in einem einzigen Raum. Moje arbeitete mit fast mathematischer Präzision an jeder meiner Gesten und Bewegungen.

Manchmal, wenn er auf eine interessante Möglichkeit kam, bat er mich, es zu notieren, damit wir sie später, vor der Kamera, nutzen konnten. Dann würde auch Bill Daniels' Kameraführung nach Mojes Anweisungen erfolgen. Jahre später wurde ich gefragt, wie Bill nur so schöne Bilder machen konnte. Die Antwort war einfach. Moje lehrte Bill, wie ich *en face* zu fotografieren, wie bei Nahaufnahmen das Maximum aus meinem Gesichtsausdruck herauszuholen war. Dieser große Kameramann hielt sich genau an Mojes Rat und wurde ein treuer Bewunderer meiner Schauspielkunst.

Doch alle Zufriedenheit und aller Optimismus schwanden rasch, als wir an *Totentanz der Liebe* zu arbeiten begannen. Gleich am ersten Drehtag wurde die Kamera völlig willkürlich an Tony Gaudio gegeben. Gaudio war ein guter Freund von Antonio Moreno, dem männlichen Hauptdarsteller, der aufgrund seiner finanziellen Investitionen ungeheuren Einfluß im Studio hatte.

Wir haderten und rechteten, aber Bill Daniels kehrte nicht hinter die Kamera zurück. Und das, obwohl MGM Moje versprochen hatte, er werde, einschließlich der Auswahl des gesamten Personals, vollständige Kontrolle über den Film haben.

Das Studio hatte ihn wieder betrogen, aber Moje war so versessen darauf, seinen ersten Hollywood-Film zu drehen, daß er beschloß, Gaudio zu lehren, wie er mich fotografieren sollte. Eine Weile sah es so aus, als lernte dieser neue Schüler schnell und als werde alles zum Normalzustand zurückkehren. Doch Moreno griff plötzlich noch einmal in Mojes Arbeit ein. Er hielt sich für den schönsten der männlichen Schauspieler und wußte, wenn er die meisten Nahaufnahmen hatte, würde sich die Geschichte um ihn drehen. Moje konnte Mayer davon überzeugen, daß der Film im Chaos enden würde, wenn Moreno und sein Kameramann dem Regisseur ins Handwerk pfuschen durften. Überraschenderweise griff Mayer zu unseren Gunsten ein, und wir nahmen die Arbeit in leidlicher Harmonie wieder auf.

Das nächste Problem hatte mit Füßen zu tun. Moje schlug Moreno vor, er solle Schuhe tragen, die zwei Nummern größer waren als seine gewohnten, um zu verbergen, daß er kleine Füße hatte. Sonst würden sie lächerlich wirken im Vergleich zu meinen, die ziemlich groß waren. Moreno war nicht damit einverstanden, aber statt die Studiobosse erneut aufzusuchen, vermied Moje es eben, Morenos Füße zu filmen.

Die Arbeit war für Moje nervenaufreibend. Er tat alles nur Erdenkliche, damit ich in jeder Szene dominierte, denn er fand, dieser Film sei für uns beide sehr wichtig. Trotzdem versuchten wir, so gut es ging, uns den Hauptdarsteller, der mir zunehmend mehr Aufmerksamkeit schenkte, nicht zu entfremden.

Tonio verfuhr ähnlich wie Ricardo Cortez. Während der Arbeit, beim Essen und nach der Arbeit belästigte er mich mit verschiedenen Anträgen. Ich erzählte Moje von alledem, und Moje wollte bei Mayer und Thalberg protestieren. Doch ich bat ihn, er möge warten, bis ich eine stärkere Position hatte.

Moreno tat alles, was in seiner Macht stand, um möglichst viele Techniker am Drehort zu haben, Assistenten von Assistenten, zahlreiche Autoren und eine Menge anderer, die ihr Gehalt aus dem Budget von *Totentanz der Liebe* bezogen. Infolgedessen schnellten die Ausgaben für den Film in die Höhe. Ich argwöhnte, daß Thalberg und Moreno versuchten, Moje loszuwerden, indem sie enorme Kosten auflaufen ließen und damit seine «Verschwendungssucht» bewiesen. Doch trotz der Reibereien, Streitigkeiten und kleinlichen Finessen machte die Arbeit am Film ständig Fortschritte.

Ich zeigte offen meine innere Anspannung, sprach nicht mit den anderen, sah ihnen nicht einmal in die Augen – ich wußte, daß die meisten gegen Moje oder gegen mich oder gegen uns beide waren. In jeder freien Minute sprach ich mit Moje. Ich flehte ihn an, er möge die Geduld nicht verlieren, sondern all seine Energie daran wenden, einen großen Film zu schaffen. Moje hörte mir aufmerksam zu, aber er konnte das Fluchen über alles und jedes am Drehort nicht lassen. Er fluchte auf schwedisch, jiddisch, deutsch und englisch. Die Leute fragten immer wieder, was er da sagte. Er hörte auf, Fragen zu beantworten, die nicht ausschließlich den Film betrafen. Unter seiner Regie arbeiteten alle den ganzen Tag lang sehr hart, wobei Tausende von Filmmetern produziert wurden.

Den Studiobossen gefiel das Ergebnis. Aber sie murrten, Moje habe sein Budget bereits überschritten. Moje hatte kaum mit der Arbeit begonnen und konnte es nicht fassen, daß er seine Mittel schon erschöpft hatte. Gerüchte liefen um, er werde demnächst abgelöst werden. Moje hatte Angst. Ich dachte, dies sei das Ende seiner und meiner Karriere. Die Mächtigen und Gemeinen schienen entschlossen, uns zu vernichten, und ich wußte nicht, warum.

An unserem vierten Arbeitstag – es war gegen elf Uhr morgens, und alle waren am Drehort – erhielt ich eine Kabeldepesche aus Stockholm: Meine Schwester Alva war an Tuberkulose gestorben. Mein Herz hörte auf zu schlagen. Ich verlor das Bewußtsein und erwachte in Mojes Armen wieder. Ich blickte zu ihm auf und hatte nicht die Kraft, auch nur ein Wort zu sagen. Moje war ebenso sprachlos. Zum erstenmal in meinem Leben wünschte ich mir, bei meiner Mutter zu sein.

Alva

Ich erholte mich soweit, daß ich Moje bitten konnte, mich zum Meer zu bringen. Er hatte immer noch nicht viel gesagt. Was kann man bei einer solchen Gelegenheit auch sagen? Er tat einfach, worum ich ihn bat. Auf dem ganzen Weg sprachen wir nicht miteinander. Worte hätten keinen Sinn gehabt. Unsere Sprache, jede Sprache – selbst die der Bibel oder die Shakespeares – wäre zu dürftig gewesen, um den tiefen Schmerz auszudrücken, den ich empfand. Ich würde Alva nie mehr sehen. Ich würde nie wieder mit ihr lachen oder meinen Kummer mit ihr teilen. Ich würde nie mehr ihr strahlendes Gesicht, ihren anmutigen Gang sehen. Sie würde mich nie wieder mit ihrer optimistischen Einstellung zum Leben, zur Karriere, zum Erfolg aufrichten. Obwohl ihr Leben schwer und voller gesundheitlicher Probleme gewesen war, hatte Alva immer Hoffnung gehabt. Sie hatte kein Geld gebraucht, denn als ich Geld zu verdienen begann, schickte ich ihr welches. Doch Geld hatte sie nie interessiert. Sie wollte sich so gern im schwedischen Film einen Namen machen, und sie hatte hart darum gekämpft, Anerkennung zu finden. Während meiner Jahre in Stockholm verglichen die Leute sie ständig mit mir und sagten ihr eine große Zukunft voraus. Ich war verletzt, und unsere Beziehung kühlte ab. Aber das war nicht ihre Schuld, sondern ausschließlich meine.

Die Eifersucht war von früher Kindheit an eine Qual für mich gewesen. Sie ist es heute noch. Ich habe in all den Jahren angestrengt versucht, diese Eifersucht in meinem Verhalten anderen Menschen gegenüber mit Schüchternheit oder Impulsivität zu überspielen. Ich wußte nicht, wie ich meine Eifersucht ausdrücken sollte, ohne verletzend zu wirken, denn das ist wohl nicht möglich. Und so schwieg ich, während die Eifersucht mich innerlich zerfraß.

Alva war nicht nur schöner als ich, sondern auch klüger, ehrlicher und vor allem direkter in ihren Beziehungen zu anderen. Sie war auch sehr großzügig. Aber irgendwie waren ihre ernsthaften und eifrigen Bemühungen nie von Erfolg gekrönt. Vielleicht hätte sie einen Mann wie Mauritz Stiller gebraucht; doch ein solcher Mann wird nicht alle Tage geboren. Sie verstand sich nicht darauf, den Mächtigen nachzulaufen, zu betteln, verschlagen zu sein, herumzutändeln, sich stumm und taub zu stellen, das scheue Mädchen oder die geheimnisvolle Frau zu spielen.

Während ich am Strand saß, versuchte ich, mit Alva zu kommunizieren, oder vielleicht mit ihrer Seele. Ich hoffte, die Wellen des Ozeans würden meine Gedanken nach Schweden tragen, wo meine einzige Schwester ruhte. Moje blieb in meiner Nähe wie ein treuer Hund. Ich achtete nicht auf ihn; ich sprach mit Alva – sprach nicht mit meinen Lippen, sondern mit meinen Gedanken. Es war ein Monolog, ein fruchtloser obendrein, denn ich vermutete, daß Alva mehr von mir gewußt hatte, als sie in einem Menschenalter hätte ausdrücken können.

Ich spürte die feuchte, salzige Brise vom Ozean in meinem Gesicht. Ich trug kein Make-up, und doch hatte ich das Gefühl, als laufe mir Wimperntusche über die Wangen und tropfe in den feuchten Sand. Und Tropfen für Tropfen rann die Wimperntusche in meine Seele und machte sie dunkel und schwer. Der Ozean schien immer riesiger und bedrohlicher zu werden. Wellen überzogen alles mit ihren gewaltigen weißen Schaumkronen, die sich dem schwarzen Himmel entgegentürmten. Plötzlich begann es heftig zu regnen. Meine Kraft schwand, meine Beine waren bleischwer, und meine Gedanken lösten sich auf. Ich steuerte auf eine Katastrophe zu, aber ich wußte noch nicht, welche Form sie annehmen würde. Als ich dastand und aufs Meer hinausblickte, gaben meine Beine unter mir nach, und ich brach zusammen. Lange Zeit, so schien es, lag ich mit dem Gesicht im nassen Sand. Dann streckte ich meine Hand aus und berührte jemanden. Das mußte Moje sein. «Wenn er bei mir ist, werde ich nicht sterben», sagte ich mir. Und dann verlor ich das Bewußtsein.

208

Als ich erwachte, war es früher Morgen, und ich war zu Hause. Moje saß an meinem Bett.

Lächelnd fragte er: «Wie fühlst du dich?»

«Das ist schwer zu beschreiben. Was ist mit mir passiert?»

Er erwiderte ruhig: «Nicht viel. Wovon hast du geträumt?»

«Von Orangen. Es waren Millionen und Abermillionen. Sie waren geschält und geviertelt, und sie verfaulten. Auf jedem Viertel sah ich Gesichter. Leute aus meiner Familie, berühmte Schauspieler, Freunde und Feinde – aber alles tote Gesichter.»

«Und wo war ich?»

«Mitten unter ihnen», sagte ich, ohne nachzudenken.

Ich bin abergläubisch; ich glaube, daß ein Unglück selten allein kommt. Alvas Tod zog eine zweite Tragödie an, die Moje betraf.

Nach sechs weiteren Drehtagen kam ich zur Arbeit und sah Fred Niblo auf dem Stuhl des Regisseurs sitzen. Ich hatte seit einiger Zeit Gerüchte gehört, Moje solle abgelöst werden, und diese Gerüchte hatte ich Mayer vorgetragen, der sie mit Nachdruck dementierte. Jetzt war es offenkundig, daß Mayer mich belogen hatte. Ich fand langsam heraus, daß die Spitzenleute in Hollywood alle Lügner waren und daß man ihnen nicht trauen konnte.

An diesem Morgen waren Moje und ich so früh wie immer im Studio eingetroffen. Als ich sah, daß Niblo als Regisseur agierte, suchte ich Moje in den Regieräumen auf dem MGM-Gelände. Er saß mit den Ellbogen auf den Knien da, den Kopf in seine Hände gestützt und eine Zigarette im Mund.

Ich schrie ihn an: «Warum hast du mir das nicht gesagt, als wir heute morgen ins Studio kamen? Du hast keinen Ton gesagt!»

«Ich habe bis zur letzten Minute versucht, die Sache in Ordnung zu bringen. Ich wollte es dir nicht sagen, weil du mit der Tragödie deiner Schwester genug belastet warst. Ich hätte nie gedacht, daß sie mir so etwas antun.»

Ich sagte nichts, die Gedanken in meinem Kopf überstürzten sich. Es machte mich fassungslos, daß die Studiobosse beschlossen hatten, den Regisseur zu wechseln. Ich bedauerte Moje, aber ich hatte auch Angst.

Moje erriet, was ich dachte, und hob seinen Kopf. Seine Zigarette fiel auf den Boden. «Noch bin ich unter Vertrag. Darum bin ich mit dir hierhergekommen wie immer. Nun werde ich eben am Rand sitzen und dir Anweisungen geben, wenn es Niblo erlaubt.»

Schauder überfielen mich. In Mojes Gesicht spiegelte sich die Demütigung wider, die er erlitten hatte, die Empörung, die er empfand. Er bemühte sich so sehr, mich vor der Katastrophe zu bewahren.

«Wann ist das passiert?»

«Gestern. Mayer rief mich in sein Büro; Thalberg war schon da. Sie sagten mir unverblümt ins Gesicht, ich dürfte nicht mehr an dem Film arbeiten, würde aber weiterhin mein Honorar erhalten.»

«Warum?» Ich griff nach Mojes Zigaretten, und als ich eine anzündete, merkte ich, daß meine Hände zitterten.

«Es sind immer dieselben Gründe. Ich bin über das Budget hinausgegangen, habe zuviel Geld ausgegeben. Wenn die Dreharbeiten unter meiner Regie fortgeführt werden, wird sie der Film noch einmal eine halbe Million kosten.»

«Aber sie haben sich doch angesehen, was wir gemacht haben, und waren sehr zufrieden.»

«Ich glaube, irgend jemand hat ihnen eingeredet, es lohne sich nicht, die Ausgaben zu verdoppeln wie bei *Ben Hur*.»

«Aber sie sind noch sehr viel weiter gegangen. Sie haben das ursprüngliche Budget von *Ben Hur* verdreifacht oder vervierfacht.»

«Da magst du recht haben, aber *Ben Hur* war ein Publikumsmagnet, das ist unser Film wohl nicht.»

Moje bat mich, in dem Sessel neben ihm Platz zu nehmen. «Jedenfalls ist es damit vorbei. Ich kenne mich mit Verträgen aus. Ich kann nicht vor Gericht gehen, dafür habe ich keine Grundlage. Und wenn sich die Arbeit an *Totentanz der Liebe* verzögert, bringt es dir nur Kummer. Auf der ganzen Welt warten die Leute auf deinen neuen Film, während wir auf Geld warten. Wenn wir es haben, werden wir wieder nach Europa gehen, zurück zur Kultur, zurück zum Fair play. Wie du siehst, bleibt uns kein Ausweg.»

Als ich wieder am Drehort war, sagte mir der gutherzige Lionel Barrymore, Niblo habe beschlossen, alle Arbeit, die Moje geleistet hatte, über den Haufen zu werfen und neu anzufangen. Er wollte nicht, daß es im Vorspann «Regie: Mauritz Stiller und Fred Niblo» hieß.

Ich wandte mich mit diesen Informationen nicht an Mayer und

210

Thalberg, sondern sagte Niblo unmißverständlich, wenn er neu anfinge, müsse er sich eine andere Schauspielerin für die Rolle der Elena suchen. Ich wußte, daß MGM das nicht dulden würde, schließlich hatte mein erster Film gutes Geld gebracht.

Und so änderte Niblo seine Strategie und wurde in einem Maße kooperativ und liebenswürdig, daß es mir Übelkeit verursachte. Er überschüttete mich mit Geschenken und ließ mich spielen, wie ich wollte. Ich hatte völlig freie Hand bei der Interpretation meiner Rolle. Als die anderen am Drehort sahen, wie sich Niblo verhielt, waren auch sie ausnahmslos sehr freundlich zu mir. Alle ließen mich so spielen, wie ich es für richtig hielt.

Ich war entschlossen, pünktlich und fleißig zu sein. Um Viertel vor neun war ich am Drehort und arbeitete bis fünf. Dazwischen lag nur eine kurze Mittagspause. Ich arbeitete äußerst hart, präzis und schnell. Tony Gaudio imitierte Bill Daniels' Kameratechnik und konzentrierte sich darauf, möglichst viel aus meinem Gesicht herauszuholen. Die Schauspieler, Tonio Moreno eingeschlossen, legten eine große Freundlichkeit und viel Verständnis für mich an den Tag. Sie wußten, daß ich nach dem Tod meiner Schwester und Mojes Abgang von der Szene unter furchtbarem nervlichem Druck arbeitete. Sie befürchteten, ich könnte zusammenbrechen, und in diesem Fall wären sie gezwungen gewesen, die Arbeit einzustellen. Sogar Moje, der selbst unter großem Druck stand, ging in meiner Nähe auf Zehenspitzen umher, stieß Rauchwolken aus und lobte mein Spiel. Diese Schmeicheleien halfen mir, zur Normalität zurückzukehren. Ich wollte niemanden enttäuschen. Ich versuchte, den Film so rasch wie möglich zu Ende zu bringen.

Trotzdem zogen sich die Dreharbeiten in die Länge. Als alles vorbei war, ging ich nach Hause, schlief eine ganze Woche und stand nur auf, um etwas zu essen oder zu trinken. Das Haus quoll über von Bananen, Trauben, Datteln, Äpfeln, Birnen und Ananas, die ich mit Cashewkernen, Walnüssen, Erd- und Haselnüssen aß und mit Wasser hinunterspülte. Ich rauchte auch sehr viel.

Nach einer Woche der Ruhe brach ich mit Moje zu einem Strandspaziergang auf. Ich wollte niemanden sehen, wollte mit niemandem sprechen außer mit ihm. Ich lehnte sogar Einladungen von Thalberg und später von Mayer ab, die mich ins Studio baten, um mit ihnen über meinen Vertrag zu reden. Moje sagte, sie würden mir mehr Geld anbieten und wollten überdies, daß ich sofort mit der Arbeit an einem neuen Film begänne. Ihrer Meinung nach würde *Totentanz der Liebe* ein großer Erfolg werden.

Auf einem dieser Spaziergänge sagte Moje: «Es sieht so aus, als trennten sich unsere Wege.»

«Warum glaubst du das?»

Das war die Frage, die ich ihm und anderen am häufigsten stellte. Ich brauchte von anderen Menschen immer mehr Erklärungen, mehr Erhellung und letztlich mehr Engagement.

«Aus einem sehr einfachen Grund», sagte Moje. «MGM hat mich hinausgeworfen, aber du bist noch da. Sie werden dir fünftausend Dollar pro Woche zahlen, wenn du bleibst und eine entsprechende Vereinbarung mit ihnen unterzeichnest. Was mich betrifft, so habe ich kein Geld. Ich fühle mich auch nicht gut.»

«Was fehlt dir außer den üblichen Dingen? Du solltest zum Arzt gehen.»

«Ich weiß, was mir fehlt, und ein Arzt kann da nicht helfen. Ich werde mich noch einige Monate, vielleicht auch ein Jahr, durch den Staub von Hollywood schleppen, mir ein paar Dollars verdienen und dann nach Stockholm zurückkehren.»

Ich antwortete automatisch: «Ich komme mit.»

Es gefiel ihm, daß ich mich an unser Versprechen erinnerte, aber er sagte: «Nein, du bleibst noch ein Weilchen hier. Du wirst eine Traumkarriere machen und einige Millionen Dollar verdienen. Du wirst zur Melodie ihres Bittens und Bettelns tanzen.»

«Aber was ist mit dir? Wie kannst du Geld verdienen, wenn MGM dich nicht haben will?»

«Sorge dich nicht meinetwegen. Ich schaffe es schon. Paramount hat Erich Pommer aus Berlin geholt. Sie haben ihn zum Produktionschef ihres Studios ernannt. Er ist ein großer Bewunderer von mir und wird mir Arbeit geben.»

Obwohl Moje viele bittere Erfahrungen gemacht hatte, glaubte er immer noch an die Menschen und versuchte nach wie vor, seine Karriere auf Freundschaften aufzubauen. Ich teilte seinen Glauben nicht, aber ich wußte, daß ich Moje nicht ändern konnte, und so hielt ich den Mund.

Moje fing zu planen an. «Ich habe bereits ein Drehbuch – *Hotel Stadt Lemberg* –, und ich hoffe, daß ich es für Erich verfilmen kann.»

«Ist das vielleicht das Drehbuch, das du MGM unter dem Titel *The Affair of Lemberg* vorgelegt hast?»

«Es ist so ähnlich.»

«Aber ein Studio hat es schon abgelehnt. Glaubst du, daß es jetzt ein anderes nimmt?»

«Ja. Ich habe die besten Passagen aus der *Affair* ins *Hotel* übernommen. Außerdem hat Pola Negri das Drehbuch gelesen, und es gefällt ihr.»

Es schockierte mich zu entdecken, daß Moje hinter meinem Rükken andere Schauspielerinnen in Betracht zog. Ich erkannte, daß er nicht so lauter war, wie ich gedacht hatte. Aber seine telepathischen Fähigkeiten erregten nach wie vor meine Bewunderung. Er spürte meine Ungehaltenheit und sagte: «Vergiß nicht, daß ich Regisseur bin, Filmregisseur. Alle Schauspieler und Schauspielerinnen sind an mir interessiert. Ich kann nicht nur dasitzen, ich muß Filme machen. Und ich brauche auch Geld.»

«Aber du wirst immer noch von MGM bezahlt.»

«Ja. Aber sie können die Zahlungen einstellen, wann immer sie wollen. Außerdem werde ich nur deinetwegen bezahlt. Sie wollen dich für ihren nächsten Film haben. Sie haben Tausende und Abertausende Dollars ausgegeben, um Werbung für dich zu machen. Und diese Gauner geben nicht soviel Geld aus, weil sie dich lieben. Die würden um des Profits willen selbst ihre Eltern verkaufen.»

«Laß uns nicht zu weit gehen. Laß uns abwarten, wie das Publikum *Totentanz der Liebe* aufnimmt. Vielleicht ist meine Karriere in Hollywood mit diesem Film zu Ende.»

«Ich habe den fertigen Film gesehen.»

«Und?»

«Vom künstlerischen Standpunkt aus betrachtet, ist er ein Skandal. Aber du spielst extrem gut. Ich bin mir sicher, daß dich das amerikanische Publikum von nun an ‹Die schöne Sphinx› oder ‹Die Traumprinzessin› oder ‹Die geheimnisvolle Fremde› nennen wird. Ich habe die Werbung gesehen, die die Lakaien von MGM vorbereitet haben. Aber laß dich von niemandem beeinflussen. Sei du selbst.»

Nach der Premiere des Films im Oktober 1926 bekam ich exzellente Kritiken in der Presse. Ich hatte versucht, die Gefühle einer Frau auszudrücken, die von Männern verfolgt wurde, die ihren Körper begehrten, aber ihre Seele nicht liebten. Ich wollte die Tragödie einer Frau darstellen, die genau wußte, was um sie her vorging, während sie verzweifelt darum kämpfte, Liebe zu finden. Sie fand keine, und das tragische Ende gab dem Film und meinem Spiel eine zusätzliche Dimension. Wenn das Publikum das Kino verließ, diskutierte es über den Film, stritt es sich über mich und mein Spiel. Einige verdammten, andere priesen mich. Der Erfolg des Films gab mir mehr Selbstsicherheit.

Ich hatte das Gefühl, daß ich endlich ohne fremde Hilfe auf eigenen Füßen stehen konnte. Stellen Sie sich vor – ich war gerade einundzwanzig Jahre alt, und ich hatte nicht nur den Glanz der Jugend, sondern auch den des Ruhms.

« Weniger reden und mehr sagen »

Ich habe mich nie von anderen Schauspielerinnen beeinflussen lassen; ich habe nie versucht, von ihnen zu lernen oder gar die berühmtesten von ihnen nachzuahmen. Trotz dieser Haltung verglichen
mich die Kritiker auch weiterhin mit Norma Talmadge, Pola Negri,
Norma Shearer, Zasu Pitts, Gloria Swanson, Joan Crawford, Marlene
Dietrich, Tallulah Bankhead, Katherine Hepburn und vielen anderen.
Sie alle zu nennen, würde ein oder zwei Seiten in Anspruch nehmen.
Ja, ich habe sie spielen sehen, doch ich habe nie einen ihrer besonderen Tricks benutzt. Schon ganz am Anfang meiner Karriere war ich
davon überzeugt, mit meinem Talent und meiner Leistungsfähigkeit
alle Rollen besser spielen zu können als jede andere. Es waren drei
große Theaterschauspielerinnen – Helena Modjeska, Eleonora Duse
und Sarah Bernhardt –, dich mich inspirierten und mir geholfen
haben, meine eigene Schauspieltechnik zu entwickeln. Ich habe immens viel über sie gelesen.

Aber vor allen anderen hat Moje eine entscheidende Rolle in
meiner Schauspielkarriere gespielt. Doch ich muß auch die Schau-
spiel- und Regiemethoden von Mack Sennett, D. W. Griffith und
Charlie Chaplin erwähnen. Unzählige Male habe ich mir ihre Filme
angesehen. Sie bestärkten mich in der Auffassung, daß ein Schauspieler sich auf seine Intuition verlassen sollte und auf seine Fähigkeit, bei den Dreharbeiten zu improvisieren, anstatt sich sklavisch an
das geschriebene Wort zu halten. Die Regisseure haben natürlich
versucht, mich daran zu hindern, die Dinge so zu tun, wie ich es

215

wollte. Zumeist blieb ich still und hörte dem Regisseur zu, aber dennoch gelang es mir, meinen Weg zu gehen. Am Anfang war das schwierig. Doch mit der Zeit, mit wachsender Berühmtheit, konnte ich mich völlig mit meinem Schauspiel- und Lebensstil durchsetzen.

Moje lehrte mich viele Dinge. Jede Szene sollte aus verschiedenen Perspektiven aufgenommen werden, damit die beste Perspektive gefunden und verwendet werden konnte. Und wenn der Regisseur in seine Hauptdarstellerin verliebt ist, wird er sich darauf konzentrieren, das Gesicht, die Figur und die Gesten seiner Geliebten besonders vorteilhaft zur Geltung zu bringen. In meinem Fall war es so, daß Kameramänner, vor allem Bill Daniels, mit ausgeklügelten Aufnahmen von Augen, Lippen und sogar dem Schatten meines Profils meine «Schauspielhaltung» entwickeln konnten.

Meine besten Lehrer waren gewöhnliche Menschen. Ich habe sie sorgfältig beobachtet und mir ihre Gesten und ihre Mienen in den verschiedensten Situationen eingeprägt. Mein ganzes Leben lang habe ich so natürliches Verhalten und *echte* Schauspielerei studiert.

Ich arbeitete am besten, wenn die Regisseure mich ein wenig piesackten, aber nicht bis aufs Blut, denn wenn ich gefühlsmäßig blutete, konnte ich nichts tun. Ich war dann starr vor Schreck. Aber ein klein wenig gepiesackt zu werden und ein kleiner Streit riefen gewöhnlich eine kreative Spontaneität hervor.

Vielleicht ist es altmodisch, aber ich habe für jeden Film, den ich gedreht habe, nicht nur meine eigene Rolle, sondern auch alle anderen auswendig gelernt. Und wenn es ein historischer Film war, wollte ich alles über jene Epoche wissen. Ein paar Tage bevor ich vor die Kameras trat, versuchte ich immer, meine Rolle zu vergessen, und beschäftigte mich mit Kochen, Waschen, Nähen, ausgedehnten Spaziergängen und sah mir andere Filme an – ich tat alles mögliche, um mich abzulenken und nicht an die bevorstehenden Aufnahmen zu denken.

Wenn ich dann nach einer solchen Entspannung vor den heißen Scheinwerfern und der Kamera stand, gewann meine Rolle augenblicklich eine zusätzliche Dimension. Mein Unterbewußtes gab meinen Worten eine andere Färbung. Ich bewegte mich wie zur Musik, und mein Gesicht nahm auf einmal alle möglichen interessanten Schattierungen an, die eine Kamera nur in den Händen eines Experten einfangen konnte. Ich mochte es nicht – oder richtiger gesagt, ich haßte es –, wenn mich während der eigentlichen Aufnahmen Leute anstarrten oder nebensächliche Kommentare von sich gaben. Meine Arbeit konnte nicht angemessen beurteilt werden, wenn jede Szene für sich allein betrachtet wurde. Wenn es möglich wäre, Filme ohne Regisseure, Techniker und Hunderte von Assistenten zu machen, hätte ich sicher noch besser gespielt, und solche Filme hätten weniger Geld und mich weniger Kraft gekostet. Es war eine Tortur, unter den stechenden Blicken von Hunderten von Menschen zu arbeiten. Ich war sehr auf meine Technik und auf mein Ego bedacht.

Was auch immer ich erreicht habe, habe ich meiner Begabung und harter Arbeit zu verdanken. Bis zu meinem letzten Tag werde ich diesen Anspruch gegen jene verteidigen, die meine Leistung schmälern und mich vernichten wollen. Meine Waffe ist das völlige Schweigen. Man kann diese Waffe sehr erfolgreich einsetzen, wenn man genug Geld besitzt, um eine absolute Privatsphäre zu bewahren. Ich benutze Geld und Schweigen, um mich vor jenen zu schützen, die mich herabwürdigen oder vernichten wollen. Es ist nicht leicht, denn ich muß immer unabhängig sein.

Wenn Moje über unser gemeinsames Leben sprach, erwähnte er immer große Liebespaare – Antonius und Kleopatra, Dante und Beatrice. Er beteuerte immer, er liebe mich und bewundere meine Darstellungskunst. Doch als er zu Paramount ging, entschied er sich für Pola Negri und behauptete, sie sei die Schauspielerin, die für seinen nächsten Film, *Hotel Imperial*, am besten geeignet sei.

Sie rief Moje oft an und hinterließ Nachrichten im Hotel Miramar, die nur mit «Pola» unterzeichnet waren. Am Anfang fragte ich ihn, wer diese mysteriöse Pola sei. Wie ein guter Spieler antwortete er: «Das Pferd, auf das ich mein ganzes Vermögen setze.»

Ich sah, daß Moje seinen Horizont erweitern und ein neues künstlerisches Idol finden wollte. So wie er, gewann auch ich allmählich das Gefühl, daß sich unsere Wege von nun an trennten.

«Die Filmschauspielerei ist, auch wenn man sie nicht zu ernst nehmen sollte, trotz allem ein wichtiges Studium der menschlichen Natur», sagte Charlie Chaplin auf einem Empfang in seiner weitläufigen Villa.

Jeder, der in Hollywood einen Namen hatte, war erschienen. Unter

217

den Gästen waren Mary Pickford, Douglas Fairbanks und Sam Goldwyn. Und auch Künstler aus anderen Sparten – der Romancier Upton Sinclair und Clare Sheridan, eine britische Bildhauerin und Autorin. Clare war in Chaplin verliebt, wie viele der hier anwesenden Schauspielerinnen – Lila Lee, Leonore Ulric, Josephine Dunn, Anna Q. Nilsson und Pola Negri. Lita Grey, die sich von Chaplin hatte scheiden lassen, ihn aber immer noch liebte, behauptete ebenso wie Pola, der berühmte Schauspieler habe seine riesige Villa in Beverly Hills für sie gebaut. Die Villa hatte zweiundvierzig Zimmer und war umgeben von hohen Bäumen, die mit großem Aufwand umgepflanzt worden waren, weil, so das Gerücht, Pola Negri gern bei offenem Fenster schlief und den Wind in den Blättern rauschen hören wollte, wie sie es in ihrer polnischen Heimat gewohnt gewesen war.

Pola hieß eigentlich Barbara Apolonia Chalupiec. Sie war 1921 nach der Scheidung von ihrem ersten Mann, Baron Popper, in die Vereinigten Staaten gekommen. Wie sie sagte, hatte sie auf Anhieb in Hollywood Erfolg gehabt. Sie hatte sich um dauerhafte Beziehungen zu vielen Schauspielern bemüht, darunter auch Rudolph Valentino und Charlie Chaplin, um nur zwei der prominentesten zu nennen. Meiner Meinung nach beeindruckten ihre spektakulären Liebesaffären das Publikum mehr als ihre Filme. Sogar Moje war von ihrer Schönheit und ihrem Talent verzaubert.

An jenem Abend spielte in dem riesigen Wohnzimmer mit der hohen Decke ein Organist Bach. Diese wunderbare Musik wurde durch banale Gespräche gestört. Man diskutierte über das Filmemachen, über die Bedeutung der Zusammenarbeit von Schauspieler und Regisseur und über die Rolle des Produzenten. Natürlich waren die Mayers, die Goldwyns und die Thalbergs hauptsächlich daran interessiert, was die Filme an den Kinokassen einspielten. Die künstlerische Leistung von Sennett, Griffith, Eisenstein, von Stroheim und Chaplin war ihnen gleichgültig. Für sie war der Dollar der Maßstab für Kunst.

Auf der Party erfuhr ich, daß Mojes Methode, eine Szene viele Male zu drehen, bis sie perfekt war, auch von den Produzenten von *A Woman of Paris (Eine Frau aus Paris)* verwandt worden war. Adolphe Menjou, der in diesem Film den Pierre Reyel gespielt hatte, erzählte mir, manche Szenen seien sechzigmal gedreht worden, die schwierigsten sogar mehr als hundertmal. Edna Purviance hatte eine Szene hundertmal wiederholen müssen. Als Marie St. Clair hatte sie die schwierige Aufgabe gehabt, allein mit Küssen zu zeigen, daß sie wußte, daß Menjou sie nicht mehr liebte, daß sie aber dieses Wissen nicht unglücklich machte.

Apropos komplizierte Liebesaffäre: Es war hier, daß ich zum erstenmal John Gilbert und seinem Manager Harry Edington begegnet bin. Gilbert hatte schwarzes lockiges Haar, große Ohren, einen gepflegten Schnurrbart unter einer langen, ein wenig krummen Nase und schwarze, engstehende Augen. Als wir uns die Hand gaben, fiel mir sein fester Händedruck auf. Er war etwa fünf Zentimeter größer als ich und trug ein grau-weiß-kariertes Jackett, schwarze Hosen und eine schwarze Krawatte. Er machte mir überaus hartnäckig den Hof und forderte mich auf, doch Jack zu ihm zu sagen. Aber ich bestand darauf, ihn Yackie zu nennen. Als er das hörte, lachte er und meinte, von nun an werde er mich Flicka nennen. Moje war sofort eifersüchtig und widmete sich um so eifriger Pola Negri. Yackie hatte nur Augen für mich und sah weder Mojes Verhalten noch irgendeinen anderen Menschen außer mir.

«Flicka, Sie werden in *Flesh and the Devil* meine Femme fatale sein.»

«Davon weiß ich nichts», erwiderte ich kühl. «Und es interessiert mich auch gar nicht.»

Er ignorierte meine Stimmung und ließ sich nicht beirren.

«Sie werden im Eis einbrechen und sterben, wenn Sie versuchen, mich vor den Gefahren eines Duells mit Ulrich van Kletzingk zu warnen, der von Ihrem guten Freund Lars Hanson gespielt wird. Und Sie werden seine Frau Felicitas sein.»

Ich wartete darauf, daß Moje mich erlöste und hörte gar nicht richtig zu. Ich fragte: «Und wie heißen Sie in diesem Film?»

«Leo von Sellinthin.»

Ich wurde plötzlich wütend. «Das alles ist mir ein Rätsel. Jeder weiß, welche Rolle ich als nächstes spielen werde, mir sagt man nichts. Warum haben Thalberg oder Mayer mir nicht Bescheid gesagt?»

«Sie rufen Sie morgen an. Wie wäre es jetzt mit einer kleinen Spritztour? Mein Wagen steht draußen.»

Yackie packte mich am Arm. Ich schüttelte ihn ab und blieb stehen.

«Wer hat das Drehbuch geschrieben?»

«Benjamin Glazer. Es basiert auf Hermann Sudermanns Roman *Es war.*»

«Und wer führt Regie?»

«Clarence Brown. Schauen Sie, dort ist er. Er ist der Mann in dem perfekt gebügelten Anzug, der sich gerade mit Arthur Hornblow, Lilyan Tashman und Edmund Lowe unterhält. Ich bin mit allen befreundet», sagte er stolz.

«Ich kenne keinen von ihnen.»

«Sie werden Sie schon noch kennenlernen, Flicka. Meine Freunde sind auch Ihre Freunde.»

«Ich bewundere Ihren Optimismus», meinte ich halb im Spaß.

Moje hatte sich seit einer halben Stunde mit Pola Negri unterhalten. Plötzlich drängte er sich zwischen uns beide, als wollte er unser Gespräch beenden. Er sagte jedoch nichts, sondern beschränkte sich darauf, Gilbert wütend anzusehen.

«Ich sehe Sie dann später, Flicka die Schwedin», sagte Yackie lächelnd. «Oder vielleicht», neckte er, «nenne ich Sie auch Geebo. Das weiß ich noch nicht genau.» Er schüttelte mir energisch die Hand und spazierte davon.

«Warum hast du dich so aufgeregt mit ihm unterhalten?» fragte Moje. «Ist es, weil er zehntausend Dollar in der Woche verdient, oder weil er schon zweimal verheiratet war und nun jeder Frau in Hollywood nachläuft?»

«Ich sehe, du bist heute gut informiert.»

«Ja, bin ich. Erich von Stroheim, Gilberts Regisseur bei *The Merry Widow (Die lustige Witwe)*, hat mir gesagt, Gilbert sei ein drittklassiger Schauspieler, der Sohn zweitklassiger Vaudevilleschauspieler. Er kann nicht spielen, und er besitzt keinerlei Bildung – bloß ein Aussehen, das ihm hilft, alle Frauen zu verführen. Seine Ehe mit Leatrice Joy ist in die Brüche gegangen, weil er junge Mädchen mit zu sich nach Hause gebracht und in der Gegenwart seiner Frau Saufgelage und Sexorgien veranstaltet hat. Momentan ist er unverheiratet.»

«Aber seine Filme müssen viel Geld einspielen, wenn ihm das Studio zehntausend Dollar in der Woche zahlt.»

«Das stimmt. Die amerikanische Filmindustrie braucht weder gute Regisseure noch gute Schauspieler. Alles beruht hier auf Reklametricks und gut organisierten Werbekampagnen. Die meisten Kritiker glauben, Gilbert sei keiner tieferen Gefühle fähig und sei nicht an

Filmen interessiert, sondern nur an Frauen. Seine Fraueneskapaden werden von der Publicity-Abteilung aufbereitet und an die Presse geschickt. Seine Abenteuer haben ihn zum Idol der einsamen Amerikanerinnen werden lassen, und seine miserable Schauspielerei wird von seinem guten Aussehen kaschiert. Ich denke, es wäre für den Film und das Publikum das beste, wenn die Filmindustrie ihn seinen sexuellen Abenteuern überlassen und in Frieden sterben lassen würde.»

«Das sagst aber nur du.»

«Du kannst dich bei jedem hier in dieser Riesenvilla erkundigen. Alle werden dir dasselbe sagen. Nach ein paar Gläsern wird er es sogar selbst zugeben. Sage ja nicht, ich hätte dich nicht gewarnt. Er wird dich in ein billiges Abenteuer verwickeln, das er oder seine Handlanger dann aller Welt publik machen, und dann bist du nicht mehr Greta Garbo, die große Schauspielerin, sondern Jack Gilberts Ex-Freundin.»

«Was kann ich tun? Ich soll mit ihm einen Film drehen. Und du weißt doch, daß ich mir meine Partner nicht aussuchen kann.»

Nach einer Pause erwiderte er: «Das ist leider wahr. Vielleicht sollten wir zu MGM gehen und sie bitten, eine andere Partnerin auszusuchen. Deine beiden Filme spielen viel Geld ein, und man kennt dich als großartige Schauspielerin und angenehmen Menschen. Du darfst dieses Image nicht verlieren, indem du mit ihm einen Film drehst. Ich bin sicher, daß das Studio das in Betracht ziehen wird, der Profit aus deinen Filmen wird diesen Wünschen Gewicht verleihen. Auf gar keinen Fall darfst du in irgendeinen Skandal verwickelt werden.»

«Das klingt vernünftig», sagte ich. Aber zugleich mußte ich immerzu an Yackie denken. Ich hatte schon viele intelligente, gutaussehende Männer kennengelernt, doch keiner von ihnen hatte eine so große Anziehungskraft auf mich ausgeübt. Er war erst der zweite Mann nach Moje, der mich so magnetisch anzog. Vielleicht waren es sein dynamischer Charakter und seine überschäumende Lebenslust, die mich auf romantische Ideen brachten. Ich dachte, ich brauchte einen neuen Impuls in meinem Leben, und Gilbert könnte ihn mir geben. Er war acht Jahre älter als ich und besaß, wie Moje gesagt hatte, eine beträchtliche Erfahrung mit Frauen. Doch als ich ihn kennenlernte, spürte ich neben dem Charme des reifen Mannes auch die Keckheit eines kleinen Jungen. Außerdem war er kein Intellektueller wie Sinclair Lewis oder Charlie Chaplin.

Aber Yackie konnte nicht mildern, was mich am meisten ärgerte – das Verhalten der MGM-Studiobosse. Sie ignorierten mich einfach. Alle um mich wußten, was ich als nächstes tun würde, doch ich erhielt diese Information niemals aus erster Hand vom Studio. Schließlich kam ich zu dem Schluß, daß ich mit den Bossen um das Recht kämpfen mußte, mir die Stoffe, Kollegen und Regisseure aussuchen zu dürfen, und vor allem anderen mußte ich darum kämpfen, mehr Geld für meine harte Arbeit zu bekommen. Es stimmte, daß Gilberts Film *Die lustige Witwe* finanziell sehr erfolgreich war. Später erfuhr ich, daß einige seiner anderen Filme, zum Beispiel *The Big Parade (Die große Parade)*, sogar noch mehr Geld eingespielt hatten. Doch ich konnte, wenn auch erst mit zwei Filmen, den weitaus größeren Erfolg bei der Kritik vorweisen. Ich versuchte das Verhalten von MGM damit zu erklären, daß die Mehrheit des amerikanischen Filmpublikums nun mal Frauen seien, die in Gilbert ein Idol sahen, ich dagegen war für MGM nichts als eine dumme Ausländerin.

Die einzige Lösung, die mir blieb, war ein offenes Gespräch mit den MGM-Bossen. Ich wollte nicht, daß Moje an dieser Diskussion teilnahm. Er war damit beschäftigt, sich als Regisseur zu etablieren, und das würde selbst mit seinem Talent eine schwierige Aufgabe sein. Ich dachte daran, Charlie Chaplin um Rat zu fragen oder Harry Edington, den Mann, der für Gilbert zehntausend Dollar in der Woche durchgesetzt hatte.

Wie aufs Stichwort trat nun Edington an Moje heran, nahm ihn beiseite und tuschelte mit ihm. Ich sah, daß Moje aufmerksam zuhörte. Als sie zurückkamen, meinte Edington, nachdem er mir vorgestellt worden war, es sei gefühllos von MGM, mich von den Diskussionen über meine zukünftigen Filme auszuschließen. Er riet mir, auch weiterhin die Unwissende zu spielen, während er, als eine freundliche Geste, mit den Leuten reden werde. Er werde nicht einmal das übliche Agentenhonorar von zehn Prozent nehmen. Moje flüsterte mir auf schwedisch zu, daß ich dieses Angebot annehmen sollte. Wir drei besprachen dann die Situation.

Ich erfuhr, daß Edington von Gilbert zu uns geschickt worden war, um mich zu überreden, in seinem nächsten Film mitzuspielen. Moje wußte das, unterstützte jedoch Edington auch weiterhin. Ich nehme

222

an, er hielt das für den besten Weg, soviel Geld wie möglich herauszu-
schlagen. Ich verabredete mich für den nächsten Tag mit Edington in
Gilberts Haus in der Tower Road. Moje nickte beifällig. Eigentlich
hatte ich keine Lust, zu diesem Treffen zu gehen, weil ich immer noch
meinte, es sei besser, selbst zu MGM zu gehen und die Sache zu
besprechen. Eine Viertelstunde später verließ ich die Party und ging
nach Hause, um mich auszuruhen und eine Strategie für meinen
Überraschungsbesuch bei MGM am nächsten Tag zu entwickeln.
Moje ging wieder zu Pola Negri.

Als ich wegging, kam mir ein schwedisches Sprichwort in den
Sinn: «Man sollte weniger Angst und mehr Hoffnung haben; man
sollte weniger essen und mehr kauen; man sollte weniger seufzen
und mehr atmen; man sollte weniger reden und mehr sagen; man
sollte weniger hassen und mehr lieben. Wenn man das alles tut,
kommt das Gute ganz von selbst.»

Also überlegte ich es mir anders und ging zu keinem Treffen. Als
Moje nach dem Empfang nach Hause kam, bestand er trotz der
vorgerückten Stunde darauf, mir die neueste Anekdote über Yackie
zu erzählen.

«Weißt du, daß ich deinen Yackie mit Bernard Shaw bekannt
gemacht habe?»

«Nenn ihn nicht ‹meinen Yackie›. Wir kennen ihn beide gleich
lange und gleich gut. Außerdem war Shaw gar nicht auf dem Empfang.»

Moje beharrte darauf, daß er dort gewesen sei, und ich versuchte
ihm zu erklären, daß er unter einer von seinem Haß auf Gilbert
hervorgerufenen Halluzination gelitten habe. Ich habe nie überprüft,
wo Shaw an jenem Abend war, deshalb kann ich nicht beschwören, ob
er auf der Party war oder nicht. Doch es war eine schöne Anekdote.

«Als ich Yackie Shaw vorstellte, packte er seine Hand und fragte:
‹Sind Sie tatsächlich Bernard Shaw?›

Shaw antwortete mit einer Gegenfrage: ‹Mr. Gilbert, sind Sie
tatsächlich ein Ungläubiger?›

Gilbert sagte: ‹Bitte verzeihen Sie mein Mißtrauen, aber letzte
Woche hat mich jemand auf einer Party bei Thalbergs Julius Cäsar
vorgestellt. Ein oder zwei Tage danach habe ich entdeckt, daß man
mich gefoppt hat.›»

Moje hatte die Anekdote wahrscheinlich schon mehrmals zum

besten gegeben, aber er mußte immer noch lachen, als er sie mir erzählte. Lachend sagte ich: «Vielleicht hat Yackie, genau wie ich, nicht die blasseste Ahnung von Geschichte und Literatur, aber das heißt nicht, daß er mir nicht helfen will.»

«Es gibt einen großen Unterschied zwischen euch beiden. Du möchtest lernen und Fortschritte machen. Er aber ist als Dummkopf geboren und wird als Dummkopf sterben. Außerdem glaube ich nicht, daß er dir bei deiner Karriere helfen will. Er will dir nur in sein Bett helfen. Und weil du nicht interessiert bist, stellst du eine Herausforderung für ihn dar. Folglich muß er sich eine Strategie einfallen lassen.»

In Love (Anna Karenina), *der ersten* Anna Karenina-*Verfilmung mit Greta Garbo, spielte John Gilbert eine der Hauptrollen. An einem Picknick während der Dreharbeiten nahmen auch der von der Garbo bevorzugte Kameramann, William Daniels (ganz links), und neben diesem Regisseur Edmund Goulding teil.*

Links: bei den Dreharbeiten zu The Divine Woman (Das göttliche Weib) *mit Lars Hanson und dem Regisseur Victor Seastrom. Unten: mit Conrad Nagel in* The Mysterious Lady (Der Krieg im Dunkel) *und bei der Verfilmung einer Szene mit Gustav von Seyffertitz, der am Kopfende des Tisches sitzt.*

PRESSENS BILD/PHOTOREPORTERS

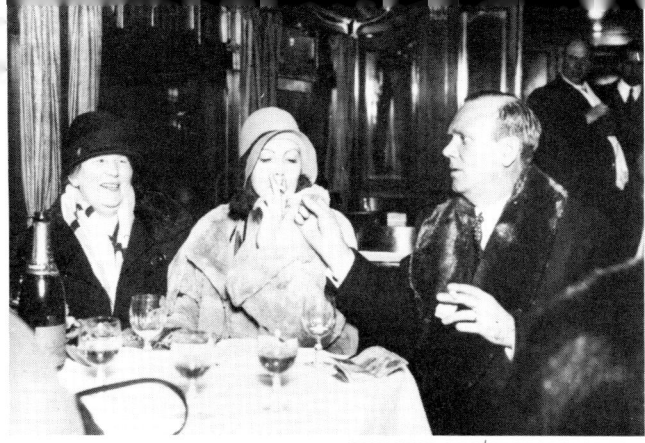

Auf einer Reise nach Schweden im Jahre 1928, mit ihrer Mutter und dem schwedischen Schauspieler Nils Lundell. Rechts: bei den Dreharbeiten zu A Woman of Affairs (Herrin der Liebe)*, mit Regisseur Clarence Brown und Kameramann William Daniels. John Gilbert spielte in diesem Film, der auf dem Roman* The Green Hat *von Michael Arlen beruht, die männliche Hauptrolle.*

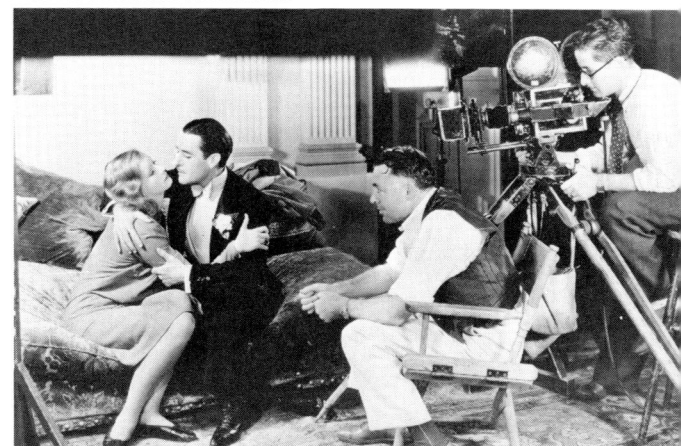

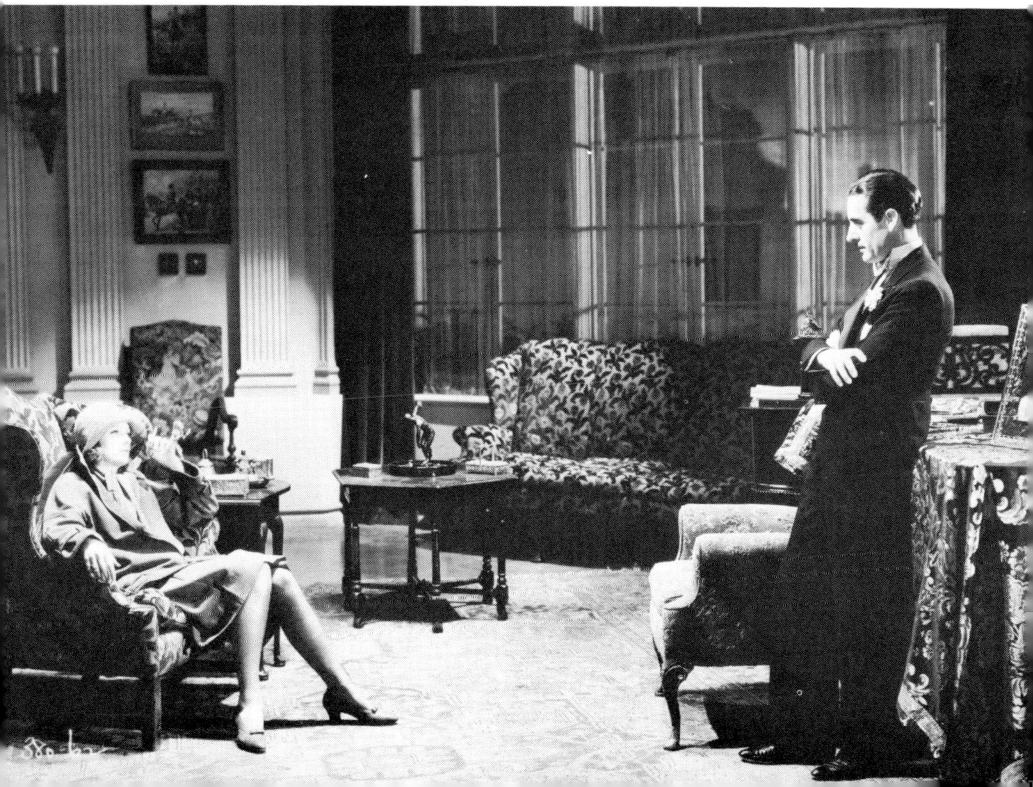

Oben: mit Lewis Stone, »einem Mann mit
einem wundervollen Charakter«.
Rechts: mit Nils Asther in Wild Orchids
(Wilde Orchideen).
Unten: mit Norma Shearer, Irving Thalberg und John Gilbert auf einer Hollywood-Premiere.

CULVER

Zwei Filme aus dem Jahre 1929. Oben: The Single Standard (Unsichtbare Fesseln)
mit Nils Asther. Links und unten: The Kiss (Der Kuß).

Das Gesicht der Garbo in Filmen von Luffar-Petter, 1922, *bis hin zu* Two-Faced Woman (Die Frau mit den zwei Gesichtern) *aus dem Jahre 1941.*

Die Barszene in Anna Christie (Anna Christie), *wie sie in der amerikanischen Fassung zu sehen war.*

Anna Christie *unter der Regie von Clarence Brown (oben) und mit Marie Dressler (unten) in einer Nebenrolle war der erste Film, in dem »die Garbo sprach«, und ihre heisere Stimme wurde ebenso berühmt wie ihr Gesicht.*

Mit Lewis Stone in Romance (Romanze) *und mit Beryl Mercer in* Inspiration (Yvonne).

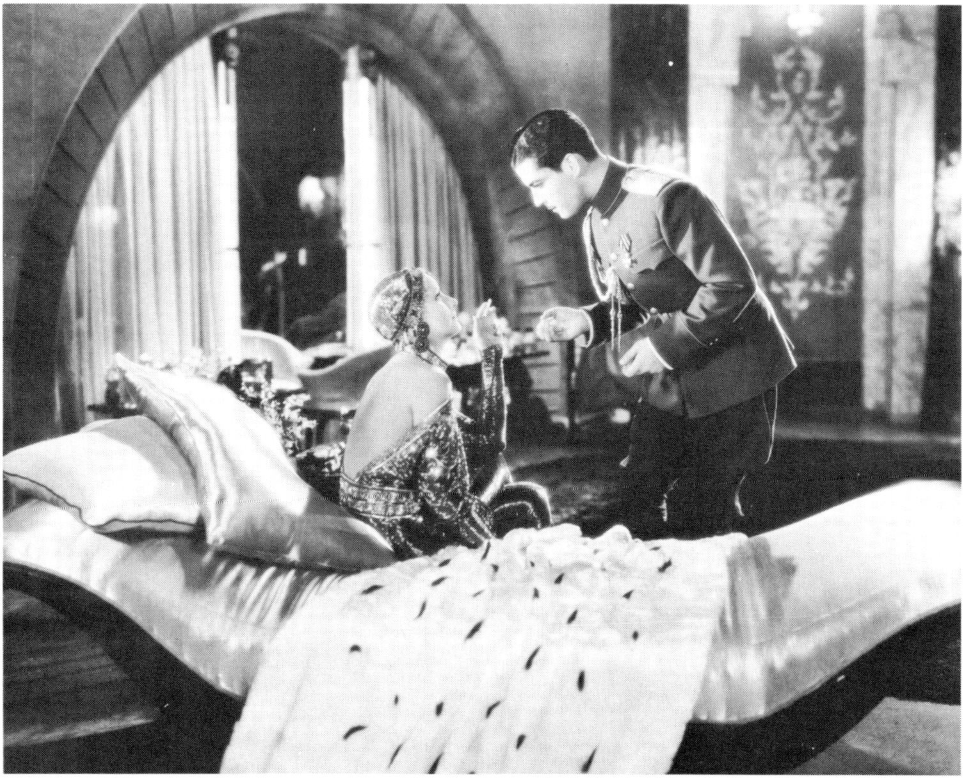

Eine ihrer femme fatale-*Rollen in dieser Zeit war die der schönen Spionin in dem Film* Mata Hari (Mata Hari), *in dem auch Lionel Barrymore und Ramon Novarro mitspielten.*

Mit Clark Gable in
Susan Lenox: Her Fall
and Rise (Helgas Fall
und Aufstieg).

TWO PHOTOS: PRESSENS BILD/PHOTOREPORTERS

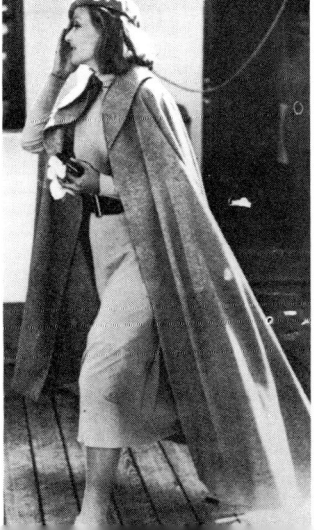

Als die unglückliche Ballerina in Grand Hotel (Menschen im Hotel) *mit Lionel Barrymore. »Ich finde, daß ich – außer in* Anna Christie *– in* Grand Hotel *am besten war.«*

Ganz links: Greta Garbo an Bord eines Schiffes, im Jahre 1932. Links: bei ihrer Ankunft in Göteborg, 1932.

Gegenüberliegende Seite: mit Erich von Stroheim und Melvyn Douglas in dem Film As You Desire Me *(Wie du mich wünschst), der auf dem Stück* Come tu mi vuoi *von Luigi Pirandello basiert.*

Rechts: In The Painted Veil *(Der bunte Schleier) mit Herbert Marshall.*

Unten: Bei Queen Christina *(Königin Christine), einem der größten Erfolge der Garbo, führte Rouben Mamoulian Regie; die Garbo in der dramatischen Schlußeinstellung.*

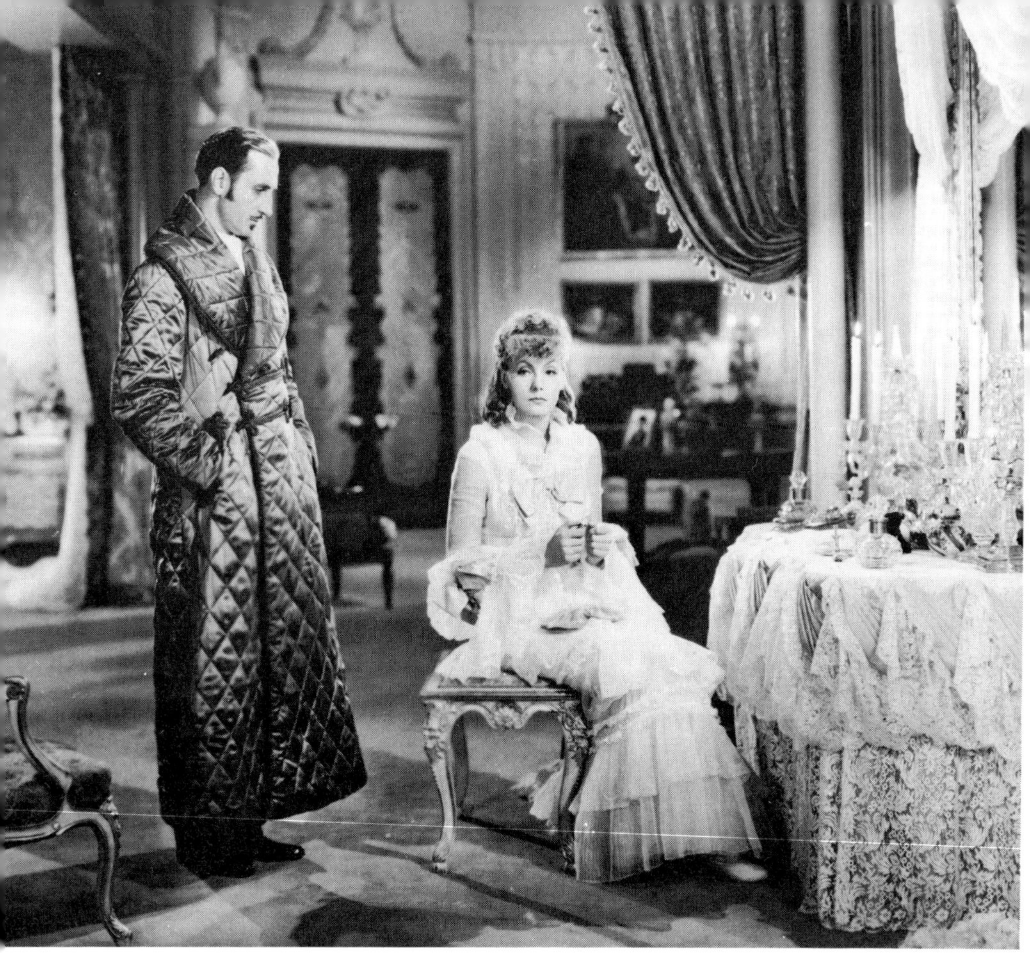

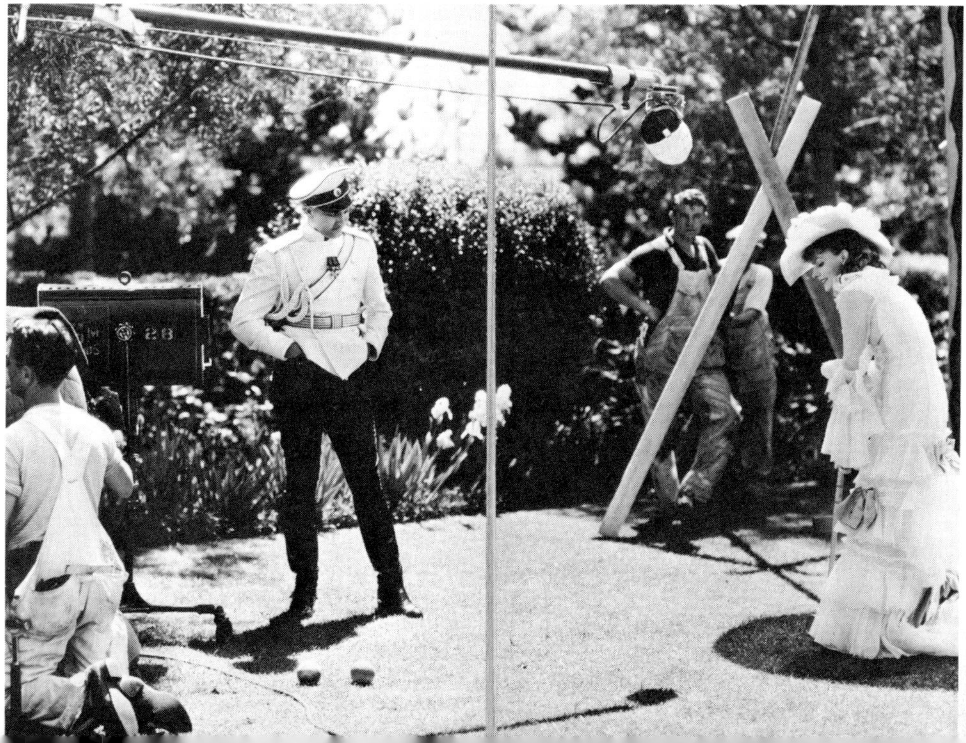

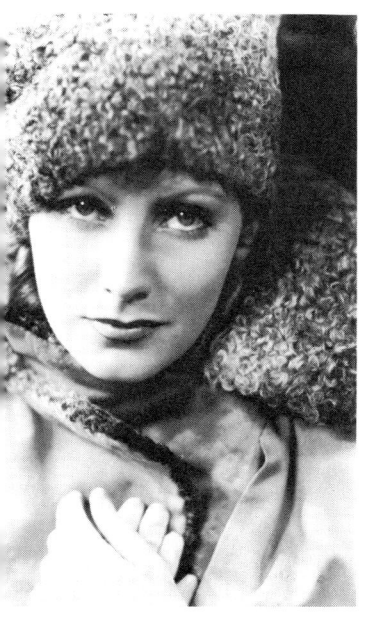

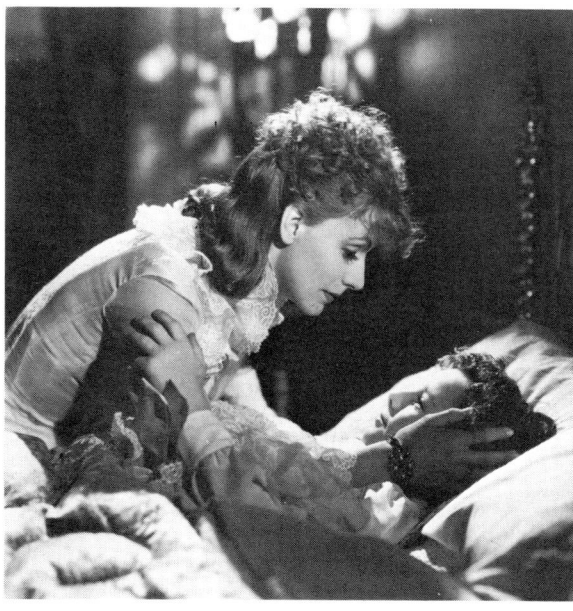

Viele Kritiker sind der Meinung, daß die Garbo in der Rolle der Anna Karenina nie übertroffen wurde. Basil Rathbone war Karenin, Fredric March war Wronsky, Freddie Bartholomew spielte ihren Sohn. William Daniels stand wieder hinter der Kamera, und Clarence Brown führte Regie.

CULVER

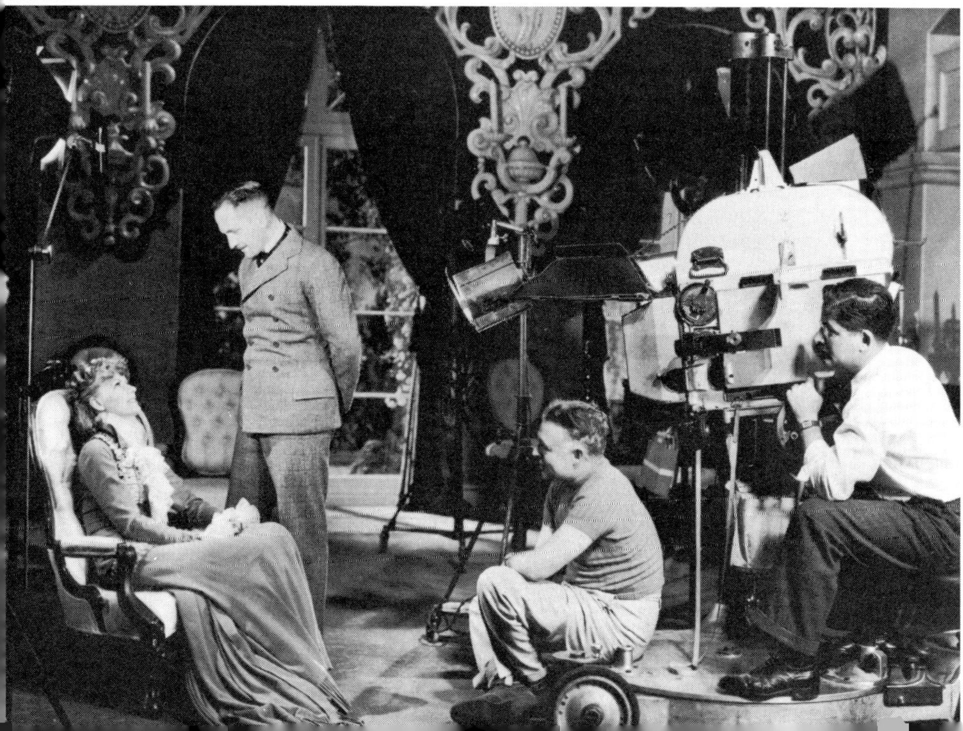

Camille (Die Kameliendame) *war einer der triumphalen Erfolge der Garbo.*
Links: George Cukor bei der Vorbereitung der Szene in der Theaterloge. Unten: die Szene, wie sie dann gedreht wurde. Ganz unten: mit Henry Daniell als Baron de Varville.

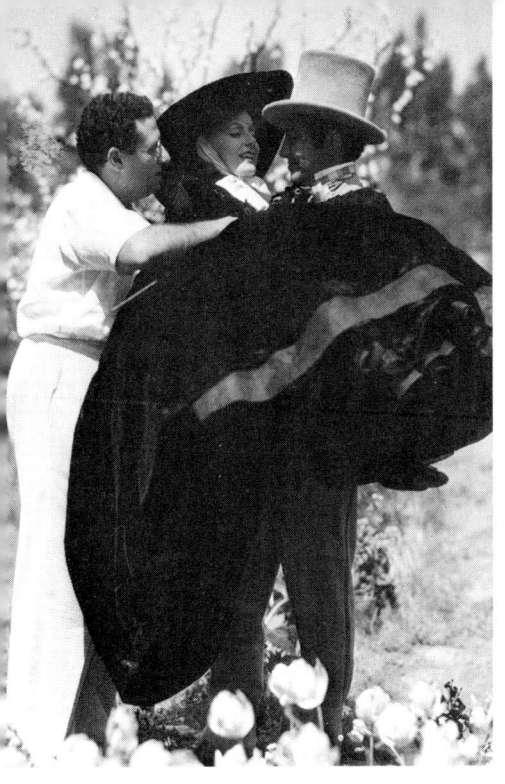

George Cukor arbeitet mit Greta Garbo und Robert Taylor an der Szene ihrer Ankunft im Landhaus.
Unten: mit Lionel Barrymore als Monsieur Duval.

Oben: im Gespräch mit dem Kameramann Hal Rossen. Unten: Die berühmte
Todesszene.

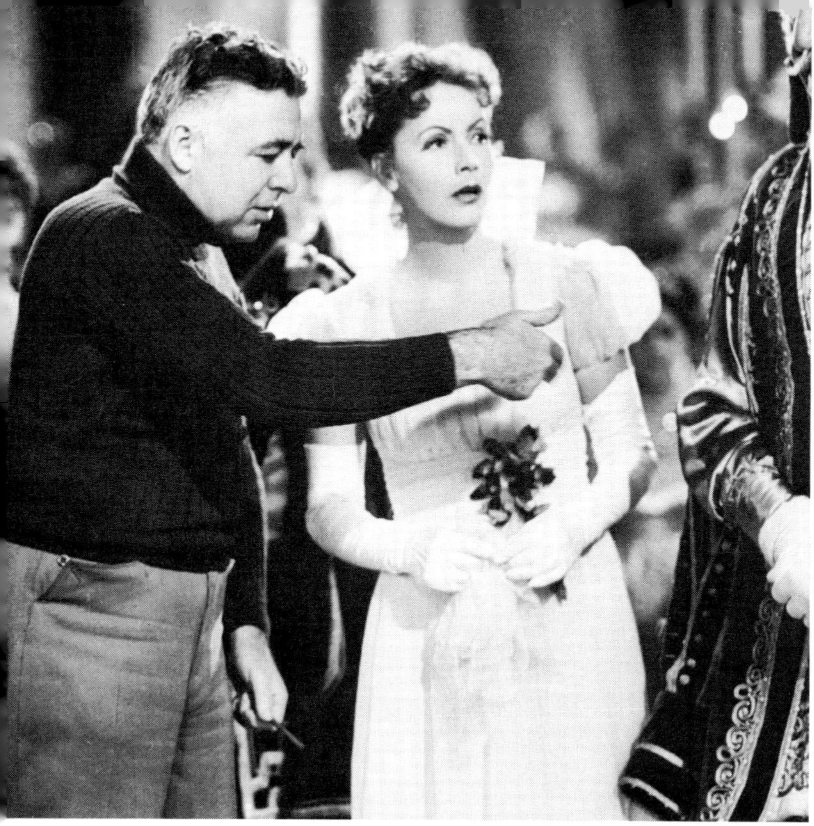

Gegenüberliegende Seite: mit Charles Boyer in Conquest (Maria Walewska).
Oben: bei der Arbeit mit Regisseur Clarence Brown.
Unten: die Garbo bummelt mit Graf und Gräfin Wachtmeister und Fredrik Nycander den Strandvägen in Stockholm entlang, 1936.

PRESSENS BILD/PHOTOREPORTERS

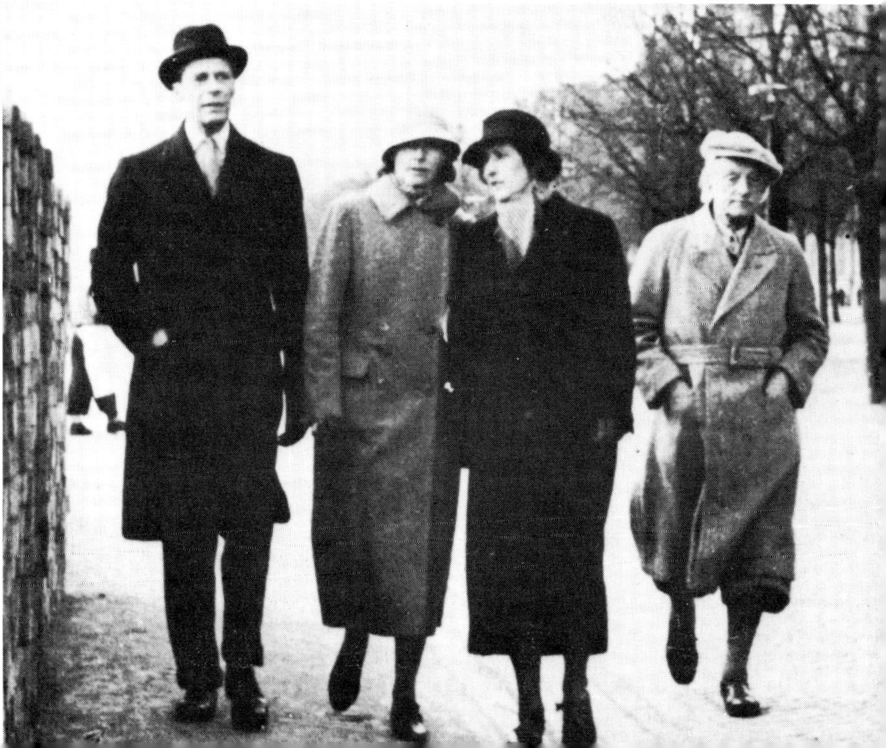

In Ninotchka (Ninotschka) *versuchte sich die Garbo erstmals in einer komischen Rolle. Der elegante und gewandte Melvyn Douglas war der perfekte Gegenspieler für den weiblichen Kommissar.*

Der Regisseur Ernst Lubitsch »mochte meine Auftritte, vor allem wenn ich lachte«.
Ein Dreigestirn europäischer Schauspieler – Alexander Granach, Sig Rumann und
Felix Bressart – verkörperte Ninotschkas »Genossen«.

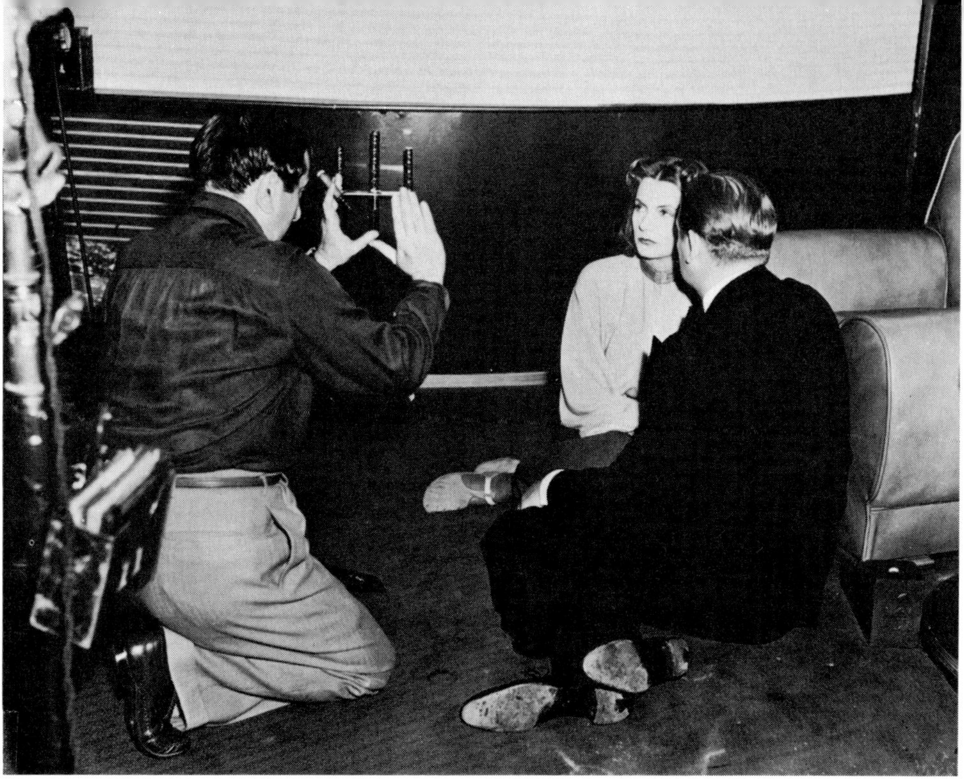

»Die Arbeit mit [Lubitsch] gestaltete sich... schwierig, weil er ein Perfektionist war.« In der Werbung für den Film wurde der Umstand, daß »die Garbo lacht«, besonders hochgespielt.

Einzelne Szenen wurden immer wieder wiederholt, bis Lubitsch endlich zufrieden war.

Mit Gaylord Hauser in Palm Beach, 1940. In Two-Faced Woman (Die Frau mit den zwei Gesichtern) *spielte die Garbo eine Doppelrolle. George Cukor arbeitet an einer Szene mit Constance Bennett, auf der rechten Seite ist Roland Young zu sehen. Den Mann, den beide »Schwestern« verführen, spielte Melvyn Douglas.*

Die Garbo tanzt den »Chica-Choca« in Two-Faced Woman (Die Frau mit den zwei Gesichtern). *Dies war ihr letzter Film.*

Jackie

Ich erinnere mich, daß Moje sagte, das Leben sei weder nach dem ersten noch nach dem letzten Kuß zu Ende, weder nach einem Sieg noch einer Niederlage. Nun war ich an einem Scheideweg angelangt. Ich bin im Sternzeichen der Jungfrau geboren. Die Frauen dieses Sternzeichens kaufen liebend gern ein, wissen jedoch nie, was sie kaufen sollen, was sie sich schenken lassen sollen und wieviel sie für etwas zahlen sollen – sei es Freundschaft, Liebe, Schuhe oder ein Möbelstück. Sie halten immer Ausschau, suchen nach einem günstigen Angebot und vergeuden ihr Leben mit Trivialitäten.

Ich kaufte mehrere Kleider und Kostüme, ein halbes Dutzend Paar bequemer Schuhe und sogar einen Pelzmantel. Diese ganze Einkauferei dauerte ein paar Monate und führte mich in die Geschäfte von Los Angeles und Hollywood. Ich sah mich um, probierte an und suchte nach günstigen Angeboten; ich merkte mir die Preise in einem Geschäft und ging dann in ein halbes Dutzend anderer, verglich, befühlte, probierte an, schaute in den Spiegel und suchte weiter nach günstigen Angeboten. Ich hatte Angst, Geld auszugeben, ich war überzeugt, Geld sei die einzige Sicherheit, die ich je haben würde. Andererseits wußte ich, daß ich als Schauspielerin gut gekleidet sein sollte, deshalb kaufte ich die besten Kleider, aber von der Stange. Ich liebte den Luxus, denn ich kam aus sehr armen Verhältnissen.

Ich hungerte nicht nur nach Luxus, sondern auch nach Freundschaft und einer anderen Umgebung. Ich fühlte mich einsam und dachte, mein Leben sei ohne Ziel. Obwohl ich alles besaß, was zum

225

Glück gehörte, wurde ich dennoch immer unzufriedener und deprimierter. Mir schien es, als werde ich von allen belästigt und als seien alle Menschen uninteressant. Ich wollte den Menschen entfliehen. Mir kam nie in den Sinn, daß ich auf andere Menschen oberflächlich und uninteressant wirken könnte.

Nach meiner Einkaufsorgie verfiel ich auf die Idee, Stimulation in einer Liebesaffäre zu suchen. Ich war meiner Beziehung zu Moje überdrüssig. Immerzu wollte er mich beim Film und beim Sex neue Tricks lehren. Jetzt aber war ich finanziell unabhängig, und ich verspürte den Wunsch, Moje von Zeit zu Zeit gegen einen anderen Mann auszutauschen. Dieser Wunsch hatte nichts mit seiner Beziehung zu Pola Negri zu tun, er entsprang meiner Sehnsucht nach einem neuen Erlebnis.

Innerlich entfernte ich mich immer mehr von Moje, aber dennoch gab es in meinem Leben keinen Augenblick, in dem ich nicht in irgendeiner Weise an ihn gedacht hätte. Ich nehme an, das war nur natürlich. Wir hatten so viel Zeit im selben Bett und am selben Tisch verbracht; ich hatte so gut wie alles von ihm gelernt. Dennoch glaubte ich, daß ich mich mit der Zeit immer mehr von ihm lösen würde. Ich kann einfach für das Gute, das mir andere bereitwillig schenken, nicht dankbar sein.

Und dann war da John Gilbert. Die Filmkolonie hielt ihn für intellektuell primitiv, primitiv auch in seiner Schauspielerei und in seinem Sexualleben. Er besaß nicht einen Funken Originalität oder Kreativität. Man sagte, er sei gänzlich das Produkt der MGM-Publicity. Doch Gilbert war anderer Meinung, und das Studio unterstützte ihn dabei. Es hatte Harry Edington und Carey Wilson gebeten, ihm dieses ungetrübte Selbstbild zu erhalten und ihn als göttlichen Liebhaber aufzubauen und zu vervollkommnen. Seine sexuellen und ehelichen Eskapaden mit Schauspielerinnen wie Virginia Bruce, Leatrice Joy, Clara Bow, Mary Hay, Mary Pickford und Beatrice Lillie und mit der Schriftstellerin Dorothy Parker wurden überall publik gemacht. Niemand konnte die Tatsachen von den Lügen unterscheiden. Es ging das Gerücht, seine Villa in der Tower Road, die auf einem Hügel lag und von der aus man ganz Beverly Hills überblicken konnte, sei der Schauplatz für Saufgelage und Sexpartys.

Ich beschloß, mir alle seine Filme anzusehen, und ich bat Bill Daniels, eine Privatvorführung für mich zu arrangieren. Von all

226

seinen Filmen gefiel mir *Die große Parade* am besten – vor allem die Szene, in der Gilbert Renée Adorée zeigt, wie man Kaugummi kaut. Eine andere Szene, die ich hervorragend fand, war seine Begegnung mit einem sterbenden deutschen Soldaten. Nachdem ich diese beiden Szenen gesehen hatte, sagte ich zu Bill, daß Yackie sehr begabt sei.

Bill sagte nicht direkt, Yackie sei ein schlechter Schauspieler, doch er meinte, im Bett sei er wahrscheinlich besser als vor der Kamera. Diese Szenen, sagte er, seien gänzlich das Werk des Regisseurs King Vidor. Sie seien ohne Proben gedreht worden, wie es der Gewohnheit dieses großen Regisseurs entsprach.

Das war beim Stummfilm üblich, da der Regisseur den Schauspielern seine Anweisungen zuschreien konnte, ohne befürchten zu müssen, daß seine Stimme die Stimmen der Schauspieler überlagerte.

Als mich Clarence Brown während der ersten Drehtage zu *Flesh and the Devil (Es war)* mit Yackie bekannt machte, erwähnte ich nicht, daß ich ihm schon früher in Chaplins Haus begegnet war. Ich gab mich kühl und förmlich. Yackie sah das und beschloß in den ersten beiden Drehtagen, mir gegenüber eine andere Haltung einzunehmen. Er war höflich, lächelte oft, war überhaupt nicht aufdringlich und ignorierte mich manchmal sogar völlig. Doch ich sah seine schwarzen Augen, und in seinem Blick lag sexuelles Begehren, vielleicht sogar wahre Liebe. In den Kußszenen küßte mich Yackie sehr leidenschaftlich mit offenem Mund, und er flüsterte mir von Liebe und Heirat. Gilberts Küsse und Zärtlichkeiten bei den Aufnahmen erregten mich. Ich fühlte mich als Frau, etwas, das ich nicht mehr fühlte, wenn ich mit Moje zusammen war. Lars Hanson spielte meinen Mann, und als er sah, was da vor sich ging, empörte er sich. Bill Daniels erzählte mir von einem Gespräch zwischen Yackie und Clarence Brown, in dem Gilbert den Regisseur bekniete, Lars aufzufordern, bei den Dreharbeiten nicht so vertraut mit mir zu sein. Gilbert wollte mich zur Frau haben, und er verabscheute es, mit ansehen zu müssen, wie mich ein anderer Mann berührte. Brown entgegnete, daß Lars schließlich die Rolle meines Mannes spielte und sich deshalb auch so benehmen müsse.

Ich wußte von Anfang an, daß es nicht nur während der Dreharbeiten, sondern auch in meinem Privatleben schwierig sein würde,

Yackie aus dem Weg zu gehen. Durch meine lange Verbindung mit Moje hatte ich gewisse psychologische und körperliche Verhaltensmuster entwickelt, die Moje und letztlich auch mir zusagten. Ich hatte eine ungeheure Angst vor neuen Bekanntschaften, aber zugleich sehnte ich mich nach ihnen und war unsicher, wie ich mit Yackies andauernder Werbung umgehen sollte. Steuerte ich auf etwas Neues und Wunderbares zu, oder würde es nichts als Probleme geben?

In der Zwischenzeit sah MGM meine Gefühle voraus und präsentierte die bis dato nicht existente Affäre zwischen Garbo und Gilbert als ein phantastisches, ein wahrhaft großes Liebesabenteuer. Diese Publicity war mir unangenehm. Damals wußte ich nicht, daß ich dagegen hätte Einspruch erheben können. Zu alledem kam Yackie eines Tages nach der Arbeit auf mich zu und sagte: «Unerwiderte Liebe ist eine Tortur für die Seele.»

«Und erfüllte Liebe ist eine Tortur für meinen Körper.»

«Wer hat dich gelehrt, so zu reden? Moje?»

«Vielleicht», antwortete ich. «Aber dein Gerede, deine ach so gescheiten Sprüche stammen aus der Publicity-Abteilung von MGM. Oder etwa nicht?»

Yackie hielt sich für unwiderstehlich. Er schwieg verblüfft und ging davon wie ein kleiner Junge, der gerade von seinen Eltern gescholten worden war. Aber vielleicht tat ich ihm Unrecht. Ein paar Tage später fiel mir auf, daß sich sein Verhalten änderte. Vielleicht liebte er mich wirklich. Ich wußte, daß er für jede Amerikanerin einen traumhaften Liebhaber verkörperte, und er tat mir leid. Im Gespräch mit mir war er so sanft, so ergeben. Ich las in seinem Blick ein herannahendes Drama. Aber was konnte ich tun? Ich hatte so viele Jahre mit Moje zusammengelebt. Seine ständige Gegenwart hatte einen dauerhaften Einfluß auf mein ganzes Leben. Ich mußte diesen Film drehen, um Geld zu verdienen, um meine Position zu festigen. Ich mußte neben einem Mann spielen, von dem ich glaubte, daß er wahre Liebe erlebte. Aber ich war mir seiner Gefühle nicht ganz sicher, und meine Verwirrung machte mich so blind, daß ich weder meine Gefühle für ihn noch meine Gefühle für Moje analysieren konnte. Ich mußte mir über meine Einstellung zu beiden klarwerden. Ich mußte entscheiden, wer für mein Leben wichtiger war. Nur dann könnte ich vielleicht zu einer Lösung kommen. Nachts konnte

228

ich nicht schlafen. Ich wälzte mich unruhig hin und her. Schließlich
sagte ich mir, nur ein Idiot würde sich zweimal von demselben Hund
beißen lassen.

Andererseits heißt es, daß die Liebe ihren eigenen Gesetzen folgt.
Auch dem mußte ich beipflichten.

Zu Hunderten strömten die wichtigsten Persönlichkeiten der Filmwelt zur Hollywood-Premiere von *Hotel Imperial (Hotel Stadt Lemberg)*, einer Paramount-Produktion, bei der Moje Regie geführt
hatte. Moje und seine Hauptdarstellerin Pola Negri taten alles, um
diese Premiere zu einem bedeutenden gesellschaftlichen Ereignis zu
machen. Hanson, Seastrom, Asther und ich vertraten die schwedische Kolonie in Hollywood. Chaplin, Gilbert, Thalberg und Mayer
kamen, wie auch die meisten damals berühmten Schauspielerinnen –
Gloria Swanson, Norma Shearer, Marion Davies, Lillian Gish, Mary
Pickford und Edna Purviance. Moje hatte nicht vergessen, Antonio
Moreno, Lionel Barrymore, Clark Gable, Douglas Fairbanks und
Conrad Nagel einzuladen. Er hatte außerdem Cecil B. De Mille einge-
laden, obwohl er mit diesem erst vor wenigen Tagen auf offener
Straße eine heftige Auseinandersetzung über das Filmemachen ge-
habt hatte. Negri wurde von Gable und der Kolumnistin Louella
Parsons begleitet. Die Paramount hatte in ihrem Pressematerial be-
reits verkündet, Negri werde in diesem Film viel Erfolg haben. Nach
der Vorführung waren wir alle zu einem kalten Büfett und einem
Umtrunk eingeladen, bei dem jeder über Mojes Film sprach. Auf dem
Empfang versprach man Moje, daß er zwei weitere Filme für Para-
mount drehen könne. Der erste Film sollte *The Woman on Trial (Die
Frau vor Gericht)* sein mit Pola Negri und Einar Hanson, der zweite
The Street of Sin (Die Straße der Sünde) mit Fay Wray und Emil
Jannings.

Auf der Party nahm mich Moje beiseite. «Jetzt bin ich unabhängig», sagte er, «und du bist nicht mehr meine *Protegé*. Du brauchst
mich nicht mehr. Wir beide sind nun berühmt, und wir werden bald
eine Menge Geld haben. Nach zwei Jahren harter Arbeit kehren wir
zusammen nach Europa zurück und drehen unsere eigenen Filme.»

Moje war an diesem Abend zweifellos trunken von Erfolg und
Alkohol. Obwohl ich seine gute Laune nicht trüben wollte, sagte ich:
«Es ist schwer zu sagen, wann wir nach Europa zurückkehren.»

Moje ließ sich nicht entmutigen. «Alle Probleme werden sich von selbst lösen. Wir haben einander versprochen, daß wir zusammen nach Stockholm zurückkehren. Denke an meinen Rat: Laß dich nicht mit Gilbert ein. Er ist nicht wert, dir die Füße zu küssen, geschweige denn deinen Mund. Denk daran.»

«Ich werde daran denken, aber du solltest daran denken, dich nicht mit Pola Negri einzulassen.»

«Sie bedeutet mir nicht das geringste, aber ich muß aus geschäftlichen Gründen den Schein wahren.»

«Gilbert bedeutet mir genau dasselbe.»

«Aber die Leute zerreißen sich den Mund, und die Klatschreporter schreiben, du seist in ihn verliebt. Meine eigenen Ermittlungen bestätigen das.»

«Soll das etwa heißen, daß du mich beobachten läßt?»

«Das ist doch jetzt überhaupt nicht wichtig. Wichtig ist, daß wir uns lieben und daß ich nach diesen beiden Filmen mit dir aus diesem Hollywood-Dschungel weggehen will.»

Um seinem Wunsch Nachdruck zu verleihen, sagte er sehr laut: «Ich will mit dir weggehen.»

Die Leute um uns hielten im Gespräch inne und starrten uns an, doch Moje kümmerte sich nicht darum, sondern wiederholte mehrere Male: «Ich möchte mit dir diesen Hollywood-Dschungel verlassen!»

Ich war verärgert und ließ ihn stehen. Alle um uns schienen zu meinen, daß wir uns stritten. Plötzlich stand Yackie vor mir.

«Ich habe genug von dieser Sache hier», sagte er. «Von dieser ganzen Show, die Stiller so wunderbar inszeniert hat.»

«Diese ganze Show, wie du es nennst», sagte ich, «hat nicht Mr. Stiller organisiert, sondern die Publicity-Abteilung der Paramount. Hast du etwa vergessen, was MGM für dich getan hat, als du deinen letzten Film abgedreht hattest?»

«Du hast recht. Es gibt keinen Grund, sich deshalb zu streiten. Wie wäre es mit einer kleinen Spritztour?» Er nahm meine Hand, und wir gingen zur Tür hinaus. Ich fühlte mich verletzt. Moje schien es darauf anzulegen, mich in der Öffentlichkeit zu blamieren, vor allem, wenn ich ihm zeigen wollte, daß ich erwachsen und selbständig war. Ohne lange zu überlegen, stieg ich in Yackies Sportwagen, und wir fuhren langsam durch Hollywood. Yackie sang ein paar spanische Lieder, und ich schaute auf die im Mondlicht schimmernden Felder.

Dann hörte er plötzlich zu singen auf und sagte: «Felicitas, bitte sei nicht immer so vertraut mit Ulrich. Werde ein bißchen vertrauter mit Leo.»

«Du meinst, du bist sogar auch dann eifersüchtig, wenn wir an einem Film arbeiten?»

«Ehrlich gesagt, ja, denn zum erstenmal in meinem Leben liebe ich eine Frau wirklich.»

«Soll das heißen, nach so vielen Freundinnen, Ehefrauen und anderen Arten von Frauen bist du immer noch fähig, jemanden zu lieben?»

«In deiner Gegenwart wird die Vergangenheit belanglos.» Ich spürte seine Erregung, deshalb sagte ich: «Ich bin sehr müde, und es ist schon spät. Bring mich bitte nach Hause.»

«Ich bringe dich nach Hause«, sagte er rasch und wendete den Wagen in einer schmalen Seitenstraße.

«Wohin fahren wir?»

«Ich habe dir gesagt, daß ich dich nach Hause bringe, aber wenn du gestattest, würde ich dir vorher gern die wunderbare Aussicht zeigen, die man von meinem Haus auf Beverly Hills hat.»

«Nein, nicht heute abend. Vielleicht ein andermal, am Tag.»

«Aber der Ausblick ist im Mondlicht am schönsten. Wenn du Angst hast, in mein Haus zu kommen, kann ich dir versichern, daß wir nicht allein sein werden. Die Hausangestellten werden unsere Anstandsdamen sein.»

«Nein, lieber nicht. Bring mich bitte nach Hause.»

«Okay. Ich bringe dich unverzüglich nach Hause.»

Er bog nach rechts ab und fuhr den Weg wieder zurück. Ich begann meine Entscheidung zu überdenken. Ich wußte, daß es in seiner Villa in der Tower Road viele Hausangestellte gab, und ich wußte, daß er mich nicht belästigen würde. Das Schweigen zwischen Yackie und mir wurde durch das stetige Dröhnen des Wagens noch betont. Er war verletzt, oder vielleicht tat er auch nur so. Ich kannte seinen Charakter nicht gut genug, und ich nahm sein Schweigen als positives Zeichen.

Nachdem ich einige Augenblicke hin und her überlegt hatte, sagte ich: «Obwohl ich ausgesprochen müde bin, habe ich beschlossen, daß ich deine berühmte Aussicht gern sehen möchte. Ich werde nicht länger als ein paar Minuten bleiben, denn ich bin erschöpft und brauche meinen Schlaf.»

Er sagte nichts, aber er trat das Gaspedal durch und fuhr wie ein Wahnsinniger. Zugleich sang er wieder seine spanischen Lieder und sang sie viel lauter als zuvor. Als wir auf der Zufahrt zu seiner Villa anhielten, kam ein Diener herausgesprungen und öffnete die Wagentür. Wir gingen die hell erleuchtete Treppe hinauf und wurden von einem Butler empfangen. Das Haus war wirklich voller Menschen.

Im Haus fiel mir auf, daß die geräumigen Zimmer voller prächtiger Möbel waren.

«Hast du das alles selbst ausgesucht und aufgestellt?»

«Nein. Ich verstehe von so etwas überhaupt nichts. Ich habe einen New Yorker Innenarchitekten damit beauftragt, und er hat alles erledigt. Aber das ist doch jetzt unwichtig. Wir gehen am besten gleich auf die Terrasse.»

Er führte mich durch viele große, kunstvoll eingerichtete Zimmer. Er schien mich mit seinem Reichtum beeindrucken zu wollen. Und ich war beeindruckt – mit den polierten Möbeln und den goldgerahmten Gemälden glich das Haus einem Museum. Aber alles war so überwältigend, daß ich mich an nichts Bestimmtes mehr erinnern kann, außer an viel Rot, Gold und Blau – Farben, die im hellen Licht glänzten.

Als wir auf die Terrasse traten, sah ich einen Tisch, der für zwei Personen gedeckt war. Kerzen flackerten, und in einem großen silbernen Kübel standen Flaschen. Alles war wie in einem Märchen.

Er rückte mir einen hohen, mit Schnitzereien verzierten Stuhl zurecht und sagte: «Wir werden Champagner trinken und Beverly Hills bewundern. Hier werden keine Sandwiches und stillosen Getränke aufgetischt wie bei diesen Paramount-Partys.»

Zwei Mädchen in einer schicken schwarzen Uniform brachten uns Essen auf silbernen Tabletts. Ich roch die exquisiten Saucen, doch ich sagte: «Alles schaut wunderbar und teuer aus, aber ich kann Beverly Hills nicht sehen.»

«Es ist zu spät am Abend. Alle Lichter sind gelöscht. Die Menschen schlafen. Vielleicht werden wir Beverly Hills sehen können, wenn wir ein paar Gläser Champagner trinken.»

Ich fragte mich, woher er gewußt haben konnte, daß ich seine Einladung zu dieser üppigen Tafel annehmen würde. Es war zu spät, um einen Rückzieher zu machen, deshalb bemühte ich mich, für alles gewappnet zu sein.

232

Das Souper dauerte mehr als eine Stunde, doch ich genoß das alles sehr. Ich hatte Hunger, und wenn man hungrig ist, schmeckt nichts besser als ein mit Champagner hinuntergespülter Fasan in einer exquisiten Sauce. Ich aß schnell und trank viel. Plötzlich drehte sich mir alles vom Alkohol, und ich hätte mich gern verabschiedet. Unverblümt sagte ich: «Ich weiß, daß ich ein unhöflicher Gast bin, aber ich würde jetzt gern nach Hause gehen.»

Bevor er etwas erwidern konnte, erschien eine alte Hausangestellte, um zu fragen, ob wir den Kaffee auf der Terrasse oder im Salon nehmen wollten. Yackie entschied sich für den Salon, und die Hausangestellte ließ uns wieder allein. Zweifellos wollte ich Kaffee; nie hatte ich mich so müde und schläfrig gefühlt wie damals. Hatte er mir etwas in den Champagner getan? Mir war schwindlig, aber ich hatte mich dennoch in der Gewalt, und ich hoffte, daß der Kaffee helfen würde.

«Wir gehen jetzt in den Salon», sagte Yackie leise. «Der Kaffee ist wahrscheinlich schon fertig.» Und im selben Tonfall, als sei er immer noch beim selben Thema, sagte er: «Ich liebe dich. Ich liebe dich sehr.»

Ich schwieg. Ich dachte nur an den Kaffee und ging neben Yackie ins Haus, immer bemüht, nicht das Gleichgewicht zu verlieren. Ich wollte nicht von ihm aufgefangen werden.

Als wir in den Salon kamen, roch ich den Kaffee, ich beschleunigte meinen Schritt und ließ mich auf das große Sofa fallen. Ich lehnte meinen Kopf an, schloß für einen Moment die Augen und murmelte: «Ich bin so müde.»

Er setzte sich neben mich und küßte meinen Hals. Mit beiden Händen hielt er meine Taille umfaßt. Ich empfand nichts, als er mich auf den Mund küßte. Seine Hände nestelten erst an meinem Kleid und dann an meinen Strümpfen. Sein Mund fuhr über meinen ganzen Körper. Er tat alles ganz langsam und bedächtig; seine Hände und sein Mund waren sanft und doch drängend. Es schien sich kaum von dem zu unterscheiden, was Moje getan hatte. Einen Moment lang war mir, als wiegte mich mein Vater in den Schlaf, und in diesem Moment dachte ich, daß Yackie Moje überlegen war: Ich spürte seinen warmen Körper, und zum erstenmal erlebte ich eine andere Art von Liebe. Es schoß mir durch den alkoholumnebelten Kopf, daß Gilberts Liebe anders war als die Stillers. Ich weiß nicht, warum ich ihre Nachnamen benutze, es sei denn, um unpersönlicher, objektiver zu sein und um die körperlichen und emotionalen Unterschiede zwischen ihnen hervorzuheben.

Plötzlich weckte mich eine Stimme aus diesem Traum, und ich hörte Yackie flüstern: «Steh schnell auf.»

Ich spürte drohende Gefahr, schnappte meine Kleider und rannte hinter Yackie her. Ich weiß nicht, wie lange ich rannte, denn ich war in einer Art Trance, aber bald spürte ich kühle Luft auf meinem Körper, und ich wußte daß ich auf der Terrasse war.

«Zieh dich rasch an», sagte er.

«Was ist los?» Mit zitternden Händen zog ich mich an.

«Mir war so, als hätte ich gehört, daß sich Stiller an der Haustür mit meinem Butler streitet.»

Er hatte sich rasch angezogen und strich sich nun Haar und Schnurrbart glatt.

«Du bleibst hier.» Yackie hatte seine Fassung wiedergefunden. «Ich gehe und empfange Stiller und sage ihm, daß ich dir von der Terrasse aus Beverly Hills zeige.»

Er verschwand, und ich zog mich fertig an. Die Nachtluft kühlte mir die Wangen, und ich dachte, daß der kalifornische Wind einfach wunderbar war.

Der gewitzte Yackie ließ sich etwa zehn Minuten Zeit, um Moje auf die Terrasse zu führen. Er unterzog ihn einer Besichtigungstour durch die Villa und zeigte ihm jedes Möbelstück und jedes Gemälde. Nach jeder Beschreibung hörte ich Moje dieselbe Frage stellen: «Wo ist Greta?»

Und Yackie antwortete immer, daß ich von der Terrasse aus Beverly Hills bewundere. Moje sprach jetzt lauter: «Es wird Zeit, daß sie nach Hause geht!» schrie er. «Bitte stehlen Sie mir nicht die Zeit mit Ihren dämlichen Besitztümern. Führen Sie mich endlich zu ihr.»

Als ich seine zornige Stimme hörte, verließ ich die Terrasse und ging ihnen entgegen. Als ich das Haus betrat, sah ich, daß Moje Yackie beim Kragen gepackt hatte, ihm ins Gesicht schlug und dabei ständig schrie: «Zeit, nach Hause zu gehen! Zeit, nach Hause zu gehen!»

Ich sprang zwischen die beiden. Yackie kehrte mir den Rücken zu, Moje schrie immer noch, daß es Zeit sei, nach Hause zu gehen. Er packte mich an den Schultern, und ich spürte einen entsetzlichen Schmerz. Ein paar Schritte, und wir waren draußen vor dem Haus.

Später sah ich, daß Gilberts Terrasse tatsächlich eine wunderschöne Aussicht auf Beverly Hills bieten konnte. Aber an diesem Abend herrschte Nebel.

Es war

Die Rolle der Felicitas fiel mir leicht. Ich spielte eine Frau, die die Liebe der Bequemlichkeit und dem materiellen Luxus opferte. Ich spielte die Rolle mit jeder Faser meines Körpers, und Clarence Brown, mein Regisseur, spürte das.

«Du brauchst meine Anweisungen gar nicht. Ich brauche dir nur zu folgen und deine hervorragende Schauspielkunst einzufangen, und wir machen einen phantastischen Film.»

Auch der Kameramann Bill Daniels war von meiner Arbeit begeistert. «Dein Gesicht schaut in jeder Szene anders aus, beinahe, als beeinflußten die Sonne und die Sterne deine Gesichtszüge. Mit jeder Bewegung triffst du haargenau den Charakter der Felicitas und die Bedeutung ihrer Worte. Dein Gesicht ist einfach fabelhaft in der Darstellung von Gefühlen.»

Lars Hanson, der meinen Mann spielte, war verblüfft von meinen eindrucksvollen Gesten bei den Aufnahmen. Dasselbe Erstaunen zeigte Eugenie Besserer, die Leos Mutter spielte. Auch Gilbert war mit meiner Schauspielkunst zufrieden, und er versuchte, unsere Liebe aus dem Film ins wirkliche Leben zu übertragen. Wir unternahmen lange Spaziergänge oder schwammen im Pazifik oder aßen in Nobelrestaurants zu Abend. Aber das taten wir nur am Wochenende, denn unter der Woche arbeitete ich täglich zehn Stunden und war extrem müde. Ich hatte nur noch die Kraft, nach Hause zu fahren, ein kaltes Bad zu nehmen und ins Bett zu gehen. Wenn ich nicht einschlafen konnte, nahm ich einen Roman oder ein Theaterstück von

236

Sudermann in die Hand. Ich lernte ihn als Schriftsteller schätzen und bewundern und träumte davon, die Hauptrolle in einem seiner Dramen zu spielen.

Zwar gewann ich Befriedigung und Anerkennung aus meiner Schauspielkunst, doch ich fühlte mich krank. Ich hatte Schmerzen in der Brust und war totenbleich. Ich tat alles, von dem ich glaubte, daß es mir helfen würde. Ich ruhte, achtete auf eine gesunde Ernährung, bewegte mich viel in der frischen Luft und nahm lange heiße und kalte Bäder, aber nichts half. Zwar hatte ich einen Horror vor Ärzten und ihren Untersuchungen, aber schließlich überwand ich mich. Zwei Stunden lang untersuchte der Arzt mich gründlich und sagte dann, ich hätte einige Absonderlichkeiten in der Lunge, Herzrhythmusstörungen und eine leichte Anämie.

«Wirklich nichts Ernstes. Ich hatte früher selbst einmal die gleichen Symptome», sagte er und schlug sich dabei auf die Brust. «Und schauen Sie mich jetzt an – ich bin immer noch am Leben.»

«Und wissen Sie auch, warum? Weil sich ein anderer Arzt um Sie gekümmert hat und nicht Sie selbst.»

Er lachte so heftig, daß sein kahler Kopf rot anlief, und stellte mit zitternder Hand ein Rezept aus. Ich ging nach Hause, um zu schlafen. Am nächsten Tag mußte ich wie immer um sechs Uhr morgens im MGM-Studio sein. Auf dem Nachhauseweg kaufte ich mir ein paar Zeitungen und sah zu meiner Überraschung, daß in jeder von ihnen mein Name mit dem von John Gilbert in Verbindung gebracht wurde. Die Zeitungen waren von unserer großen Liebe fasziniert; wir wurden mit den größten Liebespaaren der Geschichte verglichen. Alle Autoren dieser langen Artikel erklärten, nur Shakespeare hätte der gewaltigen Leidenschaft von Garbo und Gilbert gerecht werden können, nur er hätte das angemessene Sonett schreiben können. Mir fielen noch einige andere Übereinstimmungen in allen Artikeln auf, und ich kam zu dem Schluß, daß Yackie und die PR-Leute von MGM für die Verbreitung dieses Klatsches verantwortlich waren.

Ich erhielt nun auf einmal Einladungen von Leuten, die mir fast oder gänzlich unbekannt waren. Arthur Hornblow jr., Edmund Lowe und Diana und George Fitzmaurice luden mich zum Abendessen und zu Partys ein. Von Hollywood-Managern, durchreisenden Prinzessinnen und allen möglichen Aristokraten gar nicht erst zu reden. Sogar der schwedische Botschafter in den Vereinigten Staaten schickte mir einen Brief, in dem er anfragte, ob er mich in Hollywood besuchen dürfe. Ich war äußerst überrascht, daß Schauspielerinnen wie Mary Pickford, Clara Bow, Norma Shearer, Gloria Swanson und Pola Negri, die in mir immer eine Konkurrentin gesehen hatten, mich nun plötzlich zu sich nach Hause einluden. Nach langer Überlegung und einer Diskussion mit Moje beschloß ich wohlweislich, keine einzige Einladung anzunehmen. Das führte dazu, daß man mich nun nicht nur eine «charmante Person» nannte, sondern auch den «schwedischen Snob». Damals habe ich über dieses Gerede nicht weiter nachgedacht, aber ich muß zugeben, daß es mich ein wenig geärgert hat. Ich sagte mir: «Greta, sei hartnäckig. Greta, hab' mehr Mut.» Aber ich wußte, daß Mut mitunter eine Maske ist, hinter der sich Angst verbirgt. Man muß schon sehr geschickt sein, um Feigheit so mit Mut zu kaschieren, daß niemand die Angst spüren kann. Es fiel mir schwer, diesen psychologischen Trick zu meistern und jeden erfolgreich hinters Licht zu führen.

Als *Es war* fertiggestellt war und MGM ihn im engeren Kreis vorführte, warteten alle darauf, mir zu gratulieren. Doch ich stand mitten in der Vorführung auf und ging nach Hause. Ich hatte meine Arbeit vor der Kamera getan und fühlte mich nicht verpflichtet, mit Menschen Konversation zu machen, die für mich nicht wichtig waren. Außerdem wurde ich schließlich nicht dafür bezahlt, daß ich mich mit den Gästen der MGM unterhielt. Den MGM-Bossen mißfiel mein Verhalten, aber ich war an einem Punkt angelangt, an dem es mir völlig gleichgültig war, was sie dachten.

Es war hatte am 9. Januar 1927 im New Yorker Capitol Theater Premiere. Ich weiß noch auswendig, was die *Herald Tribune* über mich schrieb: «Noch nie zuvor ist eine derart bezaubernde Frau mit einer verführerischen Anmut, die weitaus mächtiger ist als bloße Schönheit, auf der Leinwand erschienen. Greta Garbo ist der Inbegriff der Schönheit, die personifizierte Leidenschaft ... Offen gesagt, haben wir noch nie zuvor auf der Leinwand eine so perfekte Verführung gesehen.»

Yackie gab eine große Party auf seiner Zweihunderttausenddollar-Yacht *The Temptress*, die nach meinem zweiten Film in den Vereinigten Staaten genannt worden war. Selbstverständlich wurde alles von MGM bezahlt. Mayer bot alle Überredungskünste auf, um mich dazu zu bewegen, auf diese Party zu gehen. Weil ich meinte, die Geduld

238

des Studios erschöpft zu haben, und weil ich immer noch vom Studio finanziell abhängig war, gab ich den Bitten schließlich nach. Die gesamte Besetzung von *Es war* würde auf der Party anwesend sein, darunter auch Marc McDermott, der mir während der Dreharbeiten permanent Essen aufgedrängt hatte und immer sagte: «Du mußt tüchtig essen, damit du die Kraft hast, den Film zu beenden. Unsere Zukunft hängt von deiner Leistung ab.»

Ich überlegte, ob ich mich von Lars oder von Clarence Brown begleiten lassen sollte, der während der Dreharbeiten so viel Geduld mit mir gehabt hatte. Schließlich dachte ich, daß ich mich auf Gilberts Yacht mit meinem Landsmann wohler fühlen würde, also ging ich mit Lars dorthin. Sobald wir ankamen, schob Yackie Lars beiseite und fragte mich: «Bist du jemals verliebt gewesen?»

«Nur einmal in meinem Leben. Und es hat tragisch geendet.»

«Was ist passiert? Hat er eine andere geheiratet?»

«Nein.»

«Was ist dann passiert? Hat er Selbstmord begangen?»

«Er lebt noch.»

«Wo?»

«Er lebt mit mir zusammen.»

Yackie ließ sein Glas fallen und riß mich in seine Arme: «Verlaß ihn! Heirate mich! Verlaß ihn! Heirate mich!»

Ich machte auf dem Absatz kehrt und floh von der *Temptress*. Ich ging nach Hause und weinte.

Im Streik

Ich hatte eine Menge Geld für Hollywood verdient, aber nicht viel für mich selbst. Ich dachte angestrengt über die ganze Situation nach und kam auf eine glänzende Idee. Ich würde weder in Thalbergs Büro noch in sein Haus gehen. Ich würde keine Anrufe oder Nachrichten von Mayer entgegennehmen. Ich würde ganz einfach verschwinden. Ich faßte diesen Entschluß ganz allein und versprach mir, nicht von ihm abzugehen und abzuwarten, was passieren würde.

Ich war noch völlig erschöpft von meiner Arbeit an *Es war*, da gab mir das Studio, ohne mir eine Verschnaufpause zu gönnen, ein neues Drehbuch, *Women Love Diamonds*, in dem schon wieder eine Vamprolle für mich stand. Schon einmal zuvor war ich nicht bei Dreharbeiten erschienen, als ich hätte anwesend sein sollen; aber damals hatte ich nicht den Mut gehabt weiterzustreiken, und bin nach nur einer Woche wieder zur Arbeit gegangen. Diesmal war alles anders.

Der erste, der anrief, war Yackie. Mein Mädchen sagte ihm, ich sei krank. Als Mayer am selben Tag anrief, sagte mein Mädchen, ich könne nicht ans Telefon kommen. Das sagte sie auch Thalberg, als er mich am nächsten Tag zu erreichen versuchte.

Als Moje entdeckte, was da vor sich ging, wurde er ausgesprochen wütend. «Sie wollen über deinen Vertrag verhandeln, und du bist so töricht, nicht mit ihnen zu reden. Du solltest dir anhören, was sie zu sagen haben. Du mußt ja nicht gleich einverstanden sein, aber du solltest es dir wenigstens anhören. Sonst wirst du deine Arbeit verlieren.»

Ich merkte, daß Moje, der mit der Zigarette im Mund hinter mir stand, sehr aufgeregt war. Ich beruhigte ihn: «Keine Sorge; es wird schon nichts passieren. Ich will bloß dieselben zehntausend Dollar in der Woche, die mein Filmpartner bekommt. Immerhin spielen wir beide Hauptrollen.»

«Das gefällt mir, aber wir müssen die ganze Situation durchdenken. Ich fürchte, daß Mayer und Thalberg meine Argumentation vielleicht nicht akzeptieren würden, wenn ich zu ihnen ginge, um mit ihnen zu reden. Sie könnten sich sogar weigern, mich zu empfangen, denn die beiden hassen mich.»

Als wir darüber nachdachten, wie wir die besten Ergebnisse erreichen könnten, klopfte jemand an die Tür. Das Mädchen glaubte, es sei ein Lieferant, und öffnete. Als sie einen Mann mit leeren Händen in der Tür stehen sah, sagte sie: «Miss Garbo ist nicht zu Hause.»

«Oh, ich bin sicher, daß sie da ist.»

Er schob sie beiseite und kam einfach in mein Schlafzimmer.

«Ich bin Carey Wilson, ein Produzent bei MGM. Ich habe Sie und Mr. Stiller schon einige Male gesehen, aber wir sind uns leider noch nicht vorgestellt worden.»

Moje gab ihm die Hand, und ich bat ihn, Platz zu nehmen. Wilson kam sofort zur Sache.

«Miss Garbo, Mr. Thalberg hat mich gebeten, Ihnen eine Nachricht zu übermitteln. Wann können Sie ihn in seinem Büro aufsuchen, um über einen neuen Vertrag zu verhandeln?»

Ich antwortete kühl: «Mr. Wilson, wenn Sie in Ihr Büro zurückkehren, sagen Sie bitte Ihren Arbeitgebern, daß ich nicht mehr in ihren Filmen spielen werde, es sei denn, ich bekomme zehntausend Dollar in der Woche, dasselbe Gehalt, das auch Mr. Gilbert bekommt. Ich bin dabei, die Koffer zu packen und nach Europa zurückzugehen.»

Wilson wurde bleich, doch Moje lächelte. Er dachte wahrscheinlich, daß er mir ein guter Lehrer gewesen war.

«Ist das alles, was Sie zu sagen haben, Miss Garbo?»

«Ja. Ich bin Ihnen ausgesprochen dankbar, daß Sie mich ausreden ließen. Ich hoffe, daß wir eines Tages ein angenehmeres Gespräch führen werden.»

«In Ordnung. Ich freue mich schon jetzt auf einen gemütlicheren Meinungsaustausch mit Ihnen.» Er stand auf, gab uns beiden die Hand und ging.

Später traf ich Wilson oft in Yackies Haus, und wir wurden Freunde.

Zwei Stunden später erschien Harry Edington an meiner Hoteltür. Er war überaus freundlich. «Jack Gilbert würde gern mit Ihnen Tennis spielen, aber er kann Sie telefonisch leider nicht erreichen. Er hat mich beauftragt, Sie zu bitten, seine Einladung anzunehmen.»

«Tut mir leid. Leider kann ich nicht gut Tennis spielen.»

«Er sagte auch etwas von Schwimmen.»

«Bitte sagen Sie Mr. Gilbert, daß ich das Schwimmen verlernt habe, weil es hier keinen Fluß gibt.»

«Aber wir haben einen Ozean, und im Pazifik zu schwimmen ist ein Vergnügen.»

Moje hörte dieses Gespräch mit an und schien mit seinem Verlauf zufrieden zu sein.

«Aber ich kann leider nicht im Ozean schwimmen. Ich bin Flüsse und kleine Seen gewohnt.»

Edington war hartnäckig. «Wie steht es mit Segeln?»

«Ich habe keine Yacht.»

«Jack hat eine.»

Moje sah, daß dieses Gespräch zu nichts führte. Er entschloß sich, ganz unverblümt zu reden. «Miss Garbo ist beunruhigt, weil sie mit MGM Probleme wegen ihres Vertrages hat. Sie möchte zehntausend Dollar in der Woche von MGM. Sonst wird sie nicht in Ihrem nächsten Film spielen.»

«Ich verstehe. Wenn Sie und Miss Garbo es mir gestatten, werde ich Thalberg und Mayer Ihren Wunsch übermitteln. Ich werde nicht als Agent fungieren, sondern als *Amicus curiae*. Ich werde keine Provision von ihr verlangen. In meinen Büchern lasse ich das unter ‹Prestige› laufen.»

«Ich bin hundertprozentig einverstanden», sagte Moje, und ich schloß mich an. Das erwies sich als das Intelligenteste, was ich tun konnte, denn Harry Edington erreichte einen Fünfjahresvertrag von MGM, der mir für jede Woche des Jahres fünftausend Dollar sicherte. Die meisten Schauspieler wurden nur vierzig Wochen im Jahr bezahlt. Mit jedem Jahr sollte sich der Betrag erhöhen, bis er sechstausend Dollar in der Woche erreichte. Im ersten Jahr sollte ich zweihundertsechzigtausend Dollar bekommen. Harry verlangte tatsächlich keine Agentenprovision, und er wurde mein Freund und Finanzberater. Er half mir, das Geld in Immobilien, Aktien und Wertpapieren zu investieren, um mein Alter zu sichern. Die Vertragsverhandlungen zogen sich sechs Monate lang hin, und der Vertrag wurde am 1. Juli 1927 offiziell unterzeichnet.

Es ging das Gerücht, daß ich nach dem Zwischenfall in Yackies Haus mit Moje Schluß gemacht hätte, und es hieß, Victor Seastrom fungierte als Vermittler zwischen uns. Die Wahrheit ist, daß Moje, gequält von seiner wachsenden Eifersucht und seinem schlechten Gesundheitszustand, mit mir Schluß machen wollte. Seine Tuberkulose war wieder ausgebrochen, und er hatte Durchblutungsstörungen. Er beklagte sich, daß er seine Beine und Hände nicht mehr spürte: «Sie sind taub wie abgestorbenes Holz.»

Obwohl er keinen wirklichen Grund zur Eifersucht hatte, machte sie ihn krank. Ungefähr zu der Zeit, als ich meinen Vertrag unterschrieb, sagte er zu Victor: «Sie braucht mich nicht mehr. Sie verdient viel Geld und ist berühmt. Ich wäre für sie nur ein Klotz am Bein.»

Wenn ich auch nicht gerade für mein sensibles Gewissen bekannt bin – ich bemühte mich sehr, Moje zu sehen. Ich verbrachte viel Zeit damit, im Foyer seines Hotels auf ihn zu warten. Es gelang mir jedoch nicht, ihn zu treffen. Er hatte angeordnet, mich nicht in sein Apartment zu lassen. In diesen letzten Drehtagen zu *Die Straße der Sünde* gab er dem Sicherheitspersonal bei der Paramount Anweisung, mich von seinem Büro fernzuhalten. Ich kannte ihn sehr gut. Er war starrsinnig und ehrgeizig, und wenn sich ihm jemand in den Weg stellte, wurde er wütend und provozierte eine körperliche Auseinandersetzung.

Mojes Nikotin- und Alkoholkonsum wuchs immens. Er trank jetzt sogar bei der Arbeit. Bei der Paramount machte er sich überall Feinde, stritt sich mit den Schauspielern, den Technikern, mit jedem, der seinen Anweisungen nicht unverzüglich Folge leistete. Als er die Arbeit an *Die Frau vor Gericht* beendet hatte, behauptete das Studio, der Film werde ein finanzieller Mißerfolg. Aber er hatte immer noch den Vertrag für *Die Straße der Sünde*, und er arbeitete sehr hart, ihn so schnell wie möglich zu beenden. Er sagte immer wieder zu Victor, daß ihm nicht mehr viel Zeit bliebe. Gegen Ende der Dreharbeiten im Herbst 1927 wurde er krank und konnte den Film deshalb nicht selbst fertigstellen. Ludwig Berger hat ihn dann beendet. Aber es war eigentlich Mojes Film. Dieser zweite Film beweist immer noch Stillers einzigartige Handschrift und sein handwerkliches Können; aber weil er nicht dem amerikanischen Stil entsprach, war auch dieser Film ein finanzieller Mißerfolg.

Dann kam der Tag, an dem mir Victor sagte, Moje kehre nach Europa zurück. Er flehte mich an, nicht zu ihm zu gehen, um mich zu verabschieden, aber ich beschwor ihn, mir eine Gelegenheit zu verschaffen, ein letztesmal mit meinem angeblichen Schöpfer zu reden.

«Wenn ich dich zu Moje bringe, verliere ich seine Freundschaft. Und wenn ich dich nicht zu Moje bringe, verliere ich deine. Ich weiß nicht, was ich tun soll. Lohnt es sich, dich zum Bahnhof zu bringen, damit du ein menschliches Wrack siehst?»

Ich wußte, daß Victor ein guter Mensch war, und er steckte in einer Zwickmühle. Ich wußte außerdem, daß der Zwischenfall in Yackies Haus der Grund für Mojes unsägliche Wut war, daß er Victor aber nie erklärt hatte, was vorgefallen war. Es lag ihm nicht, über seine Gefühle zu reden. Er war verschlossen in allem, was mich betraf, und wollte mich beschützen. Victor war überzeugt, daß Moje sich von mir getrennt hatte, weil er in Hollywood keinen Erfolg hatte.

«Jetzt erkläre ich es dir zum hundertstenmal. Moje glaubt, er sei eine Last für dich, und er glaubt, er könne dir wegen seiner körperlichen und geistigen Verfassung nicht mehr helfen. Aber ich denke nicht, daß man eine so lange Freundschaft einfach abbrechen darf, nur weil einer der beiden Erfolg und der andere tragische Mißerfolge hat.»

Ich hörte Victor aufmerksam zu und nahm mir jedes seiner Worte zu Herzen; aber wie Moje konnte auch ich ihm unsere Geheimnisse nicht verraten. Der nächste Tag war verregnet und düster, und Victor, der meinen Bitten nachgegeben hatte, brachte mich zum Bahnhof, wo der *California Limited* für die Fahrt nach New York bereitstand. Zu meiner Überraschung begrüßte mich Moje mit einem Lächeln im bleichen Gesicht, beinahe so, als wäre zwischen uns nicht das geringste vorgefallen. Und er sagte: «Ich fahre nach Europa zurück, weil Svensk Filmindustri» – hier fuchtelte er mit einem gelben Telegramm vor meiner Nase herum – «mich eingeladen hat, einen großen Film zu machen, bei dem ich die absolute finanzielle und künstlerische Kontrolle haben soll.»

244

Obwohl ich wußte, daß nichts davon wahr war, nickte ich, um ihm das Gefühl zu geben, daß ich ihm glaubte. Nach einem Moment des Schweigens und quälenden Zögerns sagte er: «Du mußt hierbleiben, denn Hollywood ist deine Zukunft. Denk nicht mehr an unsere Versprechen, zusammenzubleiben. Sie waren kindisch und töricht.» Victor sah mich an, und ich sah ihn an, aber er fragte nichts. Er war ein empfindsamer und diskreter Mensch, immer darauf bedacht, sich nicht einzumischen. Außerdem kannte er Moje inzwischen sehr gut, sie waren in diesem Land Freunde geworden, und er wußte, daß eine persönliche Frage einen heftigen Gefühlsausbruch auslösen konnte. Moje wechselte abrupt das Thema: «Ich hatte ein langes Gespräch mit Bill Daniels, er weiß genau, wie er mit der Kamera an dein Gesicht und deine Figur herangehen muß. Er weiß, wie er deine Bewegungen, dein Lächeln, deine Melancholie einfangen kann.»

Ich riß ihn in meine Arme und küßte leidenschaftlich sein Gesicht und seinen Hals. Er schob mich beiseite.

«Bleib gesund und werde berühmt», sagte er. «Ich bin stolz auf dich, und ich werde nie aufhören, an dich zu glauben. Ich werde dich nie vergessen.»

Wie ein kleines Kind fing ich an zu weinen, und ich sah Tränen auch in Mojes Augen. Victor wandte sich ab, und ich wußte, daß auch er mit den Tränen kämpfte. Moje zog mich in seine Arme, und ich fühlte, wie seine Tränen auf meine Stirn fielen, mir das Gesicht hinunterrollten und sich mit meinen Tränen vermischten. Plötzlich spürte ich, daß Victor uns zum Eisenbahnwaggon zerrte. Moje nahm mich bei der Hand und hob seine Reisetasche auf. Mein Blick fiel auf die riesigen Bahnhofsfenster, und ich sah, daß der Himmel beinahe schwarz war. Dann ertönte das Pfeifen der Lokomotive, gefolgt von dem Pfeifen des Zugführers, und der Zug fuhr ab. Moje ließ mich los und sprang auf die Stufen seines Waggons.

«Wir sehen uns in Stockholm – komme, was da wolle.»

«Ja, ja, Moje.»

«Laß dir Zeit», schrie er. «Du hast zuviel zu tun. Laß dir Zeit.»

«Ich seh' dich in ein paar Monaten in Stockholm! schrie ich. Ich wiederholte es mehrere Male, aber ich bin sicher, er hat es nicht gehört, denn der Zug und die Leute machten so viel Lärm. Ich sah, wie er seine starken Hände hoch in die Luft streckte. Mir war elend, mein Kopf glühte, und beinahe wäre ich in Ohnmacht gefallen.

Victor fing mich auf und sagte mit schwankender Stimme: «Du wärst beinahe unter die Räder des Zugs geraten.»

Ich schrie: «Diese Hand! Diese Hand! Diese Hand!» Und ich spürte, wie Mojes Hand mein Gesicht berührte. Doch dann verschwand diese Vision, meine Augen ertranken in Tränen.

✐nna ✐Karenina

Victor Seastrom hatte sich zwar schon seit langem danach gesehnt, bei einem meiner Filme Regie zu führen, aber dennoch war ich äußerst überrascht, als ich erfuhr, daß er mehrere leitende MGM-Angestellte zu überzeugen versucht hatte, nur er sei dazu in der Lage. Er wußte, daß ich das Werk von Lew Nikolajewitsch Tolstoi bewunderte, den Moje immer bei seinem vollen Namen nannte. Daher sagte Seastrom den Leuten von MGM, er wolle in einer Leinwandadaption eines Tolstoi-Romans Regie führen, in der ich die Hauptrolle spielen sollte. Um die Spannung zu mildern, kann ich jetzt schon sagen, daß Victor nie dazu kam, eine Tolstoi-Verfilmung mit mir zu machen; aber ihm und Moje habe ich es zu verdanken, daß ich soviel wie möglich über diesen großen russischen Schriftsteller zu erfahren versuchte. Ich entdeckte, daß sich seine Philosophie in einem einzigen Satz zusammenfassen läßt: «Sei nicht klüger als die Natur und das Leben.»

Als die Studiobosse von MGM beschlossen, *Anna Karenina* zu verfilmen, betrauten sie Frances Marion mit dem Drehbuch. Für den Job des Regisseurs verhandelten sie mit Dimitri Buchowetzki, der Rußland und die russische Geschichte sehr gut kannte, dessen Regievorstellungen aber nicht mit ihren übereinstimmten. Schließlich entschieden sie sich für Edmund Goulding. John Gilbert sollte den Wronski spielen. Brandon Hurst spielte meinen Mann, Karenin, George Fawcett den Großherzog und Emily Fitsroy die Großherzogin. Philippe de Lacy war Serescha. Mein einziger Trost war, daß Bill

Daniels hinter der Kamera stehen würde. Wie so oft in Hollywood, wurde der Titel von Tolstois großem Roman geändert. Der neue Titel lautete *Love*. Die PR-Leute konnten nun verkünden: «John Gilbert and Greta Garbo in *Love*.» Die Pressemitteilungen offenbarten die Mentalität von Mayer und seinen Handlangern, die mit ihrer klischeehaften Gefühlsduselei die Geschichte billig erscheinen ließen. «Anna ist die Frau des russischen Grafen Karenin. Sie ist großartig, allseits beliebt und viel jünger als ihr Mann, der sich Staats- und Geschäftsangelegenheiten weit hingebungsvoller widmet als seiner liebreizenden Gattin. Die beiden haben einen kleinen Sohn, den die Mutter mit der Liebe eines ausgehungerten Herzens überhäuft. Eines Abends muß die Gräfin die Rückfahrt von St. Petersburg unterbrechen, weil ein Schneesturm ihre Pferde blendet. Ein junger Offizier taucht plötzlich neben ihrer Kutsche auf und führt sie in ein Gasthaus, in dem sie einige Zeit verbringen ... Das nächstemal sehen sie sich am Ostermorgen in der Kirche. Er fleht sie an, ihm den Zwischenfall im Gasthaus zu verzeihen, und sie verzeiht ihm. Noch am selben Abend bittet sie ihren Mann, mit ihr zu verreisen, ‹nur wir beide, ganz allein›. Der vielbeschäftigte Gatte kommt ihrem Wunsch nicht nach, und natürlich verliebt sie sich in einen anderen Mann.» Soviel zur Geschichte; doch der emotionale Hintergrund und die Atmosphäre sind für jede Schauspielerin von ungeheurer Bedeutung. Trotz eines miserablen Drehbuchs kann sie immer noch das unerklärliche Rätsel sichtbar machen, aus dem die Legenden weiblicher Vollkommenheit gemacht sind.

Der Film hatte am 29. November 1927 im New Yorker Embassy Theater Premiere. Ich bin heute noch erstaunt, wenn ich daran denke, wie enthusiastisch mich die amerikanische Presse lobte.

Der vorsichtige Richard Watts jr. schrieb in der *Herald Tribune*: «Sie scheint eine exzellente und attraktive Schauspielerin zu sein und besitzt die erstaunliche Fähigkeit, abwechselnd wie Carol Dempster, Norma Talmadge, Zasu Pitts und Gloria Swanson auszusehen.»

Zehn Jahre später, wahrscheinlich nachdem er den Film noch einmal gesehen hatte, ging er sogar noch weiter. «Ich denke, daß keine andere Schauspielerin dieser Generation soviel Schönheit und Erhabenheit in das Kino gebracht hat, und sie kommt einer Vision der vollkommenen Schönheit, wie sie uns auf dieser Welt gewährt sein kann, am nächsten!»

Aber die europäische Presse, mit Ausnahme von Schweden, war nicht so überschwenglich – ich nehme an, weil MGM in Europa nicht so einflußreich war wie in Amerika.

Für meine Darstellung der Anna erhielt ich den Preis der New Yorker Filmkritiker als beste Schauspielerin des Jahres 1927. Als der Film anlief, war ich sehr verärgert, daß Yackie darauf bestand, an erster Stelle genannt zu werden. Ich erinnere mich genau, wie sehr ich mich bemüht hatte, alle Nuancen herauszuarbeiten, die Anna als Menschen zeigen und nicht nur als eine törichte, sentimentale Frau. Ich glaube, das ist mir trotz des miserablen Drehbuchs gelungen. Ich bin überzeugt, aufgrund der Werke Tolstois, der Lehren Mojes über die russische Seele und Bill Daniels vorzüglicher Kameraarbeit meiner Rolle gerecht geworden zu sein. Aber ohne Gouldings stupide Regieanweisungen, die mir und meiner Darstellungskunst völlig konträr waren, hätte ich wahrscheinlich noch mehr aus der Rolle herausholen können. Auch Yackie hinderte mich daran, mein Bestes zu geben. Ich war wie ein Schwimmer im Meer, der sich sagt: Hier gibt es keine Haie. Hier können keine Haie sein. Hier kann es keine Haie geben. – Doch eines Tages schwimmt er weit hinaus und wird von Haien getötet. In *Love* war mir, als könnte ich jederzeit bei lebendigem Leib gefressen werden.

Keine Hochzeit

Yackie war nicht in mich verliebt. Er wollte nur der Welt beweisen, daß keine Frau – oder genaugenommen kein Mensch – ihm widerstehen konnte, seinen «wunderschönen Augen», seinem «üppigen Schnurrbart» und seinem «impulsiven Handeln». Jeder war für ihn ein Mittel, seine Publicity zu vergrößern. Liebe in einem Film zu spielen, ist eine Sache, aber mich an einen so labilen und streitsüchtigen Mann wie Yackie zu binden, war nichts für mich.

Einmal, als mein Mädchen gerade die täglichen Einkäufe erledigte, tauchte Yackie plötzlich mit seinem schnittigen Wagen vor meinem Haus auf. Ich sah ihn von einem Fenster des obersten Stockwerks, und ich Närrin ging hinunter, um ihn zu begrüßen. Er bat mich, mit ihm eine kleine Spritztour nach Santa Ana zu machen, und ich nahm seine Einladung an. Unterwegs sagte Yackie immer wieder: «Ich liebe dich, und ich möchte, daß du meine Frau wirst.»

Ich antwortete nur: «Ich kann nicht.»

«Warum nicht? Bist du etwa keine Frau? Oder spukt dir immer noch Stiller im Kopf herum?»

Solches Gerede verärgerte mich, und ich nahm kein Blatt vor den Mund. «Ich weiß, daß du mich gelehrt hast, wie man Tennis spielt, wie man Tango und Rumba tanzt, wie man gut ißt und den besten Champagner trinkt; aber du kannst mich nicht lehren, dich zu lieben, und eine Ehe mit dir wäre eine völlige Katastrophe. Für dich ist eine Ehe nur ein Publicitygag unter vielen, für mich dagegen bedeutet eine Ehe Liebe und Frieden.»

250

«Ich werde dir beides geben. Ich glaube, wir wären ein vielbewundertes Paar. Und du hättest Frieden und meine Liebe. Deine Liebe würde später schon noch kommen.»

«Ich glaube nicht an diese Art von Logik.»

«Du hast dich immer noch nicht von Stiller frei gemacht; durch seine Rückkehr nach Europa hat er dich dazu gebracht, ihn auch weiterhin zu lieben.»

Es war ein sonniger Tag, alles war grün und goldgelb; aber sein dämliches Geschwätz bereitete mir fast unerträgliche Qualen.

«Wir gründen unsere eigene Filmgesellschaft.» Yackie ließ nicht locker. «Wir produzieren Filme, in denen wir die Hauptrollen spielen, und wir werden uns die Einnahmen redlich teilen.»

«Du schlägst keine Ehe vor, sondern eine kommerzielle Unternehmung, für die man nicht nur gegenseitiges Einvernehmen, sondern auch viel Geld braucht.»

«Ich habe Geld, und wenn wir mehr brauchen, würde es uns jede Bank in Amerika leihen, vorausgesetzt natürlich, wir packen es gemeinsam an. Wir sind das berühmteste Liebespaar der Welt, und auf dieser Basis können wir eine phantastische Filmkarriere aufbauen.»

«Das ist ein rein geschäftlicher Vorschlag.»

«Der auf meiner Liebe zu dir beruht.»

«‹Von welcher Seite wir auch immer diesen Vorschlag betrachten, er läuft immer auf Geschäft hinaus›, hat Nils Asther einmal zu mir gesagt.»

«Nils ist also auch gegen mich, auch wenn dieser Dreckskerl in meiner Gegenwart so tut, als wäre er mein Freund.»

«Sei nicht wütend, Yackie. Durch deine Publicitysucht weiß jeder alles über uns. Weil die Leute so viel in der Zeitung über dich lesen, kommen sie zu mir und warnen mich. Sogar mein Mädchen ist gegen dich.»

«Also bittest du sogar deine Hausangestellten wegen unserer Heirat um Rat.»

«Das ist nicht wahr. Ich sage es dir zum letztenmal. Ich frage nie jemanden. Um Rat bitten, ist gegen meine Natur. Die Menschen um uns haben Augen und Ohren. Vor gar nicht langer Zeit sagte mir jemand, daß du mich wohl bittest, dich zu heiraten, daß man dich aber zur gleichen Zeit mit anderen Frauen in Nachtklubs sieht. Vielleicht bin ich einfach altmodisch.»

Yackie hielt plötzlich den Wagen an und sagte wütend: «Es ist kein Geheimnis, daß du nachts gern schläfst und daß ich meine Nächte lieber angenehmer verbringe. Ich führe gern Schauspielerinnen in Nachtklubs aus. Aber ich küsse sie nicht, und schon gar nicht rede ich ihnen von Heirat. Und wenn die Leute mit dir darüber reden, daß ich mit anderen Frauen ausgehe, kann ich dir sagen, daß dieselben Leute oft sagen, daß du John Loder besuchst.»

Ich war ziemlich überrascht von dieser Bemerkung. «Wer sagt so etwas?»

«Jacques Feyder, der belgische Regisseur.»

«Aber hat er dir auch gesagt, daß Feyders Frau immer dabei ist, wenn ich John besuche?»

«Nein, hat er nicht. Aber das ist doch auch völlig unwichtig. Worum es hier geht, ist, daß du dich außer mit mir noch mit anderen triffst.»

«Willst du auch wissen, warum? Weil John ein wunderbares Englisch mit britischem Akzent spricht und ich daher von ihm lernen kann. Und ich treffe mich mit Jannings, um mich mit ihm auf deutsch zu unterhalten – nebenbei gesagt, in einem sehr guten Deutsch.»

«Und du triffst dich mit Nils Asther, weil er Schwedisch spricht?»

«Was soll dieser Sarkasmus? Ich sage die Wahrheit.»

Yackie gab auf und versuchte es mit einer anderen Taktik. «Clarence Brown hat mir erzählt, daß MGM darauf besteht, daß wir im nächsten Film wieder zusammen spielen.»

«Und was hat ein Film mit dem Leben zu tun?»

«Wenn du mich so sehr haßt, werden dir die Liebesszenen schwerfallen.»

«Die Dreharbeiten haben nicht das geringste mit unserem Privatleben zu tun», sagte ich rasch. Und wie schon so oft zuvor dachte ich, daß alle meine zukünftigen Filmrollen kannten, nur ich nicht. «Und was für ein Film ist das?»

«Das weißt du nicht?»

«Wenn ich es wüßte, würde ich dich nicht fragen.»

«Er basiert auf *The Green Hat* von Michael Arlen.»

«Das ist das erste, was ich davon höre.»

«Siehst du? Wenn du mich heiratest, würdest du nicht solche Überraschungen erleben, und die Leute in Hollywood, MGM eingeschlossen, nähmen dich endlich ernst.»

«Endlich hast du ein für mich stichhaltiges Argument gefunden, weshalb ich dich heiraten sollte.»

«Aha! Endlich habe ich dich davon überzeugt, daß es neben der Liebe noch etwas anderes zwischen uns gibt, darunter die Möglichkeit, daß du das gleiche Gehalt erhältst wie ich.»

Yackie trat das Gaspedal durch und raste rücksichtslos nach Santa Ana. Plötzlich fragte er: «Wenn wir eine Kirche sehen, hättest du dann lieber eine Hochzeit oder eine Beerdigung?»

«In diesem Augenblick ist mir das völlig egal.»

«Na schön, Greta Garbo. Du sollst eine Hochzeit haben.»

Wenige Minuten später hielt Yackie abrupt vor einem weißen Häuschen, das von hohen Palmen umgeben war. Er öffnete ausgesprochen würdevoll die Autotür, nahm mich bei der Hand und führte mich einen schmalen Betonweg entlang, der durch einen grünen Vorgarten lief.

Drinnen wurden wir von einem älteren Mann in einem schwarzen Anzug mit schwarzer Krawatte begrüßt. «Hochzeit oder Beerdigung?» fragte er.

Ich sah Yackie an, der begeistert antwortete: «Natürlich eine Hochzeit.»

«Bitte folgen Sie mir.»

Er ging rasch voran und strich sich mit den Händen das Haar glatt. Ich fragte mich, wie Beerdigungen und Hochzeiten in ein und demselben Gebäude stattfinden konnten. Ich war noch nie auf einer Hochzeit gewesen, und ich dachte, es könnte ein interessantes Erlebnis sein, einmal eine Trauung zu sehen. Wir wurden in einen ansprechenden sauberen Raum geführt, in dem vor einer Art Rednerpult mehrere Stühle standen. Der Prediger sagte: «Füllen Sie bitte diese Formulare aus.»

Mein Herz schlug schneller, und ich sah Yackie an.

«Yackie, bist du übergeschnappt? Er will uns nicht bei einer Trauung zuschauen lassen. Er glaubt, wir wollten selbst getraut werden!»

Ich wandte mich um und lief nach draußen. Yackie kam mir nach. Er packte den Gürtel meines Kleides, wirbelte mich herum und versuchte mich zu beruhigen.

«Nun stell dich nicht so an. Du kannst dich jederzeit wieder scheiden lassen. Denk nur einmal an all die Publicity, die wir bekämen.»

Ich schaute mich um und sah, daß mehrere Fotografen die Kamera auf uns gerichtet hatten.

«Bist du verrückt?» zischte ich.

«Ich bin nicht verrückt, aber du vielleicht», sagte Yackie so laut, daß es alle hören konnten. «Du weißt genau, wie oft du mir gesagt hast, daß du mich heiraten willst.»

Die Fotografen stellten nun die naheliegenden Fragen: «Hat die Trauung stattgefunden?» – «Wo verbringen Sie die Flitterwochen?» – «Wann kommen Sie nach Hollywood zurück?»

Ich war umzingelt von Fotografen und Reportern, die sehnsüchtig auf die allerneuesten Nachrichten über das «ideale Liebespaar» warteten.

«Wenn ich etwas im Scherz gesagt haben sollte», entgegnete ich, «sollte niemand diesen Scherz für bare Münze nehmen, vor allem, wenn es dabei um eine Heirat geht.»

Der Fotograf, der mir am nächsten stand, fragte: «Soll das heißen, es hat gar keine Hochzeit stattgefunden?»

«Ja, das heißt es!» schrie ich. «Und es wird auch nie eine Hochzeit geben.» Plötzlich beruhigte ich mich wieder, strich mir das Haar glatt und fragte eben diesen Fotografen: «Würden Sie mir einen Gefallen tun?»

«Mit Vergnügen», antwortete er und knipste.

«Fahren Sie mich bitte nach Los Angeles.»

Das war der Anfang vom Ende meiner großen Romanze mit Yackie Gilbert.

$\mathcal{D}as$ göttliche $\mathcal{W}eib$

Soweit ich zurückdenken kann, wollte ich immer so wie Sarah Bernhardt sein. Ich versuchte sogar, ihre Schauspielkunst nachzuahmen, aber mein Shakespeare erwies sich immer als allzu realistisch, und die Möglichkeiten am Stockholmer Theater waren für mich ziemlich beschränkt. Da ich so früh in meinem Leben Mauritz Stiller begegnete, kam ich zwangsläufig zum Film. Ich wollte, ganz gleich ob auf der Bühne oder im Film, vor allem eine gute Schauspielerin werden. Außerdem hat das Theater ein begrenztes Publikum, wohingegen Filme Millionen von Menschen gezeigt werden konnten. Natürlich träumte ich auch davon, berühmt zu werden. Ich dachte, daß nur der Film mit der Unterstützung meines Mentors erlauben würde, meine schauspielerischen Fähigkeiten zu verbessern und eine nahezu vollkommene Darstellung zu erreichen. Selbstverständlich war ich in dieser Ansicht von Moje beeinflußt, aber ich hatte schon immer davon geträumt, auf den Bühnen von Paris, Berlin, London und New York die großen klassischen Rollen zu spielen. Diese Träume wurden nie wahr, und mit der Zeit wurden sie immer mächtiger.

Als Victor Seastrom mir Gladys Ungers Stück *Starlight* zu lesen gab, sah ich, daß es auf dem Leben der Bernhardt basierte. Ich war ganz aufgeregt, die Gelegenheit zu haben, diese Rolle zu spielen. Victor überzeugte außerdem MGM, daß ich bei diesem Film an erster Stelle genannt werden sollte. Drei Monate lang arbeiteten mehrere Autoren an dem Drehbuch. Schließlich gab Dorothy Farnum dem Drehbuch den letzten Schliff. Aber nach dieser ganzen kunstvollen literarischen Arbeit war vom Leben der großen Sarah nichts übriggeblieben. Anstatt das interessante Leben der Bernhardt zu zeigen, erzählte, *The Divine Woman (Das göttliche Weib)*, wie der Film genannt wurde, die Geschichte einer armen, wunderschönen jungen Frau, die von einer großen Theaterkarriere träumt und sich in den Soldaten Lucien verliebt. Diese Rolle spielte Lars Hanson, ich spielte natürlich die Marianne, das «göttliche Weib».

Ich muß sagen, daß die Arbeit an diesem Film recht angenehm war, denn ich verbrachte die drehfreie Zeit mit Lars und Victor, mit denen ich Schwedisch sprechen konnte. Moje weigerte sich, mit mir zu korrespondieren, und so mußte ich mich an sie wenden, wenn ich Neuigkeiten über Mojes Anstrengungen, sich in Stockholm wieder als Regisseur zu etablieren, erfahren wollte. Ich hörte, daß sich seine Gesundheit verschlechtert hatte. Das beunruhigte mich mehr als seine Mißerfolge im Filmgeschäft. Zu meiner Überraschung erkundigte sich Moje in fast jedem seiner Briefe an sie nach mir und lobte meine Begabung und meinen Willen zum Erfolg. Diese Zeilen von einem Mann zu lesen, der mir so uneigennützig geholfen hatte, gab mir Mut. Ich dachte dauernd daran, nach dem nächsten Film, wenn ich mehr Geld verdient hatte, nach Hause zurückzukehren. Aber die Zeit verging, und meine Abreise wurde immer wieder verschoben.

Der Film *Das göttliche Weib* hatte am 14. Januar 1928 in New York Premiere. Die amerikanische Presse fand, das einzig Lobenswerte an diesem Film sei meine Schauspielkunst. Zu jener Zeit gingen die Hollywood-Karrieren von Victor und Lars ihrem Ende entgegen. Victor sehnte sich danach, nach Schweden zurückzukehren. Sein nächster Film, *The Wind*, mit Lars und Lillian Gish in den Hauptrollen, ist heute ein Klassiker. Nach diesem Film ging er wieder nach Europa und kehrte an das Theater zurück.

In der Presse stand zu lesen, ich brächte allen Schauspielern und Regisseuren, die mit mir arbeiteten, Unglück, vor allem wenn sie aus Schweden kamen. Es hieß, jeder, der mit mir spiele, werde von der «garboesken» Methode vergewaltigt, obwohl nie erklärt wurde, was unter dieser Methode zu verstehen war. Oliver Marsh, der Kameramann von *Das göttliche Weib*, nannte mich einen «schwedischen Fjord». Auch das Ende von Yackies Karriere wurde vorhergesagt, denn er hatte schließlich neben mir Hauptrollen gespielt. Es war schwer auszumachen, wer solche Gerüchte in die Welt setzte, aber ich war überzeugt, daß die MGM-Leute dahintersteckten, die aus mir eine Art Vampir machten. Manchmal dachte ich selbst, daß es wirklich etwas in meinem Wesen gab, das anderen Unglück brachte. Ich beschloß, mich noch mehr zurückzuziehen.

Das war nicht einfach: Immer mehr Menschen baten darum, mich sehen zu dürfen – angefangen von Mitgliedern der königlichen Familie bis zu Jugendlichen, die in die MGM-Studios eindrangen. Ich war verärgert und floh vor all diesen Begegnungen. Meine Entschuldigung war ganz einfach: «Niemand kommt auf die Idee, einen Bankangestellten während der Geschäftszeit zu besuchen und ihm beim Geldzählen zuzusehen. Niemand schaut einem Schriftsteller über die Schulter, wenn er an einem Manuskript arbeitet. Warum sollte ausgerechnet ich bei meiner Arbeit gestört werden dürfen?»

Aber meine Erklärungen und mein Zorn richteten nichts aus. Ich war machtlos und geriet noch tiefer in die kontroverse Publicity, die nicht nur meinen Charakter in einem falschen Licht erscheinen ließ, sondern sich auch auf mein alltägliches Leben und mein seelisches und körperliches Wohlbefinden auswirkte.

Von Zeit zu Zeit erhielt ich einen Brief von Mimi Pollak, meiner alten Freundin von der Königlichen Schauspielschule. Sie schrieb mir Neuigkeiten über Moje, und keine von ihnen war erfreulich. Svensk Filmindustri wollte nicht mehr mit Moje zusammenarbeiten, deshalb ging er ans Theater und inszenierte Dramen und Musicals.

Der schwedische Finanzier Olle Andersson, der sich gern an Theateraufführungen und Filmen beteiligte, bestand bei einer bevorstehenden Produktion von *Broadway* auf dem Titel *The Good Old U. S. A.*, denn «es würde die amerikanische Botschaft in Stockholm freuen»; doch Moje ließ sich nicht davon abbringen, jedes Detail seiner Arbeit selbst zu bestimmen, und der ursprüngliche Titel blieb erhalten.

Von Woche zu Woche wurde Moje nervöser; er rauchte, hustete und trank übermäßig. Er verscherzte es sich mit jedem, mit dem er in Berührung kam. Studienkollegen wie die Schauspielerin Lena Cederström, der Regisseur Alf Sjöberg und der Schauspieler Karl-Magnus Thulstrup schrieben mir Neuigkeiten. Sie alle behaupteten, sie schrieben mir, um mir von Moje zu berichten, doch ich hatte den Verdacht, der wahre Grund ihrer Briefe sei ihr Wunsch, in Hollywood Millionen zu verdienen, und daß sie dachten, ich könne ihnen dabei helfen. Vielleicht tue ich ihnen unrecht.

Nach seiner Rückkehr nach Schweden schrieb mir auch Victor von Moje. Aus seinen und Mimis Briefen konnte ich mir nun ein klares Bild von Mojes Aktivitäten machen.

Bevor er im Januar 1928 ins Krankenhaus ging, verkaufte er sein Haus in Lindingö, weil er glaubte, daß er das Krankenhaus nicht mehr lebend verlassen würde. Aber trotz einer Operation konnte er nach einer vierwöchigen Behandlung wieder ans Theater zurückkehren. Und er nahm auch seine Filmarbeit wieder auf. Obwohl er immer gegen die britischen Imperialisten gewettert hatte, nahm er mit der Londoner Filmindustrie Kontakt auf, um einen Film zu produzieren, der die positive Seite der britischen Herrschaft in Indien zeigen sollte. Ein zweiter Film sollte von einem französischen Rothschild finanziert werden, der zur Bedingung machte, daß der Film in Palästina gedreht werde und die harmonischen Beziehungen zwischen den Arabern und den jüdischen Einwanderern zeige. Moje hatte für beide Filme schon das Drehbuch geschrieben. Nun mußten nur noch gewisse finanzielle Details geregelt werden. Victor schrieb, Moje habe vor, nach London und Paris zu fahren, und denke sogar daran, nach Madeira zu reisen, um sich zu erholen. Die Ärzte hatten ihm dazu geraten, das Klima auf Madeira sei ideal für ihn. Es werde sich günstig auf seine Tuberkulose, seinen Rheumatismus, seine Durchblutungsstörungen und auf seine Nervosität auswirken. Solche Pläne waren realistisch, denn sein Musical war in Stockholm ein künstlerischer und finanzieller Erfolg gewesen.

«Mir steht alles offen», hatte Moje zu Mimi gesagt, berichtete sie mir. Weiter hieß es in ihrem Brief: «Dann sagte er: ‹Ich habe mir keine Sorgen gemacht. Ich habe ja gewußt, daß ich in Stockholm Erfolg haben würde› – und er begann unaufhörlich zu husten.»

Mimi schrieb, daß sich alle sehr um seine Gesundheit sorgten. Vom frühen Nachmittag bis weit nach Mitternacht wimmelten Menschen um ihn herum, tranken, aßen und amüsierten sich – alles auf seine Kosten. Niemand wußte, wo er so viel Geld herhatte. Es ging das Gerücht, Rothschild habe ihm Geld geschickt, weil ihm das Drehbuch über die arabisch-jüdische Zusammenarbeit in Palästina gefallen habe. Andere meinten, die britische Regierung habe ihm einen Vorschuß auf den geplanten Film über Indien gegeben. Jedenfalls warf Moje mit dem Geld nur so um sich – gab Festessen, schenkte seinen Freunden Autos und den Frauen Pelze, als gäbe es für ihn kein Morgen.

Auch ich machte mir vor allem Sorgen um seine Gesundheit. Seit er Hollywood verlassen hatte, war kein Tag vergangen, an dem ich nicht an ihn gedacht hatte. Doch nach langer und reiflicher Überlegung kam ich zu dem Schluß, daß es töricht wäre, zu ihm zurückzukehren. Wozu? Um vor ihm auf die Knie zu fallen? Mir an die Brust zu schlagen und zu weinen? Das hätte ich niemals fertiggebracht.

Ich wußte immer noch nicht, warum unsere Beziehung so unvermittelt zu Ende war, auch wenn ich mich damit tröstete, daß ich niemandes Anhängsel sein wollte, nicht einmal seines. Mit den Jahren kam ich zu der Ansicht, daß ich ohne seine Unterstützung vielleicht nie Erfolg gehabt hätte; aber andererseits hatte man mir am Anfang nie Gelegenheit gegeben, selbständig zu arbeiten. Ich wußte, daß mit Moje als Mentor nichts schiefgehen konnte. Ich gebe zu, daß Moje mich alle Tricks gelehrt hat, die man in diesem Geschäft braucht; ich lernte Raffinesse im Umgang mit Menschen, immer ein wenig zu lächeln und wenig zu sagen. Ich glaube, daß ich mit Mayer, Thalberg, Gilbert und Konsorten gut fertig geworden bin – und sie alle waren raffiniert und hinterhältig. Ich konnte mein Talent gut verkaufen, hervorragend investieren und geschickt manipulieren. Ich glaube, ich habe meine Begabungen und meine Chancen genutzt. Das Resultat kann man heute sehen. Noch immer sprechen alle mit Ehrfurcht von mir.

Ich hatte Glück, daß mir von einem Menschen wie Moje Liebe und Hilfe zuteil wurde. Ich hatte Glück, daß er mich ausgesucht hatte, aber ich hatte außerdem Glück, daß ich fähig war, schnell von ihm zu lernen und hart zu arbeiten. Ehrlich gesagt, ich bin mir nicht sicher, ob mir andere Menschen viel geholfen haben, denn ich habe sie immer verachtet. Ich hatte immer das Gefühl, sie seien für den Erfolg, den ich erreicht und dauerhafter gesichert habe als jeder andere in der Filmindustrie, Chaplin vielleicht ausgenommen, ohne Bedeutung. Ich verachte die Menschen heute sogar noch mehr, weil ich sie nicht mehr brauche, um meinen Ruhm aufzubauen, und ich brauche sie nicht in meinem täglichen Leben. Ich glaube – vielleicht zu Unrecht –, daß die Menschen, wenn ich sie näher an mich herankommen lasse, meinen wahren Charakter erkennen und daß ich durch ihre Winkelzüge und ihren Klatsch meinen Mythos einbüßen könnte. Mein Mythos bedeutet mir alles. Ich würde ihn um keinen Preis eintauschen, nicht gegen das Leben, gegen Glück oder gegen irgendeinen Menschen – meine Schwester, meinen Vater oder Moje inbegriffen. Lieber würde ich sogar mein eigenes Leben opfern, als ihn zu gefährden.

Der Krieg im Dunkel

Meine Arroganz wuchs proportional zu meiner zunehmenden Berühmtheit, obwohl ich zu flüchtigen Bekannten freundlich, verängstigt, bescheiden und schüchtern tat. Die meiste Zeit folgte ich einfach den Anregungen der MGM-Publicity-Strategen, die über mein Privatleben, meine Schauspielerei und meine sogenannte Philosophie eine Reihe von Lügen und Halbwahrheiten verbreiteten. Mein «Charakter» änderte sich häufig; er war abhängig von den Filmen, an denen ich gerade arbeitete, und den Vorstellungen des Werbechefs. Einen Monat lang wurde ich als Johanna von Orleans angepriesen, im nächsten als Lucrezia Borgia und im darauffolgenden als Königin Christine von Schweden oder als Salome. Daneben gab es die Phasen der Mata Hari, der Kameliendame und der Kleopatra. Es gab keine berühmte Frau der Weltgeschichte, mit der die Werbeleute mich nicht verglichen hätten. Die Absicht, die sie mit dieser Strategie verfolgten, war, das Publikum zu verwirren. Doch auch ich ließ mich anstecken und war ebenfalls verwirrt und bildete mir die meiste Zeit ein, etwas Besonderes zu sein. Mein nächster Film, *The Mysterious Lady (Der Krieg im Dunkel)*, nach einem Drehbuch von Bess Meredyth, basierte auf Ludwig Wolffs Roman *Krieg im Dunkel*. Der Regisseur war Fred Niblo, jener Mann, der Moje bei den Dreharbeiten zu *Totentanz der Liebe* abgelöst hatte. Ich spielte die wunderschöne russische Spionin Tania. Yackie sollte die männliche Hauptrolle spielen, aber ich ging zu den MGM-Bossen und erklärte ihnen, ich besäße weder die physische noch die emotionale Kraft, mit ihm zu spielen. Daher besetzten sie die Rolle des österreichischen Offiziers Karl von Heinersdorff mit Conrad Nagel. Den russischen General Alexandroff spielte Gustav von Seyffertitz, und seinen Adjutanten Oberst von Raden spielte Edward Conelly.

Eines Tages wurde ich Zeugin eines Gesprächs, in dem von Seyffertitz mich lobte und meinte, ich sei «bescheiden, und doch eigenartig faszinierend». Ich beschloß, ihn von diesem Tag an zu meinem ständigen Begleiter zu machen. Einige Leute hatten begonnen, über meine lesbischen Neigungen zu reden, und ich fand, Gustav mit seinem zuvorkommenden Benehmen passe gut zu mir. Die Studiobosse waren anderer Meinung. Sie stachelten Conrad Nagel an, mein Begleiter zu werden. Sie dachten, es wäre eine gute Werbung für den Film, wenn der männliche Hauptdarsteller in mich verliebt sei. Aus dieser Konstellation entwickelte sich eine Rivalität zwischen Conrad und Gustav. Ich ermutigte den einen, während der andere vom Studio angefeuert wurde. Ich wurde immer nervöser und ungehaltener, und die ganze Sache hätte beinahe in einer Tragödie geendet.

Während der Dreharbeiten bat ich Gustav oft, mich nach Hause zu begleiten, denn ich fühlte mich schwach und hatte Schmerzen in den Beinen, den Händen und der Brust. Weil ich nicht zum Arzt gehen wollte, redete ich mir ein, daß ich mich durch eine entsprechende Diät selbst kurieren könnte. Ich versuchte, an nichts anderes zu denken als daran, den Film so schnell wie möglich zu beenden. Da das Publikum mich als gesunde Frau betrachten sollte, sprach ich mit niemandem, nicht einmal mit meinen Hausangestellten, über meine Probleme.

Ich hatte gute Gründe für meine Verschwiegenheit. Nur allzuoft waren die Hollywood-Korrespondenten die abgedroschene MGM-Publicity leid und versuchten, neue Informationen über mich zu sammeln. Sie waren bereit, viel Geld dafür zu zahlen. Meine Hausangestellten waren nicht anders als die meisten Menschen – sie ließen sich für ein paar Dollars kaufen.

Gustav war ein charmanter und intelligenter Gesellschafter. Er kannte die europäische und amerikanische Welt des Theaters und des Films so gut wie nur wenige. Oft unterhielten wir uns stundenlang; ich nippte an einem Glas Rotwein, während er Unmengen schwarzen Kaffees trank. Er malte sich seine triumphale Rückkehr nach Europa aus und versuchte mich dazu zu überreden, mit ihm zu kommen. «Europa hat mehr Substanz – in der Kunst und im Leben ganz allgemein.»

Conrad war völlig anders. Er redete ständig über Einsamkeit, über Liebe und über seine sexuellen Erfahrungen. Er war fest entschlossen, eine Atmosphäre für eine engere Beziehung zu schaffen; ich tolerierte das nur, weil ich MGM nicht verärgern wollte. Aber Gustavs Gesellschaft genoß ich immer mehr. Ich stellte ihm viele Fragen, um Neues zu lernen.

So systematisch ich beim Aufbau meiner Karriere vorging, so wenig methodisch und zuverlässig war ich in vielen privaten Dingen. Ich konnte mich nie dazu entschließen, ein Tagebuch zu führen oder mir auch nur im Terminkalender Verabredungen zu notieren. Häufig lud ich jemanden ein oder zwei Wochen vorher zu mir ein, und durch einen seltsamen Zufall traf ich dann mit einem anderen Menschen eine Verabredung für denselben Tag. Und so war meine Nachlässigkeit für den folgenden äußerst unerfreulichen Zufall verantwortlich.

Eines Abends saß Gustav in meinem Wohnzimmer, und wir sprachen wie gewöhnlich über die Schauspielkunst und die Kunst im allgemeinen. Plötzlich kam Conrad, der meinen Hausangestellten bekannt war, ins Zimmer gestürzt und schrie: «Wir sind zum Abendessen verabredet. Was hat dieser Preuße hier zu suchen?»

Gustav sprang auf und schlug ihm ins Gesicht. Conrad zahlte mit gleicher Münze heim. Sie schlugen aufeinander ein, stießen die Möbel um und beschimpften sich mit allen möglichen obszönen Ausdrücken. Ich stand schweigend daneben, fasziniert von diesem Kampf zweier Männer um meine Zuneigung. Ich dachte, daß ich etwas wert sein müsse, wenn zwei Männer unterschiedlichen Alters, aus unterschiedlichen Verhältnissen und von unterschiedlichem intellektuellen Niveau um mich kämpften.

Gustav packte einen Sessel und schleuderte ihn auf Conrad, der zur Seite sprang. Daraufhin schnappte sich Conrad ein Tischchen und schlug es seinem Gegner hart auf die Schulter. Gustav ging zu Boden, und Conrad sprang auf ihn. Sie wälzten sich auf dem Teppich herum, zerrissen sich das Jackett, schlugen mit der Faust aufeinander ein und bissen einander wie wilde Tiere. Ich sah das Blut und roch den Schweiß; ich war wie berauscht. Ich wollte etwas sagen, um sie dazu zu bringen, mit der Prügelei aufzuhören, aber ich brachte kein Wort heraus. Statt dessen sah ich fasziniert zu und fragte mich, wie der Kampf wohl ausgehen werde.

Anstatt nachzulassen, wurde es schlimmer. Conrad und Gustav wälzten sich noch immer auf dem Boden, versetzten sich Fußtritte und schlugen aufeinander ein. Plötzlich verließen sie die Kräfte. Ihre Bewegungen wurden langsamer. Ich sah mit Speichel vermischtes Blut auf ihrem Kinn. Ich mischte mich nicht ein, denn ich empfand für keinen von ihnen Mitleid oder Liebe. Statt dessen schossen mir Bilder von spanischen Stierkämpfen, mexikanischen Hahnenkämpfen und römischen Arenen voller Christen und Löwen durch den Kopf. Zu diesem Zeitpunkt hätte ich nicht sagen können, wer der Löwe war und wer der Christ. Ich war so in Gedanken versunken, daß einige Augenblicke vergingen, ehe mir bewußt wurde, daß die beiden reglos dalagen und um Atem rangen.

«Gott sei Dank sind sie noch am Leben!» sagte ich mir. «Ich muß nicht die Polizei einschalten.» Laut sagte ich: «Steht auf! Wir können das Problem auch lösen, wenn wir auf dem Sofa sitzen und miteinander reden.»

Conrad rappelte sich hoch und stolperte ins Badezimmer. Ich ging zu Gustav hinüber und half ihm auf die Couch. Als Conrad zurückkam, setzte er sich auf den Boden.

Ich sagte zu seinem Gegner: «Und jetzt gehst du und wäschst dich, und danach reden wir miteinander.»

Weil er älter und angeschlagener war, brauchte Gustav länger dazu. Als er zurückkam, bat ich ihn, neben mir Platz zu nehmen.

«Ihr habt versucht, einander umzubringen. Meine Philosophie ist ganz einfach. Nichts ist heiliger als das Leben, und die Liebe einer Frau ist es nicht wert, ihr sein Leben zu opfern. Und ich verrate euch noch etwas.» Ich suchte nach einem anderen Argument, denn ich sah, daß ihnen nicht nach Reden zumute war. «Eine Frau, die beim Film arbeitet, sollte nicht an eine Heirat denken. In unserem Beruf geht eine Ehe fast immer schief.»

Sie zeigten keinerlei Reaktion; sie starrten immer noch ausdruckslos zu Boden. Um das ungemütliche Schweigen zu brechen, versuchte ich es von einer anderen Seite.

«Nehmt mich als Beispiel. Wenn ich den ganzen Tag vor heißen Scheinwerfern in einem Dschungel von Stimmen gearbeitet habe, komme ich abends todmüde nach Hause. Ich habe nicht mehr die

Kraft, mich zu unterhalten oder zu essen. Ich kann nur noch schlafen. Ein Mann wäre für mich eine große Belastung. Ich bin sicher, daß er mich nach ein paar Monaten Ehe verlassen würde – oder ich ihn. Ich kann nicht ohne die Schauspielerei leben, aber ich kann sehr gut ohne Mann leben.»

Ich schwieg und betrachtete ihre geschwollenen, verletzten Gesichter. Meine Worte hatten sie kaltgelassen, daher sagte ich ganz unverblümt: «Ich denke, ihr seid Idioten, daß ihr euch aus Liebe prügelt. Ich denke nicht an Liebe; ich denke nicht an Heirat; ich denke nicht einmal an eine Affäre mit einem Mann. Vielleicht bin ich zu egoistisch oder zu ehrgeizig; vielleicht bin ich weder körperlich noch emotional bereit, mit einem Mann zusammenzuleben. Was ist nur mit euch los? Was ist das Problem? Ich werde mit keinem von euch zusammenleben.»

Dann sagte Gustav: «Ehre.»

Conrad wiederholte: «Ehre.»

«Conrad, was ist dir lieber? Pistolen oder Degen?» fragte Gustav.

«Pistolen.»

«Gentlemen», fuhr ich dazwischen. «Heißt das, ihr wollt euch duellieren? Sagt mir bitte, weswegen?»

«Ehre», antwortete Gustav.

«Ehre», wiederholte Conrad.

«Ehre?» fragte ich. «Ihr wollt euch verletzen lassen oder sogar sterben für so etwas Lächerliches wie Ehre, die ohnehin nur eine illusorische Bedeutung hat und in dieser Situation überhaupt keine?»

«Ja», sagte erst der eine und dann der andere.

«Wenigstens seid ihr euch über eines einig.» Und ich lachte.

«Okay», sagte ich. «Ehre. Aber würdet ihr mir, weil ihr mich liebt, vor dem Duell einen kleinen Gefallen tun?»

«Welchen?»

«Laßt uns erst den Film abdrehen. Danach werde ich sogar einem von euch als Sekundanten dienen, denn ich bin völlig unparteiisch. Ich liebe keinen von euch beiden.»

Damit stand ich auf und wartete auf ihre Antwort. Aber sie schwiegen und warfen mir nur eigenartige Blicke zu. Also drehte ich mich um und ging in die Küche.

«Ich hole Champagner und ein paar Gläser.»

Am Tag darauf arbeiteten wir wieder eifrig an *Der Krieg im Dunkel*, und niemals während der Dreharbeiten oder danach – und niemals in unserem Leben – haben wir je wieder über diesen Abend gesprochen. Der Film hatte am 4. August 1928 im New Yorker Capitol Theater Premiere. Ich erhielt die üblichen ausgezeichneten Rezensionen, doch die Kritiker schenkten der Story keinerlei Beachtung.

Bei der Premiere umringten die Reporter Conrad, um ihn zu fragen, was denn nun genau an Greta Garbo «so mysteriös» sei.

«Das einzige Mysteriöse an ihr», antwortete er, «ist der Titel dieses Films.»

Tragische Nachrichten

Eine Passage aus Michael Arlens Roman *The Green Hat (Der grüne Hut)* hat sich mir bis heute ins Gedächtnis eingegraben. Ich habe sie auswendig gelernt, als ich den Film *A Woman of Affairs (Herrin der Liebe)* drehte, der auf diesem Roman basierte. Ich habe sie auswendig gelernt, weil sie das Wesen meiner Beziehung mit Moje sehr gut trifft und ich es in meinen eigenen Worten nicht besser ausdrücken könnte:

Mehr als alles andere auf der Welt liebe ich die Liebe, die Menschen füreinander empfinden, die wahre, große, bedingungslose, verzehrende, anbetende Liebe, die ich hier und da bei einem Mädchen gesehen habe, das sie für einen Jungen empfand, die ich mitunter bei einem Jungen gesehen habe, der sie für einen Jungen empfand, diese Liebe von Gespielen. Sie ist nicht von dieser Welt, diese Liebe, sie ist von einer Welt, die größer ist als unsere, einer besseren Welt, einer Welt, in der Träume keine Illusionen sind, sondern die Säulen eines besseren Lebens. Aber in unserer Welt sind alle Träume Illusionen...

Ich erinnere mich noch an einen anderen Abschnitt:

Er hat seiner Liebe entsagt, dachte ich bei mir, wie es sich für einen Ehrenmann gehört, doch er weiß, daß ein Ehrenmann diesen Titel nicht verdient, wenn er sich nicht auch davon überzeugen kann, daß da niemals eine Liebe war, der er hätte entsagen können, denn das ließe ihn Marterqualen leiden.

Diese beiden Passagen beschreiben am besten die Beziehung, die Moje und ich zueinander hatten. Das ist auch der Grund, weshalb ich Michael Arlens Worte fünfzig Jahre lang behalten habe.

Ich habe nie die Mechanismen der MGM begriffen und kenne nicht die Gründe, weshalb ich in Filmen wie *Herrin der Liebe* zu spielen hatte, einem Film über ein britisches Sodom und Gomorrha der frühen zwanziger Jahre. Obwohl Bess Meredyth in ihrem Drehbuch den Roman umgemodelt hat, blieb dessen Substanz erhalten. Der Name der Heldin wurde von Iris in Diana geändert. Ich freute mich wirklich, in diesem Film zu spielen. Ich war glücklich, weil Clarence Brown wieder mein Regisseur war und Bill an der Kamera stand. Ich wußte, daß der Film mit einer solchen Kombination ein Erfolg werden mußte.

Brown hatte um den Szenenaufbau hohe Trennwände errichten lassen, damit ich bei der Arbeit nicht von Besuchern gestört wurde. Er wußte, daß immer mehr Menschen aus der Welt der amerikanischen Millionäre und der europäischen Königshäuser versuchen würden, mich bei den Dreharbeiten zu beobachten; gar nicht zu reden von den Journalisten und von Männern und Frauen, die in mich verliebt waren. Die männliche Hauptrolle, Neville, wurde wieder von Yackie gespielt. Die anderen größeren Rollen spielten Douglas Fairbanks jr., Lewis Stone, Hobart Bosworth, John Mack Brown und Dorothy Sebastian.

Während der Dreharbeiten war ich nervöser und erschöpfter denn je; ich machte mir große Sorgen um meine Gesundheit und konsultierte verschiedene Ärzte. Man riet mir zu einer völligen Ruhepause, aber ich sagte mir: «Du mußt durchhalten; du mußt diesen Film beenden, denn es ist deine bedeutendste Rolle.»

Ich ging allen aus dem Weg und ruhte in meiner Freizeit; ich nahm Tabletten, aß viel Gemüse und wenig Fleisch. Ich dachte, jeden Moment würde ein Verhängnis über mich hereinbrechen. Nur eines war nun angenehmer: Yackie hatte aufgehört, mich mit seinen sexuellen Avancen zu belästigen, auch wenn in den Zeitungen immer noch viele Geschichten über unsere «unsterbliche Liebe» erschienen, die offensichtlich von ihm in die Presse lanciert wurden. Ich nehme an, die PR-Leute von MGM waren mit dieser Strategieänderung einverstanden. Es hieß, wir wären verheiratet, wir lebten zusammen und wir hätten sogar ein Kind. Ich machte mir nicht die Mühe, der Sache nachzugehen oder auch nur Yackie nach diesen Artikeln zu fragen. Meine einzige Sorge war, den Film rasch abzudrehen, damit ich nach Europa fahren konnte. Ich hatte beschlossen, mein Geld mit nach Europa zu nehmen und es dort für mein Alter anzulegen. Ich hatte Moje benutzt, um meine Karriere voranzutreiben, nun dachte ich daran, daß er das Geld für mich anlegen sollte, damit ich in Europa in Ruhe leben konnte. Geld und Ruhm waren mir das Wichtigste im Leben, und Moje und Europa würden mir helfen, beides zu bewahren.

Ich hatte neue Nachrichten über Moje bekommen, und nicht eine davon war gut, vor allem was seine Gesundheit anging. Aber ich konnte mir nicht allzuviel Sorgen machen, denn ich machte mir genug Sorgen über meine eigene Gesundheit. Ich hatte niemanden, mit dem ich reden konnte, niemanden, bei dem ich mich ausweinen konnte. Ich wußte, daß ich Ruhm hatte. Ich wußte, daß ich Geld hatte. Ich wußte außerdem sehr gut, daß ich keine innere Ruhe hatte. Nur harte Arbeit und viel Schlaf halfen mir. Brown wohnte nicht weit von mir entfernt und lud mich ständig zu sich ein. Ich lehnte seine Einladungen immer ab. Chaplin, Lionel Barrymore, Yackie, Mayer, Lillian Gish und die Fairbanks luden mich zum Abendessen und zum Wochenende ein, aber auch das lehnte ich immer ab, denn ich war unsicher und argwöhnte, daß man mich benutzen wollte. Bald bekam ich den Spitznamen «Geheimnisvolle». In meiner kargen Freizeit las ich immer wieder in Arlens Roman und markierte die Passagen, von denen ich meinte, sie könnten auf mich gemünzt sein. Ich entdeckte, daß dieser Roman mir half, meine Psyche und meine Probleme zu erklären:

Niedergeschlagen saß ich da und dachte an das schreckliche Unvermögen der Männer und Frauen, einander zu verstehen, und ich dachte daran, wie furchtbar es für einige von ihnen sein würde, wenn sie einander verstünden, und wie viele Gelegenheiten der Teufel immer bekommt, von anständigen Menschen Besitz zu ergreifen.

Ich spielte meine Rolle in *Herrin der Liebe* unter großen körperlichen Schmerzen und in einem ungeheuren emotionalen Aufruhr. Ich spielte die Rolle eines Bruders, und ich spielte die Rolle einer Schwester, zwei unzertrennliche Seelen – gemeinsam für immer verloren.

Bereits im September 1928 arbeitete MGM an einer gewaltigen Werbekampagne, um *Herrin der Liebe* im Januar des folgenden Jahres dem Publikum vorzustellen. Zur selben Zeit drängten mich die Studiobosse, sofort mit der Arbeit an meinem nächsten Film anzufangen: *Wild Orchids (Wilde Orchideen)*, nach einem Drehbuch von Hans Kraly, Richard Schayer und Willis Goldbeck, das auf einer Story von John Colton basierte. Wenn ich von mir auf die Menschheit schließen sollte, müßte ich sagen, daß der Mensch unverwüstlich ist. Trotz meiner Krankheit begann ich nach einer kurzen Erholungspause, die Rolle der Lillie Sterling auswendig zu lernen.

Die Geschichte spielte auf Java. Die männlichen Hauptdarsteller waren Nils Asther und Lewis Stone, ein Mann mit einem wunderbaren Charakter, an den ich auch heute noch gern zurückdenke. Stone spielte meinen Mann John, einen amerikanischen Geschäftsmann. Prinz de Gace, gespielt von Asther, war der Herr über Tausende von Menschen und Besitzer vieler Paläste, ein geheimnisvoller Mann mit viel Charme. Er lernt mich auf einem Schiff kennen, das von San Francisco nach Java segelt. Um mich davon zu überzeugen, daß «die unbarmherzige Hitze auf Java alle Masken beiseite fegt», küßt er mich, auch wenn wir noch gar nicht auf Java sind, sondern erst wenige Stunden vor San Francisco. Als sittenstrenge Frau gebe ich ihm eine Ohrfeige, aber eine solche Behandlung stört den Prinzen nicht im geringsten. Er stellt mir um so leidenschaftlicher nach und hofft, daß ich ihn schließlich doch noch lieben werde.

Bill Daniels machte wunderbare Aufnahmen von den javanesischen Tänzerinnen, Prinz de Gaces Palästen, den tropischen Schauplätzen und den prachtvollen Kostümen. Dank der packenden Charakterisierung der drei Darsteller entstand trotz Sidney Franklins miserabler Regieleistung eine geheimnisvolle Geschichte. Stones dezentes Spiel war nahezu genial. Asther war ein guter Schauspieler, doch er mußte viele unglaubhafte Szenen spielen. Er wurde von einem Tiger angefallen und von meinem Mann angeschossen – melodramatische Episoden, die für Hollywood unabdingbar waren.

Ich werde nie meine Liebesszene mit dem Prinzen vergessen. Bei laufender Kamera platzte Louis B. Mayer mit einem Telegramm von Mimi Pollack in die Szene, in dem sie mich von Mojes Tod unterrichtete. Ich brach zusammen und erinnere mich an nichts mehr, bis ich in meiner Garderobe wieder zu mir kam. Als ich die Augen öffnete, sah ich Nils neben mir knien, und hinter ihm stand Lewis Stone, Bill Daniels, Mayer und ein Arzt. Ich sah sie scharf an und bat um ein Glas Wasser. Einige Sekunden lang trank ich und überlegte, was ich tun sollte.

«Laßt uns die Szene zu Ende drehen.»

Die anderen waren wie vor den Kopf geschlagen, und ich konnte ihnen die Verachtung vom Gesicht ablesen. Aber ich sagte mir: «Der Tod kommt zu jedem, aber das Leben muß weitergehen.» Natürlich war mein Verhalten ein Schock für die Menschen in meiner Garderobe. Ich wollte ihnen zeigen, daß ich stark war, daß ich auf eigenen Füßen stehen konnte und auf niemandes Hilfe angewiesen war. Im Tod wie im Leben gingen die Probleme zwischen Moje und mir nur uns beide etwas an, und niemand hatte das Recht, sich einzumischen. Sie taten teilnahmsvoll, aber sie waren natürlich daran interessiert, einen Film abzudrehen, der ihnen viel Geld einbringen würde.

Als ich an jenem Tag nach der Arbeit nach Hause kam, gab ich meinen Hausangestellten den Abend frei und schlug ihnen vor, daß sie auf meine Kosten ins Kino gehen und zu Abend essen sollten. Ich stellte zwei Flaschen Champagner kalt, öffnete eine neue Schachtel Zigaretten und legte ein paar schwedische Liebeslieder auf den Plattenspieler. Ich legte mich auf das Sofa, hörte mir die Volksmusik an, rauchte und trank. Ich wollte mich an das Leben mit meiner Familie und mit Moje erinnern, der mir nach meinem Vater und meiner Schwester der liebste Mensch gewesen war.

Ich habe von Orangen geträumt, sagte ich zu mir am nächsten Tag beim Erwachen, und sofort nach dem Frühstück kehrte ich wieder an die Arbeit zurück. Ich war wahrscheinlich physisch und psychisch stärker, als ich dachte, oder vielleicht war ich auch durch und durch verderbt. Es gab noch eine dritte Möglichkeit. Vielleicht war es eine Reaktion darauf, daß meine Willenskraft und mein körperliches Durchhaltevermögen allmählich und systematisch von einer undefinierbaren Krankheit aufgezehrt wurden. Ich durfte darüber nicht nachdenken. Und hierin liegt vielleicht meine Stärke. Ich war nie ein

Mensch, der dazu neigte, sich und die Welt um sich herum zu analysieren.

Bald erzählten mir Briefe aus Stockholm die Geschichte von Mojes letzten Tagen. Eines späten Abends war Moje auf der Straße zusammengebrochen und in das Rote-Kreuz-Krankenhaus eingeliefert worden. Die Ärzte stellten fest, daß er nicht nur an einer Tuberkulose, sondern auch an Magenkrebs litt. Kurz nach seiner Rückkehr nach Stockholm hatten die Ärzte Lungenkrebs diagnostiziert und ihm mehrere Rippen entfernt, um einen Teil der Lunge herausnehmen zu können. Er hatte diese Operation zwar überstanden, betrieb aber gegen jeden ärztlichen Rat auch weiterhin Raubbau mit seiner Gesundheit. Am Tag schlief er ein wenig, und nachts arbeitete er, unterhielt sich und spazierte durch die Stadt. Er schränkte weder seinen Zigarren- und Zigarettenkonsum ein, noch hörte er auf zu trinken.

«Alkohol und Nikotin stimulieren mich», sagte er immer. «Wenn ich nicht denken kann, kann ich nicht schöpferisch tätig sein. Wenn ich nicht schöpferisch tätig sein kann, will ich nicht länger leben. Denn dann wäre ich nicht mehr Mauritz Stiller.»

Im Rote-Kreuz-Krankenhaus benötigte er rund um die Uhr eine Krankenschwester. Man pumpte ihn mit allen möglichen Medikamenten voll. Aber Moje las immer noch viel und plante revolutionäre Inszenierungen von Shakespeare bis Tolstoi. Er träumte von einem Theater, an dem die Schauspieler ohne Proben ganz spontan spielten und an dem sich die Regiearbeit darauf beschränkte, etwaige Unebenheiten zu glätten. Er umgab sich mit Büchern, studierte, machte sich Notizen und forderte alle seine Besucher auf, an ihn zu glauben, denn er sei immer noch ein junger Mann, noch nicht einmal fünfzig Jahre alt, und besitze eine ungeheure Energie. Sie glaubten ihm und meinten, er werde überleben und wieder ans Theater zurückkehren und weiterhin Filme machen.

Obwohl er mit den Gedanken in der Zukunft war, gehörte sein Herz der Vergangenheit. Kurz vor seinem Tod hatte Moje plötzlich aufgehört, sich als Schwede zu betrachten, er wollte als Jude angesehen werden. Er fühlte sich dem Geist seines Volkes verbunden.

Da Moje so rastlos war und nicht schlafen konnte, verschrieben ihm die Ärzte Schlaftabletten und gaben den Krankenschwestern strenge Anweisung, darauf zu achten, daß er sie nahm. Eines Abends fragte ihn eine Krankenschwester, die er sehr mochte, ob sie für ein Weilchen weggehen könne. Er war einverstanden. »Ich bin schließlich kein Krüppel», sagte er. «Lassen Sie einfach das Fläschchen mit den Schlaftabletten hier, und ich nehme mir dann selbst eine.» Nach einer Pause fügte er hinzu: «Wenn ich heute abend müde werde, nehme ich die Tablette und träume dann von meinem Theater, obwohl ich glaube, daß ich lieber davon träumen würde, mit Ihnen zu schlafen.»

Die Krankenschwester quittierte seine Anspielung mit einem Lächeln und ließ Moje mit seinen Gedanken und seinen Büchern allein. Niemand kann sagen, woran er in diesen letzten Stunden dachte oder was er tat. Vielleicht dachte er an mich, vielleicht an sich und seine Kindheit.

Als die Krankenschwester zwei Stunden später zurückkam, lag er auf der Bettkante. Seine großen schwarzen Augen waren offen, aber blicklos. Neben seinem Kinn sah sie das leere Fläschchen, in dem die Schlaftabletten gewesen waren.

Nach dem Urteil des Arztes erlag Mauritz Stiller um elf Uhr abends am 8. November 1928 einem Herzanfall. Am darauffolgenden Tag wurde er auf dem Stockholmer Nordfriedhof beerdigt. Außer seinem Rechtsanwalt Hugo Lindberg nahm niemand an seinem Begräbnis teil. Vielleicht, weil Moje seit längerem nicht mehr so mitreißend über Kunst gesprochen hatte; vielleicht aber auch hatten die Menschen nur so getan, als ob sie ihn mochten und als ob sie wirklich seine Freunde wären.

Zweites Buch

FÜNFTER TEIL   *Garbo*

Eine Reise in die Vergangenheit

Bis zum heutigen Tag kann ich mir nicht recht erklären, warum ich nicht nach Stockholm zurückkehrte, als Moje noch lebte. Ich tat es erst nach seinem Tod. Im Dezember 1928 entschloß ich mich zu der Reise nach Schweden, mit der ich in erster Linie der ganzen Welt beweisen wollte, daß ich nicht länger «Stillers Schützling» war. Ich wollte Moje Blumen aufs Grab legen und der Öffentlichkeit meine innere Stärke vorführen und zeigen, daß ich auch ohne ihn weiterleben konnte. Dann mußte man endlich aufhören, mich «Stillers Geschöpf» zu nennen. Diese Bezeichnung war mir unerträglich, und jedesmal, wenn ich sie im Radio hörte oder in der Zeitung las, quälte und ärgerte sie mich. Ich erträumte mir ideale Freundschaften mit Menschen, denen ich vertrauen konnte, mit denen ich offen reden und auch weinen durfte. Doch bei jeder neuen Begegnung fiel zwangsläufig früher oder später Mojes Name, was mich stets wütend, traurig und mißtrauisch machte. Rückblickend kommt mir manchmal der Gedanke, daß ich mich vor ihm genauso fürchtete, wie er sich vor Ratten fürchtete, doch ich durfte ihn diese Angst niemals merken lassen; ich wußte genau, hätte er sie erkannt, er hätte aufgehört, mich zu lieben, und vielleicht sogar versucht, mir den Weg zum Ruhm zu verbauen. Wie Millionen anderer mußte er sich schließlich mit meiner Scheu abfinden, er mußte einsehen, daß ich Menschen und schwierigen Situationen am liebsten aus dem Weg ging. Ich überzeugte Moje und alle anderen Menschen davon, daß diese Zurückhaltung in meinem Wesen begründet lag. Und allmählich glaubte ich selbst daran.

279

Nachdem ich die nötigen Vorbereitungen getroffen hatte, fuhr ich heimlich mit dem Zug von Los Angeles nach New York, wo ich eine Passage auf der *S. S. Kungsholm* buchte. Die Überlandfahrt machte mir bei dieser Gelegenheit keine Freude. Ich schlief viel in meinem Abteil, aß Steaks und Gemüse und konnte mir, von ein paar kurzen Wanderungen durch die Gänge abgesehen, kaum Bewegung verschaffen. Von der Grand Central Station aus nahm ich ein Taxi zum Pier, wo das Schiff vor Anker lag. Während der ganzen Fahrt waren mir ständig Rudel von Reportern auf den Fersen, die mir immer wieder auflauerten. Kaum war ich an Bord gegangen, schloß ich mich zunächst einmal in meine Kabine ein. Wenn mich auch während der ganzen Überfahrt kein einziger Reporter belästigte, so mußte ich doch in einem New Yorker Abendblatt folgendes lesen: «Die Garbo ist eine hagere Frau mit großen, hochmütigen Augen; den Kragen hatte sie fast bis zu den Ohren hochgeschlagen, der Mantel ging ihr fast bis zu den Füßen, der Hut hing ihr fast bis auf die Schultern, und sie ging so schnell, daß sie fast mit einem einzigen Schritt den ganzen Bahnsteig hätte überqueren können.» Mir graute vor dem, was mich in Göteborg erwartete, wo mich die schwedischen Reporter mit Fragen über Mojes Tod bedrängen würden.

Eines Nachmittags, ich hatte bereits drei Tage in meiner Kabine verbracht, überredete mich Lars Ring, der sich zufälligerweise ebenfalls an Bord befand, zu einem Rundgang auf dem Oberdeck. Die Bewegung tat mir so gut, daß ich mich gleich am nächsten Morgen wieder dort oben einfand. Bei unseren frühen Morgenspaziergängen erstreckte sich über uns ein unvorstellbar blauer Himmel, und das Meer wiegte sich im Rhythmus der Wellen, doch meine Gespräche mit Lars waren schrecklich langweilig. In einem fort mußte er mich daran erinnern, wie gut er zu mir gewesen war, als ich mich als junge Schauspielerin in Stockholm durchs Leben schlug, immer wieder deutete er an, wie dankbar ich ihm für alles, was er für mich getan habe, sein müsse. Bis zum heutigen Tag versuche ich mich zu erinnern, was er eigentlich für mich getan hat, aber es will mir nicht das geringste einfallen.

Eines Morgens, als wir wieder einmal spazierengingen, beschloß ich, ihn abzuschütteln und bis zum Ende der Reise in meiner Kabine zu bleiben. Doch da entdeckte Lars plötzlich ein paar alte Bekannte, die sich angeregt plaudernd ebenfalls auf dem Oberdeck ergingen. Er machte mich mit Graf und Gräfin Wachtmeister bekannt, mit Graf und Gräfin Bonde und mit dem zweiundzwanzigjährigen Prinzen Sigvard von Schweden. Ich freundete mich mit ihnen an, und so verlief das letzte Stück der Überfahrt doch noch recht angenehm. Lediglich mit dem Prinzen hatte ich meine Probleme. Er folgte mir auf Schritt und Tritt, beteuerte immer wieder, wie sehr ihn meine Filme begeisterten, sagte mir, daß er mich liebe, meine Figur und meine Augen bewundere. Eines Tages klopfte er sogar bei mir an, stand unmittelbar darauf in meiner Kabinentür und verkündete, er wolle mich gleich nach dem Einlaufen in Göteborg zum königlichen Palast mitnehmen und der königlichen Familie vorstellen. Danach wollte er mit mir eine ausgedehnte Reise durch ganz Schweden unternehmen, damit ich mein Heimatland richtig kennenlernte. Ich mußte schließlich einsehen, daß der Prinz es ernst meinte, doch ich wollte mich auf kein intimes Verhältnis einlassen, nicht einmal mit einem Prinzen. Deshalb lotste ich ihn unter dem Vorwand, an die frische Luft gehen zu wollen, aus der Kabine. Nach dem Spaziergang kehrte ich in meine Kabine zurück und schloß mich ein. Ich ließ mir alle Mahlzeiten dort servieren und sagte dem Steward, daß ich für keinen Menschen zu sprechen sei. Nur um fünf Uhr morgens, wenn das ganze Schiff noch in tiefem Schlaf lag, machte ich meine einsamen Spaziergänge, da ich auf meine Gesundheit achten mußte.

Nach meiner Ankunft in Göteborg verkündete ich den Fotografen und Reportern: «In Hollywood arbeite ich. In Schweden bin ich, um mich zu erholen.»

Wilhelm Sörensen, ein Freund von Prinz Sigvard, der aus Stockholm gekommen war, um ihn zu begrüßen, stellte mir dann eine abgedroschene Frage, die mich verärgerte.

«Was halten Sie von Amerika?»

Ich wunderte mich, daß ein intelligenter Mensch wie Mr. Sörensen eine so dumme Frage stellen konnte.

Ich antwortete: «Überall sonst auf der Welt wechseln die Menschen die Reifen öfter als die Autos. Nur in Amerika wechseln sie die Autos öfter als die Reifen.»

Alle lachten, auch Sörensen, mit dem ich mich später eng befreunden sollte, obgleich ich wahrscheinlich seinetwegen Prinz Sigvards Freundschaft verlor.

Ich hatte so viel damit zu tun, mich um die Reporter und um andere

Fremde zu kümmern, daß ich meine Mutter, meinen Bruder Sven und Mimi Pollak beinahe ganz vergessen hätte, die irgendwo in dem Menschenknäuel auf mich warteten. Auf Mimi war ich eifersüchtig. Ich dachte: «Warum hat sie bloß geheiratet und auch noch ein Kind bekommen?» Sie nannte sich jetzt sogar Frau Ludwig Lundell.

Mitten im Gedränge der Reporter, Autogrammjäger und neugierigen Gaffer entdeckte ich meinen alten Freund Max Gumpel, den Bauunternehmer und Millionär.

Ich dachte: «Max liebt mich immer noch ein wenig, er glaubt an meine Integrität.» Moje hat immer gesagt, daß Max zwar in alte Freunde Vertrauen setzt, daß er aber keine Geduld mit ihnen hat.

Als ich sah, wie er sich durch die Menge kämpfte und versuchte, zu mir vorzudringen, wurde mir warm ums Herz. Max, der fast völlig kahl war, sah aus wie ein Kohlkopf mit einem Monokel, aber er strahlte über das ganze Gesicht. Er hatte mir einmal einen Ring geschenkt, der für mich aussah, als gehörte er zum englischen Kronschatz. Ich hatte ihm gesagt, ich würde seinen Ring zwar annehmen, könne ihn aber nicht heiraten. Anscheinend hatte er mir das nicht verübelt, denn nun stand er nach all diesen Jahren hier am Schiff, um mich willkommen zu heißen.

Nachdem er mich umarmt und geküßt hatte, sagte er, daß ein Wagen für uns bereitstehe, damit ich vor den Reportern flüchten könne. Er riet mir, nicht in einem Hotel oder bei meiner Mutter abzusteigen, sondern in einer Privatwohnung Quartier zu nehmen.

«Wessen Privatwohnung? Welche Privatwohnung?» rief ich mißtrauisch, da ich eine Intrige vermutete.

«Ich habe mir erlaubt, eine prächtige Wohnung für dich zu mieten, wo du ganz ungestört sein kannst.»

«In Stockholm?»

«Ja, in Karlsbergsvägen.»

«Ich will mir dein Angebot durch den Kopf gehen lassen, Max, aber jetzt mußt du mir erst einmal helfen, mich zu meiner Mutter durchzuschlagen. Du hast doch so starke Arme. Bahne mir einen Weg durch die Menge.»

«Wo ist sie denn?»

«Da drüben.» Ich deutete auf den Rand der Menschenmenge. «Die mollige Frau mit dem schwarzen Hut und dem Pelzmantel, die mit den Blumen. Sven steht neben ihr.»

Max begann, mir den Weg durch die Menge freizukämpfen. Ich folgte ihm. Nicht einmal eine halbe Minute später lagen meine Mutter und ich uns in den Armen. Wir küßten uns und weinten. Ich weiß nicht, wie ihr dabei zumute war, doch vor meinem inneren Auge spielten sich Szenen aus meiner schweren Kindheit ab – die Streitereien meiner Eltern, die brutalen Auseinandersetzungen. Plötzlich hörte ich in meinem Herzen die ruhige Stimme meines Vaters: «Ich liebe dich, Keta. Ich liebe dich, Keta.» In meinem Unterbewußtsein antwortete eine andere Stimme: «Du bist ein Säufer.»

Es war die Stimme meiner Mutter, eine häßliche Stimme. Doch wie um mich zu trösten, sagte mein Vater noch einmal: «Ich liebe dich.» Dann spürte ich, wie sein Geist mich verließ.

Max hatte gemerkt, daß in mir etwas Merkwürdiges vor sich ging, er kam auf mich zu und sagte: «Machen wir, daß wir wegkommen. Wohin möchtest du? In ein Hotel? Zu deiner Mutter? Nach Karlsbergsvägen?»

«Bring mich zuerst zum Friedhof. Ich möchte mit meinem Vater und mit Moje reden.»

Doch dann überlegte ich es mir anders und verschob den Friedhofsbesuch auf den folgenden Morgen. Es war ein sonniger, gleichzeitig aber auch bitterkalter Dezembertag. Ich zog einen warmen Pullover, Wollrock und Pelzmantel an, setzte einen schwarzen Hut auf und schlüpfte in hohe Schaftstiefel. So wappnete ich mich für den traurigen Besuch auf dem Nordfriedhof. Ich fuhr in einem Wagen mit Mimi Pollak und Hugo Lindberg, Stillers Anwalt, der nach Mojes Tod mit den Gläubigern verhandelt und andere juristische Dinge geregelt hatte. Während der Fahrt dachte ich, daß eine Frau den Mann als ihren Freund bezeichnet, der sich von ihr erniedrigen und peinigen läßt. Andererseits mögen Männer die Frauen nicht, die sich ihnen in irgendeiner Weise überlegen fühlen. Ich weiß selbst nicht, was diese Überlegungen mit meinem Besuch bei Moje zu tun hatten, doch es waren die einzigen, die mir bei dieser deprimierenden Fahrt überhaupt durch den Kopf gingen.

Es dauerte eine Stunde, bis wir endlich Mojes Grab auf dem jüdischen Teil des Friedhofs gefunden hatten. Es war mit einem schlichten Grabstein geschmückt, der von der jüdischen Gemeinde aufgestellt worden war, da Moje in Schweden keine nahen Angehörigen hatte. Sofort beschloß ich, ihm einen angemessenen Gedenkstein errichten zu lassen. Ein heftiger Schmerz überkam mich, weil Moje so viele Freunde gehabt hatte und doch auf seinem Grab nicht eine einzige Blume lag.

Ich erinnerte mich, daß Moje oft zu mir sagte: «Ich bin ein Zyniker, und ein Zyniker ist ein Mensch, der die anderen wissen läßt, was er wirklich von ihnen hält. Aber du bist bis zu einem gewissen Grad wie ein schlauer Gefühlsmensch, weil du nur das denkst, was die anderen sagen. Vielleicht bist du gescheiter als ich.»

Als ich mir das zum erstenmal von ihm hatte anhören müssen, war ich furchtbar wütend geworden. Doch als ich nun neben seinem Grab im Schnee kniete, sagte ich: «Du hattest recht.»

Aus den weiß schimmernden Sträuchern antwortete mir seine Stimme: «Das spielt jetzt keine Rolle mehr. Aber sag mir doch, warum kannst du nachts nicht schlafen?»

«Ich habe Angst. Ich habe Angst vor dir, und ich will noch nicht sterben. Vielleicht liegt es an dir, daß ich in der letzten Zeit so ein großes Verlangen nach Alkohol, Tabak und Schlaftabletten habe. Treibst du mich zu diesen Ausschweifungen?»

«Wie dumm du bist! Ich liebe dich doch. Von dem Tag an, als ich dich das erste Mal sah, wußte ich, daß ich eine große Schauspielerin aus dir machen würde. Aber ich habe dich geliebt, ohne es zu wollen. Selbst jetzt noch reise ich durch die ganze Welt, suche die Kritiker heim und flüstere ihnen ins Ohr, daß sie unsere Namen immer nur zusammen nennen dürfen. Niemand soll vergessen, daß ich dich geschaffen habe und in dir weiterlebe.»

Ein eisiger Wind erhob sich, seine Stimme verklang. Mir taten die Knie weh, und unter mir schmolz der Schnee.

Er kehrte zurück. «Nur eines habe ich dir nicht geben können.»

«Was?» fragte ich und verlagerte mein Gewicht, weil mir der Kies in die Knie schnitt.

«Verstand. Dein Geist wird allein von dem einen Gedanken beherrscht, dich selbst zur Legende zu machen, er läßt dir keinen Raum mehr für Logik, ehrliche Überlegungen oder Freude am klaren Denken. Du bist zu einer Krämerseele geworden und verschacherst dein Talent.»

Ich hörte zu und nickte zustimmend.

Um mich zu verteidigen, sagte ich bloß: «Ich bin, was ich bin.»

«Und was die schlaflosen Nächte angeht – dafür gibt es einen

Grund. Du hast nie jemand anderen als dich selbst geliebt. Nie hast du selbstlos irgend etwas für einen anderen getan. Du hast doch nur Freude daran, an der Garbo-Legende zu stricken und dich selbst zu beweihräuchern. Fahr wieder nach Hause. Laß mich in Ruhe. Besuche mich hier nicht wieder. Ich werde dich auch in Kalifornien oder anderswo finden.»

«Geht es dir gut?» fragte Mimi, als sie mir auf die Füße half.

«Mir fehlt nichts. Ich möchte jetzt das Grab meines Vaters sehen.»

Während ich langsam weiterging, dachte ich, daß Moje sich Zeit seines Lebens und auch im Tod nicht verändert hatte. Er fürchtete sich nicht, anderen Menschen oder Gott die Meinung zu sagen. Das war der wirkliche Moje. Ich weiß genau, daß ich ihn im Jenseits sofort aus Milliarden Seelen herauskennen werde.

Mein Vater war zu Lebzeiten nie ein Mann vieler Worte gewesen. Doch als ich nun vor seinem Grab stand, beklagte er sich bitterlich, daß ich meiner Mutter und meinem Bruder zuviel Geld geschickt hätte. Er sagte mir, daß Sven, der sich schon immer einiges auf seine Talente als Schauspieler, Produzent und Geschäftsmann eingebildet hätte, das Geld mit eitlen Vergnügungen vergeude. Er spiele sich als wohlhabender Mann auf, verkehre in den oberen Schichten Stockholms und finge überhaupt nichts Nützliches mit sich an. Mein Vater fuhr fort: «Und was deine Mutter angeht, sie wohnt zwar immer noch in unserem alten Haus, aber sie gibt dein Geld für teure Kleider aus und vergnügt sich mit älteren Männern.»

«Na und?» fragte ich.

«Na und, sagst du? Ich könnte es ja noch verstehen, wenn es Fremde wären. Aber es sind meine alten Kameraden, zum Beispiel Hjalmar von der Stadtreinigung und Halvdan, der ehemalige Hausmeister in Götgatan. Einmal hat sie sich sogar mit einem Säufer eingelassen, der Karl hieß, wie ich. Sie hat ihn in ein Lokal in der Nähe von Djurgarden, wo ich gearbeitet habe, eingeladen. Dieser Mistkerl Karl schuldet mir heute noch Geld, aber deine Mutter trinkt und lacht mit ihm. Sie zerreißt sich das Maul über mich, und sie behauptet sogar, daß sie eine große Schauspielerin aus dir gemacht habe; aber am meisten tut mir weh, wenn sie sagt, daß du so aussähst wie sie, als sie noch eine junge Frau war. Dabei weiß doch jeder Mensch, daß du mir wie aus dem Gesicht geschnitten bist.»

«Da hast du recht, Vater. Ich sehe genauso aus wie du.»

Das fand er gut, er lachte. Ein Windstoß trug sein Lachen bis in die Wipfel der Fichten hinauf, doch dann flüsterte er: «Ich weiß, daß du mich liebhast, und deshalb möchte ich dich um einen Gefallen bitten. Ich habe dich noch nie um etwas gebeten.»

«Was du nur willst, Vater. Sag es mir.»

«Siehst du diese Grabplatte? Sie ist nicht einmal zwanzig mal zwanzig Zentimeter groß.»

Ich warf einen Blick darauf und schämte mich.

Er fuhr fort. «Stelle bitte einen anständig großen Stein auf mit der Inschrift ‹Hier ruht der Vater von Greta Garbo›.»

«Das wäre nicht richtig, Vater. Ich möchte doch nicht auf dem Friedhof für mich Werbung machen.»

Plötzlich brachte eine eisige Böe dichtes Schneegestöber mit sich und trug die Stimme meines Vaters fort. Der Wind heulte nun ohne Unterlaß. Aber mich kümmerte das nicht. Mit frischen Kräften wanderte ich über den ganzen Friedhof und schaute mir die Grabsteine an, während mir Mimi und Hugo wie zwei Schatten folgten. Sie sagten kein Wort. Ich hatte nicht das Bedürfnis zu reden. Ich dachte an meinen Vater und an Moje und sprach mit ihnen. Wir drei unterhielten uns ganz ungezwungen und natürlich – die Trennungslinie zwischen Leben und Tod schien aufgehoben. Plötzlich hielt ich inne, ich fragte mich: «Verliere ich langsam den Verstand?»

Ich zwang mich wieder in die «reale» Welt zurück. Mit einem Blick auf die Grabinschriften sagte ich zu Mimi: «Wenn man nach den Texten auf den Grabsteinen geht, müssen sämtliche Leute, die hier liegen, sehr, sehr edel gewesen sein.»

Mimi und Hugo mußten lachen, und als ich sie so lachen hörte, wußte ich plötzlich, daß ich völlig normal war und daß es nichts Außergewöhnliches ist, mit den Toten zu sprechen. Wir gingen auf die Friedhofstore zu. Der pulverige Schnee knirschte häßlich unter unseren Füßen, und über unseren Köpfen blies der heulende Wind immer stärker.

Plötzlich fiel mir etwas ein, was Moje einmal vor langer Zeit zu mir gesagt hatte. «Schau nie zurück. Liebe ist wie Religion. Es ist leichter, ein Märtyrer als ein Heiliger zu sein. Die Menschen verstehen dich nicht. Und das ist gut so, denn wenn sie dich erst einmal ganz durchschauen, werden sie dich entweder für barbarisch oder einfach nur für dumm halten.»

Plötzlich mußte ich mir die Ohren zuhalten, ich brach in Tränen aus. Mimi und Hugo faßten mich bei den Armen und halfen mir in den schwarzen Wagen, der für uns bereitstand. Mit seinem Pelzmantel und der Mütze sah der Chauffeur wie ein Kosak aus. Moje hatte mir viele Geschichten über die Kosaken erzählt. Innerlich schrie ich auf: «Mein Gott! Warum kann ich Moje nur nicht vergessen?»

Während meines Urlaubs in Stockholm verbrachte ich die meiste Zeit mit Schlafen und Spazierengehen. In Hollywood war ich immer früh aufgestanden, aber jetzt gewöhnte ich mir an, bis mittags oder sogar noch länger im Bett zu bleiben. Da die meisten meiner lästigen Verehrer wußten, daß ich eine Frühaufsteherin war, versuchten sie, mich am Morgen und am frühen Nachmittag ausfindig zu machen. Doch ich ging erst aus, wenn die Dämmerung hereinbrach. Dann warf ich mir den abgetragensten alten Mantel über, den ich auftreiben konnte und vervollständigte meine ärmliche Aufmachung mit einem schäbigen Hut und hohen Stiefeln. So wanderte ich durch die Blekingegatan und die anderen Straßen im Söder-Viertel, wo ich geboren bin und meine Kindheit und Jugend verbracht habe. Ich hielt Ausschau nach Gesichtern, die ich noch von früher kannte. Sogar Agnes Linds kleinen Tabakladen, wo mein Vater mir Zeitschriften und Süßigkeiten gekauft hatte, suchte ich auf.

Es schneite heftig, und als die Schneedecke immer dicker wurde, dachte ich bei mir: «Gott hat den Schweden nur aus einem einzigen Grund so viel Schnee gegeben – damit sie ständig darüber reden können.»

In einem ärmlichen Café bestellte ich mir eine Tasse Kaffee. Am Nebentisch saß eine Frau mit einem kleinen Jungen. Sie sagte zu ihm: «Hat dir das vielleicht deine Mutter beigebracht, daß du dich in einem Lokal so unmöglich aufführst und die Bedienung um ein größeres Stück Kuchen bittest?»

Ich weiß, daß sie an die Rechnung dachte, und ich fand die Antwort des Jungen köstlich: «Nein, aber Mutter hat mir auch nicht gesagt, daß ein Stück Kuchen so klein ist.»

Ich bat die Kellnerin, vier Gebäckstücke an den Tisch des Jungen zu bringen, dann beglich ich die Rechnung und ging.

Als nächstes ging ich zu dem Friseurladen, der Einar Widebäck gehört und in dem ich als *Tvålflicka* gearbeitet hatte. Es gab ihn noch, und das Geschäft lief recht gut. Ich schaute hinein, konnte aber auch hier kein vertrautes Gesicht entdecken. Also wanderte ich weiter, obwohl ich jetzt allerdings nicht mehr recht wußte, wohin ich eigentlich wollte. Plötzlich spürte ich die Gegenwart meiner Schwester Alva. Schweigend gingen wir zusammen in die Götgatan.

Doch auch mit Alva an meiner Seite erkannte ich niemand aus meiner Kindheit wieder. Wir begaben uns zum PUB, in dem mir so viel Unangenehmes widerfahren war. In dem großen Kaufhaus wimmelte es von Menschen, und in der Straße lag eine Ahnung von Weihnachten in der Luft, weil so viele mit Päckchen beladene Käufer herauskamen.

«Gehen wir zum Theater?» hörte ich Alva deutlich sagen.

Wir wanderten erst zum Söda Teatern und später zum Mosebacke, an dem Carl Brisson gespielt hatte. Auch hier kein bekanntes Gesicht, nicht eines. Sogar der Portier war ein anderer, obgleich ich mir sicher war, daß er die alte Uniform seines Vorgängers trug.

Wir gingen zum Strand Hotel, und ich beschloß, mit dem Taxi zum Haus meines Bruders Sven zurückzufahren, wo ich die Weihnachtsfeiertage verbrachte. Ich sagte zu Alva: «Komm, wir fahren nach Hause, ich bin schrecklich müde.»

Doch Alva antwortete: «Mein Zuhause ist der Friedhof.»

Mir kamen die Tränen.

An einem der letzten Dezembertage beschloß ich, Hugo Lindberg in seinem Büro aufzusuchen, um ihn zu fragen, ob Moje mir vielleicht ein Andenken hinterlassen habe. Ich wünschte mir etwas, was er tagein, tagaus bei sich getragen hatte, was seine schwarzen Augen hatte aufleuchten lassen.

Als ich unangemeldet in Lindbergs Kanzlei erschien, bot er mir einen bequemen Sessel an. Nachdem ich mich ein wenig umgeschaut hatte und mir aufgefallen war, daß sein Büro von Papieren und Möbeln schier überquoll, kam ich zu dem Schluß, daß er entweder keinen Sinn für das Geschäft hatte, äußerst vergeßlich war oder einfach ein sehr unordentlicher Mensch sein mußte. Er kam gleich zur Sache. «Moje hat Sie geliebt wie keinen anderen Menschen», sagte er. «Er hat sehr oft von Ihnen gesprochen, und ich habe ihn so verstanden, daß er glaubte, seine Liebe werde nicht erwidert. Ich habe nicht versucht, seine Meinung über Sie zu ändern. Wie hätte irgend jemand Ihr Herz besser kennen können als er?»

Ich hörte ihm gespannt zu, mein Herz klopfte heftig. Ich wußte, daß ich ihn durch keine Rechtfertigung und keine Erklärung dazu bringen würde, seine Ansicht über mich zu revidieren. Also sagte ich nur: «Kann ich nicht irgend etwas von ihm haben, eine Kleinigkeit nur, die mich an Moje erinnert?»

«Es tut mir leid, aber er hat mich angewiesen, seine gesamte Habe zu verkaufen und ihm von dem Erlös einen schwarzen Grabstein zu kaufen mit der Inschrift: ‹Hier ruht Mauritz Stiller, ein Mensch, der in seinem Leben nichts anderes getan hat, als zu ruhen›.»

«Ich kannte keinen Menschen, der fleißiger gewesen wäre als Moje.»

«Ich weiß, daß er viel gearbeitet hat, aber immer nur für andere. Für sich selbst hat er nichts getan.»

Drei Monate waren vergangen, seit ich Hollywood verlassen hatte, als ein kleines Wunder geschah: Ich bekam Heimweh nach dem Zentrum der amerikanischen Filmindustrie! Vielleicht sehnte ich mich aber auch nur nach der Arbeit an einem neuen Film. Da ich in Stockholm vor der Vergangenheit ja doch nicht fliehen konnte, wollte ich so schnell wie möglich wieder abreisen. Nachdem ich mich von meiner Familie und meinen Freunden verabschiedet hatte, brachte mich Willie Sörensen, der nette Freund von Prinz Sigvard, mit seinem Wagen nach Göteborg. Am 10. März ging ich an Bord der *S.S. Kungsholm*.

Für meine plötzliche Abreise gab ich allen die gleiche Erklärung: «Ich muß zurück an die Arbeit.»

In Wahrheit war der Grund dafür jedoch natürlich Mojes Geist. Ich hoffte, daß ich während meiner Abgeschiedenheit und Einsamkeit auf der langen Schiffspassage über den Atlantik vielleicht allmählich wieder zu mir selbst finden würde. Später mußte mir dann harte Arbeit dabei helfen, meine seelische Anspannung zu lösen. Doch schon bald merkte ich, daß ich Moje niemals abschütteln würde. Ständig setzte mir mein Gewissen zu: Du hast ihm alles genommen, vielleicht sogar das Leben, aber was hast du ihm eigentlich gegeben?

Kaum hatte ich die *S.S. Kungsholm* betreten, schloß ich mich in meine Kabine ein, fest entschlossen, bis zur Ankunft in New York keinen Fuß mehr vor die Tür zu setzen. Es gab so viel, worüber ich nachdenken mußte, und ich wollte viel lesen. Obwohl ich mich stapelweise mit Theaterstücken und Büchern eingedeckt hatte, kehrte ich doch immer wieder zu dem Roman *Der grüne Hut* zurück. Ich stellte mir Moje als den Helden der Geschichte vor und mich als die Heldin. So stark zog mich Arlens Geschichte in ihren Bann, daß in mir die fixe Idee entstand, wie die Heldin bei einem Autounfall ums Leben zu kommen. Es hat mich schon immer gefesselt, von ungewöhnlichen Liebesgeschichten, ausgefallenen Lebensweisen und außergewöhnlichen Todesarten zu lesen oder zu hören. Obgleich es Momente gab, in denen ich mir wünschte, daß alles wieder seinen normalen Gang ging, kam ich doch nicht mehr von dem Charakter der Frau in diesem Roman los. Ich spürte ihre Tragik und versuchte, mich ganz hineinzuversetzen. Die Geschichte lief auf eine sehr simple Moral hinaus: Auf dieser Welt gibt es keinen Platz für die große Liebe; will man sie erfahren, bezahlt man mit dem Leben dafür. *Der grüne Hut* fesselte mich sehr, und deshalb ärgerte es mich, daß ich in *Herrin der Liebe* nur eine äußerst schlechte Adaption des Romanstoffes erkennen konnte.

Erst jetzt, auf der Rückreise in die Vereinigten Staaten, verstand ich, wie man die Rolle hätte schreiben und spielen müssen. Doch es war zu spät. Die Premiere des Films hatte am 19. Januar 1929 im Capitol Theater stattgefunden. Die schwedische Presse bejubelte den Film als Erfolg, doch ich wußte, daß meine Diana die Iris aus dem Roman nur unzulänglich widerspiegelte. Bei der amerikanischen Kritik stieß er nur auf mäßige Resonanz.

Wenn eine Filmschauspielerin wirkliches Talent mitbringt, braucht sie eigentlich keinen Regisseur, sondern in erster Linie einen guten Bühnenschriftsteller – oder, um genauer zu sein, einen hervorragenden Drehbuchautor und einen einfallsreichen Kameramann. Arbeitet sie mit diesen beiden harmonisch zusammen, kann ein großer Film entstehen. Für mich war dabei immer die Kamera am wichtigsten.

Vor der Kamera konnte ich mich natürlicher geben als vor meinen besten Freunden. Für gewöhnlich fand ich anfangs die Arbeiten an einem neuen Film schwierig, doch sobald ich mich an die Menschen in meiner Umgebung gewöhnt hatte, konnte ich sie völlig vergessen und mich ganz auf das Spielen vor der Kamera konzentrieren. Meine

Persönlichkeit, die im Umgang mit Menschen eher flach wirkt, rundete sich vor der Kamera, und in jeder Geste und jedem Wort traten Dimensionen meines Charakters zutage, die im alltäglichen Leben nie zum Vorschein kamen.

Sobald ich vor der Kamera stand und meinen Text sprach, schwebte ich im Geist durch Dörfer, Städte und zu Menschen hin, die ich nie gekannt hatte; ich hatte das Gefühl, als müßte ich versuchen, die Kamera durch lebendige Gedankengänge und geschmeidige Bewegungen zu beeindrucken. Mein Mienenspiel folgte seinen eigenen Gesetzmäßigkeiten, anhand von Schatten und Kanten konnte man mir meine Seelenverfassung am Gesicht ablesen. Es spiegelte den Charakter wider, den ich darstellte. Ich hatte es nie nötig, mit Hilfe von dicker Schminke unterschiedliche Nuancen von Liebe, Haß oder Kummer auszudrücken. Nicht nur auf das fließende Zusammenspiel von Händen und Füßen verwandte ich viel Mühe, sondern ich setzte auch ganz bewußt meinen ganzen Körper und vor allem die Gesichtsmuskulatur ein. Manchmal stellte ich mir vor, daß auch die Kamera eine Schauspielerin war. Dann kam es zu einer Art Wettstreit oder zu einer fruchtbaren Zusammenarbeit. In der Kamera sah ich einen wesentlichen Bestandteil meines Lebens, unabdingbar für meine Karriere und meinen Ruhm.

Ich hatte das Glück gehabt, daß in neunzehn Filmen Bill Daniels mein Kameramann war. Das Geheimnis seines Erfolges lag darin, daß er nicht nur seine Kamera liebte, sondern auch mich. Wir unterhielten eine rein freundschaftliche Beziehung, die mit ein Grund für meinen anhaltenden Erfolg war.

Während ich den Atlantik überquerte, um wieder an die Arbeit zurückzukehren, las ich Buch um Buch, Theaterstück um Theaterstück, die ich alle von Willie Sörensen bekommen hatte. Am tiefsten beeindruckte mich das Drama *Anna Christie* von Eugene O'Neill. Mir gefiel das Stück, weil es sowohl realistisch als auch symbolistisch war. Es ging darin nicht in erster Linie um Sexualität, sondern um das Leben an sich; das Meer steht in dem Drama für die menschliche Existenz, und der Nebel repräsentiert all das, was uns die Blicke trübt, so daß wir nicht mehr wissen, wohin wir eigentlich segeln.

Ich spürte, daß mir die Rolle der Anna auf den Leib geschrieben war, und nachdem ich das Stück ein zweites Mal gelesen hatte, ließ es mich nicht mehr los. Ich stellte es mir sehr interessant vor, Eugene O'Neill kennenzulernen. Während dieser Tage auf der *S.S. Kungsholm* sagte ich mir immer wieder: «Anna ist eine Herausforderung für Greta.» Ich wollte, daß Greta und Anna die Rollen tauschten.

Femme fatale

Trotz des rauhen Seegangs während der Überfahrt kamen wir heil in New York an. Ich fühlte mich danach noch zwei Tage unwohl und völlig erschöpft. Freunde in Stockholm hatten mich gewarnt, ich müßte mich in New York auf eine unfreundliche Presse gefaßt machen. Wahrscheinlich lag das wohl an meinem letzten Film und an meiner Einsilbigkeit den Reportern gegenüber. Mir war auch zu Ohren gekommen, daß MGM die Absicht habe, mir Howard Dietz mit verschiedenen Publicity- und Werbeexperten aus Hollywood zu schicken. Bei meiner Ankunft umringten sie mich auch gleich, um die Reporter gar nicht erst zu mir vorzulassen, doch diesmal gab ich mich ein wenig zugänglicher. Da mir sehr viel daran lag, mit meinen nächsten Filmen an alte Erfolge anzuknüpfen, hielt ich es für eine gute Idee, den Reportern bereitwillig Auskunft zu geben und mir so gleichzeitig selbst einen Gefallen zu tun. Zwar hatte ich mir natürlich einige Gedanken über meine Zukunftspläne gemacht, doch als ich dann tatsächlich vor der wartenden Menge stand, wollte mir nichts mehr einfallen. Allerdings wurde ich ohnehin als erstes gefragt, wie ich auf Mojes Tod reagiert hätte.

Darauf gab ich eine rätselhafte Antwort. «Was soll ich dazu sagen? Ein Schicksalsschlag kann den einen Menschen traurig und den anderen glücklich machen. Es kommt immer auf den Standpunkt an.»

Die Reporter verfolgten das Thema nicht weiter, doch während die Fotografen umherhasteten und Aufnahmen machten, stellten sie mir weitere persönliche Fragen, auf die ich entgegnete: «Manchmal

schäme ich mich, manchmal habe ich Angst, über meine Privatange-
legenheiten zu sprechen.»

«Wieso?» wollte einer von ihnen wissen. Und so wiederholte ich
den Satz, den Moje einmal vor langer Zeit zu mir gesagt hatte: «Du
fühlst dich scheu und verlegen, wenn dumme Menschen dich nicht
loben.»

Die Reporter waren verwirrt, auf ein so unsicheres Gelände wagten
sie sich nicht weiter vor. «Was spielen Sie als nächstes?»

«Am liebsten würde ich Jeanne d'Arc oder Anna Christie spielen.
Aber die Frage ist bedeutungslos, da ich bei MGM unter Vertrag stehe
und die Rollen zu spielen habe, die das Studio mir anbietet.»

Mr. Dietz faßte mich beim Arm und führte mich zu einer Limousine. Auf der Fahrt zum Hotel bat ich ihn, dafür zu sorgen, daß ich
gleich am nächsten Tag mit dem Zug nach Los Angeles weiterreisen
könne. Ich schickte John Gilbert ein Telegramm und bat ihn, mich in
San Bernardino mit dem Wagen abzuholen; so wollte ich ein uner-
freuliches Zusammentreffen mit der Presse und dem Empfangskomi-
tee des Studios in Los Angeles vermeiden, die mich dort sicher
erwarten würden. Ich wußte, daß ich mich auf Yackie verlassen
konnte. Während ich in Europa war, hatte er mich brieflich und
telegrafisch aufgefordert, mich unbedingt mit ihm in Verbindung zu
setzen, da er etwas Wichtiges mit mir zu besprechen habe. Ich hatte
ihm nicht darauf geantwortet, denn in Hollywood blieb uns ohnehin
genug Zeit für Gespräche.

In San Bernardino empfingen mich strahlender Sonnenschein und
Yackie Gilbert. Er packte mich, umarmte und küßte mich und machte
mir heiße Liebeserklärungen. Ich war glücklich, allerdings nicht
wegen seiner leidenschaftlichen Begrüßung, sondern weil ich Louis
B. Mayer an der Nase herumgeführt hatte. Ich hatte es MGM nie
vergessen, wie herablassend sie Moje und mich bei unserem ersten
Eintreffen in New York behandelt hatten.

Nachdem Yackie mich noch einmal herzlich umarmt hatte, fuhr er
mit mir zu einem Restaurant, wo wir ungestört in einem Chambre
séparée Steak aßen und Champagner tranken. Während der Mahlzeit
fand Yackie immer wieder Gelegenheit, mir Küsse zu geben und mich
zu beschwören, seine Frau zu werden.

Ich überlegte mir, daß ich einen Ehemann eigentlich gut gebrauchen könnte – einen Mann, der mir bei meinen Auseinandersetzun-

gen mit dem Studio zur Seite stand, der mir half, ein neues Haus zu finden und einen neuen Wagen zu kaufen, und der sich in hundert anderen Dingen nützlich machen konnte, für die ich überhaupt kein Talent habe. Für all das wäre Yackie gewiß der richtige Mann gewesen. Aber für die Ehe eignete er sich keinesfalls – dazu war er viel zu flatterhaft.

Dann zog ich eine Scheinehe in Betracht. Wir könnten ein paar Filme zusammen drehen, und wegen der enormen Werbewirksamkeit unserer Beziehung würde MGM ein Vermögen verdienen. Aber ich war fest davon überzeugt, daß auch eine derartige Verbindung zwischen Yackie und mir nicht von Dauer sein konnte, weil jedes junge Mädchen in Hollywood sich mit ihm einlassen würde. Darüber hinaus würde auch jede abgehalfterte alte Schauspielerin aus der Versenkung auftauchen und beschwören, daß Yackie ihr die Ehe versprochen habe, bevor er mit ihr ins Bett ging. Ich wollte jedenfalls keinen Schauspieler heiraten, und mochte er auch noch so attraktiv sein. Aber in diesem Chambre séparée, auf der bequemen Couch, ließ ich ihn alles mit mir machen. Während er mich umarmte, küßte und auszog, kam mir der Gedanke, daß er mir eigentlich nicht als Liebhaber, sondern als eine Art Laufbursche und Manager am liebsten gewesen wäre.

Da er mich immer heftiger mit seinem Heiratsantrag bedrängte, sagte ich schließlich: «Wenn du dich beim Sex einfallsreich anstellst, überlege ich es mir vielleicht.»

«Ich werde noch verrückt, die Liebe zu dir bringt mich um den Verstand», flüsterte er. «Komm auf den Boden. Der Teppich ist weich.»

Er rutschte von der Couch und zog mich mit sich.

«Einen Fußboden können wir überall finden», sagte ich. «Und ein Sofa auch.»

«Du machst dich lustig über mich. Du hältst mich zum Narren.»

«Ein guter Liebhaber», sagte ich, «ist nur der, der die Gedanken der Frau lesen kann.» Ich sah das Erstaunen auf seinem verschwitzten Gesicht.

«Soll das heißen, daß du etwas anderes als normalen Sex haben willst?»

«An Sex kann ich jetzt nicht einmal denken, ich bin viel zu müde von der Reise. Und da du mir außerdem bereits Spermaflecken aufs

Kleid gemacht hast, glaube ich fast, du hast auch genug gehabt. Wenn du mit deinen Liebeskünsten nicht so angeben würdest, wärest du vielleicht besser und kämst weiter.»

«Du machst es mir sehr schwer. Du gibst dich so gefühllos hin, als ob du aus Holz wärst.»

«Und du beteuerst mir deine heiße Liebe. Dann entzünde doch das Holz, bring es doch zum Glühen. Und wenn du mir Spermaflekken aufs Kleid machst, brauchst du dir nicht einzubilden, du müßtest nur für die Reinigungskosten aufkommen und damit hätte es sich dann.»

Yackie hielt inne und schaute mich an. «Du mußt neue Liebestechniken kennenlernen», sagte er. «Du darfst nicht immer nur den ausgetretenen Fußstapfen unserer Großeltern folgen.» Wieder stürzte er sich auf mich, doch ich schob ihn behutsam zur Seite. «Du bist müde, und es ist Zeit, nach Hause zu fahren. Lassen wir deine neuen Techniken noch einen Tag warten, bis ich mich ein wenig erholt habe. Und denk immer daran: Ein langsam schreitender Elefant kommt weiter als ein galoppierendes Pferd.»

Yackie sprang auf, er brüllte: «Verdammt noch mal! Stiller ist tot, aber du kommst mir immer noch mit seinen klugscheißerischen Sprüchen. Das bedeutet nur eins – du kannst dich von ihm nicht frei machen.»

«Zieh dich an», antwortete ich ruhig. «Schließlich hat er die Sprichwörter nicht erfunden. Um die Wahrheit zu sagen, ich habe gerade eben an keinen anderen als an dich gedacht.»

Er beugte sich zu mir herunter und küßte mich sanft auf die Wange. Nachdem wir uns rasch angezogen hatten, verließen wir das Zimmer und stiegen in seinen Wagen. Als er den Zündschlüssel im Schloß drehte, fragte er mich noch einmal: «Willst du mich heiraten?»

Erst als der Wagen bereits schnell dahinrollte, antwortete ich ihm. «Im Augenblick habe ich mich noch nicht entschieden, aber es wäre mir zumindest sehr lieb, mit dir befreundet zu bleiben.»

«Das genügt mir nicht.»

«Damit mußt du dich aber abfinden, bis ich mit meinen Gedanken und meinem Leben ins reine gekommen bin.» Obwohl der Wagen sehr schnell fuhr, nahm Yackie eine Hand vom Lenkrad und holte ein Buch unter seinem Sitz hervor.

«Da hast du die Meinungen der Kritiker über dich als Schauspielerin.»

«Ich wußte ja gar nicht, daß du über mich ein Album angelegt hast.»

«Dieses Album befaßt sich mit deiner Schauspielerei, aber im Kopf habe ich noch ein zweites zusammengestellt, in dem es nur um deine Leistungen im Bett geht.»

«Und welches ist beeindruckender?» fragte ich lächelnd, obwohl ich insgeheim Befürchtungen hegte, ob er mich wohl heil nach Hause bringen würde.

Ohne mich anzuschauen, antwortete er: «Bis jetzt ist das mit der Schauspielerei beeindruckender, aber alles in allem glaube ich doch, daß auch das Bett-Album noch zu einigen Hoffnungen berechtigt.»

Wilde Orchideen wurde am 30. März 1929 im Capitol in New York uraufgeführt. Die amerikanische Kritik lobte fast einhellig die Leistungen von Lewis Stone, Nils Asther und mir in diesem schwülstigen, romantischen Drama. MGM interessierte sich in erster Linie immer nur dafür, daß meine Filme Profit abwarfen, und auch *Wilde Orchideen* sollte diese Erwartung nicht enttäuschen.

Da ich mich finanziell einigermaßen abgesichert fühlte, beschloß ich, vom Miramar Hotel ins Beverly Hills Hotel überzusiedeln. Dort bezog ich einen kleinen Bungalow, der von einem grauen Lattenzaun umgeben war. Dahinter wuchs eine zwei Meter hohe Hecke, so daß ich völlig ungestört sein konnte und vor neugierigen Blicken aus der Nachbarschaft geschützt war. Am besten gefiel mir an dem Häuschen die Veranda, deren Dach von weißen Säulen gestützt wurde. Ich stellte ein schwedisches Ehepaar ein, Gustav und Sigrid Norin, das für mich kochte und putzte. In meiner Freizeit nähte ich Schonbezüge und änderte meine Kleider um. Die meiste Zeit und Mühe verwandte ich auf die Einrichtung. Nach einigen Monaten hatte ich eine schöne Auswahl englischer und französischer Möbel aus dem achtzehnten und neunzehnten Jahrhundert zusammengestellt, die meinem Zuhause Eleganz und einen gewissen Stil verliehen. Ich weiß nicht, warum ich mich so sehr um die Einrichtung bemühte, da ich ohnehin nicht die Absicht hatte, irgend jemanden einzuladen.

Schon bald nach meinem Umzug besuchte mich der Regisseur John S. Robertson; er brachte mir ein von Josephine Lovett nach dem

Roman von Adela Rogers St. John geschriebenes Drehbuch für einen Film mit, der *The Single Standard (Unsichtbare Fesseln)* heißen sollte. Für mich war die Rolle der Arden Stuart vorgesehen, einer Frau, die sich vergeblich gegen die verlogene Moralvorstellung auflehnt, daß ein Mann zwar mit beliebig vielen Frauen herumspielen kann, gleichzeitig aber berechtigt ist, von seiner zukünftigen Gattin Jungfräulichkeit zu erwarten. Die männliche Hauptrolle wurde von Nils Asther gespielt.

Bei den Dreharbeiten zu diesem Film herrschte zwischen den Schauspielerkollegen und den technischen Mitarbeitern eine sehr angenehme Atmosphäre. Da ein Großteil der Handlung auf einem Boot spielte, drehten wir an Bord einer Yacht, die etwa zweihundert Meter vor Catalina ankerte. Nils und ich aßen zusammen zu Mittag und unterhielten uns die meiste Zeit auf schwedisch. Oft nahm ich auch einen Imbiß mit den Technikern ein. Wenn das Wetter trübe war und wir nicht drehen konnten, vertrieb ich mir die Zeit damit, mit dem Revolver auf Ziele zu schießen. Emil Ploen, ein Elektriker, war Waffenschmied, er hatte mich gefragt, ob ich nicht Lust hätte, schießen zu lernen. Ich sagte ja, und er zeigte mir, wie man mit einem Revolver umgeht, wie man ein Ziel anvisiert und den Abzug betätigt.

Mein erstes Ziel war ein Faß, das auf einem Felsen stand. Zu meiner großen Überraschung traf ich es. Ploen staunte ebenfalls nicht schlecht, und am nächsten Tag rief er in der Mittagspause alle zusammen, die sich für gute Schützen hielten. Ich glaube, es waren wohl an die zehn Mann. Jeder hatte drei Schuß frei. Nachdem jeder einzelne das Ziel verfehlt hatte, gaben wir dem Wind die Schuld dafür oder erklärten es damit, daß sie mit der Waffe nicht vertraut waren. Schließlich gab Ploen mir den Revolver, und ich schoß dreimal. Jeder Schuß war ein Treffer. Bald wußte das gesamte Team, daß ich das Wettschießen im fairen Kampf gewonnen hatte. Alle staunten. Aber Ploen sagte zu ihnen: «Warum sollte sie denn das Wettschießen nicht gewinnen? Schließlich ist sie eine richtige Amerikanerin, und sie spielt eine waschechte amerikanische Rolle.»

Während der Dreharbeiten freundete ich mich sehr eng mit Dorothy Sebastian an, die in *Herrin der Liebe* in der Rolle der Constance mitgewirkt hatte. In diesem Film spielte sie die Mercedes. Wir waren uns vom Charakter her sehr ähnlich, vor allem hatten wir den gleichen Sinn für Humor.

Dorothy sah in mir ein wahres Genie, und sie bewunderte mich rückhaltlos. Sie hielt meine Ausdrucksform für sehr kreativ und war auch von meinem Lebensstil sehr angetan. Eines Tages meinte sie: «Ich glaube, du hättest Spaß an Kindern. Hast du schon einmal mit dem Gedanken gespielt, ein Kind zu bekommen?»

«Wie soll ich denn Kinder bekommen?» fragte ich sie. «Ich kann ja noch nicht einmal einen richtigen Mann finden!»

«Wie wäre es mit John Gilbert? Der ist doch sehr attraktiv und männlich.»

Da ich sie nicht in Einzelheiten einweihen wollte, schwieg ich. Am nächsten Tag verbreitete sich während der Dreharbeiten das Gerücht, daß Gilbert geheiratet hätte.

In der Mittagspause fragte mich Dorothy: «Hast du schon gehört, daß Gilbert sich eine neue Frau zugelegt hat?»

«Davon weiß ich nichts, und es kümmert mich auch nicht.»

«Er hat eine Schauspielerin vom Broadway geheiratet, Ina Claire heißt sie.»

«Ich wünsche ihnen viel Glück», antwortete ich, stand auf und kehrte wieder an die Arbeit zurück.

In den Abendblättern war zu lesen, daß Miß Claire Yackie kurz nach meiner Rückkehr nach Hollywood kennengelernt hatte. Den Klatschspalten zufolge war es bei beiden Liebe auf den ersten Blick gewesen. Als in den folgenden Tagen zahlreiche Reporter versuchten, in mein Hotel einzudringen, fand ich das sehr beunruhigend. Mir blieb nur der eine Ausweg, mir ein Haus mit einem noch höheren Zaun zu suchen und mich einzuschließen. Harry Edington, den ich vor Jahren durch Yackie kennengelernt hatte, half mir, das passende Haus zu finden, im Chevy Chase Drive 1027 in Beverly Hills. Es war im spanischen Kolonialstil erbaut, hatte acht Zimmer, einen Obstgarten und einen Swimmingpool. Bäume, Sträucher, und ein sehr hoher Zaun schirmten das Grundstück nach allen Seiten hin ab. Ich freute mich, einen so schönen und sicheren Zufluchtsort gefunden zu haben. Meine schwedischen Hausangestellten, Gustav und Sigrid, wies ich strikt an, weder telefonisch Auskünfte über mich zu geben noch irgendwen zu mir vorzulassen. Wenn mir jemand etwas zu sagen hatte, sollte der oder die Betreffende es eben brieflich tun.

Meinen Angestellten gab ich monatlich einhundert Dollar für Lebensmitteleinkäufe, weitere dreißig Dollar im Monat mußte ich für den Wagen und für Kleiderreinigung aufbringen. Ich ließ mir von den Angestellten über jeden Cent, den sie ausgaben, Quittungen vorlegen. Wie wichtig es war, sparsam zu sein und Belege zu sammeln, hatte ich von Moje gelernt. Gustav konnte auch Auto fahren, und manchmal begleitete ich ihn und seine Frau an meinen freien Tagen zum Einkaufen. Gelegentlich fuhr ich auch abends mit ihnen nach Pasadena, Long Beach oder Los Angeles, wo ich Schaufensterbummel machte oder mir Sehenswürdigkeiten ansah. Damit wollte ich der Öffentlichkeit beweisen, daß ich nicht immer allein war, sondern mit den Leuten ausging, bei denen ich mir sicher sein durfte, daß sie mich vor aufdringlichen Fragern schützen würden. Zu diesem schwedischen Ehepaar hatte ich ein sehr enges und freundschaftliches Verhältnis.

Später mußte ich leider feststellen, daß sie, um ihr Gehalt aufzubessern, Geschichten über mich an die Presse verkauft hatten. Manche entsprachen der Wahrheit, andere allerdings nicht. So wurde zum Beispiel verbreitet, daß ich sie beobachtete, wenn sie zusammen im Bett waren, daß ich eine Vorliebe für Knoblauch hätte, daß ich mir keine eigenen Zeitungen kaufte, sondern ihre las, daß sie sich zum Abendessen mit Gemüse begnügen mußten, während ich mich hinterher heimlich in meinem Zimmer an Kaviar und anderen Delikatessen gütlich tat. Als ich Sigrid auf diese Klatschgeschichten hin ansprach, stritt sie ab, die Gerüchte in Umlauf gesetzt zu haben. Nach und nach kam ich allerdings doch zu der Überzeugung, daß meine Angestellten solche Lügenmärchen über mich verbreiteten.

Aber sie waren nicht die einzigen: Auch John Gilbert und Hunderte anderer streuten Klatsch und Tratsch über mich aus. Sie waren alle neidisch auf meinen Reichtum. Selbst in meinem eigenen Heim war es mir nicht mehr möglich, ungestört in Frieden zu leben. Es gab für mich kein Entkommen. Ich schwamm nur noch dann im Pool, wenn meine Angestellten einkaufen waren. Wollte ich nackt ein Sonnenbad nehmen, mußte ich sie immer erst für einige Stunden auf irgendwelche Botengänge schicken. Um meine Morgengymnastik zu machen, schloß ich mich in meinem Schlafzimmer ein. Ich war zu einer Gefangenen in meinem eigenen Haus geworden. Und als mich dieser Zustand schon allmählich um den Verstand zu bringen drohte, kam noch die Sorge um Nils Asther hinzu.

Obwohl er in *Unsichtbare Fesseln* ausgezeichnet gespielt hatte, schrieben die Kritiker nach der Premiere des Films am 27. Juli 1929 im New Yorker Capitol Theater, dies sei möglicherweise seine letzte große Rolle gewesen. Jeder warf mir vor, ich hätte Unheil über seine Karriere gebracht. MGM wollte ihm in meinem nächsten Film *The Kiss (Der Kuß)* keine Rolle mehr geben, obwohl er immer noch bei ihnen unter Vertrag stand.

Bis zum heutigen Tage kann ich mir nicht erklären, warum die Rolle des André nicht mit Nils, sondern mit Conrad Nagel besetzt wurde. Auch dringende Bitten meinerseits hatten keinerlei Einfluß auf die Rollenvergabe durch MGM. Ich spielte Mme. Irène Guarry, die Rolle meines Ehemanns wurde von Anders Randolf dargestellt. Lew Ayres spielte den Pierre. Holmes Herbert übernahm die Rolle des Lassalle, und George Davis spielte den Durant. Ich beschwor das Studio, Nils doch irgendeine Rolle zu geben. Doch ich stieß auf taube Ohren. Nils war verbittert. Er gab mir und sogar dem toten Moje die Schuld an seinem Unglück.

In Hollywood, New York und selbst in Europa wurde ich immer mehr als Garbo die böse Hexe tituliert, die jeden Mann zerstörte, der mit ihr arbeitete. Dieses gemeine Gerede mit anhören zu müssen, war für mich sehr unerfreulich, doch ich hatte keine Möglichkeit, dagegen vorzugehen. Ich konnte zwar ohne Männer leben, aber deswegen hielt ich mich noch lange nicht für eine böse Hexe.

Während dieser Zeit in meinem Leben waren Tiere die einzigen Freunde, die mir die Einsamkeit erträglich machten. Ich weiß, daß ich mir viele Menschen entfremdete, aber bis heute kann ich nicht sagen, wie und warum. Manche meiner Freunde gingen nach Europa, manche starben. Andere stellten sich gegen mich. Ich glaube, all diese Mißverständnisse und zerbrochenen Freundschaften waren auf bösen Klatsch zurückzuführen. Es wurde verbreitet, ich hätte meine kranke Hausangestellte allein gelassen, um den Arzt zu holen. Ich hatte zwar ein Telefon im Haus, aber man behauptete, ich würde alles tun, um die Telefonrechnung niedrig zu halten. Angeblich soll ich auch zu meiner kranken Angestellten gesagt haben: «Wenn Sie merken, daß das Ende nahe ist, machen Sie doch bitte das Licht aus, wir müssen Strom sparen.»

Ein Papagei, ein Hund und drei Katzen wurden meine wahren Freunde.

Meine Liebe zu Tieren reichte bis in meine frühe Kindheit zurück. Ich war vermutlich nicht älter als fünf Jahre, als meine Eltern mich einmal in das Dorf mitnahmen, wo die Verwandtschaft meiner Mutter lebte.

Eines Tages fand ich in einem Kaninchenbau ein Hühnerei. Glücklich lief ich ins Haus und rief: «Bald kriegen wir Kaninchen. Bald kriegen wir Kaninchen.»

Meine Mutter fragte: «Woher willst du das wissen?»

«Weil ich im Bau ein Ei entdeckt habe.»

«Was bist du nur für ein Dummkopf», sagte meine Mutter mit ihrer lauten Stimme. «Kaninchen schlüpfen doch nicht aus Eiern. Sie werden von ihrer Mutter lebendig geboren.»

Als ich das hörte, war ich erst richtig verwirrt, und ich fragte: «Kannst du dann auch Kaninchen bekommen?»

Selbstverständlich handelte ich mir für diese Frage nicht nur böse Worte, sondern auch ein paar Ohrfeigen ein.

Während meiner einsamen Tage in Hollywood verbrachte ich viel Zeit mit den Katzen und dem Hund, im Bett oder bei den Mahlzeiten spielte ich mit ihnen. Den Hund ließ ich auch mit mir im Pool baden, und hinterher tollte ich mit den vieren unter den Bäumen im Garten herum. Geritten bin ich auch sehr gern.

Eines Tages stellte ich zu meinem größten Erstaunen fest, daß mir der Hund, den ich insgeheim Moje nannte, vor den Dienern aber Doc rief, und den ich immer mit ins Bett nahm, in gewisser Weise ähnlich sah. Ich bekam einen fürchterlichen Schreck, als ich allmählich sogar träumte, daß der Hund mir bei meinen täglichen Aufgaben zur Hand ging, daß er mit mir redete und in meinen Filmen mitspielte. Ich riß mich zusammen und beschloß, den Hund nicht mehr in mein Schlafzimmer zu lassen; den Angestellten befahl ich, ihn in der Küche zu behalten, wo ich ihn nicht mehr sehen konnte.

Doch da meine Einsamkeit immer größer wurde, widmete ich mich nun dem Papagei, einem sehr aufgeweckten Weibchen, dem ich beibrachte, «Geebo» zu mir zu sagen. Eines Tages kreischte es: «Geebo, geh zum Teufel. Geebo, geh zum Teufel.» Den Satz hatte es von Gustav und Sigrid aufgeschnappt, die wohl in der Küche über mich herzogen. Ich war so begeistert von meinem gefiederten Spitzel, daß ich mir auch ein Männchen zulegen wollte, da ich hoffte, sie würden eines Tages Junge bekommen und ich könnte das ganze Haus dann mit lauter kleinen Spionen besetzen. Meine Schwäche für den Hund konnte ich vor allem nachts nie ganz abschütteln, aber tagsüber leisteten mir die Papageien in meiner Freizeit Gesellschaft.

Diese Tierliebe teilte ich mit meinem Freund Paderewski, in dessen Haus in der Schweiz es von Tieren wimmelte, an denen er sehr hing. Er sagte einmal zu mir: «Dem Menschen ist besser damit gedient, wenn er statt von klugen Leuten von dummen Tieren umgeben ist.» Zu jener Zeit konnte ich ihm nur beipflichten, weil mein Leben so schrecklich einsam war.

Das einzige, was mir damals neben den Tieren noch Freude machte, war, daß Sigrid mich in meinem Schlafzimmer massierte. Sie machte das wirklich äußerst gekonnt, und ich genoß es sehr, wenn sie mich durchwalkte, auch wenn sie manchmal ein wenig zu fest zupackte und mir weh tat – aber auch Schmerz kann ein Genuß sein. Sigrid massierte mich ohne Wissen ihres Mannes, und ich gab ihr heimlich Geld dafür. Wenn sie krank war, ließ ich mich von ihrem Mann ins türkische Bad fahren, wo die Massagen allerdings weniger gut waren. Die Masseure ärgerten sich, als ich ihnen zeigen wollte, wie sie ihre Arbeit besser machen könnten. Schließlich gab ich meine Besuche im türkischen Bad ganz auf, fest entschlossen, mich nur noch zu Hause um mein körperliches Wohlbefinden zu kümmern.

Selbst in den Schönheitssalon ging ich nicht mehr, weil dort die Kosmetikerinnen eine Reihe von Mittelchen an mir ausprobiert hatten, die meine Haut reizten. Außerdem wurde ich ständig vom Personal und der Kundschaft angestarrt, und man tuschelte über mich. Ich begnügte mich also von nun an mit Wasser und Seife. Manchmal machte mir Sigrid die Haare, und wenn sie mich frisiert hatte, saßen wir noch ein Weilchen zusammen, tranken Kamillentee und knabberten Datteln. Dabei unterhielten wir uns über die sexuellen Probleme der modernen Frau. Wenn ihr Mann ausgegangen war, kochten und aßen wir zusammen. Sie wurde immer zugänglicher und erzählte mir sogar, was ihr Mann von mir hielt. Möglicherweise lag das an dem Geld, das ich ihr heimlich zusteckte, vielleicht hatte sie aber auch lesbische Neigungen.

Mit Ärzten habe ich noch nie zufriedenstellende Erfahrungen gemacht. Da ich mich seit geraumer Zeit völlig erschöpft fühlte, dachte ich, ich sollte mich wieder einmal gründlich untersuchen lassen. Ich konsultierte einen bekannten Hollywood-Arzt. Nachdem

er mich eine geschlagene Stunde lang betrachtet und betastet hatte,
konnte ich ihm an seinem ratlosen Gesicht ansehen, daß er nichts
gefunden hatte.

«Aber Herr Doktor, ich habe Schmerzen in der Brust. Ich habe
Schmerzen in den Händen. Ich habe Schmerzen in den Beinen. Ich
fühle mich oft ganz matt. Was habe ich? Irgend etwas muß mir doch
fehlen.»

«Ich weiß nicht», antwortete er gleichgültig. «Vielleicht könnte
uns eine Autopsie darüber Aufschluß geben.»

In Hollywood tummelten sich solche Quacksalber; Scharlatane
hatten bei jedem erdenklichen Unternehmen ihre Finger im Spiel.
Hollywood war voll von Verrückten.

Der Kuß war mein zehnter Film in Hollywood und zugleich mein
letzter Stummfilm. Das Drehbuch von Hans Kraly basierte auf einer
Originalfilmvorlage von George M. Saville. Das Studio verpflichtete
für die Regie «ein junges belgisches Genie», Jacques Feyder. Wieder
einmal hatte ich das Glück, daß Bill Daniels für die Kameraführung
verantwortlich war. Die Geschichte war höchst dramatisch und für
meine Begriffe gut geschrieben. Ich spielte eine Frau, die ihren
reichen Mann ermordet. Ich wurde erfolgreich von einem jungen
Anwalt verteidigt, sehr überzeugend dargestellt von Conrad Nagel,
der nicht nur im Film, sondern auch im wirklichen Leben in mich
verliebt war. Pierre, ein weiterer Liebhaber, wurde von Lew Ayres
gespielt, der damals noch ein nervöser Neuling war.

Da ich mir große Mühe gab, Lew dabei zu helfen, die Rolle in den
Griff zu bekommen, bildete er sich ein, ich hätte mich in ihn verliebt,
und er fing an, mich «Zuckerpuppe» zu nennen.

Nachdem ich ihn ein- oder zweimal zu mir nach Hause eingeladen
hatte, fragte er mich rundheraus: «Warum tun Sie eigentlich so viel
für mich?»

«Weil Sie jung und sehr begabt sind und weil Sie Hilfe nötig
haben.»

«Aber Sie sind eine große Schauspielerin», widersprach er. «Und
ich bin nur ein kleiner Anfänger. Trotzdem lassen Sie zu, daß es so
aussieht, als ob ich die Szenen beherrsche. Warum?»

«Das kommt Ihnen nur so vor, weil Sie die Arbeit vor der Kamera
nicht gewöhnt sind», antwortete ich.

«Schon möglich, aber trotzdem ist es sehr großzügig von Ihnen, mich nicht an die Wand zu spielen.»

Ich wurde ungeduldig. «Wenn Sie erst den fertigen Film sehen, wissen Sie, daß ich das einzig Richtige tue.»

«Nun ja, ich mag Sie sehr, und ich bin Ihnen sehr dankbar, daß Sie mir zeigen, wie man sich vor einem so meisterlichen Kameramann wie Mr. Daniels natürlich gibt.»

Oft gingen wir zusammen spazieren, dann unterhielten wir uns über die Ausbeutung der Arbeiter und kleinen Bauern auf der ganzen Welt und über den Krieg. Lew war Pazifist, er verabscheute den Krieg, den seiner Meinung nach immer nur die Reichen anzettelten. Während solcher Gespräche schlug ich ihm manchmal vor, in die Politik zu gehen und die Menschen gegen Kriege und gesellschaftliches Unrecht zu mobilisieren.

Darauf antwortete er dann: «Die Saat der Erneuerung muß auf fruchtbaren Boden fallen, und die Arbeiter von heute haben sich mit ihrem Los abgefunden, geschickte Propaganda hat sie in die Irre geführt. Und was soll ich schon erreichen ohne Geld, ohne einen großen Namen? Wie kann ich da in die Politik gehen? Außerdem glaube ich nicht, daß ich mich zum Politiker eigne. Ich muß lernen, meine Weltanschauung auf andere Weise zu vermitteln. Am liebsten wäre mir, ich würde ein gutes Drehbuch und einen guten Regisseur finden und könnte einen guten Antikriegsfilm drehen.»

«Wer sollte Ihnen denn einen Antikriegsfilm finanzieren? Die Kapitalisten gewiß nicht, und um so einen Film zu drehen, brauchten Sie eine Menge Geld.»

Aber Lew ließ sich seinen Optimismus nicht nehmen.

Ich muß zugeben, daß mich seine Begeisterung und seine Menschenliebe bezauberten. Ich versuchte nach besten Kräften, ihm zu helfen. Ich nahm ihn überallhin mit, auch zu Jacques Feyder, bei dem solche Größen wie Pola Negri, Lewis Stone, die Barrymores, die Fairbanks, Norma Shearer, Gloria Swanson und selbst Charlie Chaplin ein und aus gingen. Aber Lew brachte sie mit seinen antikapitalistischen und pazifistischen Ereiferungen gegen sich auf, und wichtige Leute gingen ihm aus dem Weg. Die einzige Ausnahme war Chaplin, der Lew mochte und sich mit ihm auf Diskussionen einließ. Eine Rolle in einem seiner Filme hat er ihm allerdings nie angeboten, weil er der Meinung war, daß Lew kein komisches Talent besäße.

Als Willie Sörensen nach Hollywood kam, nahm er mich so sehr in Anspruch, daß mir kaum noch Zeit für Lew blieb. Doch er verstand, was geschehen war, und da er ein sensibler Mensch war, verschwand er gänzlich aus meinem Leben. Und weil ich noch nie irgend jemandem nachgelaufen bin, stellte ich auch keine Nachforschungen über ihn an.

Die New Yorker Premiere von *Der Kuß* fand am 15. November 1929 statt, auch diesmal wieder im Capitol. Die Kritiker nannten mich «eine einfühlsame Schauspielerin» und «eine geniale Femme fatale». Lew Ayres wurde lobend erwähnt.

Kurz nach der Uraufführung von *Der Kuß* traf ich Lew zufällig in Hollywood auf der Straße und lud ihn zu mir nach Hause ein. Während des Abendessens konnte er über nichts anderes reden als über meine angeblichen bösen Hexenkräfte über Schauspieler. Offensichtlich hatte ihm jemand all die gemeinen Geschichten zugetragen, die über mich im Umlauf waren. Um mich zu rechtfertigen, sagte ich: «Vielleicht bringe ich schlechten Schauspielern wirklich Unglück, aber Ihnen nicht. Sie haben Talent. Ich bin überzeugt, Sie schaffen es und spielen eines Tages ganz große Rollen.»

«Aber meine pazifistischen und sozialistischen Überzeugungen werde ich nicht preisgeben», erwiderte er fest.

«Das brauchen Sie auch nicht. Beim Film ist Talent das einzige, worauf es ankommt. Wenn wir darüber verfügen, können wir im Privatleben tun und lassen, was uns gefällt, und uns für unsere Überzeugungen einsetzen.»

Doch ich sollte nicht recht behalten. Jahre später, während des Zweiten Weltkriegs, wurde Lew auf die schwarze Liste gesetzt, weil er sich weigerte, in die Armee einzutreten.

⟨*Anna* *Christie*⟩

In meinen Augen war Eugene O'Neill der interessanteste amerikanische Bühnenautor überhaupt. Sein Kampf gegen das seinnentleerte
kulturelle Leben seines Landes inspirierte mich. Einmal sagte er über
sich selbst: «Ich bin ein Unterseeboot, das unter der Oberfläche des
Lebens lauert, um die Handelsschiffe zu torpedieren, die behäbig und
selbstsicher dahindümpeln und vor Trägheit nicht einmal mehr imstande sind, Angst oder Staunen zu empfinden.»

O'Neills Drama *Anna Christie* stellt mit seiner schwierigen und
doch bildhaften Sprache für jede Schauspielerin eine Herausforderung dar. In der Figur der Anna liegen große Wahrheiten über das
Leben verborgen. Ich begeisterte mich für diese Rolle und machte
mich sogleich daran, meine Kenntnisse über das Stück aufzufrischen.
Doch damit nicht genug, ich las auch alles, was O'Neill jemals geschrieben hatte. Frances Marion gelang ein ausgezeichnetes Drehbuch. Aber ich hatte gleich zweifach Glück, da das Studio die Kameraarbeit Bill Daniels übertrug. *Anna Christie* war mein erster Tonfilm
und, wie ich manchmal denke, mein bester Film überhaupt. Noch vor
den ersten Proben hatte ich meinen ganzen Text auswendig gelernt,
wobei mir der Regisseur Clarence Brown sehr behilflich war, der mit
großem Einfühlungsvermögen versuchte, Mojes Platz einzunehmen.

Ich legte meine ganze Seele in die Rolle der Anna. Meine rauchige
Stimme trug unendlich viel dazu bei, daß mir eine unsterbliche
Darstellung dieser großen dramatischen Gestalt gelang. Da ich mich
intensiv mit O'Neill beschäftigt hatte, konnte ich nicht nur die Philo-

sophie des Autors nachvollziehen, sondern mich auch in das Eigenleben seiner Figuren hineinversetzen. Und zum erstenmal spürte ich, daß meine Schauspielerkollegen mich bei der Arbeit aufrichtig, ich betone aufrichtig, unterstützten. Dieses Gefühl hatte ich ganz deutlich. Vielleicht half der tragische Geist Mojes mir und den anderen dabei, mit *Anna Christie* ein Meisterwerk zu schaffen. Mein erster Tonfilm war ein künstlerischer Triumph und darüber hinaus ein großer kommerzieller Erfolg. Obwohl MGM mir fast sechstausend Dollar in der Woche zahlte, verdiente die Gesellschaft mehr als genug an dem Film. Die amerikanische Presse nannte mich die «größte lebende Schauspielerin».

Nach dem Erfolg von *Anna Christie* zwang mir MGM gleich Rollen in mehreren anderen Filman auf. In weniger als zwei Jahren wirkte ich in sechs neuen Streifen mit, ohne mich zwischendurch auch nur eine Minute wirklich erholen zu können.

Der erste, *Romance (Romanze)*, basierte auf einem Stück von Edward Sheldon. Die Handlung hatte gewisse Ähnlichkeiten mit meinem eigenen Leben – die Heldin erhebt sich aus einem Sumpf früher Not und sexueller Abnormitäten und schwingt sich zu Ruhm und Reichtum empor. Nur der Wunsch, den Rest meines Lebens mit dem von mir geliebten Mann verbringen zu können, sollte für mich niemals wahr werden. Lewis Stone gelang in der Rolle des Cornelius van Tuyl eine geradezu vollkommene schauspielerische Leistung. Aber Gavin Gordon spielte den Tom Armstrong wie ein Wickelkind. Auch nach den Dreharbeiten hatte ich Ärger mit ihm, weil er unbedingt ein Verhältnis mit mir anfangen wollte.

Irgendwie geschah es, daß er sich am ersten Drehtag das Schlüsselbein brach. Deshalb mußte er mit einem Gipsverband spielen, der von seinem Kostüm verdeckt wurde. Infolgedessen wirkten unsere Liebesszenen steif und einigermaßen komisch, und wieder verbreitete sich das Gerücht, ich sei eine böse Hexe. Wenn ich mich recht entsinne, habe ich Gavin Gordon nach diesem Film nie wieder auf der Leinwand gesehen. Ich hatte auch einige Schwierigkeiten mit Clarence Brown, der mich bei der Besetzung nicht mitreden lassen wollte.

Romanze hatte am 22. August 1930 Premiere, er erregte bei der Kritik nur wenig Aufsehen. Bei meinem nächsten Film, *Inspiration*

(Yvonne), arbeitete ich mit demselben Regisseur und demselben Kameramann zusammen. Die Originalfilmvorlage und das Drehbuch stammten von Gene Markey. Eines Tages sagte Lewis Stone, der die Rolle des Delval spielte, zu mir: «Wir drehen jetzt schon den vierten Film zusammen. Sie sind eine große Künstlerin, und Ihre Begeisterung für die Arbeit überträgt sich auf mich und die anderen Schauspieler am Drehort. Sie sind eine Frau mit vielen unterschiedlichen Stimmungen, jede einzelne ist faszinierend.»

«Warum sagen Sie mir das? Soll das etwa ein Trick sein?»

«Ich verstehe nicht», antwortete Lewis.

«Wie Sie vielleicht wissen, verbreitet das Studio das Gerücht, daß ich auf irgendeine rätselhafte Weise auf Schauspieler, Regisseure, Kameramänner und sogar auf die Techniker Macht ausübe. Wenn mich nun auch noch meine Kollegen mit Lob und Bewunderung überschütten, werde ich eine halbe Million Dollar pro Film verlangen können. Mayer behauptet, ich hätte nicht den Mut, mich selbst an ihn zu wenden, ich würde andere benutzen, um ihn unter Druck zu setzen.»

Lewis war sehr irritiert, er schwieg. Er drehte sich einfach um und ließ mich stehen. Es kostete mich viel Zeit und einige Überredungskunst, ihm klarzumachen, daß jedes Wort, das ich gesagt hatte, der Wahrheit entsprach. Fast glaubte ich nun selbst an meine bösen Zauberkräfte, hatte es doch den Anschein, als hätten sie Lewis Stone verhext. Von dem Zeitpunkt an kühlte sich unsere Beziehung ab. Er blieb mir als ein Chargenspieler mit einem durchgeistigten Charakter in Erinnerung.

Die Rolle des André in *Yvonne* wurde von Robert Montgomery gespielt, der mehr Begeisterung als Talent für die Aufgabe mitbrachte. Ich mochte ihn gern und versuchte, ihm genauso zu helfen wie früher Lew Ayres. Bob vergötterte meine Arbeit und redete mit jedem Menschen über mich.

Aber ich hatte genug von den Männern und den Problemen, die sie mir machten, und beschloß deshalb, ihm aus dem Weg zu gehen. Doch je mehr ich ihm auswich, desto mehr stellte er mir nach. Nach der Premiere von *Yvonne* am 6. Februar 1932 fiel er bei den Kritikern durch, einer schrieb sogar, er hätte eine «schwache Leistung geboten, die schlechteste in seiner ganzen Karriere». Da ich fand, daß ein so junger Schauspieler wie Bob meine unheilbringende Hexerei nicht verdient hatte, verschaffte ich ihm eine Rolle in *Strangers May Kiss*, in dem Norma Shearer die weibliche Hauptrolle spielte.

Meine angeblichen Hexenkräfte wurden in der Presse und im Radio weidlich ausgeschlachtet. Der ständige Rummel um meine Person führte bei mir zu einem solchen Zustand seelischer und körperlicher Erschöpfung, daß ich mich der Astrologie, dem Okkultismus und der Magie zuwandte. Ich verschlang Bücher und Zeitschriften über diese umstrittenen Themen. Später, als mich die bloße Lektüre nicht mehr befriedigen konnte, begann ich, spiritistische Medien, Wahrsager, Kartenleger und andere Personen aufzusuchen, die über übersinnliche Wahrnehmungskräfte verfügten. Ich wollte unbedingt das Geheimnis meiner Persönlichkeit erforschen und hinter die Gründe für meine ständige Sorge um mein seelisches und körperliches Wohlbefinden kommen. Ich hatte häufig Alpträume von meinem Vater und Moje und von einem frühen, tragischen Tod.

Da ich keinen Menschen hatte, mit dem ich offen hätte reden können, ging ich zu Okkultisten, Teufelsanbetern, Gedankenlesern und Geisterbeschwörern. Weil ich an ein Weiterleben nach dem Tod glaubte, versuchte ich, mit Moje und meinem Vater in Verbindung zu treten. In meinen Träumen hörte ich ihre Stimmen, schreckliche, wütende Stimmen, die mich davor warnten, mich mit anderen Männern einzulassen.

Mein Verhalten meiner Umgebung und überhaupt anderen Menschen gegenüber wurde wirrer und irrationaler. Ich wurde so mißtrauisch und verstört, daß ich Freunde nicht mehr von Feinden zu unterscheiden wußte. In meinem Kopf und in meiner Seele herrschte völlige Verwirrung.

Bill Daniels war der erste, der meinen inneren Aufruhr erkannte, vielleicht weil er ein sehr empfindsamer Mensch war und an mystische Kräfte glaubte. Er riet mir, Pirandello zu lesen, den italienischen mystischen Bühnen- und Romanautor, das würde mir guttun. Damals erfreute sich dieser Schriftsteller unter den sogenannten Intellektuellen in Hollywood großer Beliebtheit. Ich hatte zwar früher schon einige seiner Stücke flüchtig gelesen, doch nun drang ich noch einmal tiefer in sie ein. So sehr bewunderte ich Pirandellos Ansichten über die Künste, daß ich mir manche Stellen herausschrieb und andere auswendig lernte. Seine Philosophie mit ihren übernatürlichen Anklängen brachte meine Gedanken besser zum Ausdruck, als ich sie selbst in Worte fassen konnte. Versuche, die menschliche Existenz zu erklären, Gründe für Eigenarten in Charakter und Verhalten zu finden, faszinierten mich ungemein. Ich dachte, durch die Beschäftigung mit Pirandello könne ich vielleicht den Schlüssel zu meinem eigenen Leben finden. Die Lektüre der Werke dieses italienischen Autors hatte auf mich eine belebende Wirkung wie ein heißes Seelenbad, gefolgt von einer kalten Dusche. Ich fühlte mich zwar noch immer verwirrt, gleichzeitig aber auch irgendwie besser.

Meine Filme verhalfen MGM zu derartig immensen Einnahmen, daß Louis B. Mayer und seine Crew von Profitmachern meine Kraft und künstlerische Energie in einem Film nach dem anderen ausbeuteten. Meine nächsten beiden Werke waren *Susan Lenox: Her Fall and Rise (Helgas Fall und Aufstieg)* und *Mata Hari*. Sie wurden mit einer solchen Eile geplant und heruntergedreht, daß mir kaum Zeit blieb, mich in die Handlung einzufühlen oder ein persönliches Verhältnis zu den Figuren zu gewinnen. *Helgas Fall und Aufstieg* basierte auf einem Roman von David Graham Phillips, und wieder einmal spiegelten sich darin Fragmente meines eigenen Lebens wider – vor allem die Szenen, in denen es um Not, Streit und körperliche Gewalt ging. Der Film hat ein Happy-End, denn ich werde wieder mit meinem Geliebten Rodney vereint, der von Clark Gable gespielt wurde. Gables Leistung war höchst durchschnittlich, doch während unserer Zusammenarbeit lernte ich ihn als einen netten jungen Mann kennen. Seine Schwächen, die mir gleich aufgefallen waren, kannte er genau, vor allem eine gewisse Starrheit, die ihn sehr hölzern wirken ließ.

Der Film war ein zweidimensionales, melodramatisches Rührstück. Für seine Mängel machte ich nicht die Darsteller, sondern das schlechte Drehbuch von Wanda Tuchock und die einfallslose Regiearbeit von Robert Z. Leonard verantwortlich, der zwar kleinere Szenen beherrschte, durch einen komplexeren Aufbau allerdings überfordert war. Einzig und allein Bill Daniels' Kameraführung hatte ich es zu verdanken, daß ich von der Kritik nicht völlig verrissen wurde. Die Premiere fand am 16. Oktober 1931 im Capitol Theater in New York statt. Das Urteil der Kritiker fiel vernichtend aus.

Dem Film *Mata Hari* lag die Lebensgeschichte der schönen Spionin aus der Zeit des Ersten Weltkriegs zugrunde. Die Originalfilmvorlage und das Drehbuch stammten von Benjamin Glazer und Leo Birinski, Regie führte George Fitzmaurice. Der attraktive, aber unbegabte Ramon Novarro spielte den Leutnant Alexis Rosanoff. Lewis Stone stellte den Adriani sehr überzeugend dar, und Lionel Barrymore war als General Shubin recht beachtlich. Bill vollbrachte wieder wahre Wunderdinge mit seiner Kamera und rettete mich so erneut vor einem Debakel. Trotzdem mußte ich mir nach der Uraufführung des Films an der Ostküste am 31. Dezember 1931 im Capitol harsche Kritiken gefallen lassen.

Rings um mein Haus kampierten Reporter, die nur auf eine Gelegenheit lauerten, mich nach meiner schlechten Darbietung auszufragen. Ich schloß mich ein oder blieb hinter den Sträuchern im Garten in Deckung, die Angestellten wies ich an, keinen Menschen einzulassen. Manchmal kletterte ich auch auf eine Zypresse und beobachtete die Gesichter der Reporter von der Westküste, von der Ostküste, aus der ganzen Welt. Ich hatte ihnen nichts zu sagen.

In vielen schlaflosen Nächten zerbrach ich mir den Kopf darüber, was eigentlich geschehen war. Ich hatte doch auch früher schon mit schlechten Stoffen, schlechten Schauspielern und schlechten Regisseuren gearbeitet und trotzdem Erfolg gehabt. Warum hatte ich jetzt versagt? Wahrscheinlich hatte meine seelische Verwirrung einiges mit meiner schlechten Darbietung zu tun. Doch niemand wußte von diesem Aufruhr der Gefühle, und deshalb nahm mich kaum jemand in Schutz. Die einzige Ausnahme war Gustav von Seyffertitz, der mit mir gut drei Jahre zuvor in *Der Krieg im Dunkel* vor der Kamera gestanden hatte. In einem Interview sagte er: «Ich glaube nicht, daß sie ihren Stil grundlegend geändert hat. Sie war bereits in *Der Krieg im Dunkel* ein Star, nur hatten es damals die Produzenten noch nicht erkannt. Die Garbo hat ihre eigenen künstlerischen Methoden, Charaktere darzustellen, sie hat eine ganz individuelle Technik, und deshalb glaube ich auch nicht, daß sie sich sehr verändert hat. Sie ist im Grunde die gleiche Schauspielerin geblieben: Sie ist eigenständig in ihrer Kunst und strahlt durch ihre Rätselhaftigkeit eine magnetische Anziehungskraft aus.»

Ich werde ihm diese edle Verteidigungsrede niemals vergessen, weil er sie zu einer Zeit hielt, als praktisch jeder an mir herumkritisierte. Viele Stunden verbrachte ich täglich damit, Stapel von Zeitungen und Illustrierten durchzusehen, um mir gute Kritiken herauszusuchen und auszuschneiden, was mir damals viel Auftrieb gab. Ich fühlte mich hilflos; da ich im Sternzeichen der Jungfrau geboren war, sah ich mich als die Gefangene einer Vergangenheit, die mich daran hindern würde, eine glückliche Gegenwart zu finden. Es fiel mir schwer, meine Gedanken zu sammeln und zu einem Entschluß zu kommen. Sollte ich in Hollywood bleiben, oder sollte ich nach Stockholm zurückkehren?

Während dieser schweren Zeit lud mich Jacques Feyder einmal ein, ihn selbst, seine Frau und Willie Sörensen zu einem Picknick zu begleiten. Als wir am Strand saßen, kam ein alter Mann auf uns zu, der uns um etwas zu essen bat. Wir boten ihm ein Schinken-Käse-Sandwich an. Mich faszinierten das sonnenverbrannte, faltige Gesicht des Mannes, seine glühenden schwarzen Augen und die buschigen Augenbrauen, die Schatten auf seine Wangen warfen. Sein grauer Schnurrbart verdeckte dicke Lippen und schlechte Zähne, mit denen er gierig in das Sandwich biß. Seine runzligen Hände waren groß und stark und mit grauen Härchen bedeckt. Ich zitterte, denn ich spürte die Gegenwart Mojes. Doch er war so damit beschäftigt, das Brot zu essen, daß er uns überhaupt nicht wahrzunehmen schien. Aber wenn die anderen nicht aufschauten, starrte er mich durchdringend an.

Die rätselhafte Gestalt, die wie aus dem Nichts auf dem menschenleeren Strand aufgetaucht war, verzehrte rasch das Brot, stand mit der Geschmeidigkeit eines jungen Mannes auf und sagte zu mir: «Schade, daß ich nicht mehr jung bin.»

«Warum sagen Sie das?» fragte ich mit bebender Stimme.

«Weil ich Sie sonst heiraten würde.»

«Woher wollen Sie denn wissen, daß Sie Lust hätte, Sie zu heiraten?» fragte Jacques.

«Ach, das weiß ich eben.»

«Aber ich kann das nicht fühlen.» Mir kamen jetzt die Worte mit mehr Selbstvertrauen über die Lippen, da ich merkte, daß mich die anderen unterstützten.

«Tief in Ihrem Innern», sagte der alte Mann, «ganz tief in Ihrem Innern sind Sie ein guter Mensch, und Sie haben Liebe im Herzen. Aber das Leben hat Ihnen das genommen, und die Menschen um Sie herum haben eine leere Hülse aus Ihnen gemacht. Aber ich kann Sie vor der Vernichtung retten.» Während er dies sagte, entfernte er sich langsam. Er drehte sich um und schaute auf das Meer; er erhob die Stimme, um sich trotz der Brandung verständlich zu machen.

«Ich könnte Sie retten», sagte er. Dann ging er rasch und zielstrebig auf das Meer zu. Mit jedem Schritt schien er jünger zu werden. Ich starrte ihm gebannt nach, während er immer näher an das Wasser trat. Der Strand war völlig menschenleer, als ich sah, wie er in den Pazifischen Ozean hineinschritt. Mir wurden die Augenlider schwer.

Ich weiß nicht, was aus ihm wurde. Er verschwand irgendwo zwischen den Wellen und dem Horizont.

Über unseren Köpfen ballten sich Wolken zusammen, die Sonne versteckte sich, und wir brachen auf. Auf dem Weg zurück in die sogenannte Zivilisation sagte keiner meiner Begleiter auch nur ein Wort zu mir. Wahrscheinlich wußten sie, was ich dachte; Willie wußte es bestimmt, er kannte meine Vergangenheit nur zu genau. Doch mit Worten konnte ich meine Ängste nicht ausdrücken, deshalb schwieg ich. Einige Jahre zuvor hatte Moje zu mir gesagt: «Ein Mann mag die Frau, die ihn versteht, während eine Frau den Mann mag, der nicht versucht, sie zu verstehen.»

Ich dachte, daß es nun für immer zu spät sei. Als ich wieder zu Hause war, nahm ich ein heißes Bad und schloß mich dann mit einer Flasche Champagner in meinem Schlafzimmer ein. Ich zog mich aus, holte Mojes Bild aus der untersten Schublade unter den Dessous hervor und stellte es auf den Nachttisch vor mir. Ich nippte an meinem Champagner und redete mit ihm. Aber er antwortete mir nicht. Als mir sein Schweigen zur Qual wurde, spielte ich mit meinem Körper.

Irving Thalberg kam auf die Idee, so viele Stars wie nur irgend möglich in einer einzigen Produktion zusammenzubringen. Er wußte, daß einem solchen Film ein enormer kommerzieller Erfolg gewiß sein mußte. Da er Vizepräsident und Produktionsleiter bei MGM war, konnte er die Projekte finanzieren, die er persönlich ausgesucht hatte. Eines Tages bestellte er mich zu sich und erklärte mir, daß MGM mir eine Hauptrolle in dem Film *Grand Hotel (Menschen im Hotel)* zugedacht habe, dessen Drehbuch von William Drake auf dem Roman von Vicki Baum basierte. Thalberg nahm Edmund Goulding, der bereits in *Love (Anna Karenina)* die Regie geführt hatte, auch für diese Produktion unter Vertrag.

Vicki Baum zeigte sich recht beeindruckt von meiner Arbeit, und nachdem sie mich einmal heimlich von einem Versteck aus beobachtet hatte, sagte sie zu Thalberg: «Ich bewundere die Garbo sehr. Dieses müde, tragische Gesicht in den Anfangsszenen und später dann ihre außerordentliche Lebendigkeit in Ausdruck und Bewegung als glückliche Frau haben mich stark beeindruckt.» Gleichzeitig meinte sie, John Barrymore spiele, als ob ihm der Kragen zu eng sei.

Ich halte meine Darstellung in *Menschen im Hotel* für meine beste künstlerische Leistung seit *Anna Christie*. Nach der Premiere im Astor Theater am 12. April 1932 stellte ich fest, daß Robert E. Sherwood der gleichen Meinung war. Er schickte mir ein Telegramm: «Sie sind die größte lebende Schauspielerin.» Seiner Ansicht nach rettete allein mein Spiel den Film, Thalberg und die ganze Gruppe berühmter Stars.

Die Arbeiten an meinem nächsten Film, *As You Desire Me (Wie du mich wünschst)* überschnitten sich mit denen an *Menschen im Hotel*. Pirandello war für mich der unübertroffene Meister in der Darstellung von Stimmungen und Weltanschauungen. Sein Theaterstück *Come tu mi vuoi* hatte in New York großen Erfolg. Die Rolle der Zara war sehr anspruchsvoll, und es gelang mir nicht, diese Figur in ihrer ganzen Tiefe auszuloten. Vielleicht lag es daran, daß ich den Autor zu gut kannte und zuviel Hochachtung vor seinem Werk hatte. Infolgedessen ging ich mit zu großem Eifer ans Werk. Vielleicht lag es aber auch an Gene Markeys Drehbuch, das den Geist des Originals nicht wirklich einfangen konnte. Obwohl Melvyn Douglas und Erich von Stroheim ausgezeichnete Schauspieler waren, boten sie in diesem Film meiner Ansicht nach doch eher mittelmäßige Leistungen.

Durch all diese künstlerischen Höhen und Tiefen verlor ich allmählich an Selbstvertrauen und wußte nicht, wie es weitergehen sollte. Willie Sörensen gab mir den Rat, mir die Arbeiten von Kollegen anzuschauen und mich an den Leistungen meiner Rivalen zu messen, wenn ich sie denn so nennen darf. Zu den vielen Filmen, die ich mir daraufhin in Beverly Hills ansah, gehörte auch *The Love Parade (Parade der Liebe)* von Ernst Lubitsch, der Moje und mich sehr verehrte. Die Hauptrolle spielte Maurice Chevalier, und obwohl ich ihn bis dahin eher für einen Schmierenkomödianten gehalten hatte, fand ich seine Leistung sehr überzeugend. Ich staunte, daß ein solcher

Film aus Hollywood kommen konnte. Ich weiß noch, daß ich ihn mir zusammen mit Willie anschaute, den ich gleich im Anschluß an die Vorführung bat, mich zu Lubitschs Haus zu fahren. Auf dem Weg dorthin kaufte ich einen Strauß gelber Rosen, mit dem ich ihm gewissermaßen zu seiner großartigen Arbeit gratulieren wollte. Heute jedoch, nach so vielen Jahren, kann ich gestehen, daß ich solche Dinge immer mit Vorbedacht tat, da ich ständig auf der Suche nach neuen Regisseuren und neuen Drehbüchern war, mit deren Hilfe es mir vielleicht gelingen konnte, andere Ausdrucksformen zu finden und andere Dimensionen zu entwickeln.

Ernst bedankte sich herzlich für die Blumen. «Ich hätte gern einmal eine Komödie mit Ihnen gedreht», sagte er. «Ich glaube, Sie hätten das Zeug dazu.»

Überrascht antwortete ich: «Vor einiger Zeit hat Chaplin einmal mit dem Gedanken gespielt, mit mir einen Film zu machen, aber nachdem er meine Talente und meine Figur analysiert hatte, meinte er, ich würde mich nicht für Lustspiele eignen.»

«Ich werde Sie schon noch davon überzeugen», sagte Lubitsch. «Ich wette um eine Million Dollar, wenn Sie unter meiner Regie in einer Komödie mitspielen, wird das Ihr größter Erfolg seit *Anna Christie*.»

Solches Vertrauen munterte mich auf, und es hat mir um das Geld, das ich für die Rosen ausgegeben habe, nie leid getan.

Ein anderer Mensch, der mir durch diese kritische Phase hindurchhalf, war ein anonymer Freund, der mir einen Zeitungsausschnitt aus dem *New Yorker* zuschickte, in dem John Mosher über *Menschen im Hotel* schrieb:

Obwohl die Garbo, was man kaum für möglich halten sollte, nur eine kleine Rolle spielt, lebt der Film einzig und allein durch ihre Darstellung. Meiner Meinung nach verblassen neben ihr die übrigen Schauspieler zu lediglich kompetenten Handwerkern. Sie verleiht der schwierigen, klugen Handlung den Auftrieb und Schwung, den ein Film ohne sie, ohne ihre eindringliche, gespannte Vitalität niemals besitzen kann. Die Garbo wirkt allein durch ihren Gang und ihre Haltung, und trotz des überflüssigen Beiwerks der Handlung wie Großherzöge und falsche Perlen, trotz der gänzlich konventionellen Rolle der schönen Primaballe-

316

rina verströmt sie den ungreifbaren Zauber, der sich mit dem Wort «Glamour» nur unzureichend beschreiben läßt.

Als ich diese Rezension las, hatte ich das Gefühl, mein Leben doch nicht umsonst gelebt zu haben. Doch ich hielt es für eine gute Idee, mich in dieser neuen Überzeugung in Europa zu bestätigen.

Mercedes

Ich bin immer der Ansicht gewesen, daß uns der allgegenwärtige Gott zu freien Menschen gemacht hat, doch ich glaube auch, er hat es so eingerichtet, daß eine große Liebe uns zu Sklaven macht. Wenn ich mich also nicht zwischen der Liebe zu einem Mann und der zu einer Frau entscheiden konnte, so wollte ich eben frei bleiben und Gott bitten, mir zu helfen, es zu Rang und Ansehen im Leben zu bringen. Wenn ich dieses Ziel erreichte, wollte ich den Rest meines Lebens damit zubringen, ihm zu danken. Doch statt dessen geschah es, daß ich zur Sklavin beider Geschlechter wurde, nicht etwa, weil ich Angst gehabt hätte, eine endgültige Wahl zu treffen, obwohl das natürlich ein schmerzhafter Prozeß gewesen wäre, sondern weil ich noch nie leicht Entscheidungen treffen konnte und weil mich von frühester Kindheit an die unterschiedlichsten Leute verwirrt hatten. In meiner Karriere hatte ich wie durch ein Wunder stets die richtigen Entscheidungen gefällt, doch diese Fähigkeit auch auf andere Lebensbereiche zu übertragen, wollte mir nie gelingen. Ich verstand es nicht, die Handlungen anderer Menschen richtig einzuschätzen, daraus die nötigen Schlüsse zu ziehen und dementsprechend zu handeln. Das war meine größte Schwäche. Anderseits jedoch gab meine Verwirrung in solchen Angelegenheiten womöglich den Grundstein für meine Legende ab.

Schon als Kind hatte ich mich durch männliche wie durch weibliche Körper und ihre Geschlechtsmerkmale gleich stark angezogen gefühlt. Über diese Dinge dachte ich zum erstenmal bewußt nach, als

318

ich meine Eltern unter der Bettdecke hervor beobachtete und merkte, daß ihr Liebesakt niemals harmonisch verlief. Es war dabei so viel Brutalität im Spiel, die ich nicht verstand, daß ich bald die Gewalt zwischen dem nackten männlichen und dem nackten weiblichen Körper hassen lernte. Ich kam schon sehr früh zu dem Schluß, daß diese Gewalt in den Unterschieden zwischen Mann und Frau ihren Ursprung hat.

Später, wenn ich meine Verwandten auf dem Dorf besuchte, fiel mir auf, daß sich zwischen männlichen und weiblichen Tieren fast genau dasselbe abspielte. Langsam wurde mir klar, daß dies keine wahre Liebe war, sondern nur ein Mittel, sich abzureagieren, sich zu entspannen. Außerdem erkannte ich den Wunsch nach Unterwerfung, wenn eines über das andere herfiel. Ich fand heraus, daß gleichgeschlechtliche Zärtlichkeiten und Liebkosungen viel sanfter waren als die zwischen andersgeschlechtlichen Partnern. Ich stellte sogar fest, daß Masturbation wesentlich befriedigender ist als der Geschlechtsverkehr zwischen Mann und Frau.

Obwohl ich im Laufe meines Lebens wirklich alles ausprobiert habe, fand ich weder körperlich noch seelisch jemals die wahre Erfüllung. Ich versuchte mir einzureden, daß dieses Versagen in meiner Natur begründet sei, in meinem Körper oder in meiner seelischen Verfassung. Aber heute glaube ich, daß ein Großteil der Verantwortung dafür bei meinen Eltern zu suchen ist, die in der Liebe so wenig harmonierten. Doch woran es auch gelegen haben mag, meine körperlichen und emotionalen Bedürfnisse wurden nie ganz befriedigt.

Nachdem ich jahrelang stückweise Informationen über das menschliche Verhalten zusammengetragen hatte, kam ich zu dem Schluß, daß wahrscheinlich jeder Mensch von ähnlichen Emotionen geleitet wird, diese aber zu übertünchen versucht. Zumindest weiß ich, daß Moje diese Überzeugung teilte. Ich habe mich sehr oft mit ihm über eheliche und nichteheliche sexuelle Abenteuer unterhalten. Seine Ansichten über die Ehe waren sehr zynisch, ja sogar verächtlich.

Nach Mojes Tod fühlte ich mich sehr verloren, viele Dinge verwirrten mich, vor allem Sex. Oft versuchte ich mir auszumalen, wie mein Leben wohl verlaufen wäre, wenn ich ihn geheiratet hätte. Möglicherweise hätten wir uns gegenseitig zerstört, vielleicht hätten wir aber auch das Leben und die Kunst mit anderen Augen gesehen, realistischer. Wer weiß, wie unser Leben sich entwickelt hätte? Vielleicht wäre es mir nicht vergönnt gewesen, zur Legende zu werden, und ich hätte mein Leben als Stillers unbedeutendes Anhängsel auf dem Weg zu Ruhm und Reichtum vergeudet.

Manchmal bilde ich mir ein, wenn ich jeden Tag für Moje dagewesen wäre, hätte ich ihn vor dem Ruin und einem frühen Tod retten können. Aber das sind bloße Gedankenspiele. Ich glaube, alles, was geschah, wurde von Gott genauso vorherbestimmt. Jedem Menschen wird der Lebensweg von Gott vorgeschrieben, er muß ihm folgen. Wir leben, um vorwärtszugehen. Gottes Hand hatte mich zu Stiller geführt, der zuerst eine gute und schließlich eine berühmte und reiche Schauspielerin aus mir machte. Hätte Stiller mich nicht entdeckt, wäre ich vermutlich ein einfaches schwedisches Mädchen geblieben. Ich hätte geheiratet, zwei oder drei Kinder bekommen, den Rest meines Lebens damit zugebracht, sie großzuziehen und meinen Lebensunterhalt mit körperlicher Arbeit zu verdienen.

Wenn ich auf die Vergangenheit zurückblicke, glaube ich fast, daß Frauen mir öfter und hartnäckiger nachgestellt haben als Männer. Frauen hatten auch mehr Einfluß auf mich, was vielleicht an ihren mütterlichen Gefühlen und ihrer tieferen Freundschaft lag. Ich hatte wohl etwas an mir, was die Frauen anzog. Mich faszinierte an einer Frau weniger der Verstand als der Körper, an jeder entdeckte ich eine Besonderheit, die mich auf einzigartige Weise ansprach. Ich fand es aufregend, sie zu betrachten und mit meinem Körper zu vergleichen. Auf meine Freundschaften zu Männern mußte ich mich immer erst lange psychologisch vorbereiten, bei Frauen hingegen verlief die Annäherung wesentlich schneller und glatter. Es fällt mir nicht leicht, diese Gefühle noch deutlicher auszudrücken, aber ich gebe mir alle erdenkliche Mühe.

Die erste Frau, die ich gut kannte, war meine Mutter; und obwohl ich manchmal freundschaftliche Gefühle für sie hegte, konnte ich ihr doch nie ganz vertrauen. Meinen Vater habe ich sehr bewundert, ihm habe ich auch vertraut, aber später erwachte in mir ein Mißtrauen den Männern gegenüber. Ich habe viele Männer studiert und war mit manchen eng befreundet. Doch im Ergebnis wurde mein Mißtrauen eher noch stärker. Moje war die einzige Ausnahme, und wenn ich nun über unsere Beziehung traurig Bilanz ziehe, habe ich mehr von ihr profitiert, sowohl körperlich als auch sexuell. In meinen Verhältnissen mit Frauen fand ich nie die gleiche Befriedigung wie in der Beziehung zu Moje. Ich besaß zwar die Gabe, das Beste in einer Frau zum Vorschein zu bringen, doch oft mußte ich feststellen, daß mir das nicht genügte. Dann stürzte ich mich mit noch größeren Erwartungen in die nächste Beziehung. Dabei stand auch immer die sexuelle Anziehung im Hintergrund, die jedoch nie lange anhielt. Meist langweilte ich mich schon bald, dann suchte ich gleich wieder nach einer neuen Beziehung, und erst sehr viel später sollte ich erkennen, daß die neue Liebe niemals anders war als die alte.

Langlebige Freundschaften mit Schauspielerinnen kann ich an den Fingern einer Hand abzählen. Zu ihnen gehörte meine enge Beziehung zu Marie Dressler, die in *Tillie's Punctured Romance (Tillies gestörte Romanze)* die Rolle der Tillie gespielt hatte. Nie werde ich ihren warmen Körper, ihre einfache Liebe, ihre Weisheit und ihr einfühlsames, freundliches Wesen vergessen. Sie war auch der erste Mensch, der mich davon überzeugte, daß ich die Königin Christine von Schweden spielen sollte. Sie verschaffte mir die Gelegenheit, andere Frauen kennenzulernen, sie liebte alle ihre Freunde. Sie lehrte mich, mich dieser Art von Liebe nicht zu schämen.

War ich einmal traurig oder seelisch am Ende, ahnte sie, daß ich sie brauchte, und kam sofort. Wenn sie vor meiner Haustür stand, sang sie immer «Heaven will protect the working girl». Dieses Lied läutete unseren gemeinsamen Abend ein. Und wenn sie dann am nächsten Tag wieder nach Hause ging, verabschiedete sie sich mit demselben Lied. Um mich ein wenig bei ihr zu revanchieren, überredete ich MGM, sie in *Anna Christie* die Marthy spielen zu lassen, für die sie die ideale Besetzung war. Wer weiß, vielleicht hatte Eugene O'Neill für die Rolle genau Marie im Sinn gehabt.

Auch mit Dorothy Sebastian war ich befreundet, die neben mir in *Herrin der Liebe* und *Unsichtbare Fesseln* mitwirkte, obgleich mein Verhältnis zu ihr nicht so eng wie das zu Marie war. Ähnliche Beziehungen unterhielt ich noch mit den Schauspielerinnen Barbara Kent, Paulette Duval und Florence Lake, die ich alle durch meinen Beruf kennenlernte.

Die außergewöhnlichste Freundschaft allerdings verband mich mit Mercedes de Acosta, einer kleinen Frau mit einer spitzen Nase und einem großen Hunger nach der Kunst und dem Leben. Natürlich war für mich zu der Zeit ihr Lebenshunger das Entscheidende. Ich wohnte in Brentwood, am San Vicente Boulevard. Damals zog ich häufig um, um ungebetene Besucher und Menschen, die ich nicht mehr zu meinen Freunden zählte, abzuschütteln. Manchmal vertraute ich meine neue Adresse nicht einmal dem Studio an, sondern hinterließ lediglich meine Telefonnummer.

Nach einiger Zeit fiel mir eine elegant gekleidete Frau auf, die oft an meinem Haus vorbeiging, vor allem, wenn ich auf dem Weg zur Arbeit war oder vom Drehen heimkam. Ich ärgerte mich ein wenig über sie, weil sie mich stets nur von oben bis unten musterte, jedoch kein Wort sagte, sondern einfach weiterging. Ich war schon nahe daran, wieder einmal umzuziehen, als sie mich schließlich doch noch ansprach.

«Ich bin weder eine Diebin noch eine Autogrammjägerin. Ich heiße Mercedes de Acosta, und ich arbeite in Hollywood als Drehbuchautorin.»

«Schön für sie», antwortete ich und wandte mich schon zur Treppe, doch ihr eigenartiges Gesicht und ihre hurtigen Handbewegungen gingen mir nicht aus dem Sinn. Mir war so, als hätte ich das Gesicht schon einmal in einer Illustrierten oder Zeitung gesehen.

Doch bevor ich sie richtig einordnen konnte, sagte sie: «Obwohl ich weiß, wie man sein Leben richtig lebt, bin ich einsam, und ich würde mein Wissen gern mit Ihnen teilen.»

«Warum ausgerechnet mit mir?»

«Obwohl wir uns vom Äußeren her nicht ähnlich sehen, so besteht doch eine Seelenverwandtschaft zwischen uns.»

«Vielleicht ein andermal», sagte ich, bereits vor der Haustür stehend. «Ich habe einen langen Tag im Studio hinter mir, ich bin müde und muß mich ausruhen.»

«Ja, vielleicht ein andermal», antwortete sie, ohne mich weiter zu bedrängen, doch ich glaubte, einen entschlossenen Unterton aus ihrer Stimme herauszuhören. «Wir haben eine ganze Reihe gemeinsamer Freunde: Bill Daniels, Lionel Barrymore, Jacques Feyder, Mayer, Thalberg...»

Sie zählte nur Männernamen auf. Nach einer kurzen Pause fügte sie hinzu: «Überprüfen Sie mich ruhig erst, dann sehen wir uns wieder.» Mit diesen Worten drehte sie sich um und ließ mich stehen. Ich ging ins Haus.

Während der folgenden Wochen sah ich sie nicht mehr auf der Straße. Dieser Umstand faszinierte mich. Behutsam stellte ich bei verschiedenen Leuten Nachforschungen über sie an. Einigen vertraute ich auch die ganze Geschichte an. Ich fand heraus, daß sie aus einer sehr bekannten Familie stammte. Sie war weitgereist und verfaßte Gedichte und Theaterstücke. Jeder bewunderte ihre riesige, ausgefallene Garderobe. Sie besaß so viele Kleider, daß sie, obwohl sie nun schon seit einiger Zeit in Hollywood lebte, noch nie jemand zweimal in demselben Kleid, Kostüm oder denselben Schuhen gesehen hatte. Sie ließ sich alle Kleidungsstücke nach Maß fertigen, auch Schuhe, Hüte und sogar Handtaschen. Sie war mit einem New Yorker Künstler verheiratet gewesen, hatte sich aber von ihm getrennt und sich dem Buddhismus und einer vegetarischen Lebensweise verschrieben. Sie hatte Asien bereist, um die Weisheit des Ostens kennenzulernen.

Doch was mich am meisten an ihr faszinierte, war die Tatsache, daß sie so völlig wie vom Erdboden verschluckt blieb, nachdem sie sich mit mir bekannt gemacht hatte. Ich dachte oft an ihr Gesicht, ihre Hände, ihren Gang, ihren Körper und an ihre außergewöhnliche Kleidung.

Einige Monate später lud mich Mercedes zu einem Empfang in ihr Haus ein, beiläufig erwähnte sie eine Reihe bekannter Persönlichkeiten, die ebenfalls kommen würden. Ich dachte, sie müsse ein riesiges Haus besitzen, um so viele Menschen gleichzeitig unterbringen zu können. Ich nahm ihre Einladung an, doch im letzten Moment rief ich sie an, um ihr mitzuteilen, daß ich wegen einer bösen Erkältung nicht kommen könne.

«Wenn Sie krank sind, möchte ich gern bei Ihnen vorbeischauen», antwortete sie. Ich dankte ihr, bat sie allerdings, den Besuch doch lieber auf den nächsten Tag zu verschieben, damit sie sich nicht bei mir anstecke.

«Ich komme und mache Sie auf der Stelle gesund», sagte sie, da sie mir wohl nicht recht glaubte. Jetzt konnte ich ihr nicht mehr ausweichen, also mußte ich einwilligen, sie noch am selben Tag zu empfangen. Nicht einmal eine Stunde später erschien sie, mit zwei Taschen voller Zitronen und Orangen bepackt, bei mir und sagte: «Ich kuriere Sie sofort, wenn Sie mir nur zeigen, wo die Küche ist.»

Sie marschierte in die Küche, wo sie gleich anfing, Orangen und

Zitronen auszupressen. Ich mußte ein großes Glas Saft trinken. In das zweite Glas goß sie eine Mischung, die schon überwiegend aus Zitronensaft bestand. Das dritte enthielt dann neunzig Prozent Zitronensaft. Als ich es ausgetrunken hatte, sagte ich: «Ich glaube, drei Gläser reichen mir.»

Sie widersprach nicht, doch sie überredete mich, sie noch nicht wegzuschicken, damit sie die Kur später noch ein paarmal wiederholen konnte. Ich merkte, wie mich der melodische Singsang ihrer Stimme langsam in ihren Bann zog. Es klang beinahe wie ein Lied, als sie mir vortrug, daß frische Orangen und Zitronen Gaben von Buddha wären, so prall gefüllt mit Sonne und Lebenskraft, daß sie mich von all meinen Krankheiten heilen würden, und ich glaubte ihr jedes Wort. Ich spürte, daß ich ihr emotional mehr und mehr erlag. Sie sagte, man könne den Menschen leicht von körperlichen Krankheiten und seelischem Kummer heilen. Sie war fest davon überzeugt, daß der Mensch neben einer ausgewogenen, gesunden Ernährung vor allem Meditation, sinnvolle körperliche Betätigung und menschliche Zuwendung brauche. Doch wichtiger als alles andere seien Meditation und Liebe.

«Ich möchte gern länger bei Ihnen bleiben», sagte sie. «Ich möchte Ihnen zeigen, wie man richtig lebt.»

«Meinen Sie, wie man ewig lebt?»

«Nicht ewig, aber doch sehr lange, bis Ihr Leben für Sie selbst sinnlos und für die Welt reizlos geworden ist. Dann werden Sie in einen Zustand unkörperlicher Unsterblichkeit eingehen.»

Obwohl Mercedes' Philosophie für mich viel zu dunkel und verwirrend war, beschloß ich doch, es zumindest einmal mit den Orangen zu versuchen, von denen ich von nun an täglich Unmengen aß. Auch diese Frucht stellte für mich ein Bindeglied zwischen meiner Vergangenheit und meiner Zukunft dar. Manchmal sah ich sie in meinen Träumen, so wie früher die Gesichter von Menschen, die ich persönlich oder aus den Geschichtsbüchern kannte.

Als ich ihr an diesem ersten Tag von meinen Träumen erzählte, sagte Mercedes: «Das ist ein wirklich sehr guter Anfang. Aber haben Sie nicht auch schon einmal Königin Christine in Ihren Träumen gesehen?»

«Ja, aber warum fragen Sie das? Woher wußten Sie das?»

«Sie haben Ähnlichkeit mit ihr, vielleicht nicht so sehr körperlich wie seelisch. Königin Christine war eine faszinierende Frau, und ich glaube, Sie sind eine Reinkarnation von ihr.»

Ich fragte sie rundheraus: «Dann ist Reinkarnation also möglich?»

«Natürlich. Eines Tages werde ich in diese Welt zurückkommen, zum Teil werde ich wie ich selbst sein, zum Teil wie Sarah Bernhardt, zum Teil wie Sie.» Sie sprach das mit einer solchen Kraft und Entschlossenheit aus, daß ich einfach das Gefühl hatte, an ihre komplizierte Philosophie glauben zu müssen.

Wir verließen die Küche und gingen ins Wohnzimmer, wo wir uns einander gegenübersetzten. Mercedes fuhr fort, mir ihre Lebensphilosophie darzulegen.

«Wenn wir erst aufhören, Fleisch zu essen, und uns nur noch vegetarisch ernähren, wenn wir meditieren, unseren Körper trainieren, beten und uns für andere einsetzen, dann wird alles möglich werden, sogar die Liebe zwischen Feinden. Alle Menschen werden Brüder und Schwestern sein, und die Liebe wird es nicht mehr nur zwischen Mann und Frau geben, sondern auch zwischen Frau und Frau, zwischen Mann und Mann. Dann gibt es auch Ehen zwischen Angehörigen desselben Geschlechts, und die Sexualität wird zu einer unerhört aufregenden Erfahrung. Die Menschen, die sich Kinder wünschen, werden Kinder haben können, Gott wird den Geschlechtsverkehr gutheißen. Gleichgeschlechtlicher Sex wird zu einer Form der Anbetung werden. Das Glück wird die Welt regieren.»

Als sie für einen Augenblick innehielt, versuchte ich, den Sinn ihrer Ideen zu erfassen. Sie spürte mein großes Interesse. «Das war der Grund, warum ich nach Ihnen gesucht habe», sagte sie. «Ich spürte, daß Sie Seelenqualen erleiden, und ich möchte Ihnen gern auf den Weg zur Sonne und zum Glück helfen.»

«Ich glaube, das würde mir sehr schwerfallen.»

«Das Schöne fällt einem nie einfach so in den Schoß, aber wenn Sie den richtigen Weg einschlagen, ist alles möglich. Mein eigenes Leben ist ein Beispiel dafür, was man erreichen kann, wenn man nur guten Willens ist und die Weisheiten Buddhas und der einfachen Menschen akzeptiert.»

Dann erzählte sie mir etwas über ihre Familie, über ihre Gedichte und Theaterstücke, über ihre Ehe, über ihren Weg vom Atheismus zum Glauben, den sie mit der Entwicklung von den ersten Christen bis zu Franz von Assisi verglich, und schließlich zur vegetarischen

Kost, zur Meditation und zum Buddhismus. Ich hörte ihr gebannt zu, nur einmal unterbrach ich sie und fragte: «Warum kleiden Sie sich so extravagant? Warum reisen Sie durch die ganze Welt?»

«Ich ziehe mich so an, um Frauen anzulocken. Zuerst bewundern sie mich, später beginnen sie, Fragen zu stellen. Auf diese Weise lerne ich andere Frauen kennen. Dann ist es ein Kinderspiel, das Gespräch auf Religion und Sex zu bringen. Natürlich sind Sie eine Ausnahme. Ich habe Sie schon oft gesehen, Sie haben mich auch schon oft gesehen, aber es war schwierig für uns, ins Gespräch zu kommen. Wir sind beide sehr mißtrauisch und schotten uns von anderen ab. Und was meine Weltreisen angeht, so möchte ich andere Menschen kennenlernen, um zu sehen, ob sie eventuell als Mitglieder für eine Gemeinschaft der wahren Religion in Frage kommen.»

Alles, was sie sagte, fand ich aufregend. Ich wußte ja gar nichts von den Themen, über die sie redete. «Sie sind sehr überzeugend», sagte ich.

Sie sprang auf, umarmte und küßte mich. «Wir sind Schwestern im Geiste. Ich wußte, daß wir uns finden würden. Ich wußte es die ganze Zeit, ich habe es deinem Gang angesehen, deinem Blick, an der Art, wie du die Tür öffnetest – die Tür zu einem leeren Haus, das wir von nun an anfüllen werden mit Meditation und Liebe. Dazu sind wir erschaffen . . .»

Ihre begeisterten Ausrufe und ihre Küsse schienen kein Ende nehmen zu wollen. Jetzt erregte sie mich eher körperlich als geistig, und ich dachte, daß sie trotz all ihrer großen Worte wohl noch immer auf der Suche nach Liebe und Glück war, auch wenn sie ihnen andere Namen gab. Aber vielleicht konnte ich tatsächlich etwas von ihr lernen, wenn schon nicht über Buddha und Sex, so doch zumindest über Eleganz und vegetarische Kost.

Sie kehrte erst am nächsten Morgen nach Hause zurück, und ich weiß, daß ihre Aufregung beinahe ebenso groß war wie meine, obwohl sie fünf oder sechs Jahre älter war als ich und soviel Lebensfreude, Charme und Kenntnisse in der Liebe besaß. Alles, was sie tat, hatte mich erregt.

Wenn ich mich recht erinnere, redete Mercedes den MGM-Gewaltigen ein, daß ich die Königin Christine spielen sollte, eine Rolle, mit der ich mein Meisterstück ablegen würde, wie sie meinte.

Rückblickend kann ich erkennen, daß die Beziehung zu ihr mir nicht nur neue sexuelle Erfahrungen eröffnete und mir eine Zeitlang Seelenfrieden schenkte, sondern daß sie vor allem das Fundament darstellte, auf dem ich meine Deutung der großen Königin aufbauen konnte.

Meine Freundschaften und meine tragischen, geheimen Leiden haben mich die wirkliche Welt nie völlig aus den Augen verlieren lassen. Nach jedem emotionalen Tief fand ich mein seelisches Gleichgewicht, meinen gesunden Menschenverstand und mein enormes Verlangen nach Ruhm immer rasch wieder. Gleich nach dem Ruhm rangiert für mich an zweiter Stelle das Geld. Ich liebe es, manchmal sogar mehr als lebende Menschen. Doch es verlieh mir nicht die Unabhängigkeit, die ich mir erhofft hatte. Das ständige Streben, auf eigenen Füßen zu stehen, brachte mir auch Kummer und Tränen, die ich, allein in meinem Zimmer eingeschlossen, vergoß.

Bisher hatte ich siebzehn Filme für MGM gemacht, die mir Weltruhm verschafften und es mir ermöglichten, ein beachtliches Vermögen anzuhäufen, das ich zum Teil mit Hilfe meines alten Freundes Max Gumpel erfolgreich in Schweden anlegte. Man darf es mir nicht verübeln, daß ich die Summen, die ich in den Vereinigten Staaten verdient hatte, im Ausland investierte. In Amerika herrschte während der Weltwirtschaftskrise ein ökonomisches Chaos, und man wird mir sicher beipflichten, daß es töricht von mir gewesen wäre, mein Geld in einem Land anzulegen, wo es ein Millionenheer von Arbeitslosen gab, wo die Menschen vor den Lebensmittelläden Schlange standen und Banken schließen mußten. Ich weiß nicht, wie Präsident Hoover von meinen Investitionen im Ausland erfahren hatte, aber er schickte mir tatsächlich einen Beauftragten, der von mir verlangte, ich solle öffentlich erklären, daß ich mein Geld in den Vereinigten Staaten anlegte. Ich antwortete ihm sanft, aber doch bestimmt, daß ich mehr Vertrauen zu Max Gumpel als zu Herbert Hoover hätte.

Der Beauftragte, ein großer, kahlköpfiger Mann, kratzte sich am Ohr und sagte: «Was soll man auch sonst von einer Ausländerin erwarten?»

Und er hatte ganz recht. Wenn ich auch in Hollywood arbeitete und Geld verdiente, so war ich doch keine amerikanische Staatsbürgerin. Um mein Verhalten vor mir selbst zu rechtfertigen, redete ich mir ein: Ich nehme ja keinem Menschen die Arbeit weg. Bei meiner Begabung kann ich auch in Europa Angebote finden. Und meine Erfolge verdanke ich Mauritz Stiller, nicht Präsident Hoover.

Außerdem war es für die bevorstehenden Vertragsverhandlungen mit MGM für mich durchaus von Vorteil, die amerikanische Staatsbürgerschaft nicht zu besitzen. Der vor fünf Jahren vereinbarte Vertrag lief im Juni 1932 aus, und ich sagte mir: «Die Ausländerin setzt sich erst einmal nach Europa ab, soll sich Mayer doch ruhig ein wenig die Haare raufen, dann ist er bestimmt bald bereit, mir mehr zu zahlen.» Ich ließ Mercedes das Gerücht in Umlauf setzen, daß ich die Absicht hätte, nicht wieder nach Hollywood zurückzukehren.

Als Mercedes und ich im Juni 1932 von Hollywood nach New York abreisten, wo ich mich auf der S.S. *Gripsholm* nach Schweden einschiffen wollte, war ich sowohl seelisch als auch körperlich völlig erschöpft. Vor unserer Abfahrt kopierte ich mir noch das Drehbuch von *Queen Christina (Königin Christine)*, das Original ließ ich mit der Hoffnung an das Studio zurückgehen, die Verantwortlichen würden Angst bekommen, daß ich die Rolle ablehnen und in Europa bleiben wollte.

Auf jeder Fahrt an die Ostküste überlegte ich, wie es wohl wäre, wenn Moje noch lebte und ich mit ihm reisen könnte. Diese Gedanken beschäftigten mich um so mehr, je näher New York rückte. Ich träumte von ihm und von den Argumenten, mit denen ich versucht hatte, ihn in Amerika zu halten. Ich bin sicher, wenn wir uns in einer anderen Welt wiederbegegnen, wird er mir vergeben, denn als ein Mann, der zu lieben wußte, weiß er sicher auch, was verzeihen bedeutet. Mercedes machte den Vorschlag, bereits in Newark, der letzten Station vor New York, auszusteigen, um den Fotografen und Reportern zu entgehen. Sie reservierte uns eine Suite mit zwei Zimmern in einem kleinen Hotel. Vor meiner Abreise machten wir noch einen Einkaufsbummel in Manhattan. Ich kaufte mir drei Kostüme – ein graues, ein dunkelblaues und ein dezent hellblaues –, zwei Hüte, zwei Mützen, vier Paar Schuhe, zwei Taschen, vier Paar Handschuhe und einiges an Unterwäsche.

Während dieses Einkaufsbummels kam es zu einem Vorfall, der mich sehr bestürzte. In der Fifth Avenue kam ein Mann auf mich zu. Ich dachte, er wollte mich um ein Autogramm bitten. Ich trat einen Schritt zur Seite, um ihm auszuweichen, aber meine Füße waren schwer wie Blei, und ich konnte mich einen Augenblick lang nicht von der Stelle rühren. Ich schaute dem Mann ins Gesicht, er sah aus wie Moje.

Ich rang noch um Fassung und wollte weitergehen, da sagte der Mann: «Gestern habe ich mit meinem Bruder gesprochen, er will, daß du nach Stockholm zurückkehrst und dir auf seinem Grab das Leben nimmst.»

Er spuckte auf den Gehsteig, drehte sich um und ging. Als Mercedes, die sich ein Schaufenster angesehen hatte, meine Verstörtheit bemerkte, eilte sie gleich zu mir. Sie faßte mich am Arm und fragte: «Was ist passiert? Du bist ja totenblaß. Was hat der Mann gesagt? Soll ich die Polizei rufen?»

Ich stand wie festgewurzelt auf dem Gehsteig. In mir spürte ich eine große Leere, meine Hände und Beine waren wie taub. Menschen und Häuser drehten sich vor meinen Augen. Mercedes legte mir den Arm um die Hüfte, sie lenkte mich zum Straßenrand und half mir in ein Taxi. Ich weiß nicht, wie lange wir durch die Stadt fuhren und nach unserer Limousine suchten, zehn Minuten vielleicht, vielleicht eine Stunde. Ich hatte jegliches Zeitgefühl verloren. Ich schwitzte am ganzen Körper, meine Glieder wurden immer gefühlloser. Als Mercedes die Limousine an der Ecke 57th und Madison Avenue entdeckte, wechselten wir den Wagen und fuhren nach Newark zurück. Mercedes bedrängte mich mit Fragen, aber während der ganzen Fahrt blieb ich stumm. Als wir im Hotel angekommen waren, brachte sie mich auf mein Zimmer und half mir ins Bett.

Ich weiß nicht, wie lange ich schlief, doch als ich aufwachte, saß Mercedes auf meiner Bettkante und tupfte mir mit einem feuchten, kalten Handtuch das Gesicht ab. Nachdem ich allmählich in die Realität zurückgefunden hatte, erzählte ich ihr die ganze Geschichte. Sie hörte mir schweigend zu, doch als ich geendet hatte, stand sie auf, ging ins Nebenzimmer und kam mit kleinen Statuen von Franz von Assisi, der Jungfrau Maria, der heiligen Theresia und Buddha zurück.

«Wir müssen die bösen Geister austreiben», sagte sie und stellte die Figuren neben mein Bett.

«Ich verstehe nicht.»

«Dein Moje leidet in der Hölle, er hat dir einen Teufel in die Fifth Avenue geschickt, der dich überreden sollte, Selbstmord zu begehen. Aber du darfst dich nicht töten und dir das Leben nehmen, nur weil jemand dich im Jenseits haben will.«

Sie hob die Statuen auf und stellte sie in die vier Ecken des Zimmers. Wieder ging sie nach nebenan, diesmal brachte sie vier kleine Gläser mit, die ein Gemisch aus Ölen und Kräutern enthielten. Vor jede der vier Figuren stellte sie ein Glas, und dann zündete sie die Kräutermischung mit einem Streichholz an. Ein schwerer, Übelkeit erregender Geruch verbreitete sich.

Mercedes sagte: «Ich werde jetzt den Exorzismus vornehmen und aus dir und diesem Zimmer die bösen Geister vertreiben. Es wird mir gelingen, wenn du gut zuhörst und mir gehorchst.»

Sie kniete sich in die Mitte des Zimmers und fing an, sich auszuziehen. «Komm her, knie dich neben mich und zieh dich aus. Der duftende Rauch und meine Gebete sollen deinen nackten Körper streicheln und dich beschützen.»

Gebannt durch ihre Worte und die ganze Szene, angegriffen und schläfrig vom Rauch, stand ich vom Bett auf, kniete mich neben sie und zog mich aus. Plötzlich begann sie in einer fremden Sprache zu flüstern. Obwohl ich kein Wort verstand, fühlte ich mich durch ihre Beschwörungen frei und unbeschwert. Von Zeit zu Zeit rief sie die Jungfrau Maria, den heiligen Franz, die heilige Theresa oder Buddha an. Der Zauber ihrer Worte und der dichte, duftende Rauch machten mich sehr müde. Ich hatte das Gefühl, am liebsten für immer so dahindämmern zu wollen. Meine Augen schlossen und öffneten sich gleichmäßig wie von selbst, ich verlor jedes Gefühl für meinen Körper. Ich war in Trance. Wie aus weiter Ferne hörte ich Mercedes' Stimme, die allmählich zu einem Lied wurde, das ich noch nie zuvor gehört hatte, doch es verzauberte mich, als es auf grauen Wolken durch den Raum schwebte. Bald schwoll das Lied zu einem Chorgesang an. Mir fielen die Augen zu, und doch sah ich mich durch eine herrliche Kirche schweben, um mich herum die Gesichter von Tausenden junger Mädchen. Ich wollte mich nicht bewegen. Ich wollte überhaupt nichts mehr tun, nicht einmal mehr die Augen öffnen. Ich wollte nur auf ewig in dieser Ekstase verharren. Ich wußte nicht mehr, ob ich lebte oder tot war. Doch das hatte keinerlei Bedeutung für mich, denn Zeit und Raum existierten nicht mehr, ich war glücklich in mir selbst und genoß die Dinge um mich herum.

Als ich erwachte, lag ich nackt auf dem Bett, neben mir lag Mercedes, auch sie war nackt.

«Von nun an wird dich der böse Geist des Mauritz Stiller nicht mehr verfolgen.» Mercedes streichelte mir sanft die Brust.

Ich stand vor einem schwierigen Problem, als Mercedes beschloß, mich nach Europa zu begleiten. So behutsam wie nur irgend möglich erklärte ich ihr, daß es meiner Karriere schaden würde, wenn sie mit mir käme. Gleichzeitig spürte ich jedoch, wie ich mit jedem Tag mehr unter ihren teuflischen Zauber geriet, mit dem sie einen anderen Menschen aus mir machen wollte. Ihre Antwort war deutlich und direkt: «Deine Karriere macht dich zur Sklavin. Nur deswegen bist du unglücklich und bereit, das Glück anderer zu opfern, vor allem das der Menschen, die dich lieben. Für dich zählen nur noch zwei Dinge: Ruhm und Geld. Alles andere hat für dich keinen Wert.»

Ihr treffsicheres Urteil verblüffte mich, doch ich war stark genug, ihr zu entgegnen: «Gott akzeptiert mich so, wie ich bin; das solltest du auch tun.»

«Ich bin sicher, du hast Angst, man könnte dich lesbischer Neigungen bezichtigen.»

«Du hast recht. So etwas wäre für meine Karriere katastrophal, weil ich doch immer Frauen spiele, die große Männer lieben.»

Das verstand sie, und sie gab insofern nach, als sie sagte, sie wolle mir erst mit dem nächsten Schiff folgen. Ich war sehr froh, denn ich hatte nicht erwartet, daß es so leicht würde, ihren Fängen zu entkommen.

Am frühen Morgen des 30. Juni ging ich an Bord des Schiffes und schloß mich in meiner Kabine auf dem Oberdeck ein, fest entschlossen, niemanden von der Presse hereinzulassen. Zwei Beauftragte von MGM brachten mir einen Vertragsentwurf und einige Abschiedsgeschenke von Freunden, unter anderem auch eine wertvolle Uhr von Mayer, mit der Botschaft, ich solle nicht vergessen, wann es an der Zeit sei, an die Arbeit zurückzukehren. Bill Daniels schickte mir ein goldenes Zigarettenetui, Yackie Gilbert ein antikes Armband mit der Zeile, dieses alte Armband werde ihn in Liebe an mich binden, und von Marie Dressler bekam ich ein paar Stangen Zigaretten, weil sie so oft bei mir geschnorrt hatte. Marie war von der Motion Picture Academy zur besten Schauspielerin 1930/31 gewählt worden. Ich freute mich für sie und dachte an sie, während ich eine ihrer Zigaretten rauchte. Vielleicht war ich auch neidisch.

In ihrer Angst, mich nie wiederzusehen, hatten mir die Studiobosse von MGM einen Vertrag geschickt. Um sie zu verwirren, ließ
ich ihren New Yorker Beauftragten wissen, daß ich einige Zeit brauchen würde, mir ihre Vorschläge zu überlegen. Von Marie hatte ich
auch ein Paket mit Büchern über Königin Christine bekommen. Die
Verpackung ließ mich argwöhnen, daß das Studio Marie gebeten
hatte, mir die Bücher zu schicken, aber da sie sich während der
einsamen Stunden in meiner holzvertäfelten Kabine als äußerst angenehme Reisebegleiter erwiesen, ärgerte ich mich nicht. Ich entnahm ihnen, daß Königin Christine eine höchst ungewöhnliche Frau
mit einem Faible für die französische und italienische Kunst gewesen
war und daß sie ein erfülltes Liebesleben mit Männern und Frauen
gehabt hatte.

Während ich mich mit ihrem Leben beschäftigte, verglich und
identifizierte ich mich immer wieder mit ihr, obwohl ich nur eine
Nachfahrin der armen Bauern war, denen sie hatte helfen wollen. In
meinen Adern floß kein Tropfen königliches Blut, aber ich fühlte,
wenn ich Christine gewesen wäre, hätte ich nicht anders gehandelt als
sie. Am meisten fesselte mich ihr Privatleben. Obwohl sie unter den
strengen Regeln des königlichen Hofes aufwuchs, bewahrte sie sich
doch ihre Individualität, ihr Urteil und ihre Integrität in Staatsange-
legenheiten. Sie verteidigte ihre Stellung zehn Jahre lang. Aber
schließlich wurde sie doch noch von den hinterlistigen Adligen be-
zwungen, die ihren Besitz nicht mit den Armen teilen wollten. Ihr
Privatleben war von Impulsivität und einer ungeheuren Lust auf
Abenteuer und Liebe geprägt. Sie war erst achtundzwanzig, als sie
abdankte.

Während dieser Fahrt nach Europa faßte ich irgendwo in der Mitte
des Atlantiks den Entschluß, Königin Christine zu spielen. In dieser
Rolle sah ich eine ebensogroße Herausforderung wie in manchen
Aufgaben des wirklichen Lebens. Und ich genoß den Gedanken, daß
ich, die Tochter schwedischer Bauern, eine Zeitlang das Leben einer
großen schwedischen Königin nachleben und sie damit unsterblich
machen würde. Die Tricks der MGM-Bosse zeigten bereits Wirkung,
und ich war mir so gut wie sicher, daß ich nach einem kurzen
Erholungsurlaub in Europa nach Hollywood zurückkehren und ihr
Angebot annehmen würde.

Meine Entscheidung wurde auch noch durch einen anderen Umstand beeinflußt. Wenige Stunden vor meiner Abreise aus New York hatten mich die MGM-Beauftragten zaghaft wissen lassen, daß Mayer unter Umständen gewillt sei, auf meine Forderungen einzugehen, was bedeutete, daß ich nur noch zwei Filme im Jahr drehen müßte und für jeden zweihundertfünfzigtausend Dollar erhalten würde. Doch bis ich den Vertrag mit diesen Bedingungen nicht in Händen hielt, gab ich nicht viel auf Mayers «Versprechungen».

SECHSTER TEIL   *Die Legende*

Ein Zwischenspiel

Bei der Erzählung meiner Lebensgeschichte bin ich so aufrichtig und genau wie möglich gewesen. Ich habe viel über mich und andere Menschen, die ich kannte, preisgegeben. Es ist deutlich geworden, daß meine Lebensentscheidungen nicht von idealistischen Vorstellungen diktiert wurden. Ehrgeiz und Egoismus trieben mich, Geld und Ruhm zu erlangen.

Dies gelang mir schon früh in meinem Leben, weil jeder einzelne Schritt sorgfältig geplant war und doch auf solch natürliche Weise gemacht wurde, daß jeder an meine Tugendhaftigkeit, an meine Ehrlichkeit und Zurückhaltung glaubte. Tatsächlich glaubte ich selbst sklavisch an diese Werte. Die Menschen, die mir bewußt oder unbewußt bei meiner Karriere halfen, wurden mir später zur Last. Auf meine eigene Art war ich ständig auf der Suche nach neuen Menschen, die ich bezaubern und zur Förderung meiner Karriere benutzen konnte; sie sollten mir helfen, mein Vermögen zu vergrößern, oder einfach nur mit mir spielen.

Ende März 1933 begab ich mich an Bord des Frachters *Annie Johnson*, um nach Amerika zurückzukehren. Ich freute mich auf die fünfwöchige Reise; in völliger Isolation von der Außenwelt würde ich gut schlafen und essen.

Die Reise begann ganz problemlos. Der mit schwedischem Glas, Möbeln und Stahl beladene Frachter hatte gerade unseren europäischen Hafen verlassen, als ein Steward an meine Kabinentür klopfte und fragte, ob ich irgend etwas wünsche. Er war groß, blond und

337

blauäugig und hatte eine sanfte Stimme. Er sah gar nicht wie ein Seemann aus, sondern eher wie ein schwedisches Mädchen. Er war, oder vielleicht gab er es auch nur vor, ein schüchterner Mensch, aber er betörte mich auf den ersten Blick. Die Maschinen liefen auf vollen Touren; die untergehende Sonne warf immer weniger von ihrem goldenen Glanz in meine Kabine, um das dunkelbraune Holz der Vertäfelung leuchten zu lassen. Der Steward war atemberaubend. Vielleicht war ich nur Europas und der oberflächlichen Menschen wie Max Gumpel und Mercedes müde. Auf jeden Fall sagte ich mir, daß ich mit diesem Jungen, wenn ich vorsichtig vorging und ihn nicht erschreckte, in den nächsten fünf Wochen einige schöne Abenteuer erleben könnte.

Ich schlug wie ein schüchternes Mädchen die Augen nieder und sagte mit leiser Stimme: «Ich hätte gern ein gutes Steak und etwas Champagner.»

Als seine Augen von meinen Füßen aufwärts glitten, war ich sicher, daß er dachte, das Steak werde mir Kraft und der Champagner romantische Gefühle geben. Er nickte höflich und verschwand mit einem Schwung seines muskulösen Hinterns.

«Wie ein Mädchen, wie ein Mädchen», dachte ich, als er die Tür hinter sich geschlossen hatte.

Etwa eine halbe Stunde später war es bereits dunkel. Ich schaltete das Licht an. In dem Moment klopfte es an der Tür, und der Steward trat mit einem Tablett ein. Er stellte es auf den Tisch und zögerte, bevor er langsam wieder verschwand. Er hatte zwei Gläser gebracht, also hatte er wohl erwartet, daß ich ihn zu einem Drink einlud. Doch dieses Mal tat ich es noch nicht. Statt dessen schenkte ich mir ein Glas ein, trank mehrere Schlucke und begann mein Steak zu essen. Der herrliche Duft der gebratenen Zwiebeln vermischte sich mit dem starken Geruch des Seewassers. Ich aß und trank langsam und dachte daran, daß er mir mein Dessert noch nicht gebracht hatte.

Als ich mit dem Essen fertig war, legte ich mich auf mein Bett und begann das Drehbuch von *Königin Christine* zu lesen. Aber ich konnte mich nicht auf meine Lektüre konzentrieren, ich konnte nur an den Steward denken. Irgendwie schien er mir sehr eigenartig und in seiner ruhigen Höflichkeit zugleich faszinierend. Mein champagnergetränktes Hirn gab sich Träumen von perfekter Liebe auf dem Ozean hin. Die Erinnerung ließ all meine Begegnungen mit Männern und Frauen Revue passieren. Wieder erkannte ich, daß mir keine dieser Begegnungen dauerhaftes Glück gebracht hatte, und einen Moment lang wollte ich die Tür von innen verschließen. Doch ich fing an, mich auszuziehen und verschob das Abschließen, bis ich mit meiner Abendtoilette fertig war.

Plötzlich öffnete sich die Tür, und der Steward trat ein. Ich lag auf meinem Bett. Er schlug die Tür mit einem Fuß hinter sich zu und begann sich auszuziehen. Sein Körper war muskulös und braungebrannt. Die Statuen von Apollo und Minerva schossen mir durch den Kopf. Mein schöner Steward sagte nichts, noch lächelte er. Als er sich ganz ausgezogen hatte, flüsterte ich: «Schließ die Tür ab.» Ich konnte meine Augen nicht von ihm abwenden. Jetzt lächelte er und zeigte dabei blendendweiße Zähne. Er drehte den Schlüssel um, kam zu meinem Bett herüber und begann meine Füße zu küssen. Ich lag bewegungslos und fröstelte ein wenig. Ich löschte das Licht, mehr zu tun, hatte ich nicht die Kraft. Die Salzluft und die Dunkelheit legten sich über mich und durchdrangen meinen Geist. Ich konnte den Maschinenlärm nicht hören. Über allem lag eine geheimnisvolle Stille. Mir war, als schwebte ich über den Wellen, und ich wünschte mir, für immer so schweben zu können.

Königin Christine

MGM ging auf meine Bedingungen ein, und ich hatte keine größeren Probleme mehr, einen neuen Vertrag auszuhandeln. Mit dem Drehbuch von *Königin Christine* war ich jedoch alles andere als zufrieden. Die Geschichte stammte von Salka Viertel und Margaret F. Levine, und Salka und H. M. Harwood hatten das Drehbuch geschrieben. Trotz der Einwände der Autoren ließ mein Regisseur, Rouben Mamoulian, die Dialoge von dem Dramatiker S. N. Behrman überarbeiten. Die Eingriffe dieses erfahrenen Schriftstellers machten das Drehbuch für mich und Mamoulian akzeptabel. Die Kulissen und Kostüme waren wunderbar prunkvoll und historisch genau.

Mamoulian arbeitete mit viel Enthusiasmus und Phantasie; seine Anweisungen waren einfach und logisch, aber ausgesprochen effektiv. Er bat mich, seinen Regiemethoden mein vollstes Vertrauen zu schenken, und schlug vor, daß wir einige Zeit miteinander verbringen sollten, um ein besseres Gefühl füreinander zu entwickeln.

Meine Antwort war sehr direkt: «Wenn ich das tue, wird uns alle Welt sofort eine Romanze andichten.»

«Das wäre mir eine Ehre», antwortete er. «Dieser Film wird ein Erfolg werden, sowohl in künstlerischer als auch in finanzieller Hinsicht. Mir als Regisseur wird er eine Spitzenleistung abverlangen, weil ich mich völlig auf Sie einlassen werde.»

Wenn wir an den Wochenenden Ausflüge nach Los Angeles oder in die Cañons der Gegend unternahmen, umschwärmten uns die Reporter wie Bienen den Honig. Als ich ihn in seinem Haus in Beverly Hills besuchte, um technische Details mit ihm zu diskutieren, ging das Gerücht um, daß ich mit ihm schliefe und wir an Heirat dächten. Rein äußerlich war Mamoulian mit seinem wilden Haarschopf und der schweren Brille nicht mein Typ, aber ich hatte enormen Respekt vor seinem Talent. Ihm gefiel nicht, wie andere Regisseure mich in die Kamera hatten blicken lassen. Bei Mamoulian konnte ich tun und lassen, was mir gefiel. Diese Art Freiheit machte mich ruhig und entspannt, so daß ich mich in den Kulissen bewegte wie in meinem eigenen Haus. Er verstand sich gut mit Bill Daniels, der wieder mein Kameramann war. Zusammen drehten sie mehrere Einstellungen der gleichen Szenen und wählten nur die allerbesten aus. Das Ergebnis war, daß MGM Tausende von Dollars für Filmmaterial und Technikergehälter ausgeben mußte. Aber ich spürte, daß wir einen hervorragenden Film machten.

Ich bin oft gefragt worden, warum ich John Gilbert als Partner für die männliche Hauptrolle wählte. Das ist eine verständliche Frage, aber tatsächlich hatte ich kaum Einfluß auf die Auswahl der Leute, die mit mir arbeiteten.

Am ersten Drehtag sagte ich zu Yackie: «Dies wird dein letzter Film mit mir sein – vielleicht sogar dein letzter Film überhaupt.» Der Garbo-Bann hatte schließlich auch Gilbert getroffen.

Wenn ich mich an meine Arbeit in diesem Film erinnere, steht ein Gedanke immer im Vordergrund: Wie wohl ich mich in meiner Rolle gefühlt habe. Die meiste Zeit spielte ich nicht die Christine, sondern mich selbst. Ich konnte meine Jugend erneut durchleben, aber nicht als armes Mädchen, sondern als eine in königlicher Pracht und Intrigen gefangene Prinzessin. Schon immer hatte ich mir gewünscht, eine Aristokratin zu sein, und dieser Film gab mir die Möglichkeit, mein Talent für eine solche Rolle zu beweisen. Es war nicht schwer zu glänzen, denn die Schauspieler, die mit mir spielten, hatten nicht den Bruchteil meines Talents. Die meisten von ihnen spielten zu übertrieben, und ich war mir sicher, daß mein Glanz noch mehr strahlen würde, wenn spätere Generationen diesen Film sahen. Nach der New Yorker Premiere am 26. Dezember 1933 im Astor nahm selbst die Presse diesen geheimen Gedanken auf. Für sie war mein Spiel «inspiriert, voller Poesie und der Genialität einer großen Schauspielerin».

Ich hielt meine Freundschaft mit Mamoulian nach Fertigstellung des Films aufrecht. Während der Dreharbeiten hatte ich mich außerdem mit einer jungen Schauspielerin und Schriftstellerin angefreundet, Barbara MacLean, die später Innendekorateurin und Kostümbildnerin wurde. Zu jener Zeit war sie, wenn ich mich nicht irre, die Hollywood-Korrespondentin des *New York Morning Telegraph*. Mir gefiel ihr ansprechendes Gesicht und wie sie mich lobte. Sie war es, die mich «die scheue Gazelle» nannte. Für sie machte ich eine Ausnahme und erlaubte ihr, bei den Dreharbeiten anwesend zu sein.

Nach einer Szene, in der ich als Mann verkleidet war, konnte ich sehen, wie sehr MacLean von mir fasziniert war. Sie schien nicht zu wissen, wie sie reagieren sollte, und ging einfach. Ich folgte ihr und erklärte, daß sie sich nicht schämen müsse, denn dies sei nur ein Film und nicht die Wirklichkeit. Ich fühlte mich wohl in ihrer Gegenwart und lud sie zu mir nach Hause ein. Da sie in bezug auf Kleidung einen so exquisiten Geschmack hatte, nahm ich sie bald zum Schuh- und Kleiderkaufen mit. Einige Zeit später half sie mir, mein Haus einzurichten. Nach meiner Rückkehr aus Europa traf ich Marie Dressler nicht wieder, weil ich mich schnell an die junge Barbara band. Ich wußte damals nicht, daß Marie sehr krank war und meine Freundschaft und Hilfe gebraucht hätte. Später erfuhr ich, daß sie am 28. Juli 1934 in Santa Barbara gestorben war. Aber vielleicht ahnte ich irgendwie ihren nahen Tod und suchte nach einer anderen Frau mit ähnlichen Qualitäten.

Wo wir schon von Menschen sprechen, zu denen ich nie mehr zurückkehrte, möchte ich noch etwas mehr über John Gilbert erzählen. Seine Darstellung in *Königin Christine* war katastrophal. Er begann immer mehr zu trinken. Er verlor sein Geld und sein Haus, so wie er seine vier Ehefrauen und unzählige Freundinnen verloren hatte. Wiederholt versuchte er, sich umzubringen, starb aber schließlich 1936 an einem Herzinfarkt. Sein Begräbnis wurde von einer Nachbarin, der Schauspielerin und Agentin Noll Gurney, und John Barrymore arrangiert. Beide hatten gekämpft, um ihn vor dem Ruin zu bewahren. Ich werde Yackies Tragödie nie vergessen. Und ich werde auch nie die Ritterlichkeit John Barrymores vergessen, mit dem ich in *Menschen im Hotel* zusammenarbeitete. Als er mich zum erstenmal sah, küßte er mir die Hand und sagte: «Meine Frau und ich halten Sie für die wunderbarste Frau der Welt.»

The Painted Veil (Der bunte Schleier), der auf einem gleichlautenden Roman von W. Somerset Maugham basierte, war mein nächster Film. Richard Boleslawski, der Regie führen sollte, überredete mich, in ihm zu spielen. Wie Moje hatte er seine Theaterausbildung in Osteuropa erhalten. Er hatte gerade den Film *Rasputin and the Empress (Rasputin und die Kaiserin)* gedreht. Seine Arbeitsmethode war wie die Mojes; ihre Ansichten darüber, wie eine Schauspielerin den Text lernen sollte, die Anweisungen an die Kameramänner und selbst ihre Redegewohnheiten glichen einander.

Boleslawski drängte mich, den Roman *Der bunte Schleier* zu lesen. Ich tat es, war aber keinesfalls davon bewegt. Mir erschien der Roman, eine Dreiecksgeschichte, als zu geschliffen und sogar zynisch, ein Gefühl, das selbst für einen begabten Schauspieler schwer zu vermitteln ist. Was mich am meisten ärgerte, war die Oberflächlichkeit von Maughams Charakteren und die Leere in ihrem Leben. Sie waren zweidimensional und ziellos. Als Mayer mich überreden wollte, die Rolle der Katrin zu spielen, sagte ich nein, und sofort wurden Dick Boleslawski und drei Drehbuchautoren – John Meehan, Edith Fitzgerald und Salka Viertel – für einen weiteren Versuch mobilisiert. Die drei Autoren produzierten ein Drehbuch, das mich das Studio zu lesen bat. Von allen bedrängt, stimmte ich schließlich zu, aber nur unter der Bedingung, daß die Rolle des sich aufopfernden Arztes Walter Fane von Fredric March gespielt wurde. Das Studio teilte mir daraufhin mit, daß Herbert Marshall bereits für die Rolle engagiert worden sei. Ich protestierte, aber Dick und die drei Drehbuchautoren bearbeiteten mich erneut. Weil ich wußte, daß sie sehr viel Arbeit in die Sache gesteckt hatten, war ich geneigt, die Rolle anzunehmen. Als ich von George Brent, den ich einige Zeit zuvor kennengelernt hatte und der zu einem meiner ständigen Begleiter geworden war, erfuhr, daß er den Jack Townsend, eine der Figuren in dem Dreieck, spielen würde, sagte ich endgültig zu. Während der Dreharbeiten fühlte ich, daß keiner von uns gut arbeitete. Die Reaktion in der Kritik nach der Premiere am 7. Dezember 1934 im Capitol Theater in New York gab mir recht. Ich dachte, daß ich wie Yackie im Treibsand schlechter Schauspielerei und menschlichen Betrugs versinken würde. Nur meine Arbeit rettete diesen Film.

Eine Zeitlang fühlte ich mich niedergeschlagen und gedemütigt, aber mein gesunder Selbsterhaltungstrieb ließ mich den Entschluß fassen, daß ich bei der Auswahl von Rollen von nun an meinem Instinkt folgen würde und nicht den Ratschlägen anderer. Noch einmal las ich *Anna Karenina*, den Roman, auf dem mein Stummfilm basierte. Mir gefiel, was Tolstoi zu seiner Frau gesagt hatte: «Ach, laß mich eilen und dieses Buch fertigschreiben... Wenn ein Buch zu irgend etwas taugen soll, muß man die zentrale Idee darin lieben. In *Anna Karenina* liebe ich die Idee der Familie.»

Ich war einsam, ohne Familie, ohne irgend jemanden, auf den ich mich verlassen konnte, darum gab dieser Roman mir Ruhe und Frieden.

Anna Karenina ging mir nicht nur zu Herzen, sondern beschäftigte auch meinen Kopf. Ich war von dem Gedanken besessen, sie noch einmal zu spielen, so wie sie niemand anderes jemals würde spielen können, diesmal in einer Sprechrolle. Ich wollte mich Tolstois würdig erweisen. Wer konnte mir dabei helfen?

⊂ℋazel Washington

Eine große Wasserfläche erregt und fasziniert mich viel mehr als jeder menschliche Körper. Sie bringt in mir ganz andere Gefühle hervor, als sie Menschen bewirken können – eine Mischung aus Bewunderung und Furcht. Und wenn ich dann auf die Wellen des Ozeans blicke, schaudere ich, als würde ich auf ganz besondere Art sexuell stimuliert. Ich habe immer das Gefühl gehabt, daß die elementare Urgewalt des Wassers die elementaren Kräfte meines Körpers und meiner Seele in ganz besonderer Weise anspricht. In den Momenten, in denen ich daran dachte, mein Leben zu beenden, stellte ich mir dies sehr oft in den wilden Wellen des Ozeans vor.

Immer, wenn ich etwas freie Zeit hatte, was meist an den Wochenenden der Fall war, ließ ich mich von meinem Chauffeur nach Norden in Richtung San Francisco oder nach Süden in Richtung San Diego fahren. Sobald ich eine einsame Stelle am Rand des Pazifiks entdeckt hatte, bat ich ihn anzuhalten. Mit einem Korb voll Früchten, Gemüse und Käse ging ich dann weit fort, um nachzudenken und den Wellen zuzuschauen. Der Chauffeur saß währenddessen schlafend im Wagen und wartete auf meine Rückkehr. Manchmal dauerten meine Wanderungen ein oder zwei Tage. Bei solchen Gelegenheiten übernachtete ich im nächsten Hotel. Manchmal nahm ich den Mann oder die Frau, mit dem oder der ich gerade befreundet war, mit. Meiner Begleitung erzählte ich immer, daß die Gesellschaft nur aus uns beiden und – natürlich – dem Ozean bestehen würde. Ich nahm Yackie, Lars Hanson, Nils Asther, Marie Dressler, Ramon Novarro,

345

Jean Hersholt und andere auf solche Ausflüge mit. Es hing ganz von meiner Laune ab. Sehr oft begleitete mich Harry Edington, mein Finanzagent bei MGM. Für ihn waren solche Ausflüge eine Belohnung; dank seiner Hilfe erhielt ich vom Studio dreihunderttausend Dollar pro Film. Wenn wir zurückkehrten, war Harry in der Regel so begeistert, daß er seine Anstrengungen bei der Regelung meiner finanziellen Angelegenheiten verdoppelte.

An bestimmten Tagen sagte mir eine innere Stimme, daß ich allein gehen sollte, um den Ozean ganz unmittelbar zu erfahren; die ungeraden Tage des Monats waren für mich die aufregendsten.

Einmal brach ich an einem sehr wolkigen Tag auf. Ich konnte nicht viele Vögel über dem Pazifik ausmachen, hörte nur den überwältigenden Lärm der Wellen. Ich wanderte am Ozean entlang, meine Schuhe in der einen Hand, den Korb mit Früchten in der anderen. Mein Kopf war leer, ganz als bereite er sich auf eine außerordentliche Erfahrung vor. Ich wanderte ein paar Meilen und traf keine Menschenseele. Meine Augen glitten über die leeren Muscheln, die von der Brandung an den Strand geworfen worden waren. Plötzlich blickte ich auf und sah eine schwarze Frau vor mir stehen. Ihr Kleid war von der Sonne gebleicht. Ölige schwarze Flecken waren die einzige Farbe darin. Ich blieb stehen und dachte: «Warum habe ich sie nicht früher gesehen?»

Sie drehte sich nicht nach mir um, sondern schaute weiter auf den Ozean hinaus. Vielleicht hatte sie mich nicht gehört oder konnte mich nicht sehen. Vielleicht wollte sie auch nicht reden. Ihr muskulöser Körper zitterte in der Meeresbrise oder vielleicht auch in einer Gefühlsaufwallung. Ich versuchte, an ihr vorbeizugehen, doch dann dachte ich, daß mir nichts passieren würde, wenn ich einfach hallo sagte. Ich ging zu ihr hinüber und tat genau das. Die Frau blickte mich an. Ich sah ihr in die Augen. Sie waren schwarz wie Kohle und glänzten vor Tränen. Mein Herz zog sich zusammen, und die Vernunft sagte mir: Kümmere dich nicht um sie. Du könntest Ärger kriegen. Aber mein Herz siegte, und ich fragte: «Ich suche nach einer Stelle, wo ich zu Mittag essen kann. Sind Sie hungrig?»

Wieder mischte sich meine vorsichtige Vernunft ein und warnte: Sei nicht dumm. Sag ihr, daß du nicht allein bist und dein Chauffeur in der Nähe wartet.

Die Frau reagierte nicht; sie durchbohrte mich nur mit Blicken.

346

Meine Vernunft, jetzt in Übereinstimmung mit meinem Herzen, befahl mir zu sagen: «Die beste Art, Probleme zu lösen, ist, mit einem anderen Menschen darüber zu reden.»

«Zu spät», antwortete sie.

«Warum ist es zu spät? Solange ein Mensch lebt, hat er immer Zeit zu reden.»

«Vielleicht ist es noch nicht zu spät. Aber den Weißen ist es sowieso egal. Sie machen einem nur noch mehr Sorgen.»

«Warum sagen Sie das?»

«Weil es so ist. Und wenn sie dich dann nicht mehr brauchen, werfen sie dich mit dem Müll weg.»

Ich sagte: «Sie haben recht. Meistens geschieht es so.»

Sie versuchte, ihre Tränen wegzuwischen. Sie senkte den Kopf, drehte ihr Gesicht wieder zum Meer und sagte sanft: «Ma'am, ich habe immer versucht, mit meinen Sorgen allein fertigzuwerden, aber jetzt kann ich einfach nicht mehr.»

Ich nahm meinen Korb und meine Schuhe und streckte ihr in einer Geste der Freundschaft die Hand hin. Sie bewegte sich nicht, darum zog ich meine Hand wieder zurück. Ich bot ihr den Korb an. «Wenn Sie nicht mit mir kommen wollen», sagte ich, «dann nehmen Sie dies, denn Sie müssen sehr hungrig sein.»

«Dort, wo ich hingehe, werde ich kein Essen brauchen.»

«Und ich sage Ihnen, daß Selbstmord Ihre Probleme nicht lösen wird. Ich habe oft daran gedacht, vor mir selbst zu flüchten, aber wissen Sie, es ist einfach sinnlos. Sie sind eine Frau, und ich bin eine Frau. Auch wenn wir nicht die gleiche Hautfarbe haben, haben wir doch das gleiche Herz.»

Plötzlich wandte sie sich vom Wasser ab und begann, müde den Strand entlangzulaufen. Ich sagte: «Sie können nicht bis in die Stadt laufen. Ich habe ein Auto; ich nehme Sie mit, wohin Sie wollen.»

Sie schaute zurück und sagte ruhig: «Ich will nirgendwohin. Ich bin mit jeder Richtung einverstanden.»

Ich war ermutigt und fuhr fort: «Ziehen Sie wenigstens Ihr nasses Kleid aus. Ich habe einige Kleider im Auto.»

Stumm wanderten wir nebeneinander her, aber als sie meinen schwarzen Chauffeur sah, begann sie zu reden. Ihr Name war Hazel Washington. Sie war das dreizehnte Kind eines weißen Südstaatenfarmers und seiner farbigen Geliebten, und ihre Wanderungen hatten sie nach Los Angeles geführt, wo sie als Dienstmädchen in einem reichen Haushalt gearbeitet hatte. Als Juwelen verschwanden, verdächtigte man sie. Obwohl ihre Arbeitgeber keine Beweise hatten, warf man sie hinaus. Ich dachte: «Es ist unglaublich. Weil man sie des Diebstahls beschuldigt hat, wollte sie Selbstmord begehen. Sie muß eine wirklich außergewöhnliche Person sein.»

Ich nahm sie mit nach Hause, obwohl ich mit mir selbst debattierte, ob ich das Richtige tat. Ich sagte mir, das mindeste, was ich tun könnte, sei, dieser Frau ein Kleid und eine Nacht Ruhe zu geben.

Doch am nächsten Morgen hörte die Geschichte nicht auf. Hazel blieb nicht nur als Angestellte in meinem Haus, sondern sie wurde auch meine Vertraute und die einzige Person, der ich erlaubte, jederzeit unangekündigt in mein Schlafzimmer zu treten. Sie kam mit mir ins Studio und verbrachte den Tag in meiner Garderobe. Ich lernte von ihr, und sie lernte von mir. Wir standen uns so nahe, wie sich zwei Menschen nur nahestehen können. Ich vertraute ihr, wie ich sonst keinem Menschen vertraute, mit Ausnahme von Moje. Sie wußte mehr über mich als jede andere lebende Person. Der Ozean hatte uns zusammengebracht.

✐Anna und ✐Marguerite

Nach der Premiere am 30. August 1935 im New Yorker Capitol Theater reiste *Anna Karenina* rund um die Welt. Die Reaktion in der Kritik und der Öffentlichkeit war ausgesprochen positiv. Der *New York Film Critics Circle* verlieh mir seinen Preis für «die beste weibliche Schauspielerin des Jahres». Die Internationalen Filmfestspiele Venedig erklärten *Anna Karenina* zum «besten ausländischen Film des Jahres». Und der siebenundsiebzigjährige König von Schweden, Gustav V., nannte mich, als er den Film gesehen hatte, «Garbo, die Geniale». Er schlug mich für meine herausragende künstlerische Leistung für den *Litteris-et-Artibus*-Preis vor, den ich zwei Jahre später tatsächlich erhielt. Selbst das Studio sah sich bemüßigt, mein Gehalt zu erhöhen. Bald erhielt ich von überall Angebote, in neuen Filmen die Hauptrolle zu spielen oder für Produkte zu werben, was ich aber ablehnte. Wenn ich mutiger und geschäftstüchtiger gewesen wäre, hätte ich jedes Jahr Millionen Dollar verdienen können. So betrug mein Einkommen etwa eine halbe Million.

Meine Karriere erklomm neue Höhen; vielleicht war sie schon an ihrem Gipfel angelangt. Hinter mir lagen bereits zwanzig Filme, und durch harte Arbeit und Disziplin war ich perfekt geworden. Auch wenn ich nicht das Gefühl hatte, in irgendeiner Weise besser zu spielen als in manchen meiner anderen Filme, war die Begeisterung der Welt größer als jemals zuvor. Woran lag das nur? Vielleicht daran, daß in *Anna Karenina* soviel harte Arbeit gesteckt wurde.

Als Sam Behrman von Clemence Dane und Salka Viertel den

Drehbuchentwurf erhielt, setzte er sich sogleich hin und schrieb Szenen und Dialoge fleißig um. Als ich sein Skript las, schlug ich selbst dem Studio noch einige Änderungen vor. Sam gefielen sie nicht, und er beklagte sich bei Mayer. Der Boß sagte ihm: «Sam, mach dir keine Sorgen. Du bist zwar ein schlechter Presseagent für die Garbo, aber du schreibst großartige Stücke. Geh wieder an die Arbeit.»

Ich hatte das Glück, mit so begabten Schauspielern wie Fredric March als Wronski, May Robson als Gräfin Wronski und Maureen O'Sullivan als Kitty zusammenzuarbeiten. Karenin wurde von Basil Rathbone dargestellt.

An der Kamera stand wieder Bill Daniels, der die Lichter und Schatten meines Körpers und meiner Seele kannte. Bevor wir mit der Arbeit an dem Film begannen, sagte mir Clarence Brown, der Regisseur: «Wir sind sehr vertraut miteinander. Ich habe keine Angst vor Ihnen, und Sie haben keine Angst vor mir. Ich führe Regie für die beste Schauspielerin der Welt. Ich mag Ihre Kunst, und mir gefällt es, mit Ihnen zu arbeiten.»

Das war eine zutreffende Definition unserer Zusammenarbeit, formuliert von einem sehr erfahrenen Regisseur, der mich ständig anhielt, härter und besser zu arbeiten. Außerdem schirmte er den Drehort mit Paravents ab, um mich vor den neugierigen Augen der Außenstehenden und dummen Kommentaren zu schützen. Nur die Leute, die direkt am Film beteiligt waren, durften anwesend sein. Selbst die Zimmerleute, Elektriker und andere technische Mitarbeiter wurden ermahnt, nicht durch die Paravents zu blicken und mich bei der Arbeit zu beobachten. Diese Abschirmung ermöglichte mir eine bessere Konzentration. Was die Dialoge betraf, war ich immer perfekt. Ich lernte jedes Wort auswendig und probte es unzählige Male vor meinem Spiegel. Ich übte sogar mit Stühlen, Sofas und Tischen, die symbolisch die anderen Rollen übernahmen.

Nur Hazel sah diese verrückten Vorstellungen. Eines Abends fragte sie mich, kurz bevor ich zu Bett ging: «Wenn Sie die Möbel als Partner benutzen, warum dann nicht mich?»

Ich willigte ein und ließ sie bei einigen dieser Hausproben mitmachen. In einer Szene war sie Wronski, in einer anderen die Gräfin Wronski und so weiter. Ich entdeckte, daß sie außergewöhnliches Talent besaß und meine Regieanweisungen ihr gefielen. Sie war begeistert, mit mir arbeiten zu können, und lernte sogar verschiedene Rollen auswendig. Hazel wußte, daß sie mir half und daß ich sie brauchte. Dieses Gefühl machte sie glücklich und brachte uns einander noch näher. Ich habe mich oft gefragt, warum ich mit einfachen Menschen wie Hazel so gut auskam, mit gebildeten Menschen aber nicht. Ich fand darauf eine sehr simple Antwort: Ich war selbst eine einfache, ungebildete Person, und obwohl solche Gefühle wie Liebe, Haß und Betrug grundsätzlich bei jedem Menschen vorhanden sind, sind sie bei gebildeten Menschen doch mehr verschleiert oder vollständig unterdrückt.

In fast jeder Frau steckt etwas von einer Prostituierten. An irgendeinem Zeitpunkt ihres Lebens wird sie davon träumen, alle Männer zu kriegen, die sie sich wünscht. Ich bin mir sicher, daß jede Frau, die den Roman oder das Theaterstück *Die Kameliendame* kennt, im geheimen die Heldin Marguerite Gautier bewundert. Sie wird für diese idealisierte Kurtisane Sympathie empfinden oder sie sogar beneiden.

Der Roman und das Theaterstück sind seit mehr als einem Jahrhundert populär. Die größten Schauspielerinnen ihrer Zeit, wie Sarah Bernhardt und Eleonora Duse, haben die unsterbliche Kurtisane gespielt. Wie in vielen seiner Arbeiten ging es Dumas auch in diesem Stück um das Problem der «ewigen Frau». Ich will jetzt nicht näher auf die Thesen des Autors eingehen, aber ich muß zugeben, daß ich nach der Lektüre des von Zoë Akins, Frances Marion und James Hilton verfaßten Drehbuchs den sehnlichen Wunsch verspürte, die Marguerite zu spielen. Mir ging es dabei nicht nur um die künstlerische und sexuelle Hochstimmung, die ich vor der Kamera empfinden würde. Es gab auch einen ganz persönlichen Grund: Meine Schwester Alva war wie Marguerite an Tuberkulose gestorben. Und auch ich selbst litt neben einer perniziösen Anämie und Arthritis an einer leichten Tuberkulose.

Außerdem wollte ich die Marguerite spielen, weil ich wußte, daß meine Darstellung dieser Figur einzigartig sein würde. Alle anderen dramatischen Interpretationen von großen Schauspielerinnen waren immer auf das Sentimentale beschränkt geblieben. Dies verriet mehr über ihre eigene Einstellung zu Männern als über den Charakter der Marguerite, denn diese Schauspielerinnen waren in ihrem Privatleben von Männern betrogen worden. Ich wollte meiner Marguerite einen Hauch von Realismus geben. Was ich damit meine, ist ganz einfach: Ich glaubte, daß Marguerite ihre Arbeit liebte. Sie liebte Kleider und Korkenzieherlocken, und ihr gefiel es, zu jedem Liebhaber eine ganz besondere Beziehung zu entwickeln. Entsprechend änderten sich ihr Tanz, ihre Art zu gehen und andere Bewegungen. Ihr ständiges Husten wurde zu einem sicheren Mittel, ihr Sympathien einzubringen.

Ihre realistische, vielleicht sogar zynische Haltung bei ihrem ersten Treffen mit dem jungen Armand Duval – der von Robert Taylor gespielt wurde – entwickelt sich langsam zu einer beschützenden. Ich betone «langsam», weil Marguerite irgendwann spürt, daß sie ihn liebt. Die Szene, in der Marguerite den Baron de Varville als Besucher empfängt und ihn bittet, Chopin zu spielen, wird schließlich zum Spiegel, der ihre wahren Gefühle für Armand zeigt. Ihr lautes Lachen beim Erklingen der Musik und die Wut des Barons, als er sie ohrfeigt, verdeutlichen die reine Liebe Marguerites zu Armand. Dies ist meine eigene Interpretation, und ich weiß nicht, ob sie sich mit der von Literaturwissenschaftlern, Kritikern und Historikern deckt.

Ich beschloß, daß sogar meine Frisur meine Interpretation der Marguerite unterstützen mußte. Ich ließ mir deshalb mein Haar über der Stirn aufbauschen, um frivol auszusehen und die Wesensverwandtschaft mit ähnlichen Mädchen auf den Boulevards von Paris zu betonen.

Ich würde beweisen, daß das «kühle schwedische Mädchen» eine französische Kurtisane besser spielen konnte als die Modjeska, die Duse oder selbst die Bernhardt; ja sogar besser als alle drei zusammen. Mein Regisseur George Cukor sagte mir: «Bei der Neuinterpretation dieser Rolle haben Sie alle Schwierigkeiten gemeistert. Keine Schauspielerin wird Sie jemals übertreffen.»

Ich ging so sehr in meiner Beschäftigung mit Marguerite auf, daß es mir nicht möglich war, mit Leuten, die ich während der Arbeit an diesem Film traf, eine emotionale Beziehung aufrechtzuerhalten.

Robert Taylor war mir gegenüber sehr aufmerksam und versuchte erfolglos, mich zu einer Reaktion auf seine Liebe zu bewegen. Seine Leidenschaft entging mir nicht, und weil er jung und unerfahren war, war ich sehr geduldig, wenn ich ihm erklärte, wie er zu spielen habe. Aber abends nach der Arbeit war ich nie mit ihm zusammen. Ähnlich ging ich mit den Komplimenten des erfahrenen Schauspielers Lionel

*Die Garbo in Schweden, 1932,
zusammen mit ihrem Bruder
Sven. Los Angeles 1951, die
Garbo unterschreibt ihre Ein-
bürgerungsurkunde.*

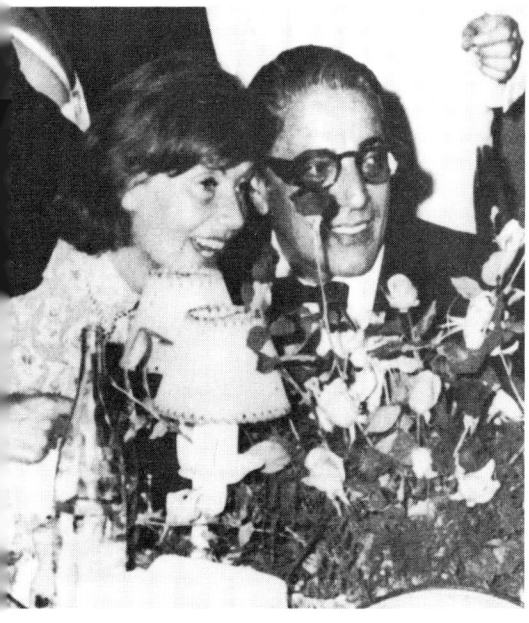

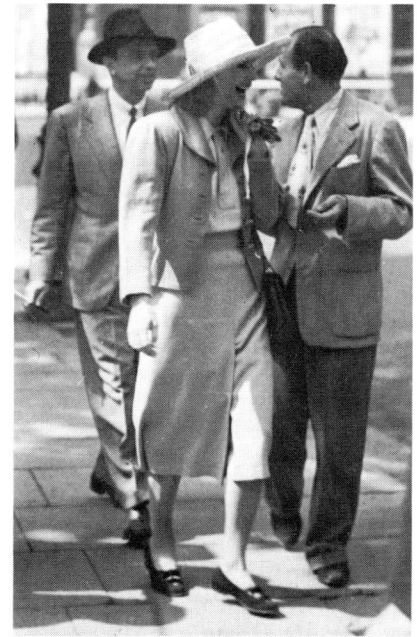

Oben: 1956, zusammen mit Aristoteles Onassis. Gegenüberliegende Seite: beim Spaziergang in London mit dem Fotografen Cecil Beaton.

Rechts: Gefolgt von George Schlee, bummelt die Garbo auf der Mall in London.

Unten: Sie schlendert den Hafen von Portofino entlang, wiederum in Gesellschaft von George Schlee.

THREE PHOTOS: WIDE WORLD

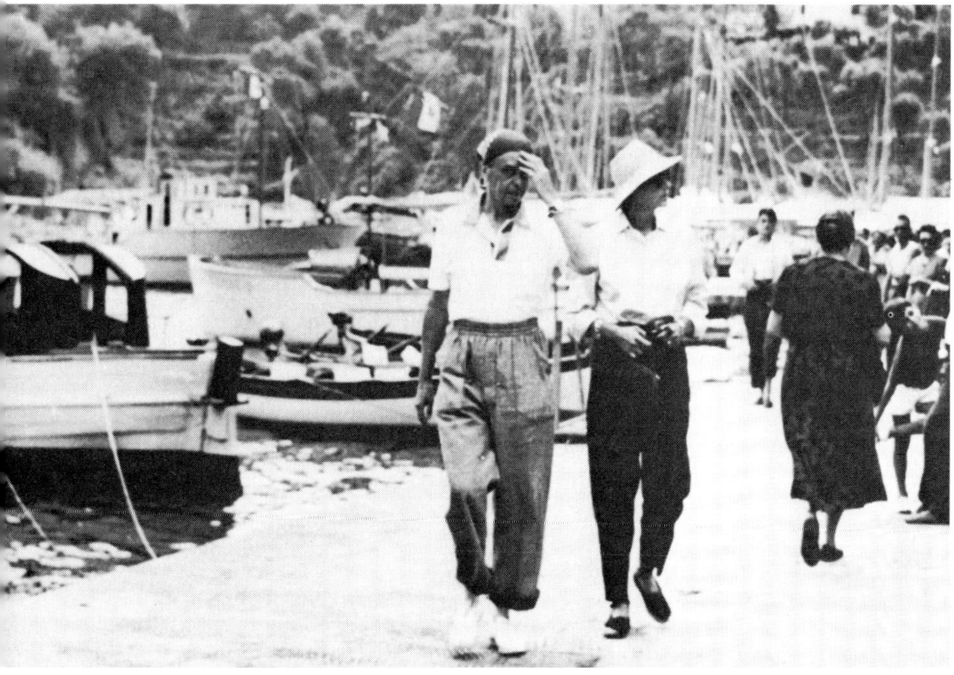

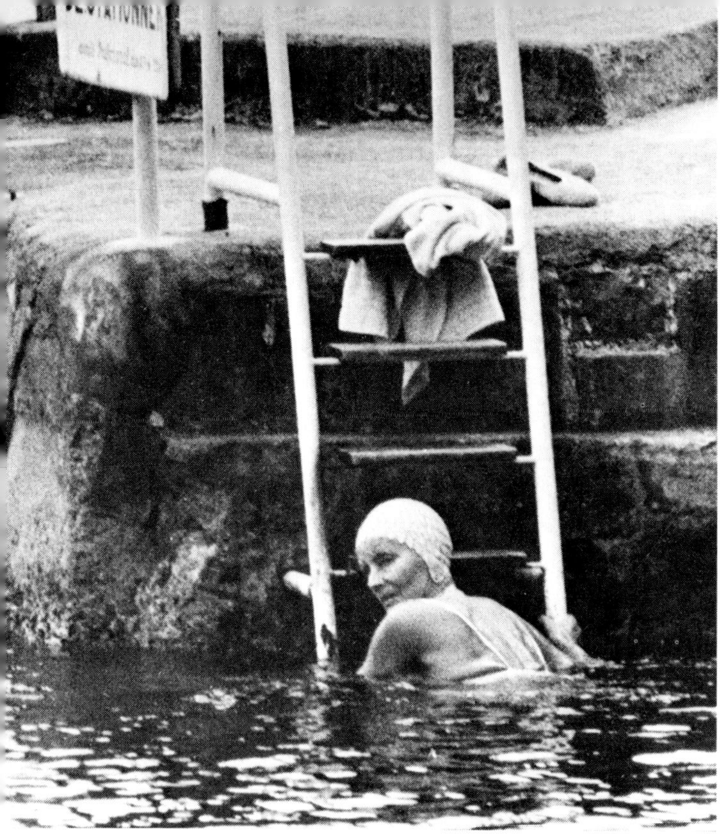

THREE PHOTOS: PUBLIFOTO/PHOTOREPORTERS

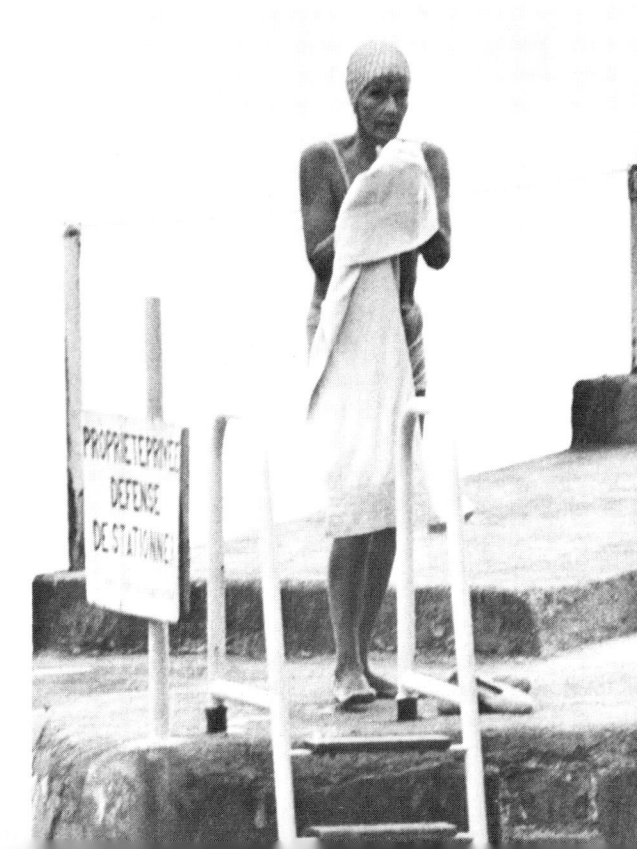

Gegenüberliegende Seite und unten: die Garbo beim Baden in Roquebrune, in der Nähe von Monte Carlo, eingefangen mit einem Teleobjektiv. Sie war im September 1966 in der Villa Soulico Gast einer russischen Prinzessin.
Rechts: auf dem Arlanda-Flughafen (Stockholm), bei einem Besuch in Schweden, 1961.

BENGT ALMQUIST/PRESSENS BILD/PHOTOREPORTERS

PLAGE PRIVEE
AUTORISEE À PARTIR de
15.50 SEULEMENT MERCI

JÖRGEN/ULF BENGTSSON/PRESSENS BILD/PHOTOREPORTERS

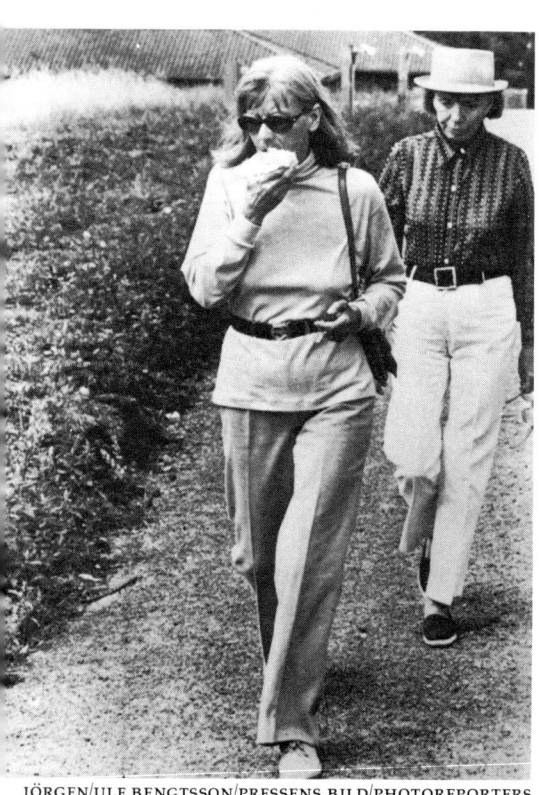

Links: Im September 1975, um die Zeit ihres siebzigsten Geburtstags, besuchte die Garbo zusammen mit einer langjährigen Freundin, der Gräfin Kerstin Bernadotte, die Villa Kungsberga in Schweden. Gegenüberliegende Seite und unten: auf einer Griechenlandreise in den siebziger Jahren.

TWO PHOTOS: KEYSTONE

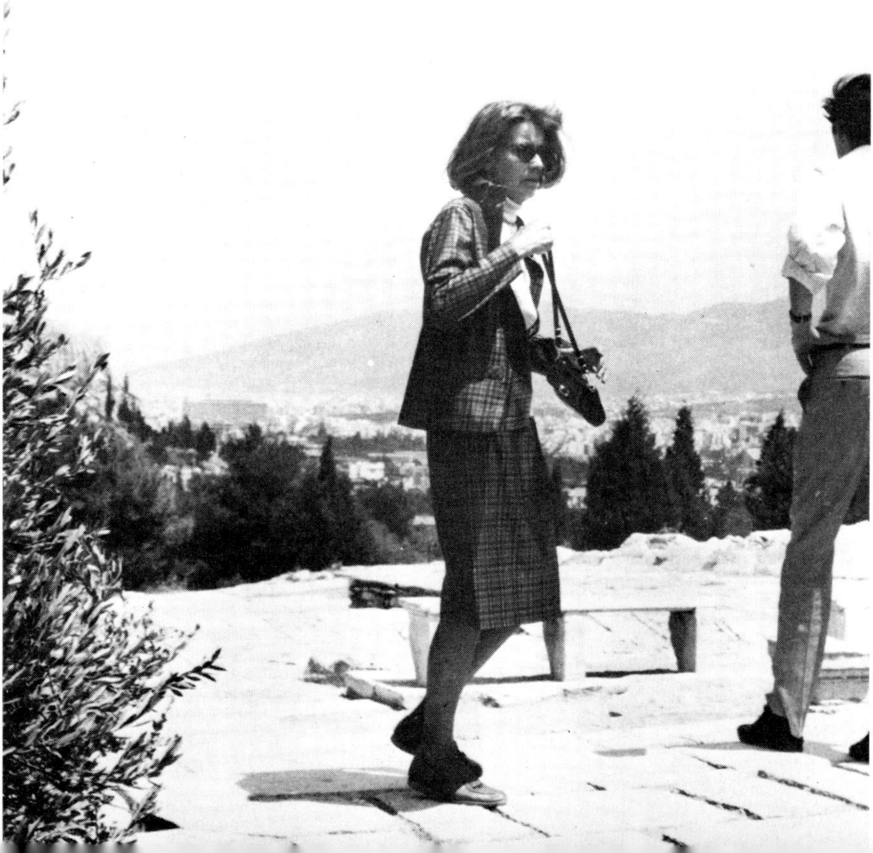

Barrymore, der den Monsieur Duval spielte, um. Weil ich für diese Rolle soviel Energie brauchte, wurde ich für alle sozialen oder sexuellen Bedürfnisse unempfänglich, und zu meiner eigenen Überraschung war ich mit meiner Leistung zufrieden.

Die Premiere fand am 22. Januar 1937 im New Yorker Capitol Theater statt. Laut der *New York Times* war ich «so unvergleichlich in der Rolle, wie der Legende zufolge die Bernhardt gewesen sein muß». Mary Cass Canfield, eine amerikanische Dramatikerin und vielleicht die einzige Kritikerin, die aus der Verfolgung meiner Karriere eine Religion machte, jubelte: «Wenn ein Tod jemals so völlig ohne falsches Pathos und mit solch bitterer Wahrhaftigkeit gespielt worden ist, dann erinnert sich die Geschichte der Schauspielerei jedenfalls nicht mehr daran... Die Garbo ist ein Genie.» Und die *New York Herald Tribune* fügte hinzu: «Ihre durchgängige Sensibilität und die treffende und bewegende Darstellung zeigen die beste zeitgenössische Schauspielerin auf der Höhe ihres Schaffens... Die Garbo fordert zum Vergleich mit allen großen Schauspielerinnen der letzten achtzig Jahre auf, und sie kann sich dies mit triumphaler Gewißheit leisten.»

Für diesen Film erhielt ich eine Gehaltserhöhung bei MGM, den *Litteris-et-Artibus*-Preis und den Preis der New Yorker Filmkritiker als «beste weibliche Schauspielerin des Jahres». Darum brannte ich darauf, den nächsten Film zu drehen.

Stokowski

Wahrscheinlich wurzeln fast all meine Probleme in meinem Charakter – ich bin sehr intuitiv, habe aber große Schwierigkeiten, meine Ideen und Gefühle auszudrücken. Das hängt sicherlich mit meiner bäuerlichen Herkunft, meiner minimalen Ausbildung, meiner frühen Karriere beim Film und meiner enormen Geldgier zusammen. In der Schule hatte ich nie den Ehrgeiz zu lernen, und ich werde bis an mein Lebensende nichts als ein einfaches Bauernmädchen bleiben. Zu Ruhm und Geld brachte ich es durch harte Arbeit, und ich habe immer noch Angst, diese beiden Güter zu verlieren. Meine Einstellungen und Verhaltensweisen den Menschen gegenüber wurden von meinem Instinkt gesteuert, einer Kraft, die ich nie definieren oder kontrollieren konnte. Manchmal komme ich mir vor wie ein Kind, das auf seine Umgebung mißtrauisch und unentschlossen reagiert. Selbst bei einem so einfachen Problem wie meiner Staatsbürgerschaft überlegte ich lange Zeit, ob ich amerikanische Staatsbürgerin werden oder mein schwedisches Geburtsrecht beibehalten sollte. Auf der Flucht vor wirklichen oder eingebildeten Verfolgern zog ich von Ort zu Ort. Zwar war Hollywood mein ständiger Wohnsitz, aber ich behielt ein Haus in der Artillerigatan 10 in Stockholm. Außerdem plante ich, ein Haus auf einer Insel zu bauen, das mir völlige Abgeschiedenheit ermöglichen würde.

Als berühmte und wohlhabende Persönlichkeit konnte ich mich jedem Menschen, den ich sexuell begehrte, ohne Skrupel und mit garantierter Aussicht auf Erfolg nähern. Wenn meine Partner mir ewige Liebe versprachen, nahm ich das nie ernst. Als junges Mädchen hatte ich meine Familie und meine Freunde beobachtet und erkannt, daß das, was sie «Liebe» nannten, nicht an das Ideal heranreichte, an das ich so hartnäckig glaubte. Das Ergebnis war, daß ich mich vor emotionalen Bindungen und sexuellen Verwicklungen fürchtete.

Um meine Gefühle zu illustrieren, möchte ich von meinen romantischen Abenteuern mit Leopold Antoni Stanislaw Stokowski erzählen. Er war dreiundzwanzig Jahre älter als ich; ich war noch ein Baby, als er bereits musikalischer Leiter des Symphonieorchesters von Cincinnati war. Von 1912 bis 1936 hatte er dem Philadelphia-Orchester vorgestanden. Mitte der dreißiger Jahre war er als Musikarrangeur und Dirigent nach Hollywood gekommen. Er wirkte an verschiedenen Filmen mit, unter anderem bei *The Big Broadcast of 1937*, und machte viele Aufnahmen. Man traf ihn auf den unterschiedlichsten gesellschaftlichen und öffentlichen Veranstaltungen in Hollywood. Die ganze Zeit versuchte er, mich kennenzulernen. Soweit ich mich erinnere, lud mich 1937 die Schriftstellerin Anita Loos zum Essen ein; sie sagte, wir würden allein sein und könnten den ganzen Abend über interessante literarische Themen diskutieren. Aber als ich ankam, fand ich Stokowski vor, der sofort darauf bestand, daß ich ihn Stoky nannte. Mit seiner eleganten Erscheinung und einem distinguierten Auftreten, das dem Paderewskis ähnelte, war er mir sofort sehr sympathisch. Sein romantisches Benehmen Frauen gegenüber erinnerte mich ebenfalls an Paderewski. Den ganzen Abend über redete ich mit ihm über Mystizismus, verlorene Seelen und das Leben nach dem Tod – all die Dinge, die mich so sehr beschäftigten. Ich versuchte, meine Vergangenheit und meine Zukunft aufgrund von Traumbildern zu erklären, deren Bedeutung er sofort begriff. Wahrscheinlich hatte er ausführliche Erkundigungen über mich eingezogen, vielleicht verfügte er aber auch über eine außergewöhnliche Intuition.

Als er mich nach diesem schönen Abend nach Hause brachte, erzählte er mir, daß er alle meine Filme mehrmals gesehen habe, daß er alles über mich gelesen habe und daß er aufmerksam allem lausche, was seine Freunde in Hollywood über mich erzählten. So habe er sich schließlich in mich verliebt. Ich fand seinen vorsichtigen Annäherungsversuch und das Zitieren historischer Vergleiche sehr originell, doch ich sagte: «Ich würde Ihnen gern das Geld zurückgeben, das sie für meine Filme ausgegeben haben. Ich habe nichts dagegen, unseren gesellschaftlichen Kontakt aufrechtzuerhalten, aber lassen Sie uns unsere Beziehung *ohne* emotionale Verwicklungen beginnen.»

Meine Worte entmutigten ihn nicht. Er sprach darüber, wie zwei verwandte Seelen zusammenarbeiten und Meisterwerke schaffen könnten. Bald wurde mir klar, daß er an einen Film mit mir und seiner Musik dachte. Doch all seine Pläne waren für mich indiskutabel, da ich gerade mit der Arbeit an *Conquest (Maria Walewska)* begann, einem Film, der auf dem historischen Roman *Pani Walewska* von Waclac Gasiorowski basierte. Meine Rolle war die der Gräfin Maria Walewska, und ihr Geliebter Napoleon sollte von Charles Boyer gespielt werden. Für die Rolle des Napoleon war er vielleicht zu groß, aber er war ein guter Schauspieler. Sofort sagte mir Stoky, daß es für das Gelingen meines Films das beste wäre, wenn wir nach Polen führen und die Villa in Walewice bei Warschau besuchten, in der die Gräfin gelebt und am 4. Mai 1810 Napoleons Sohn geboren hatte. Da ich ihn nicht beleidigen wollte, sagte ich, die Idee sei zwar interessant, aber meine Zeit würde mir nicht erlauben, nach Polen zu fahren. Außerdem hätten drei Autoren das Drehbuch verfaßt, darunter Salka Viertel, die in Polen geboren war. Sie sei ohne Frage qualifiziert, dem Film historische Wahrheit zu geben.

Er aber attackierte diese Behauptung sofort und versicherte, daß es mir nicht möglich sein werde, diese Frau darzustellen, wenn ich nicht ihre Seele und die Umgebung, in der sie gelebt hatte, kennen würde. Dieses Argument konnte ich leicht widerlegen: «Sie haben meine Anna Karenina und meine Marguerite gelobt, aber ich bin nie in Rußland oder in einem französischen Bordell gewesen.»

Darauf fiel ihm keine Antwort ein; er küßte mir die Hand, lächelte und ging. Ich war mir sicher, daß dies trotz meiner scharfen Reaktion nicht das Ende unserer Bekanntschaft war. Erneut hatte in mir die Seele des einfachen schwedischen Bauernmädchens triumphiert.

Moje hatte mir einmal gesagt: «Hör in dich hinein: Selbst wenn es die primitivste Logik ist, vertrau einfach deinem Gefühl. Folge ihm. Hör auf niemand anderen als auf dich selbst.» Das tat ich, als ich es ablehnte, mit Stoky zu fahren. Doch ich beging den großen Fehler, mein Gefühl zu ignorieren, als es mir riet, die Rolle der Maria Walewska abzulehnen.

Ich wollte unbedingt die schöne Maria spielen, deren Liebe zu

Napoleon, wie die seine zu ihr, politische Intrigen und den späteren Sturz des Kaisers überlebte. Doch das Drehbuch von Salka Viertel und Samuel Hoffenstein mit den Überarbeitungen Sam Behrmans konnte die emotionale und historische Botschaft nicht übermitteln. Von allen Seiten wurde versucht, an dem Drehbuch herumzukorrigieren, und so wurde schließlich jedes Gefühl darin zerstört.

Am Ende entschied MGM, die ein Budget von vier Millionen Dollar in den Film gesteckt hatten, daß sie nicht länger auf ein neues Drehbuch warten könnten. Man hatte bereits eine große Besetzung engagiert, Kostüme gemacht und Kulissen gebaut. Nachdem ich das gesamte mir zugängliche Material über das Thema gelesen hatte, beschlich mich der starke Verdacht, daß die historischen Fakten dramatischer waren als die Arbeit der Dramatiker und Drehbuchschreiber. Ich wollte, daß man die Szene in den Film einfügte, in der der Sohn des Kaisers und der Gräfin Walewska geboren wird. Meines Erachtens sollte der Film auch das Schicksal von Marias Ehemann, die Korruption am Hof des Kaisers und die Verschwörung des polnischen Adels zeigen. Kurzum, ich wollte die Tragödie einer gequälten Nation durch die Liebesgeschichte dieses Paars darstellen.

Natürlich hörte niemand auf meine Vorschläge, und das Ergebnis war ein mittelmäßiges Produkt. In meinem Kampf, einen guten Film zu machen, schien ich keine Verbündeten zu haben. Selbst der Regisseur Clarence Brown schlug sich auf die Seite Mayers, dessen einziges Interesse wie immer das Geld war. Der Kameramann, Karl Freund, verriet mich. Ob das nun beabsichtigt war oder nicht, weiß ich nicht. Was ich aber weiß, ist, daß er nicht filmen konnte. Ich glaube sogar, daß mir selbst die sonst guten Schauspieler Charles Boyer, Henry Stephenson, Alan Marshal, Leif Erickson und Reginald Owen in den Rücken fielen.

An der Premiere am 4. November 1937 im New Yorker Capitol Theater wollte ich nicht teilnehmen. Ich wußte, daß sie ein großes Desaster sein würde. Es war einer der unglücklichsten Momente meines Lebens gewesen, als ich mich entschloß, in diesem Film zu spielen.

Wenn ich aus dem Abstand all dieser Jahre auf meine Beziehung mit Stoky zurückblicke, wird mir immer klarer, daß meine Arbeit an *Marin Walewska* diese beeinflußt hat. Ich will jetzt keine lächerlichen

357

Parallelen zwischen der Liebe Napoleons zu der Gräfin Maria Walewska und Stokys Schwärmerei für mich ziehen. Aber wie die Gräfin träumte auch ich mein ganzes Leben davon, eine wirklich große Liebe zu erleben. Die Jahre zogen an mir vorbei; meine Tage waren geprägt von Ärger und Haß. Und allmählich entfernte ich mich immer mehr von meinen romantischen Vorstellungen. Die Gefühle Stokys und seine goldene Beredsamkeit beeinflußten mich. Ich dachte: «Vielleicht habe ich nicht mehr viel Zeit für die wahre Liebe. Vielleicht kommt sie jetzt.» Meine naive Seele glaubte, daß ich wie Maria ein Kind haben könnte. Aber ich war bereits zweiunddreißig, und es blieb mir nicht mehr viel Zeit für eine große Liebe und vor allem nicht für ein gesundes Kind. Nach dem Mißerfolg von *Maria Walewska* brauchte ich eine radikale Änderung in meinem Leben; ich wollte mich in einer anderen Umgebung entspannen, nicht an der Westküste.

Nachdem Stoky sich von seiner zweiten Frau hatte scheiden lassen, nahm ich seine Einladung an, mit ihm einige Zeit in Europa zu verbringen. Im Dezember 1937 reiste ich nach Schweden, um das Weihnachtsfest mit meiner Mutter und meinem Bruder zu feiern und einige Angelegenheiten bezüglich meines Landguts zu regeln. Dieses lag an einem wunderschönen See einige Meilen südwestlich von Stockholm in der Provinz Sörmland. Das Gut hieß Hårby und umfaßte mehr als eintausend Hektar herrlicher Wälder. Mitten im Zentrum lag ein Zwölfzimmerhaus. Ich hatte das Ganze für sechzigtausend Dollar erstanden. Trotz der Mücken liebte ich diesen Ort.

Schon zu jener Zeit ließ mich die Politik Adolf Hitlers und Benito Mussolinis eine drohende Weltkatastrophe vorausahnen. Eigentlich wollte ich das Gut verkaufen, doch ich dachte daran, daß ich mich, wenn ich einmal heiratete, an diesem wunderbaren Ort niederlassen wollte. In materiellen Transaktionen wie dem Verkauf von Besitz konnte ich noch nie schnelle und endgültige Entscheidungen fällen. Nach langen Überlegungen entschied ich mich dann doch zu verkaufen, da Europa kurz vor einem Krieg stand. Einige bizarre Informationen, die ich von hochrangigen Schweden erhalten hatte, gingen mir nicht aus dem Kopf. Man hatte mir erzählt, daß Hitler von meiner Schauspielerei fasziniert sei und mich unbedingt treffen wolle, da er mich für ein ganz außerordentliches Exemplar der großen nordischen Rasse hielt. Mir kam der Gedanke, daß ich Hitler mit einem Revolver in der Handtasche besuchen und ihn sehr leicht töten könnte. Ich sagte mir: «Auf diese Weise kann ich das Problem mit meinem Landgut lösen, einen neuen Krieg verhindern, in dem mehr Menschen sterben werden als in irgendeinem früheren Krieg, und eine große Heldin werden, vielleicht größer als Jeanne d'Arc.»

Solche naiven Vorstellungen schossen mir durch den Kopf, aber da ich über keinerlei politische Bildung verfügte, begriff ich nicht, daß der Krieg von den Deutschen auch ohne Hitler angefangen werden konnte, denn alles, was man für einen Krieg braucht, sind Generäle.

Die tatsächlichen Beweggründe für meine Europareise im Dezember 1937 waren, mich zu erholen, Geld unter meinen Verwandten zu verteilen und einige Einkäufe zu erledigen. Aber am Tag meiner Ankunft lud mich die Gräfin Wachtmeister auf ihr Landgut ein. Diese Einladung war der Beginn einer ausgedehnten Serie von Empfängen, Ausritten, langen Wanderungen, Theater- und Kinobesuchen.

Als mich mein Leben in Schweden zu langweilen begann und meine Arthritis trotz der von Mercedes vorgeschriebenen Diät immer schmerzhafter wurde, machte ich mich auf, um Stoky in Italien zu treffen.

Ich wohnte mit Stoky in der Villa Cimbrone in Ravello. Das milde Klima begeisterte mich, und mit Stokys Hilfe lernte ich die italienische Kunst schätzen und bewundern. Die meiste Zeit verbrachten wir mit Schlafen, Yogaübungen, dem Genuß der vorzüglichen italienischen Früchte und Gemüse und mit Ausflügen in die Nachbarstadt Amalfi. Ein- oder zweimal besuchten wir Rom, um die historischen Bauten zu sehen und in die vatikanischen Museen zu gehen. Doch dort konnten wir nicht lange bleiben, Reporter entdeckten uns, und wir waren gezwungen, in die Villa Cimbrone zurückzukehren. Dieses Haus gefiel uns so sehr, weil die Diener uns wie Mitglieder einer königlichen Familie behandelten. Von mir sprachen sie immer als *una grand' artista*. Oft diskutierten Stoky und ich über die künstlerischen und humanistischen Errungenschaften des italienischen Volkes. Wie konnte ich noch über meine Leistungen im Film reden, nachdem ich die Sixtinische Kapelle gesehen hatte? Ich schämte mich, wenn mich jemand *una grand' artista* nannte. Was für eine Künstlerin war ich denn schon, wenn ich meine Filmszenen ein dutzendmal und mehr wiederholen mußte, um irgendeine Art von Perfektion zu erlangen?

Auch Stoky zerstreute meine Zweifel nicht, als er sagte: «Du bist schöner als das Wasser der Bucht von Amalfi bei Sonnenuntergang.»

«Wir wollen uns doch nicht wie Kinder benehmen, die von ihrer ersten Liebe betört sind. Wir sollten über große Menschen und unsterbliche Kunstwerke reden, nicht über meine Augen und das schmutzige Wasser der Bucht. Wenn du etwas Bemerkenswertes zu sagen hast, bitte sage es. Wenn nicht, laß uns lieber schweigen und über unsere eigene Unbedeutendheit nachdenken.»

Er war verletzt und sagte: «Die Schätze der italienischen Kunst repräsentieren die Beiträge der Künstler über die Jahrhunderte hinweg, so wie die Schätze der Filmkunst die Leistungen von Schauspielern, Regisseuren, Fotografen, Komponisten und anderen mit diesem Medium arbeitenden Menschen repräsentieren. Jeder von uns trägt, je nach seinen Talenten, etwas zur Kultur bei.»

«Und wieviel trägst du durch dein Dirigieren bei?»

«Nicht viel. Aber ich will große Musik komponieren», sagte er und begann sich zu verteidigen. «Ich habe dir doch schon gesagt, daß ich gern mit dir zusammen einen Film über Chopin und George Sand und außerdem einen über Richard Wagner und Cosima Liszt machen möchte. Ich habe bereits die Musik und ein Drehbuch geschrieben.»

«Würdest du in dem Film mitspielen?»

«Warum nicht?»

«Und würdest du auch gern Regie führen?»

«Ja», antwortete er aus tiefster Überzeugung.

Ich lachte, aber mein Gelächter entmutigte ihn nicht. Er fuhr fort: «Zusammen könnten wir ein Meisterwerk des Films schaffen.»

«Mal angenommen, ich willige ein. Wo bekommen wir das Geld für ein solch riesiges Unternehmen her?»

«In die Kombination Garbo/Stokowski würde jeder Geldspekulant investieren...» Hier hielt er inne und dachte über etwas anderes nach. «Aber wahrscheinlich wäre es das beste, wenn wir unser eigenes Geld investierten, dann können wir auch den Profit selbst ernten.»

Diese Überlegung machte mich nervös, und ich sagte kühl: «Es wäre nicht gut für mich, in einem Film zu spielen, in den ich mein eigenes Geld investiert habe.»

«Aber wenn wir uns die Kosten teilen, werden wir auch den Profit teilen.»

Ich schwieg. Er starrte mich an und fuhr sich mit seinen langen

Fingern durchs Haar. Es war deutlich, daß er auf meine Antwort wartete, doch ich blieb still. Unter den vielen Gedanken, die mir durch den Kopf schossen, dominierte einer: Ich hatte erwartet, daß dieser Abend mit einem sexuellen Erlebnis beginnen werde, aber die Finanzprobleme schlossen so etwas völlig aus. Nach einem langen Schweigen sagte ich schließlich: «Laß uns morgen nach Capri fahren; jetzt ist es Zeit, schlafen zu gehen.» Ich stand auf und verließ das Zimmer, und als ich zurückblickte, sah ich ihn bewegungslos und blaß dasitzen. Offensichtlich hatte er einige Zeit damit verbracht, unsere finanzielle Zusammenarbeit zu planen, und nun hatte ich mit einem einzigen Satz alles zerstört.

«Wenn die Liebe nicht in Capri erblüht, wird sie nie blühen.» Solche Sentenzen waren zu meiner Zeit in Europa beliebt.

Die an der Südseite der Bucht von Neapel gelegene Insel war voll Sonne, Blumen und tropischer Früchte. Höhlen wie die berühmte Blaue Grotte waren schon zu römischen Zeiten ideale Zufluchtsorte für Verliebte gewesen. Als ich mit Stoky hierherkam, hatte ich meine Hoffnung auf eine wahre Liebe noch nicht aufgegeben. Er war sehr ruhig und redete nicht über persönliche Angelegenheiten, aber ich wußte, daß er nach wie vor überlegte, wie er Geld aus mir herausschlachten konnte. Er vermied das Thema und sprach über die Geschichte der Insel. In den vielen Tagen, die wir hier verbrachten, lernte ich über Musik, über das Dirigieren von Orchestern und über Kunst – vor allem italienische Kunst, die ihm am besten gefiel. Obwohl die Blumen ihren Duft so großzügig wie in alten Tagen verströmten und die Trauben schmeckten wie keine anderen, sprach er nicht von Liebe. Während eines Besuchs in einer der Grotten machte er einen sexuellen Annäherungsversuch, der aber fehlschlug. Er wurde so nervös, daß er zu weinen begann. Er erinnerte mich an ein hungriges Baby, das unfähig ist, die Brustwarze seiner Mutter zu finden. Auch mich frustrierte und desillusionierte seine Unfähigkeit, und ein Gedanke ging mir nicht aus dem Kopf: seine Gier nach meinem Geld. Ich bedauerte, daß er diese finanzielle Zusammenarbeit vorgeschlagen hatte, denn ich hatte auf eine dauerhafte Beziehung gehofft, in der ich für den Rest meines Lebens einen Beschützer und Interpreten meiner Gedanken finden würde. Jetzt sah ich in mir und um mich herum nichts als Ruinen. Ekel überkam mich, und ich wollte nur noch normale, rein sexuelle Beziehungen haben. Alles war zusammengebrochen, gerade als wir dem Glück so nah waren.

Von Capri kehrten wir nach Rom zurück, wo wir von Reportern umlagert wurden. Sie fragten, ob ich bereits mit Stoky verheiratet sei. Meine Antwort war direkt: «Mr. Stokowski ist mein Freund. Ich habe viele Freunde, und ich habe keinen von ihnen geheiratet.» Als sie mich fragten, ob ich ein Kind erwarte, sagte ich: «Wenn ich keinen Mann habe, wie soll ich da ein Kind erwarten?»

All dies machte Stoky wütend, aber er sagte kein Wort. Ich weiß, daß ihm der Vorfall in der Grotte äußerst peinlich war. Später, als wir allein waren, sprach er von seiner Männlichkeit und bat mich, ihm eine zweite Chance zu geben. Ich verspürte jedoch keinerlei Neigung dazu und antwortete: «Sexuelle Gefühle müssen bei mir langsam erwachen. Ich kann sie nicht bestellen, wie ich ein Essen bestelle.»

Als Entschuldigung antwortete er: «Bitte verzeih mir meine Fehler, aber ich habe bereits nach Amerika geschrieben, daß wir heiraten werden. Und nun ist daraus nichts geworden.»

Ich war nicht wütend, sagte aber: «Du hättest mit mir darüber reden und nicht vor dem Ereignis schreiben sollen.»

Er sagte nichts. Ich sah, daß er niedergeschlagen war, und fuhr fort: «Möglicherweise eigne ich mich gar nicht für die Ehe. Laß uns Freunde bleiben, und vielleicht wird sich eines Tages aus dieser Freundschaft etwas entwickeln.»

«Viel Zeit bleibt uns nicht», antwortete er resigniert. Hierzu fiel mir kein Kommentar mehr ein.

Er bat mich, ihn nicht sofort zu verlassen, das würde ihn dem Gespött der Leute preisgeben. Ich war der gleichen Meinung, und wir verbrachten noch einige Zeit in Rom und segelten dann nach Nordafrika. Später bat ich ihn, nach Stockholm vorzufahren, wo ich ihn treffen wollte, nachdem ich ein paar Tage in der Schweiz verbracht hatte, um finanzielle Angelegenheiten zu regeln. Also fuhr Stoky nach Stockholm, während ich mich in Richtung Genf und Riond-Bosson aufmachte, um Paderewski zu besuchen. Ich verliebte mich in die Schweiz. Was dort geschah, war das logische Ergebnis meines Aufenthalts in Italien. Mein Kreis hatte sich geschlossen.

Zurück in Stockholm, träumte ich von Orangen. In diesen Träumen war Capri eine verfaulte Orange. Stoky versuchte mich zu überreden, mit ihm in die Vereinigten Staaten zurückzukehren. Ich überzeugte ihn davon, daß ich noch etwas länger in Schweden bleiben müsse, um auch dort meine finanziellen Angelegenheiten neu zu ordnen. Allein kehrte er zu seiner Arbeit zurück; er stürzte sich in die Orchestrierung von Chopin, Bach und Wagner. Bevor er fuhr, sagte er: «Amerika wartet auf meine Musik», und ich hatte ihn gedrängt, zurückzukehren und seine Pflicht zu tun. Als ich ihm versprach, ihn in New York zu treffen, brach er unverzüglich auf.

In den Zeitungen las ich weiterhin über unsere Romanze, und ich mußte immer wieder daran denken, wie unsere Beziehung zerbrochen und unsere sogenannte Liebe gestorben war. Ständig sagte ich mir: «Es war richtig, die Beziehung abzubrechen, denn mit ihm hättest du nie eine glückliche Ehe führen können.» Noch ein anderer Gedanke beschäftigte mich: Wenn ich ihn oder irgend jemand anders heiraten würde, könnte dieser Ehemann mich vielleicht dazu überreden, meiner Mutter und meinem Bruder das ansehnliche Einkommen, daß sie von mir erhielten, zu streichen. Sie würden nicht länger im Luxus leben können, weil ich das Geld für meinen Ehemann ausgeben müßte. Nachdem ich diese Gedanken eine Zeitlang für mich behalten hatte, entschloß ich mich, sie der Gräfin Wachtmeister anzuvertrauen. Als wir uns trafen, sagte sie: «Ich habe in den Zeitungen über deine große Liebesaffäre mit Stoky gelesen und bin neugierig, von wem diese Information stammt.»

«Nicht von mir.»

«Dann wahrscheinlich von ihm. Ich weiß nicht, wer dies gesagt hat, aber eine sehr laute Liebe ist meist nicht sehr tief. Eine große Liebe ist verschwiegen.»

«Warum hat Stoky das dann getan?» fragte ich naiv.

«Er hat es für seine Berühmtheit getan. Das ist eine typisch amerikanische Einstellung. Er braucht diese Berühmtheit. Wahrscheinlich dachte er, daß die Liebesaffäre zwischen einer großen Schauspielerin und einem Musiker ihm eine besondere Aura verleihen würde.»

«Das verstehe ich nicht.»

«Da gibt es auch nichts zu verstehen. Eine solche Werbung ist für Stoky eine Million Dollar wert.»

«Aber ich glaube nicht, daß Stoky so etwas tun würde», sagte ich und versuchte, ihn zu verteidigen. «Das paßt nicht zu seinem Charakter.»

«In Amerika geht es immer um den Dollar. Selbst die Liebe hat dort materielle Grundlagen.»

Mich überraschte sehr, wie brutal die Gräfin die Situation beurteilte. Aber ich konnte ihre Behauptungen nicht widerlegen, also hörte ich ihr zu.

«Weißt du, ich bin davon überzeugt, daß einige Frauen nicht für die Ehe geschaffen sind. Du bist eine von ihnen. Du, Greta, bist mit dir selbst und deinen künstlerischen Erfolgen zufrieden. Außerdem bist du nicht fähig, Menschen auszuwählen. Bei deinem egoistischen Wesen würde eine Wahl für dich bedeuten, daß du die Dinge übersiehst, die du wählen solltest.»

Ich war verärgert. «Ich habe genug von deiner aristokratischen Philosophie», sagte ich. «Sie hilft mir nicht weiter und löst auch meine Probleme nicht.»

Aber meine lauten Worte berührten sie nicht. Vielleicht spürte sie, daß ich ihr im geheimen recht gab. Nach einer Weile fuhr sie fort: «Schau in deine eigene Seele und zurück auf deine Kindheit, und du findest die Antwort auf deine Probleme. Und wenn du willst, erzähle ich dir, was ich wirklich von dir halte.»

«Das würde ich gern wissen.»

«Du bist weder eine richtige Frau noch ein richtiger Mann. Alles hängt vom jeweiligen Zustand deiner Seele ab. Einen Tag bist du eine Frau, und am nächsten Tag bist du ein Mann, aber neben diesen Kräften, die dich beherrschen, bist du außerdem der Sklave deiner Kunst und deines Geldes. Das ist der Ursprung deines inneren Konflikts, der all dein Handeln prägt.»

Dies war meine letzte Unterhaltung mit der Gräfin Wachtmeister über Stokowski. Was aber Stoky betraf, hatte ich hundertprozentig recht gehabt, mich auf meine Intuition zu verlassen. Er brauchte nicht sehr lange, um ein jüngeres und reicheres Mädchen zu finden. Ihr Name war Gloria Vanderbilt, und man sagte von ihr, daß sie über ein Erbe von mehr als zwanzig Millionen Dollar verfüge.

Triumph mit Ninotschka

Im Oktober 1938 kehrte ich von Europa nach New York zurück. Ich war in guter körperlicher Verfassung; auf dem Schiff hatte ich zwölf Stunden am Tag geschlafen und den Rest der Zeit mit Gymnastikübungen, Spaziergängen an Deck und Büchern verbracht, die mir der Kapitän aus der Schiffsbibliothek zur Verfügung gestellt hatte. Ein Großteil meiner Lektüre bestand aus schwedischen Romanen; ich hoffte, darin einen Stoff zu finden, der sich zur Verfilmung eignete, etwa auf der Stufe von *Königin Christine* oder *Anna Karenina*.

Als wir uns New York näherten, ging ich zum Schiffsfriseur und bat ihn, mir mein Haar vorne so zu schneiden, daß ich Jeanne d'Arc glich – ich wollte gleichzeitig einfach und schön aussehen. Mein Haar glänzte von Natur aus, und wenn ich nicht arbeitete, trug ich außer einem Hauch Mascara auf den Wimpern kein Make-up. Als das Schiff in New York anlegte, trat ich den Reportern mutig entgegen und sagte ihnen sofort, daß ich glücklich sei, nach Hollywood zurückzukehren. Als sie mich fragten, womit ich die Zeit auf dem Schiff verbracht hätte, antwortete ich spontan: «Während der Reise wurde ein Kind geboren, das hat mich so fasziniert, daß ich die meiste Zeit mit dem Kind und seiner Mutter verbracht habe.»

Das führte zu einer neuen Frage: «Würden Sie selbst gern ein Kind haben?»

«Jede Frau hätte gern zumindest ein Kind, aber vorher braucht sie einen Mann.»

Dies wiederum ließ sie nach meiner Beziehung zu Stoky fragen.

«Wir sind Freunde, sonst nichts.»

Dann fragten sie mich, was ich als nächstes spielen würde.

«Eine große Frau, die alle meine Geschlechtsgenossinnen begeistern wird», antwortete ich. Ich spürte, daß ich bis jetzt logisch und überzeugend geredet hatte, also hielt ich an diesem Punkt inne, um mich nicht in den verbalen Fallen der Reporter zu verheddern. In dem Moment tauchte Mercedes auf und befreite mich. Die nächsten Tage verbrachte ich mit ihr in New York, kaufte Kleider und Schuhe und sah mir Filme und Theaterstücke an. Doch leider blieb davon nichts hängen, zumindest nichts Bemerkenswertes.

Auf dem Weg von New York nach Los Angeles erzählte mir Mercedes von ihrer neuen Entdeckung, einem «Doktor» der Ernährungswissenschaft, Gaylord Hauser. Ich hatte noch nie von einer solchen Disziplin gehört, akzeptierte die Information aber ohne Fragen. Sie erzählte mir, daß dieser Mann Wunder wirke, und zwar allein mit Hilfe von Säften, Hefe, wildem Reis, Sellerie, Karotten, schwarzer Melasse, Orangen, Grapefruits, Bananen und anderen Früchten aus der Südsee, wo eine starke Sonne diesen «lebenden» Nahrungsmitteln besonders viel Vitamine und Mineralien gibt. Hausers Motto war: «Jünger aussehen! Länger leben!» In seinen Broschüren und Büchern schlug er verschiedene Methoden vor, gesund und schön zu werden. Von Mercedes erfuhr ich, daß Adele Astaires Ehemann, Lord Charles Cavendish, ebenfalls von den neuen Methoden begeistert war. Auch Clara Bow, der Herzog und die Herzogin von Windsor, Erzherzog Franz Joseph, Barbara Hutton und Baron Philippe de Rothschild gehörten mit tausend anderen zu den überzeugten Anhängern dieser neuen Diätreligion. Mercedes wertete mein Schweigen als Zustimmung und sagte: «Du mußt ihn treffen und seine Speisen kosten.»

Ich hatte genug von der europäischen Kost, also entschloß ich mich, diese neue Diät auszuprobieren. Da ich von Natur aus mißtrauisch war, behielt ich diese Entscheidung für mich, denn ich befürchtete, daß Hauser Mercedes vielleicht gedrängt hatte, mich für seinen Prominentenstall einzufangen. Für seine «Gesundheitsmethoden» benötigte er nämlich einen ständigen Zustrom prominenter Anhänger.

Kurz nach dem Gespräch mit Mercedes berichtete mir auch Gloria Swanson von seinen «gesunden Ernährungsmethoden und Kuren». Sie glaubte, daß Hauser fähig sei, bei Rheuma, Magenschmerzen, Anämie, Migräne, Melancholie und Einsamkeit Wunder zu wirken.

Mit seiner Diättechnik konnte er fast alles heilen. Wenn es um meine Gesundheit oder mein Glück ging, war ich noch nie geizig gewesen: Die Arbeit dieses Mannes interessierte mich.

Bald führte mich Mercedes zum Abendessen in Hausers Privatvilla, das Sunrise House in Beverly Hills. Soweit ich mich erinnere, war es ein großes, luxuriös eingerichtetes und gestaltetes Haus. An jenem Abend waren viele Menschen anwesend, und jeder, der von Mercedes erwähnt oder mir vorgestellt wurde, hatte irgendeinen Adelstitel.

Schnell erkannte ich, daß der ganze Abend so geplant war, daß Hauser mir und meiner Gesundheit seine besondere Aufmerksamkeit widmen konnte. Zuerst trank ich einen «Sunshine Cocktail», der nach rote Bete, Orangen, Sellerie und Karotten schmeckte. Dann aß ich einen «Hamburger» aus Nüssen, wildem Reis, Eiern und Sojasoße. Zum Dessert erhielt ich eine gebackene Banane und eine Grapefruit mit schwarzer Melasse, und zum Schluß Tee, der nach Akazien und Rosen duftete. Ich muß zugeben, daß alles sehr gut schmeckte, obwohl ich bezweifelte, daß eine solche Diät mich vor Krankheit schützen oder meine geistige Verfassung beeinflussen könnte. Außerdem störte es mich, daß dieser Hauser mich und auch andere Leute benutzte, um für seine Produkte zu werben. Als ich diesbezüglich einige Bemerkungen fallenließ, sagte Mercedes: «Für Frauen wie uns bedeutet er keine Gefahr.»

Bald trug Hauser ein Béret und kleidete sich in Anzüge, die in Farbe und Design meiner eigenen Kleidung glichen, und unter dem Vorwand, mich ein «gutes und gesundes Leben» lehren zu wollen, besuchte er mich oft. Ich begann über die Sache nachzudenken. Mein ganzes Leben hatten viele verschiedene Männer und Frauen versucht, mit Liebe, Bewunderung, Juwelen oder anderen Wertgegenständen meine Freundschaft oder mein Herz zu gewinnen. Jetzt versuchte jemand, mich über den Magen zu erobern. Ich versuchte Hausers «Naturopathie», und obwohl sie eigentlich langweilig und phantasielos war, brachte ich ihr eine Zeitlang Interesse entgegen. Ich entschloß mich, passiv zu bleiben und abzuwarten, was sich daraus ergeben würde. In der Zwischenzeit prüfte ich mehrere Filmangebote von MGM und versuchte vorsichtig, mir diesen «Naturdoktor» vom Leib zu halten.

Mit jedem neuen Tag dachte ich verstärkt daran, die Madame Curie zu spielen. Ihr Leben faszinierte mich. Ihre Dickköpfigkeit und wissenschaftliche Genialität waren Eigenschaften, die ich bewunderte, und ich fühlte, daß es eine wunderbare Sache sein müsse, ihre Person auf Zelluloid festzuhalten. Doch leider konnte ich, wie so viele Male zuvor, kein Drehbuch finden, das meine Gedanken ausdrückte. Vielleicht später, sagte ich mir. Inzwischen hatte Ernst Lubitsch, der als Mann und vor allem als Regisseur faszinierend war, mit mir über seine Pläne gesprochen. Er sprühte vor Ideen, war elegant und witzig, ja sogar weise – fast wie Moje. Außerdem verfügte er über eine solide europäische Ausbildung im Filmemachen. Von ihm lernte ich etwas über Geschichte, insbesondere über die Geschichte des Kommunismus. Ich entdeckte, daß der Kommunismus in den zwanziger und dreißiger Jahren für Intellektuelle und Leute aus der Theater- und Filmszene sehr attraktiv geworden war. Die Sowjetunion galt als Beispiel für die Lösung ökonomischer, politischer und künstlerischer Probleme. Der sowjetische Film war realistisch und eindrucksvoll, und die sowjetische Literatur provozierte europäische und amerikanische Kulturschaffende zu Experimenten. Gleichzeitig florierte der Faschismus immer mehr, und die Anhänger Hitlers und Mussolinis machten in der internationalen Arena Fortschritte.

In intellektuellen Kreisen schürte die Bewunderung für die Sowjetunion den Kampfgeist. Doch in den führenden Kreisen Europas waren auch der Faschismus und Hitlers Ideologie erfolgreich, und einige europäische Politiker entwickelten den Gedanken, daß es gut sei, wenn sich Faschismus und Nationalsozialismus zusammentäten, um die Sowjetunion auszulöschen. Ihre Argumentation war ganz simpel: Sollen doch Hitler und Stalin einander bekämpfen und zerstören, dann wird es in Europa und der ganzen Welt Frieden geben. Dann wird die Demokratie bessere Überlebens- und Entwicklungschancen haben. Einige intellektuelle Kreise in Europa und Amerika nahmen diese Idee auf und beschlossen, sie durch die Kunst zu propagieren.

Nach meinem zweiten oder dritten Treffen mit Lubitsch erkannte ich, daß er ebenfalls so dachte. Er hatte die Filmrechte an einer Geschichte von Melchior Lengyel gekauft und bat mich, sie zu lesen. Weil ich seine professionellen Fähigkeiten sehr respektierte, begann ich sofort mit der Lektüre.

Als ich die Geschichte gelesen hatte, sagte ich zu Lubitsch: «Dies ist nichts als Propaganda, und ich glaube nicht, daß ich dafür die richtige Person bin. Es ist eine Komödie, und ich weiß nicht, ob ich mich dafür eigne.»

«Da gebe ich Ihnen recht, aber warten Sie mit einer endgültigen Ablehnung, bis Sie das Drehbuch gelesen haben.»

Das war logisch, und ich willigte ein. In der Zwischenzeit verbrachte ich viele Tage mit Gaylord Hauser, lernte seinen Kreis kennen und probierte seine kulinarischen Mixturen aus. Er schenkte mir sogar einen Diamantring, während ich enorme Mengen seiner Säfte in mich hineinschüttete.

Ich mußte nicht lange warten, bis Lubitsch mir ein Drehbuch vorlegte, das von drei Spezialisten in diesem Fach geschrieben worden war: Charles Brackett, Billy Wilder und Walter Reisch.

«Wenn Ihnen irgend etwas an diesem Drehbuch nicht gefällt: Diese drei Autoren werden von MGM bezahlt, und sie werden so lange und hart an der Rolle der Ninotschka arbeiten, bis sie Ihnen auf den Leib geschnitten ist.»

Seine Einstellung und Überzeugungskraft gefielen mir, und ich freute mich über die Kooperationsbereitschaft des Studios. Doch trotzdem hatte ich das starke Gefühl, daß ich mich nicht in antisowjetische Satire verwickeln lassen sollte.

Ich wußte, daß die internationale politische Situation antifaschistische Filme forderte, denn von der Seite der Faschisten drohte der Menschheit eine wirkliche Gefahr. Andererseits stand ich unter dem starken Druck des Studios und auch von Lubitsch, die mich drängten, in diesem antisowjetischen Film mitzuspielen. Lubitsch sagte zu mir: «Ich werde die Schauspieler auswechseln. Ich werde das ganze Drehbuch umschreiben. Aber Sie *müssen* in dieser Komödie spielen, denn sie wird Ihr größter Erfolg werden.»

Als ich ihn das nächstemal sah, legte er mir eine komplette Liste der Mitarbeiter vor. Ina Claire sollte die Großherzogin Swana spielen und Melvyn Douglas, der heimlich in mich verliebt war, den Grafen Leon d'Algout. Ein alter europäischer Schauspieler aus der Stanislawski-Schule, Alexander Granach, sollte den Kopalski spielen; Sig Rumann den Iranoff und Felix Bressart den Buljanoff. Bela Lugosi war ausgewählt worden, den Kommissar Razinin zu spielen, und der Graf Rakonin sollte von Gregory Gaye dargestellt werden. Da Ina

Claire mich sowenig leiden konnte wie ich sie, hielt ich es für eine sehr sinnvolle Idee von Lubitsch, uns als Rivalinnen auftreten zu lassen. Ernst versprach mir, daß Bill Daniels die Kamera führen würde. Aber der wichtigste Faktor bei meiner Entscheidung, die Ninotschka zu spielen, war das Gerede, daß ich nicht in der Lage sei, eine komische Rolle zu verkörpern und schon gar nicht eine so komplexe Figur wie die Ninotschka. Man sagte mir nach, daß ich nicht einmal lächeln könnte – wie sollte ich dann in einer Komödie spielen? Dieses Gerede wurde zweifellos vom Studio in die Welt gesetzt, um es mir unmöglich zu machen, abzulehnen.

Während der nächsten drei Wochen lernte ich meine Rolle und übte vor Hazel und den Möbeln. Da ich nie in einer Komödie gespielt hatte, fiel mir die Arbeit schwer. Nach langen Probestunden in meinem Haus teilte ich Ernst mir, daß ich bereit sei. Da er ein Perfektionist war, war auch die Arbeit mit ihm schwierig. Er hatte nicht so viel Phantasie wie Moje, sondern versuchte statt dessen, mich zu überzeugen, mit mehr Phantasie zu spielen. Das Ergebnis war, daß wir dieselbe Szene wieder und wieder überarbeiteten, hier etwas änderten und dort etwas änderten. Ihm gefielen meine Auftritte, vor allem wenn ich lachte. Bei den Dreharbeiten waren alle besonders nett zu mir, was ich sehr schätzte, denn ich begann meine neue Karriere als Komödienschauspielerin. Und ich fühlte mich sehr gut dabei.

Das Drehbuch war vorzüglich geschrieben, die Dialoge knapp und voller Humor. Die Situationen zwischen den männlichen Genossen und der weiblichen Genossin Ninotschka waren komisch. Außerdem wurde der satirische Ton des Films durch das Nebeneinander von Ninotschkas Männerkleidung einerseits und ihrem schönen Gesicht und ihrer Figur andererseits und durch die Mischung aus realistischer Sprache und marxistischem Jargon betont. Es erforderte großes Talent, das Innenleben einer Frau auszudrücken, die in marxistischen Schulen erzogen worden war und jetzt einige Zeit in Paris verbrachte. Für mich als Schauspielerin erwies sich die Figur der Ninotschka als eine Herausforderung. Ich versuchte, nicht nur die gegenwärtige politische Situation und die Unterschiede zwischen der sogenannten kapitalistischen und der kommunistischen Moral auszudrücken, sondern auch die Seele einer jungen Frau.

Nach der Premiere am 9. November 1939 in der New Yorker Radio

City Music Hall erklärten mich die Kritiker nicht nur zu einer großen dramatischen Schauspielerin, sondern auch zur Königin der
Komödie. Mir blieb nicht viel Zeit, um meinen Erfolg in Hollywood
zu genießen, denn Gay Hauser nahm mich zu einem Wirbel von
Partys nach New York mit. Wir besuchten ein riesiges Bankett im
Haus von Mrs. Cornelius Vanderbilt, die als große Bewunderin
meiner Kunst galt. Auf diesem erlesenen Empfang trafen sich ein
halbes Dutzend verschiedener Vanderbilts und andere Dollararisto-
kraten. Unter ihnen war auch der schwedische Millionär Axel Wenner-Gren, der mir gleich in den ersten Minuten unserer Unterhaltung erklärte, daß er in Kürze auf seine Yacht, die *Southern Cross*,
die in Nassau lag, zurückkehren würde. Er sagte, es wäre ihm ein
Vergnügen, wenn Gay und ich ihm auf einer Kreuzfahrt in die
Karibik Gesellschaft leisteten. Ich war mir sicher, daß ich all dies
Gay zu verdanken hatte, aber da ich nichts zu verlieren hatte und
dachte, daß eine solche Reise eine gute Publicity für meine Filme sei,
nahm ich die Einladung an.

Gleichzeitig überlegte ich aber, ob es nicht besser für mich wäre,
zur Erholung nach Europa oder sogar zurück an die Westküste zu
reisen, um meinen männlichen Begleiter loszuwerden. Doch ich
beschloß, mich einfach mit der Situation treiben zu lassen. So willigte ich ein, als Gay vorschlug, zum Schwimmen nach Palm Beach
zu gehen, bevor wir Wenner-Gren trafen. Vielleicht hatte er wegen
Wenner-Gren plötzlich Bedenken und war eifersüchtig, denn seine
Heiratsanträge wurden immer zahlreicher. Meine Nerven waren bis
aufs äußerste strapaziert, und ich hatte genug von den Rumbas und
Foxtrotts, dem Liebesgeflüster und der Theorie, daß «jede Frau aus
Gesundheitsgründen ein Kind haben sollte».

Auf der *Southern Cross* änderte Gay seine Taktik. Weil das Meer
im hellen Mondlicht so schön war, saß ich des Nachts auf dem Deck
der Yacht und bewunderte die Natur. Ich verschwendete keinen
Gedanken an Sex, aber Gay nutzte jede Gelegenheit, um mich in
seine Kabine zu locken. Zu dem Zeitpunkt verabscheute ich jeden
geschlechtlichen Verkehr. Ich weiß nicht warum, vielleicht war
seine Diät der Grund, daß ich mich ganz vom Sex abwendete, oder
es war seine unangenehme Penetranz.

«Erst arrangierst du all diese Tricks», sagte ich, «und dann soll ich
auch noch dafür bezahlen.»

Er versuchte mich davon zu überzeugen, wie gern er mich heiraten würde und daß Sex vor der Ehe eine gute Sache sei.

«Ich habe das Gefühl, daß das alles hier auf eine sehr plumpe Art und Weise bis ins letzte Detail organisiert worden ist, einschließlich der fertigen Betten. Wenn das so weitergeht, werde ich noch hysterisch.»

Er war verblüfft und ließ mich einige Tage in Ruhe. Für mich war die Situation jedoch so angespannt, daß ich ihm schließlich sagte: «Ich will zurück nach Hollywood.»

Ich mußte diese Erklärung mehrere Male wiederholen, bis die *Southern Cross* endgültig den Kurs änderte und auf Miami zusegelte. Nachdem ich mit dem Kapitän gesprochen hatte, konnte ich endlich sicher sein, daß wir tatsächlich Miami ansteuerten.

Und dort erhielt ich nochmals einen Beweis für die Präzision von Gays «Werbung». Als ich ankam, erfuhr ich, daß er mit einem Freund, einem Reporter vom *International News Service*, vereinbart hatte, daß dieser die ersten exklusiven Neuigkeiten über unsere Heirat erhalten würde, die vom Kapitän der *Southern Cross* hätte vollzogen werden sollen. Als ich das erfuhr, war ich wirklich wütend und verließ die Yacht, ohne mich zu verabschieden. Eine Gruppe Reporter folgte mir und fragte: «Mrs. Hauser, wie waren die Flitterwochen?»

Ich antwortete: «Fragen Sie Mr. Hauser. Mein Name ist Greta Garbo. Und so wird er immer lauten.» Das waren meine letzten Worte in dieser Posse.

Besuch und Tod der Mutter

Obwohl ich in meinem Leben viele schlaflose Nächte verbracht habe, ist mir eine dieser Nächte besonders in Erinnerung. Gequält von einer Mischung aus Angst und vagen, undefinierbaren Vorahnungen, wälzte ich mich von einer Seite auf die andere. Ich versuchte meine Gedanken zu sammeln, es gelang mir nicht. Furcht hatte mich ergriffen – die Furcht, daß viele Menschen, ich selbst eingeschlossen, vor einem Desaster standen. Schließlich, so glaubte ich zumindest, gewann der Schlaf die Oberhand. Doch plötzlich wachte ich schwitzend und fröstelnd wieder auf. Es dämmerte gerade. Häßliche Träume aus meiner Kindheit lauerten in meinem Unterbewußtsein. Ich weiß nicht, wie lange ich in diesem Dämmerzustand blieb, doch als ich meine Augen weiter öffnete, sah ich einen Sonnenstrahl und sagte mir: «Jetzt habe ich ein Licht.» Ich dachte, ich müßte schreien, um mir zu beweisen, daß ich lebte. Aber ich wußte, daß ich mit meinem Geschrei nur Panik verursachen würde. Also griff ich nach dem Radio, drehte es an und hörte folgende Worte: «Heute bei Tagesanbruch haben die deutschen Streitkräfte die polnische Grenze überschritten und schwere Kämpfe mit der polnischen Armee aufgenommen...»

Es war der 1. September 1939, der Tag, an dem der Zweite Weltkrieg begann – ein tragisches Datum für die ganze Menschheit. Wie ich schon sagte, verstehe ich von den meisten Dingen nicht sehr viel und von Politik vielleicht am allerwenigsten, aber ich hatte schon in den frühen dreißiger Jahren gespürt, daß die beiden Schlächter Hitler und Mussolini der Menschheit nur Tod bringen würden.

373

Einige Tage später begann Mayer eine Unterhaltung in seinem Büro mit folgenden Worten: «In Europa ist ein Krieg ausgebrochen, und ich glaube, daß es ein langer Krieg werden wird. Europa ist also kein Markt mehr für uns. Es ist sehr schlecht, einen so profitablen Markt für Ihre Filme zu verlieren...» Er sah mich durch seine dicken Brillengläser an und versuchte meine Reaktion einzuschätzen. Ich antwortete nicht, darum fuhr er fort: «Wir müssen sofort mit der Arbeit an einem neuen Film beginnen. Diesmal werden Sie ein bezauberndes Mädchen spielen. Eine Amerikanerin. Eine lebenslustige Amerikanerin.»

Hier, dachte ich, haben wir den typischen amerikanischen Geschäftsmann. Es kümmert ihn nicht, daß wegen Hitler viele Menschen sterben werden. Das einzige, woran er denkt, ist sein Filmmarkt. In mir kochte der Haß auf solche Menschen, aber ich fand keine Worte, ihn auszudrücken. So war ich gezwungen zuzuhören.

«Sie sollen sich nicht sofort entschließen. Denken Sie darüber nach, und lassen Sie mich Ihre Entscheidung wissen. Wir müssen uns an unseren Vertrag halten. Sie werden spielen, Krieg hin oder her.»

Mit diesen Worten erhob er sich, kam hinter seinem Schreibtisch hervor und begleitete mich zur Tür, wo er mit prophetischem Blick sagte: «Die Nazis werden die Kommunisten bekämpfen. Zum Schluß werden sie sich gegenseitig vernichten, und dann werden wir Frieden haben. Die Demokratie wird wieder in Europa einziehen.»

Er nahm meine Hand und drückte sie fest. Ich war bereits aus der Tür, als er hinzufügte: «Dann werden wir den gesamten europäischen Markt in der Hand haben. Den europäischen Film wird es nicht mehr geben. Die Öffentlichkeit wird nach Unterhaltung hungern, nach der Art von Filmen, in denen Ihr wunderbares Talent im Mittelpunkt steht...»

Er hatte noch mehr zu sagen, aber ich drehte mich um und ging. Ich war schockiert von der häßlichen Logik dieses amerikanischen Millionärs, dessen Hände gierig nach blutigen Dollarscheinen griffen. Selbst die parfümierteste Seife könnte diesen Gestank nicht von seinen Händen waschen.

Auf dem Nachhauseweg dachte ich daran, Charlie Chaplin oder irgend jemand anderen mit antifaschistischen Neigungen aufzusuchen; zu jenem Zeitpunkt gab es in Hollywood viele solcher Gruppen, die sich aus Schauspielern, Schriftstellern, Regisseuren und anderen

Filmleuten zusammensetzten. Aber ich wußte nicht, wie ich mich diesen Leuten nähern und wie ich sie ansprechen sollte. Oft hatten sie mich eingeladen, ihren Gruppen beizutreten, aber ich war ihnen immer aus dem Weg gegangen. Also ging ich heim, flüchtete in mein Schlafzimmer und fiel weinend vornüber auf mein Bett. Nach ein oder zwei Stunden drehte ich mich auf den Rücken. Ich redete zur Decke: «Was können denn diese Antifaschisten schon ausrichten? Was kann Chaplin tun? Sollen sie eine Streikkette um das MGM-Studio herum organisieren, und soll ich in der ersten Reihe marschieren? Würde das den Krieg in Europa aufhalten? Viele mächtige Amerikaner warten doch nur auf den Kampf der Faschisten gegen die Kommunisten. Diese politische Phantasie regiert die amerikanische Geschäftswelt, die Presse und das Radio. Sie werden mich auslachen, wenn ich mich politisch engagiere, weil ich nichts von Politik verstehe.»

In den kommenden Tagen überzeugte mich die Zeitungslektüre davon, daß Deutschland zum nächsten Schlag ausholte. Meine Gedanken wanderten nach Schweden, ich befürchtete, ihm könne dasselbe Schicksal drohen wie Polen. Ich dachte an meine Mutter und an meinen Bruder. Dann lief ich zum Telefon, um Stockholm anzurufen. Die Verbindung mit New York kam zustande, aber von dort hatten die Telefonisten Schwierigkeiten, Europa zu erreichen. Ich hätte warten müssen, da eine Lawine von Bestellungen transatlantischer Gespräche die Telefongesellschaft überrollt hatte. Also entschloß ich mich, ein Telegramm zu schicken, in dem ich darauf drängte, daß meine Mutter und mein Bruder Sven mit seiner Frau alles stehen- und liegenließen und zu mir nach Hollywood kamen.

Ich konzentrierte mich darauf, meine Familie zu retten. Um mein Gewissen zu beruhigen, stiftete ich dem Komitee für die Opfer von Naziverfolgungen fünfhundert Dollar. Zu meiner großen Schande muß ich gestehen, daß ich, obwohl ich gefühlsmäßig gegen den Faschismus war, in Wirklichkeit nichts tat, um ihn konkret zu bekämpfen. Die Hauptgründe dafür waren mein ungeheurer Egoismus und ein Kopf, in dem es keine guten Ideen gab. In einer solchen Situation ist selbst die schönste oder mächtigste Person zu nichts nutze, wenn sie nicht bereit ist, alles zu opfern.

Meine Mutter traf in einem schwarzen Sealmantel, der ihre Leibesfülle nicht verbarg, und einem schwarzen Hut, der ihre kleinen

Augen verdeckte, in Kalifornien ein. Ich mietete für sie, meinen Bruder und seine Frau sofort ein Haus in Inglewood. Aber wie sich herausstellen sollte, verbrachte Mutter die meiste Zeit in meinem Haus, um Sven und seiner Frau etwas mehr Privatleben zu ermöglichen. Als sie meine Einrichtung sah, sagte sie, daß ihr Mahagonimöbel nicht gefielen, und fragte, warum ich keine hellen schwedischen hätte. Ich antwortete ihr, daß ich wegen des Krieges keine schwedischen Möbel von Europa einführen könne. Später suchte sie in ganz Los Angeles, konnte aber nichts finden, das ihr gefiel.

Für einige Zeit übernahm sie das Einkaufen und Kochen. Ich gab ihr Geld, und obwohl sie sehr wenig kaufte, waren ihre Lebensmittelrechnungen immer sehr hoch. Einmal brachte sie eine Fischrechnung von über drei Dollar heim, die Fische bekamen wir jedoch nie zu Gesicht. Praktisch jeden zweiten Tag aßen wir *Smörgåsbord* und *Knäckebröd* mit Butter, und dazu gab es billigen *Schnapps*. Ich mag fast alle Fischsorten, und ich mag *Smörgåsbord*, aber nicht so oft, wie sie es servierte. Am Weihnachtsabend aßen wir dasselbe Essen, das wir das ganze Jahr über gegessen hatten.

Mein Bruder regte sich sehr über diese Dinge auf, aber mir fiel es schwer, mit ihr darüber zu reden und sie zu fragen, warum sie uns ihre Gewohnheiten aufdrängte und was sie mit dem Geld machte, das ich ihr gab. Was sollte ich tun? Wenn man sie gefragt hätte, wäre Mutters Reaktion dieselbe gewesen, wie ich sie schon aus meiner Kindheit kannte: Sie hätte angegriffen. Zuerst hätte sie mit lauter Kleinigkeiten, die ihr an mir nicht gefielen, angefangen, und dann wäre sie zu größeren und wichtigeren Themen übergegangen. Was sie besonders wütend machte, war, daß ich nie geheiratet hatte. Sie gab mir sogar eine Liste mit schwedischen Männern, die ich in Betracht ziehen sollte; zwei von ihnen gehörten zur königlichen Familie. Als ich ihr sagte, daß ich nicht heiraten wolle, antwortete sie: «Eine Frau ohne Mann ist wie ein Jagdhund ohne Nase.»

Ich wurde sehr gereizt und nervös. Einmal sagte ich ihr, daß ich nicht geheiratet hätte, weil ich nicht so ein Leben führen wollte, wie sie es mit meinem Vater geführt hatte. Nach dieser Bemerkung redete sie tagelang nicht mehr mit mir und schloß sich in ihr Zimmer ein. Ich machte mir Sorgen, denn sie war eine alte Frau mit einem halben Dutzend ernsthafter Leiden, unter anderen einem sehr hohen Blutdruck. Da es nicht das erstemal war, daß wir gestritten hatten, tat ich, was ich immer tun mußte: Ich bat sie um Verzeihung und steckte ihr einige Hundertdollarscheine in die Handtasche. So hatten wir für ein oder zwei Tage Frieden.

Einmal sagte sie nach einer Auseinandersetzung in der Küche, in der es ums Heiraten ging: «Ich hasse dich.» Wie eine Wahnsinnige wiederholte sie diesen Satz mehrere Male. Ich regte mich sehr darüber auf. Obwohl ich wußte, daß sie mich nicht mochte, hatte ich geglaubt, ihr Haß sei nach so vielen Jahren gestorben. Diese Begegnung in der Küche ließ mich erkennen, daß es zwischen Mutter und Tochter kein Gefühl von Liebe gab.

Unsere Beziehung verschlechterte sich noch. Manchmal versuchte ich, mit ihr über Vater zu sprechen, aber sie redete über ihn, als sei er ein Fremder. Während einer unserer Sitzungen in der Küche faßte sie ihre Gefühle für meinen Vater in einem Satz zusammen: «Es ist besser, manchmal etwas zu verlieren, als es nie gehabt zu haben.» Aber sie sagte dies mit einer solchen Teilnahmslosigkeit und Abfälligkeit, daß ich mich sogar verletzter fühlte als nach ihren Angriffen.

Die Atmosphäre im Haus war sicherlich nicht die geeignete für sie, und sie hatte Heimweh nach Schweden. Doch was sollte ich machen? Ich konnte sie doch nicht nach Europa schicken, während dort ein Krieg tobte. Also litt ich. Mein Bruder und seine Frau litten, und sie litt ebenfalls. Sie haßte das kalifornische Klima. Vielleicht war das nur natürlich, denn sie war in einem kühlen Klima aufgewachsen und liebte den Schnee. Sie fing an zu husten und lag wochenlang im Bett. Und sie verlor erschreckend schnell Gewicht. Ihre Kräfte ließen rapide nach, und sie verlor sogar die Lust zu reden. Ich fühlte, daß das Ende nah war.

Als ich die Ärzte rief, untersuchten sie sie und schüttelten den Kopf; sie habe so viele Krankheiten, daß sie nicht wüßten, wo sie ansetzen sollten. Später weigerte sie sich, irgendeinen Arzt zu empfangen. Sie wurde apathisch und schwieg die meiste Zeit. Ich wußte, daß sie an die Vergangenheit dachte; sie holte Fotografien aus ihrem Koffer und breitete sie auf dem Bett aus, um sie anzuschauen. Wenn ich mich auf ihre Bettkante setzte, wich sie meinem Blick aus und schwieg.

Eines Morgens zog ich mich schnell an, weil ich zur Arbeit ins Studio mußte. Ich schaute ins Zimmer meiner Mutter. Es war ruhig. Die Rolläden waren ganz heruntergezogen, doch durch die Kanten drang etwas Licht in die graue Atmosphäre des Zimmers. Ich blickte in ihr Gesicht. Es war bewegungslos und hatte die Farbe einer Honigwabe. Ich berührte ihre Hand. Sie war kalt. Ich versuchte etwas zu sagen. Ich versuchte zu schreien. Meine Stimme blieb irgendwo tief in mir stecken. Ich fiel auf die Knie und legte meinen Kopf auf ihre Brust und weinte.

ⅅer letzte Auftritt

Ich weiß, daß sich einige Leute über mich lustig machen und andere mich hassen. Doch ich weiß auch, daß mich die große Mehrheit der Menschen verehrt. Keiner kann verstehen, wie ein einfaches *Svenskflicka* einen Mythos schaffen konnte, größer als der von Sarah Bernhardt und Charlie Chaplin. Ich konnte mich nirgendwo auf der Welt hinbegeben, ohne ein Pseudonym – wie etwa Karin Lund, Harriet Brown, Mary Holmquist, Emily Clark, Gussie Berger, Katharine Cooke oder viele andere – zu verwenden. Wenn ich auf der Straße spazierenging oder mich in ein Lokal zum Essen setzte, starrten mich die Leute an, baten um Autogramme oder wollten mich in ein Gespräch verwickeln. Obwohl ich versuchte, fortzulaufen und mich vor den Augen der Fremden zu verstecken, ließen mich die bewundernden Blicke doch vor Lust erschauern. Ich war glücklich, daß Mitglieder von Königshäusern, Aristokraten, Premierminister und andere wichtige Leute meine Freundschaft suchten. Ich fühlte mich bedeutend, und mein Herz platzte fast vor Freude über meinen Erfolg. Zu verdanken hatte ich diesen Erfolg, wie ich bereits gesagt habe, harter Arbeit und Moje Stiller. Nach seinem Tod hatte ich jeden Tag Kontakt mit seinem Geist, und bevor ich irgendeine wichtige Entscheidung traf, sprach ich mit ihm, wie ich mit Gott sprechen würde. Jedesmal wenn ich nach Stockholm kam, begab ich mich sofort zum Nördlichen Friedhof. Ich legte Blumen vor Mojes Grabmal, das Hugo Lindberg errichtet hatte. Der neue Grabstein war ein quadratischer grauer Felsbrocken, auf dessen Oberseite eine Kugel lag, die aus zwei Hälften bestand. Auf der Stirnseite waren lediglich Mojes Name und sein Geburts- und Todesdatum eingraviert. Ich kniete mich hin und sprach zu ihm. Wenn ich ihn zum hundertsten Male bat, mir alles Unrecht, das ich ihm angetan hatte, zu verzeihen, pflegte er zu antworten: «Du mußt mir nichts erklären. Ich verstehe dich.» Er erteilte mir stets einen Rat, vor allem den, auf meine Gesundheit zu achten und lange zu leben, da das Sterben langweilig sei.

Als ich im Herbst 1938 Mojes Grab besuchte, war er mit etwas Wichtigerem als mit mir beschäftigt. Er sagte: «Ein Wirbelsturm kommt auf uns zu. Sie rufen nach mir. Ich muß gehen... Ich weiß nicht, ob ich zurückkehren werde. Du wirst allein sein...» Er sprach nicht zu Ende. Ein stürmischer Wind schüttelte die Bäume so heftig, daß ich fürchtete, sie würden auf mich niederstürzen. Während der nächsten Tage brachte ich ihm Blumen und betete, doch von Moje kam kein Wort. Ich war völlig auf mich gestellt in dieser Welt, vielleicht weil ich keinem traute, manchmal nicht einmal mir selbst.

Unmittelbar bevor ich *Two-Faced Woman (Die Frau mit den zwei Gesichtern)* zu drehen begann, war meine Mutter noch am Leben, befand sich jedoch in einem Zustand körperlichen und geistigen Verfalls. Ihre Verfassung hatte einen negativen Einfluß auf mich. Ich hatte keinen Menschen, dem ich vertrauen konnte, daher versuchte ich, mit Moje Kontakt aufzunehmen. Ich schloß mich mit der gleichen Sorte Blumen, die ich an sein Grab gebracht hatte, in mein Schlafzimmer ein, zündete einige Kerzen an, stellte Mojes Bild zwischen sie und kniete nieder und betete. Bei diesem Versuch kam jedoch nichts heraus. Er wollte nicht mit mir sprechen, obwohl er doch wußte, daß ich wegen des Krieges nicht an sein Grab kommen konnte. Ich verstand sein Schweigen nicht. Und so begann ich, Medien in Hollywood und Los Angeles aufzusuchen. Auch das blieb ohne Erfolg. Ich hatte Moje verloren und war gleichzeitig dabei, an Gedankenleser und Wahrsager Geld zu verlieren. Ich war deprimiert. Ich hörte auch, wie die Leute von MGM miteinander tuschelten: «Sie ist verrückt.»

Das Studio drängte mich, die Rolle in *Die Frau mit den zwei Gesichtern* anzunehmen, und George Cukor, der seine Fähigkeiten als Regisseur in dem Film *Die Kameliendame* unter Beweis gestellt hatte, versicherte mir ständig: «Du hast tragische Rollen gespielt

380

und du hast komische Rollen gespielt, und jetzt solltest du mit deiner genialen Begabung das typische amerikanische Mädchen verkörpern.»

Ich hatte *Die Frau mit den zwei Gesichtern*, ein Theaterstück von Ludwig Fulda, gelesen und war nicht glücklich damit. Ich wußte das zu der Zeit noch nicht, aber dieses Stück war 1925 unter dem Titel *Her Sister from Paris* verfilmt worden. Constance Talmadge hatte die Hauptrolle gespielt, ohne Erfolg.

Als ich Cukor mitteilte, mir gefiele die Handlung nicht, reagierte er, wie vorauszusehen war: «Das Studio hat Behrman, George Oppenheimer und Salka Viertel angeheuert. Sie sind erfahrene Drehbuchschreiber, und ihr Skript wird deine Bedenken gegenstandslos machen.»

Er hatte recht. Als ich das Drehbuch las, vergaß ich meine ursprünglichen Befürchtungen und vertiefte mich in allgemeine Betrachtungen über die Frauen – ich dachte darüber nach, daß sie alle einen gewissen Hang, sich zu prostituieren, und einen gewissen Hang, keusch zu bleiben, hätten. Wer weiß? Ich fing an, mir vorzustellen, daß ich die Rolle der Karin erfolgreich spielen könne. Sie war eine amerikanische Frau, die den Sex mit allen entsprechenden Zutaten genoß, während sie gleichzeitig die liebende Ehefrau blieb. Doch ich war der Meinung, daß das Skript etwas umgearbeitet werden mußte: Karins Charakter war viel zu oberflächlich. Als ich Cukor darauf ansprach, vertrat er die offizielle Linie: «Es ist bereits eine Menge Geld investiert worden.»

«Na und? Die haben durch mich sehr viel Geld verdient.»

«Mach dir darüber keine Sorgen. Der Friseur wird dir einen neuen adretten Kurzhaarschnitt machen. Du wirst einige neue Tänze, wie den Chica-Choca, lernen, und du wirst ein paar wirklich wunderschöne Kostüme tragen, die von den Topdesignern im Land speziell für dich entworfen und angefertigt worden sind.»

«Na und? Das allein ergibt noch keinen großen Film.»

Doch er beharrte darauf: «Wir wissen aus *Ninotschka*, daß du lächeln kannst. Und ich werde dir beibringen, wie sich das amerikanische Glamourgirl benimmt. Und wenn man deine geniale Begabung zu improvisieren bedenkt, werden wir mit Leichtigkeit einen großartigen Film machen.»

Während ich mich nach wie vor weigerte, die Rolle zu übernehmen, schickte das Studio Melvyn Douglas zu mir. Er sollte in dem Film Larry Blake spielen. Er versuchte es von einer anderen Seite. «Dieser Film wird eine wirkliche Herausforderung für dich sein. Du kannst der Welt beweisen, daß du imstande bist, jede Rolle bezaubernd und mit sicherem Instinkt zu spielen.»

Ich vertraute noch immer meinem inneren Gefühl und weigerte mich, in die Rolle einzuwilligen. Doch Melvyn ließ mit seinem Drängen nicht nach: «Du hast mit den beiden erfahrenen Schauspielerinnen Ruth Gordon und Constance Bennett eine ausgezeichnete Besetzung für die Nebenrollen.»

Ich protestierte nicht, da ich wußte, daß sie sehr gut waren. Statt dessen sagte ich zu Melvyn: «Ich könnte es mir noch einmal überlegen, wenn sie jemandem wie Bill Daniels die Kameraführung übertragen.»

«Ich denke, das wird sich ohne Schwierigkeiten mit dem Studio arrangieren lassen», antwortete Melvyn.

Doch zu meinem großen Bedauern war ich nicht imstande, irgend etwas mit MGM zu arrangieren. Joseph Ruttenberg war als Kameramann verpflichtet worden, und Cukor als Regisseur bestand auf ihm. Ich fühlte, daß ich in eine unsichere und unklare Situation geriet; ich spürte, wie sich ein inneres Unbehagen in meinem Körper ausbreitete. Gleichzeitig hatte ich niemanden, den ich zu Rate ziehen konnte; und meine Freunde, wie Salka Viertel, versuchten mich dazu zu überreden, die Rolle anzunehmen, weil sie für diese Arbeit bezahlt wurden.

In der Zwischenzeit fütterten die PR-Leute von MGM die Medien mit Weisheiten wie: «Die Welt wartet auf eine neue Garbo. Sie wird fast nackt baden. Sie wird leidenschaftlich sein. Sie wird hassen. Sie wird weinen. Und sie wird tanzen und immer wieder tanzen.»

Nun wurde von allen Seiten Druck auf mich ausgeübt. Aus irgendeinem Grund kamen Tausende von Briefen bei mir zu Hause an und weitere Tausende bei MGM. In jedem Brief lobte man mich dafür, die Rolle eines amerikanischen Mädchens mit Sinn für das Vergnügen zu übernehmen, wobei das Wort «amerikanisch» besonders betont wurde. Und ich wurde immer nervöser und aufgeregter, weil sich meine ursprünglichen Vorbehalte immer mehr verstärkten. Mayer rief mich in sein Büro, um mir mitzuteilen, daß ich spielen müsse, weil alles – insbesondere ein erwartungsvolles Publikum – bereit sei, und weil MGM jeden Tag, den der Film aufgeschoben wurde, Tausende von Dollars verlieren würde. Ich gab in aller Offenheit zurück: «Ich werde nicht spielen, weil dieser Film den Tod meiner Kreativität bedeutet. Ich kann meine Ansichten nicht logisch begründen. Ich empfinde es einfach so.»

Dann versuchte Mayer, meine Angehörigen dafür einzusetzen, mich zum Spielen zu überreden. Er erzählte ihnen, daß meine Karriere völlig ruiniert wäre, wenn ich nicht spielen würde. Schließlich gab ich auf und willigte ein. Wie immer machte ich mich mit ungeheurer Energie an die Arbeit. Ich verwandte viel Zeit und Talent auf diesen Film und arbeitete sehr hart für ihn. Doch als er abgedreht war, blieb mir ein schaler Geschmack im Mund zurück.

Nach der Premiere, die am 31. Dezember 1941 im New Yorker Capitol Theater stattfand, fielen die Kritiker über mich her. Sie nannten *Die Frau mit den zwei Gesichtern* einen lächerlichen Schund und griffen MGM an, das Studio habe mir eine völlig falsche Rolle gegeben und versucht, einen Kurvenstar aus mir zu machen. Zu dem Angriff der Presse kam der von Erzbischof Francis J. Spellman hinzu. Darüber hinaus verdammte die Nationale Legion für Anstand und Sitte der katholischen Kirche den Film als «gefährlich für die öffentliche Moral». Die Angriffe gegen mich, gegen den Film und gegen MGM waren dumm und bösartig. Die MGM-Bosse beschlossen daraufhin, sich zu verteidigen, und kündigten an, sie würden den Film umschreiben und noch einmal drehen, um die anstößigen Szenen zu entfernen.

Die *New York Times*, die meine Filme stets mit Sachverstand gelobt hatte, nannte *Die Frau mit den zwei Gesichtern* ein «Machwerk» und meinte, «Miß Garbos gegenwärtiger Versuch, leicht grotesk daherzutänzeln, ist eine der peinlichsten Vorführungen dieser Saison». *Time* schrieb, es sei «fast so schockierend, wie die eigene Mutter betrunken zu sehen».

So gestaltete sich mein vierundzwanzigster Film in Amerika. Und ich empfinde keinerlei Bedauern darüber, daß er der letzte Film meines Lebens war.

SIEBTER TEIL

Schweigen

Eigendynamik des Ruhms

Amerika und Europa waren in einen grausamen Krieg verstrickt. Die Welt explodierte in Haß und Mord. Ich hatte bei meinen eigenen Nöten keine Verbündeten. Freunde, von denen ich mein ganzes Leben lang stets nur wenige hatte, waren jetzt rarer denn je. Das einzige, was mir übrigblieb, war, mich mehr und mehr mit persönlichen Angelegenheiten und mit Hellsehen zu beschäftigen. Ich sollte wohl hinzufügen, daß mich dieses Hellsehen mehrere Male vor dem Selbstmord bewahrte. Ich wurde abergläubischer, egoistischer, mißtrauischer und schlauer. In Gegenwart von Leuten, die ich zufällig traf, spielte ich das unschuldige schwedische Mädchen, während ich in Gegenwart anderer mich als geheimnisvolle Mona Lisa gab.

Nach fast zwei Monaten völliger Isolation sowie psychischer und physischer Erschöpfung, die auf die Kampagne gegen meinen letzten Film zurückging, wurde ich allmählich etwas normaler und versuchte, meine Situation in der neuen Welt, die der Krieg geschaffen hatte, zu analysieren. Ich brauchte nicht viel Zeit, um mich davon zu überzeugen, daß Amerika und die übrige Welt nicht zu den moralischen Grundsätzen der zwanziger und dreißiger Jahre zurückkehren würden. Ich wußte auch, daß weder meine Filme noch ich selbst in diese neue Welt paßten. Ich dachte daran, mich zu verwandeln und dieser neuen Welt anzugleichen. Doch ich wußte nicht, welchen Weg ich einschlagen sollte. Das einzige, was mir nach wie vor sicher und real erschien, waren einige Millionen Dollar, die ich durch harte Arbeit und mein mittlerweile aufgebrauchtes Talent erworben hatte.

Das Geld hatte mir materielle Unabhängigkeit verschafft, doch es hatte mich seelisch zugrunde gerichtet, weil ich nicht damit umzugehen wußte. Die Frage, wie ich mein Geld behalten konnte, beschäftigte mich mehr als alles andere. Während meines ganzen Lebens in Hollywood hatte ich auf die MGM-Bosse gehört und stets das getan, was sie von mir verlangt hatten. Wenn sie von mir verlangten, mein Haar abschneiden zu lassen, ließ ich es abschneiden. Wenn sie von mir verlangten, ich solle mir Locken drehen lassen, ließ ich mir Locken drehen. Ich ließ mein Haar färben, trug den Scheitel links und trug ihn rechts, kämmte das Haar nach oben und trug Ponyfransen oder wieder nicht. Ich bekam Kopfschmerzen von all diesen verschiedenen kosmetischen Behandlungen, doch ich litt stumm. Mein Gesicht wurde ständig von den Händen einer anderen Person geformt. Das gleiche galt für meine Figur. Masseusen arbeiteten an ihr und wandten auf jeden Bereich meines Körpers unterschiedliche Arten der Massage an, um mich schlank und schöner zu machen. MGM überwachte alles und jedes – meine Kleidung, meine Sprache, meinen Gang, jede einzelne Bewegung von mir. Ich wurde zum Mannequin in den Händen von Spekulanten. Ich litt darunter, ich kaute an meinen Nägeln, ich weinte – und hörte auf sie. Obwohl ich mich in meinem Innern dagegen wehrte, tat ich doch stets, was sie von mir verlangten. Man könnte vielleicht sagen, daß ich aufgrund meiner Ergebenheit zu Vermögen und Ruhm gelangte. Ich würde sagen: «Das stimmt nicht.» Am Anfang hatte mir Mauritz Stiller mit seiner großen Liebe geholfen. Doch Hollywood vernichtete ihn, und es zerstörte auch mich beinahe, indem es mir Geld gab, damit ich mir die Tränen abwischen konnte. Jetzt war alles zu Ende.

Ich beschloß, mein Gesicht nie wieder einer Kamera, ganz gleich welcher, auszusetzen. Ich wußte, daß meine Filme den Mythos der Garbo geschaffen hatten. Ich beschloß, etwas zu tun, um diesen Mythos zu erhalten, weil ich das Gefühl hatte, daß meine Filme den ihnen angemessenen Platz in der Geschichte finden und an Wert gewinnen würden. Als eine Persönlichkeit, die noch am Leben war, konnte ich den Garbo-Mythos noch steigern. Doch ich wußte, daß die Welt eine Schauspielerin, die nicht mehr auftritt, schnell vergißt. Die Geschichte des Theaters, der Oper und des Films ist eine große Leichenhalle voller vergessener Stars, die heute niemand mehr wiedererkennen würde. Würde ich die Ausnahme sein? Zweifel erfüllten mich, und Gedanken an Skandale und Selbstmordversuche schlossen sich an. Dies war jedoch nicht mein Stil. Mit Skandalgeschichten und Selbstmordversuchen würde es schwierig sein, einen Mythos aufrechtzuerhalten. Es gibt in der Geschichte viele Beispiele, die dies beweisen.

So blieb mir nur ein Weg. Ich würde meinen Lebensstil ändern. Ich würde die Szene in Hollywood verlassen und mich einem anderen Kreis von Leuten anschließen, die um sich herum ständig Reporter, Klatschspaltenlieferanten und andere Arten von Untergrundinformanten versammeln. Doch dafür würde ich viel Geld und Mut brauchen. Ersteres besaß ich – ich war finanziell vollkommen unabhängig. Aber der Mut fehlte mir. Dann kam mir eine clevere Idee. Wenn ich einen Menschen ohne Mut und allem, was damit zusammenhängt, spielte, dann würde vielleicht ein Wunder geschehen. Viele Politiker, Wissenschaftler und Künstler liefen, wie ich wußte, mit einer ungeheuren Menge Wut herum und erreichten damit überhaupt nichts.

Was wäre, wenn ich einen Menschen spielte, den die Welt verstört hat – eine Frau, die von der Welt nicht verstanden wird, obwohl sie dieser ein Dutzend ausgezeichneter Filme geschenkt hat? Ich sah immer noch gut aus, und meine eigenwillige Schönheit hatte nach wie vor eine große Wirkung auf das Publikum. Ich besaß außerdem eine gewisse Einzigartigkeit, die Stiller die Jahre hindurch gefördert und die ich selbst besonders gepflegt hatte. Um all dies zu einem Image für die Öffentlichkeit zu gestalten, würde ich Zeit brauchen; doch es sah ohnehin so aus, als hätte ich davon jede Menge bei der Vorbereitung auf eine ungewöhnliche Rolle in meinem neuen Leben.

Während langer Wochen lag ich im Bett oder ging in meinem Garten spazieren und plante mein Vorgehen. Um meine Persönlichkeit zu verändern, beschloß ich zuallererst, mein äußeres Erscheinungsbild zu verwandeln. Ich ließ mir die Haare kurz schneiden, so daß sie wie bei einem jungen Mädchen natürlich herabfielen. Ich verwendete weiterhin überhaupt kein Make-up, außer einem Hauch von Mascara. Ich schnitt meine Fingernägel ganz kurz und benutzte keinerlei Nagellack. Dann unterzog ich meine Kleidung einer Prüfung und entschied, ich sollte wie ein Schulmädchen aussehen. Ich würde mich sehr einfach anziehen, doch meine Kleider sollten aus dem feinsten Material sein und von ausgezeichneten Schneidern angefertigt werden. Um ein solches Aussehen zu erzielen, entschied ich mich für eine Modemacherin in Amerika, über die viel Gutes geschrieben wurde. Ich wählte Valentina, die ihren Salon in New York hatte und die in der amerikanischen Haute Couture führend war. Ihr voller Name lautete, wie ich erfuhr, Valentina Nikolajewna Sanina, und sie war wie Moje in Osteuropa geboren. Sie führte ihr Geschäft zusammen mit ihrem Mann, George Schlee, und zu ihren Kunden gehörten die Adligen und die Wohlhabenden aus Europa und Amerika. Schauspielerinnen wie Lilli Palmer, Judith Anderson, Lynn Fontanne, Katherine Hepburn und Pola Negri trugen Kleider von Valentina. Noch mehr als ihre Entwürfe gefiel mir ihr Ausspruch: «Wenn ich Kleider für Frauen entwerfe, strebe ich nach einem Gesamteffekt wie in der Architektur oder in der Bildhauerei. Die Linien müssen makellos sein. Ich liebe die griechische Bildhauerkunst, und jedes Kleidungsstück, das in meiner Firma gefertigt wird, muß ausgewogene Proportionen haben und der einzelnen Frau vollkommen angepaßt sein. Kleider sollten die Eigenart dessen, der sie trägt, widerspiegeln.»

Ich war mehr und mehr davon überzeugt, daß nur sie mich in einer Weise kleiden konnte, die mein Temperament, meine seelische und körperliche Struktur und meine Geisteshaltung richtig zur Geltung bringen würde. Ich beschloß unterdessen, auch diese meine Geisteshaltung zu ändern, um so noch natürlicher und anziehender zu werden.

Ich brauchte eine neue, eine natürlichere und zugleich raffinierte Einstellung zu meiner Umgebung, eine Haltung, die positive und bleibende Resultate zeitigen und meine seelischen Kräfte stärker ausbilden würde. Dafür würde ich viel nachdenken und viel planen müssen, denn das Problem meines Charakters und meiner begrenzten Intelligenz und Bildung blieb bestehen.

Ich stellte eine Liste derjenigen zusammen, die in mich verliebt waren oder so taten, als seien sie es. Ich strich alle Frauen gleich darauf wieder aus. Ich hatte genug von dem Klatsch über meine lesbischen Neigungen. Da ich nicht mehr in der Filmwelt verkehrte, beschloß ich, daß der Kreis von Anbetern, den ich pflegen wollte, aus der Aristokratie kommen sollte wie Prinz Sigvard, aus der Geschäftswelt wie Baron Erich Rothschild-Goldschmidt, aus der Politik wie Winston Churchill und aus der Welt des Geistes. Ich merkte, daß die

Erstellung einer solchen Liste einige Zeit in Anspruch nehmen und ein sehr feinfühliges Rollenspiel meinerseits erfordern würde. Ich gelangte ferner zu der Überzeugung, daß nicht Hollywood die Bühne für dieses Rollenspiel abgeben sollte, sondern New York, Paris und London, wo sich das Gesellschaftsleben der Oberschichten der ganzen Welt konzentrierte.

New York City bot sich natürlich für den Anfang an, da ich diese Stadt am besten kannte und da ich allen Schichten der amerikanischen Öffentlichkeit vertraut war. Ich wollte ein elegantes Apartment mieten, das den Ausgangspunkt für meine Reisen bilden sollte. Ich zog Suiten im Waldorf-Astoria, im Pierre, im Plaza und im St. Moritz in Betracht, wo ich während der vergangenen zehn Jahre sehr oft logiert hatte. Doch ich entschied, daß diese Häuser zu protzig waren und meinem neuen Charakter nicht entsprachen. Ich brauchte etwas, das ruhiger und häuslicher, aber doch elegant war. Meine Wahl fiel auf das Hampshire House am Südende des Central Park. Viele Bühnen- und Filmschauspieler wohnten dort, und das waren die Menschen, die ich am besten verstand. Es kostete mich geraume Zeit, zu einer Entscheidung zu gelangen. Endlich, nach monatelangen Überlegungen, kaufte ich mir dort eine Vierzimmerwohnung. Die Lage des Hampshire House sagte mir zu, weil es nur ein paar Schritte vom Central Park entfernt war, wo ich sehr gern umherschlenderte und die Eichhörnchen und die Tauben fütterte.

Rastlosigkeit

Während des Krieges verbrachte ich sehr viel Zeit in meinem bescheidenen Heim in Beverly Hills, das ich 1943 der Sängerin Gladys Swarthout abgekauft hatte. Im Garten pflanzte ich Blumen und Gemüse, und diese Arbeit machte mir großen Spaß. Mein Haus war vom Duft der Blumen eingehüllt. Ich hörte auf, auf dem Markt Gemüse zu kaufen, da ich alles, was ich brauchte, selbst anbaute. Von Zeit zu Zeit lud ich einige Leute aus der Hollywoodkolonie ein, um ihnen ein wenig zuzuhören. Unter meinen ersten Gästen waren Clarence Brown, Constance Collier, Clifton Webb und George Schlee. Wir sprachen über den Film, das Theater und die anderen Künste, und ich vermied ausdrücklich jegliche Unterhaltung über die verheerenden Auswirkungen des Krieges. Der Krieg brachte mich in der Tat derart aus der Fassung, daß ich mich weigerte, in den Zeitungen über ihn zu lesen.

Fast jeder Abend endete mit einer dringenden Bitte meiner Gäste, ich solle wieder in Filmen auftreten. Ich erhielt auch konkrete Vorschläge für mögliche filmische Stoffe, von denen die meisten berühmte Frauen in der Geschichte betrafen. Man empfahl mir, die Bernhardt, die Duse, die Curie oder Katharina die Große zu spielen. Clarence Brown schlug vor, ich solle die heilige Katharina von Siena darstellen, die im vierzehnten Jahrhundert eine wichtige Rolle in kirchenpolitischen Fragen spielte.

Ich wies jeden Rat und selbst konkrete Rollenangebote zurück, weil ich spürte, daß ich keine Figur besser spielen könnte, als ich dies in meinen vorausgehenden Filmen getan hatte. Ich hatte ohnehin nicht mehr die Kraft, acht Stunden am Tag vor der Kamera zu stehen. Einige meiner Gäste schlugen daraufhin vor, ich solle ein paar Dutzend Fotos von mir machen lassen, um der Welt zu beweisen, daß ich immer noch schön sei. Ich war einverstanden. Und so kamen der britische Fotograf Cecil Beaton und der amerikanische Modefotograf Anthony Beauchamp und quälten mich mit Hunderten von Aufnahmen. Die Leute verbreiteten den üblichen Klatsch. Es hieß, ich sei in Beaton verliebt und stände kurz davor, ihn zu heiraten. Ich wußte, daß er in der Tat solche Absichten hegte, und sorgte dafür, daß seine Hoffnungen sofort zerstreut wurden. Es erschienen auch Zeitungsartikel, in denen die anderen großen Studios neben MGM ankündigten, daß ich in ihren Filmen auftreten würde. Ich ließ mich niemals dazu herab, auf diese Gerüchte zu antworten; ich wartete vielmehr geduldig ab, bis sie eines nach dem anderen starben. So war ich früher verfahren. So verfuhr ich auch jetzt. Um mich zu beruhigen, brachte ich viel Zeit damit zu, mich zu sonnen und im Garten zu arbeiten.

Unter meinen Freunden hielt mir George Schlee am beständigsten die Treue, er war ein Mensch, mit dem ich sehr gern meine Zeit verbrachte. Als ich George zum erstenmal begegnete, gab ich gerade dreihundertfünfundsiebzig Dollar aus, um ein Kleid von seiner Frau Valentina zu kaufen. Als erstes fiel mir an ihm auf, daß es ihm, obwohl er ein gerissener Geschäftsmann war, stets gelang, wie ein gepflegter Aristokrat auszusehen. Er war wirklich sehr elegant, und sein Haar war so formvollendet gekämmt, daß es sich gleichsam an seine Kopfhaut schmiegte. Er war ungefähr acht Zentimeter größer als ich. Nach unserer ersten Begegnung begann ich, ihn mit Moje zu vergleichen, und zu meiner Überraschung entdeckte ich viele Ähnlichkeiten zwischen den beiden. Dies war der wahre Grund, weshalb ich die Freundschaft mit George und seiner Frau aufrechterhielt; es war nicht wegen ihrer Kleider. George unterstützte mich allerdings bei meinem Entschluß, die Sachen aus Tweed und Cord abzulegen und mich eleganter zu kleiden, so wie sich dies für eine Frau von internationalem Ruf gehörte.

Ich gab Tausende für Kleidung von Valentina aus. Ich glaubte, dies würde ihr gefallen und sie hätte nichts gegen meine Freundschaft mit ihrem Mann. Obwohl sie mir gegenüber sehr freundlich und stets um mein Wohlbefinden bemüht war, wenn ich ihren Salon aufsuchte, hielt ich doch immer Ausschau nach Anzeichen von Eifersucht in den Augen dieser zierlichen und intelligenten Frau. Ich hatte das Gefühl, in Valentina und George zwei großartige Freunde gefunden zu haben, zu einer Zeit, in der ich nach Freundschaften geradezu hungerte.

George war mir eine besondere Hilfe, weil er sich in der Kunst, in der Geschäftswelt und in der Politik gut auskannte. Er war nur allzugern bereit, mir dabei zu helfen, meinen Horizont zu erweitern. Ich schätzte ihn sehr – seinen Charakter, seine Intelligenz, seine Höflichkeit und den Charme, der jeden ansprach, mit dem er zu tun hatte. Er verkörperte einen neuen Erfahrungsbereich. Valentina unterstützte mich in dieser Hinsicht ebenfalls. Sie sagte einmal zu mir: «Du solltest Kleider nur zum Spaß tragen. Nimm sie niemals ernst, denn wenn du das tust, unterwirfst du dich den Konventionen.»

Zum Salon der Schlees kamen die Frauen von Multimillionären und von weltbekannten Politikern, um sich Kleider auszusuchen; und in ihrer Wohnung, 450 East 52nd Street, trafen sich berühmte Schauspieler, Komponisten und Schriftsteller zu Abendgesellschaften oder Soireen. Leland Hayward, der als mein Agent fungierte, wenn ihm bei seinen Theater- und Eheangelegenheiten dafür Zeit blieb, bemerkte einmal: «Valentina und George sind zwei Engel, die auf die Erde geschickt wurden, um das amerikanische Business zu lernen.»

Fred Brown, der Manager von Gaylord Hauser, gab mir von Zeit zu Zeit Tips, wie ich mein Geld anlegen sollte. Er pflegte zu sagen: «George wird sehr bald meine Aufgabe erfüllen, und ich werde keine Gelegenheit mehr haben, Sie in Geldangelegenheiten zu beraten. Und darüber hinaus wird George in allem den Platz von Stiller einnehmen.»

Natürlich tat ich diese Bemerkungen ab und stürzte mich gleichzeitig immer mehr in die Freundschaft zu Valentina und George. Ich verkaufte meine Wohnung im Hampshire House an Greer Garson und kaufte mir eine Wohnung in dem Genossenschaftsgebäude, wo die beiden wohnten. George half mir, diese neue Wohnung einzurichten, und wir verbrachten viele Tage mit Einkäufen in Antiquitätenläden. Einmal entdeckte er eine bezaubernde Rokokokommode, die aus der ersten Hälfte des achtzehnten Jahrhunderts stammte. Doch ich fand ihren Preis zu hoch und weigerte mich, sie zu kaufen. Deshalb nannte mich George ein «Bauernmädchen».

«Nenn mich meinetwegen so, aber ich werde nicht dreitausend Dollar für ein Möbelstück ausgeben.»

Er wußte, daß er mich gekränkt hatte, und von da an hörte ich nie wieder ein böses Wort von ihm.

Bis zum heutigen Tag gehe ich mit Begeisterung in Antiquitätenläden und freue mich an der Kunst des achtzehnten und neunzehnten Jahrhunderts. George lehrte mich, Gemälde richtig anzuschauen, vor allem Maler wie Renoir, Modigliani, Soutine und Picasso, die er am meisten schätzte. Seine Kenntnisse erstreckten sich auch auf die Kunst der Ming-Dynastie und auf etruskische Bronzefiguren. Seiner Meinung nach hatten die etruskischen Bronzestatuen der Athene in einem Museum in Florenz Ähnlichkeit mit mir – oder vielleicht war es umgekehrt. Er bedrängte mich auch niemals, zum Film zurückzukehren: «Du hast in *Anna Christie, Königin Christine, Die Kameliendame* und *Ninotschka* wirkliche Meisterleistungen vollbracht. Niemand kann diese Rollen besser spielen, nicht einmal du selbst. Jetzt solltest du deine Zeit damit verbringen, dich weiterzubilden. Du solltest leben, reisen, schauen und spielen.»

Es tat mir sehr gut, wenn er so mit mir sprach. Ich hatte das Gefühl, einen Mann gefunden zu haben, der mich nicht nur richtig beurteilte, sondern der auch meinen Eigenheiten und Schwächen sehr viel Verständnis entgegenbrachte.

«Ich finde, wir sollten eine Reise um die Welt planen. Gemeinsam sollten wir die wichtigsten und schönsten Orte in Europa, Asien, Afrika und Amerika aufsuchen.»

«Und was wird mit Valentina?»

«Mach dir darüber keine Sorgen. Sie gehört nicht zu den eifersüchtigen Frauen.»

Obwohl mir George versicherte, daß Valentina nicht eifersüchtig sei, fürchtete ich doch, sie würde mir vorwerfen, ihr den Ehemann abspenstig zu machen. Daher beschloß ich, meinen männlichen Freundeskreis zu erweitern. Ich fing an, mich mit Cecil Beaton zu treffen. Außerdem nahm ich Einladungen von anderen Männern – unter ihnen Baron Rothschild und Aristoteles Onassis – zu gemeinsamen Wochenenden und Ausflügen in Europa und Amerika an.

Ich weiß nicht, warum, doch nach dem Ende meiner Filmauftritte verlor ich das Interesse am Sex. Ich brauchte einen starken Anreiz, um mich wieder damit abzugeben. Ich begann zu glauben, daß die

Partner beim Sex wirklich ineinander verliebt sein sollten, und zwar sehr verliebt, um eine durch und durch positive Stimmung zu erzeugen. Und ich bemerkte, daß Männer und Frauen mir nahe sein wollten, nicht weil ich ein Wesen mit sexuellen Wünschen, sondern weil ich eine große und legendäre Schauspielerin war. Die meisten Menschen wußten, daß ich unfähig war zu lieben, und man behandelte mich wie eine wunderschöne griechische Skulptur, die alle anschauten, bewunderten und zu berühren versuchten. Doch die Leute wußten, daß man von Marmor keine Liebe empfangen kann. Ich wirkte gleichgültig gegenüber all diesen Aufmerksamkeiten, weil ich Angst davor hatte, Gefühle zu zeigen, in der Meinung, daß ich dafür irgendwie bestraft würde.

Die Geschichten in der Presse, die vermutlich von Gaylord Hauser, Cecil Beaton, Fleur Cowles, John Gunther, Clare Boothe Luce, Baron Erich Goldschmidt-Rothschild und hundert anderen verbreitet wurden, überraschten und amüsierten mich überaus. Obwohl ich keinen dieser Leute sehr gut kannte, womit ich meine, daß ich keine besonderen Gefühle für sie hegte oder irgendwelche besonderen Beziehungen zu ihnen pflegte, schienen sie doch jeden meiner Gedanken, meine Vergangenheit, Gegenwart und Zukunft zu kennen. Jeder von ihnen sagte etwas anderes. Man sprach von meinen «unerschöpflichen seelischen Reservoirs» und natürlich von meiner körperlichen Schönheit. Ich wurde mit praktisch allen Gestalten der Geschichte verglichen, darunter mit dem heiligen Franz von Assisi und mit Salome. Die Leute trugen dazu bei, meinen Mythos zu propagieren, obwohl sie in der Öffentlichkeit unwahre Geschichten über mich verbreiteten. Doch ich wußte, daß sich mein Mythos jedesmal, wenn mein Name im Radio oder in der Presse erwähnt wurde, festigte. Erstaunlicherweise glaubte die Öffentlichkeit diese Geschichten, weil die Leute, die sie in die Welt setzten, im Bereich der Kunst, der Literatur und der Finanzen eine wichtige Rolle spielten.

Ich bestätigte oder dementierte keines der Gerüchte, die über mich in Umlauf waren. Statt dessen begab ich mich für gewöhnlich nach Hause, schloß mich ein und lachte, bis mir der Bauch weh tat. Ich konnte mir nicht vorstellen, wie eine einfache Frau wie ich die Gemüter prominenter Schriftsteller, Künstler und Millionäre beschäftigen konnte. Wenn mich jemand in ein ernsthaftes Gespräch über gesellschaftliche, kulturelle und politische Belange verwickelte, wußte ich nicht, was ich sagen sollte. Jeder Mann und jede Frau, die mich dazu verführten, mit ihnen sexuelle Beziehungen einzugehen, wurden später desillusioniert, weil meine Impulse unecht und meine Reaktionen auf körperliche Reize nur oberflächlich waren. Leute, die aufregende Geschichten über mich erzählten, kannten mich gar nicht und hofften in Wirklichkeit nur, in engeren Kontakt mit mir zu treten. Ich wußte, was sie wollten, und zögerte daher engere Beziehungen zu ihnen absichtlich hinaus, in der Hoffnung, daß sich dieses Versteckspiel noch länger hinziehen würde und ich von der daraus entstehenden Publicity profitieren könnte. Es war ein Spiel zwischen einer Gruppe starker und schlauer Katzen und einer kleinen Maus, nämlich mir. Mein Mythos war mein Lebensinhalt; ich hatte keine weitergehenden Interessen. Auch Krieg und Frieden interessierten mich nicht sehr, obwohl ich einmal bei einer gesellschaftlichen Zusammenkunft zu sagen wagte, daß die sowjetischen Soldaten, die Hitlers Armee zurückschlugen, tapfer und schön seien. Diese Geschichte gelangte in die Presse, und ich erhielt Anerkennungsschreiben und Einladungen von kommunistischen Verbänden auf der ganzen Welt. So machten selbst die Kommunisten Publicity für eine verwirrte Frau. Aus irgendeinem Grund glaubten die Leute an mich und waren bereit, ihren Ruf und ihre Zeit zu opfern, um für mich zu werben.

Als ich mich 1946 entschloß, nach Europa zu fahren, verbreitete sich das Gerücht, ich sei von Amerika enttäuscht und ginge nach Europa, um dort zu bleiben und Filme zu drehen. Ich erlebte das zerstörte Europa und sah, daß es hart arbeitete, um wieder auf die Füße zu kommen; niemand bat mich, dort zu filmen. Bei meiner Rückkehr nach Amerika standen mir die Reporter gegenüber und zeigten sich feindselig. Ich sagte ihnen: «Ich hasse es, angestarrt zu werden. Ich weiß, wie sich das Tier im Zoo fühlt, wenn es unfreundliche Leute mit Stöcken traktieren.»

Ich glaube, die einfachen Leser der vielen Tageszeitungen bewunderten diesen Kommentar, weil sie in ihrem Leben ebenfalls die ganze Zeit herumgeschoben und -gestoßen werden. Es war beruhigend zu wissen, daß alle mit mir fühlten und mich mochten, nicht nur die Leute der oberen Schichten.

Ich erhielt ein weiteres Angebot, nämlich George Sand in einem Film über Chopin zu spielen, doch ich lehnte ab. Ich kann nur vermuten, daß die gleichen Kreise in Hollywood John Gunther überredet hatten, ein Drehbuch über eine Spionin und Auslandskorrespondentin zu schreiben. MGM willigte ein, diesen Film herauszubringen, doch mir gefiel das Skript nicht, in dem die Figur eine Mischung aus Mata Hari und Jeanne d'Arc war. Ich lehnte die Rolle ab und schlug einige andere Schauspielerinnen wie Pola Negri oder Greer Garson für sie vor. Walter Wanger bot mir eine Rolle in einer Filmversion von *La duchesse de Langeais (Die Herzogin von Langeais)*, einem Roman von Honoré de Balzac, an. Darin sollte ich eine Figur darstellen, die unter anderem auf Frau von Hanska zurückging, die das Leben dieses großen französischen Schriftstellers verändert hatte. Walter meinte, wenn ich die Kameliendame spielen könne, könne ich auch die Hanska spielen. Er versuchte immer wieder, mich davon zu überzeugen, ich könne, wenn ich imstande sei, die Gräfin Walewska darzustellen, auch Balzacs Geliebte spielen.

«Ein Film, der von Balzac und seiner großen Liebe handelt, würde deine bisherigen Spielfilme sowohl künstlerisch als auch finanziell übertreffen», sagte Walter überzeugend.

Obwohl mir zahlreiche Bedenken blieben, ging ich sogar soweit, Probeaufnahmen für diesen Film zu machen. Vielleicht wollte ich mir nur selbst beweisen, daß ich nach fast zehn Jahren Kameraabstinenz immer noch gut aussehen würde auf der Leinwand. Wie auch immer, Wanger konnte nicht genügend Geld auftreiben, und das Projekt wurde abgeblasen.

George Cukor trat ebenfalls an mich heran und meinte, ich solle die Hauptrolle in *My Cousin Rachel (Meine Cousine Rachel)* von Daphne du Maurier spielen. Ich sagte zu George: «Ich bewundere deine Regieführung sehr, doch ich habe überhaupt nichts mehr übrig für irgendwelche filmische Wagnisse.»

Wenn ich all die Rollen, die mir angeboten wurden, erwähnen wollte, müßte ich noch ein weiteres Buch schreiben. An jedem Tag des Jahres schrieb mir irgendein Produzent, Regisseur oder Autor, um mir «eine großartige Rolle in einem großartigen Film» anzubieten. Manche Angebote waren real und finanziell sehr attraktiv. Einige waren dies dagegen nicht. Doch meine Antwort auf sie alle war stets das gleiche Schweigen.

Dann begann mich die amerikanische Presse anzugreifen, ich würde dieses Land nicht mögen, obwohl ich hier Millionen verdient hätte. Ich weiß nicht, wer diese Hetze auslöste und warum, aber es machte mich sehr traurig. Ich glaube, es war diese bösartige Pressekampagne, die mich 1951 den Entschluß fassen ließ, Bürgerin der Vereinigten Staaten zu werden. Nach der Zeremonie sagte ich zu den Reportern: «Ich bin froh, Bürgerin der Vereinigten Staaten zu sein. Ich bin ebenso froh wie die Millionen anderer Einwanderer.»

Dieser Kommentar war besonders glücklich formuliert, weil jedermann in Amerika ein Einwanderer ist oder aus einer Einwandererfamilie stammt. Die einfachen Leute schätzten es, daß ich mich mit ihnen gleichsetzte. Um nach all den Unannehmlichkeiten ein wenig zu verschnaufen, packte ich meine Koffer und fuhr nach Europa, um mich auf der Insel Capri auszuruhen. Ich mietete von der Gräfin Madina Arrivabene eine «Traumvilla», die sich in die Anacapri-Berge schmiegte und von der ich die dunkelblaue Bucht von Neapel in der goldenen Sonne erblickte. Ich gab der Gräfin Geld, damit sie rund um die Villa einen hohen Zaun ziehen ließ, so daß mich niemand sehen konnte, wenn ich mich nackt auf der Terrasse sonnte. Ich ruhte dort ganz friedlich, und vielleicht milderte die Sonne ein wenig die «maskulinen» Züge in meinem Wesen, über die soviel geschrieben und gesagt worden ist.

Der Mann einer anderen

Im September 1953 kehrte ich auf der *Queen Mary* von Europa nach New York zurück. Mein Begleiter auf dieser Reise war George Schlee, und während der Überfahrt wurde mir allmählich bewußt, daß ich ihn liebte. Es war ein eigenartiges Gefühl, beinahe das gleiche, das ich am Anfang für Moje empfunden hatte.

George war äußerst aufmerksam und kümmerte sich während der Reise ganz wunderbar um mich, wie er das früher schon getan hatte. Er behandelte mich nicht mit der Aufmerksamkeit eines Geschäftsmannes, sondern mit der eines wahrhaft Liebenden – er war zärtlich, fürsorglich, ohne eine Spur von Egoismus. Ich spürte das gleiche zitternde Beben, das ich bei Moje erlebt hatte, als ich noch ganz am Anfang meiner Karriere stand. Doch jetzt war meine Laufbahn beendet, und ich hatte mich ins Gesellschaftsleben gestürzt. Damals war ich gesünder, psychisch und physisch; jetzt fühlte ich mich krank und oft elend. Nervöse Beschwerden befielen meinen Körper, ich litt an Arthritis, mysteriösen Magenschmerzen, an Kopfschmerzen verbunden mit Halluzinationen und anderen – tatsächlichen oder eingebildeten – Krankheiten. Ich ging zu Ärzten und Psychiatern, doch keiner von ihnen konnte mir helfen, weil ich das, was sie sagten, nicht glaubte. Der beste Arzt für mich war George mit seinen freundlichen Worten, die wie eine Wundersalbe wirkten. Er erledigte meine geschäftlichen Angelegenheiten, und seine Küsse machten mich wieder zu einem jungen Mädchen. Und ich hörte nie auf, George mit Moje zu vergleichen. Er war in meinem Gefühlsleben der erste Konkurrent für Moje.

400

Zwischen den beiden Männern bestanden viele Ähnlichkeiten, doch George ging feinfühliger mit mir um und verhielt sich überaus korrekt gegenüber anderen Menschen. Wenn man allein das äußere Erscheinungsbild betrachtete, hatte George geschliffenere Umgangsformen und war gepflegter und wirklich gutaussehend, während Moje in seiner romantischen Wildheit und lässigen Eleganz attraktiv gewirkt hatte. Ich bewunderte sie beide über alle Maßen. Wenn einer dies Liebe nennen will, hat er wahrscheinlich recht.

Als wir auf dem Deck der *Queen Mary* saßen, sagte George: «Es ist mir klar, daß ich für dich eine Fortsetzung von Stiller bin. Ich kann dagegen überhaupt nichts machen, weil ich nicht mit einem toten Liebhaber konkurrieren kann.»

«Was soll ich dir sagen?» antwortete ich beschwichtigend. «Ich muß zugeben, daß ich sehr oft an ihn denke. Aber ich denke auch sehr oft an dich. Und du bist ihm überlegen, weil du am Leben bist.»

«Ich hätte dich gern ganz für mich.»

Ich begann ihn zu loben und ihm zu versichern, daß ich für ihn mehr empfand als für irgendeinen anderen Menschen, der noch am Leben war, daß ich an seine Aufrichtigkeit glaubte und daß ich mir wünschte, wir könnten für den Rest unseres Lebens enge Freunde sein. Mein Geständnis schien ihm zu gefallen.

Etliche Passagiere kamen heraus an Deck, und wir gingen in irgendeine Kabine, um unser Gespräch fortzusetzen. Plötzlich wechselte er das Thema.

«Warum hast du zweimal eine Einladung aus dem Buckingham-Palast abgelehnt?» fragte er mich. «Ein Besuch dort würde dir sehr viel Renommee und Publicity bringen.»

Ich war verblüfft über das Wort «Publicity» und antwortete: «Wenn ich nicht einmal eine Einladung der schwedischen Königsfamilie angenommen habe, warum sollte ich dann eine Einladung der britischen Königsfamilie annehmen?»

«Du solltest sie beide annehmen.»

«Worüber sollte ich mit ihnen sprechen?»

«Die üblichen Gemeinplätze. Sie unterhalten sich nicht über Philosophie oder Mathematik. Bei ihren Empfängen bekommst du ein gutes Essen und, danach, Prestige und Ansehen.»

Ich sah, daß ihm mein Mythos ebensosehr am Herzen lag wie mir, und sagte: «Wenn sie mich noch einmal einladen, werde ich die

Einladung annehmen, um dir eine Freude zu machen. Und du kannst mir eine Freude machen, indem du nicht mehr von meinem ‹maskulinen› Auftreten sprichst.»

«Ich wollte dich damit nicht aufregen, aber ich lese das sehr oft in den Zeitungen. Sie tun dir Unrecht.»

«Was sollte ich dagegen unternehmen?»

«Du solltest dich fraulicher kleiden. Du solltest zu den Leuten, mit denen du zusammentriffst, nicht so kurz angebunden und schroff sein. Selbstverständlich bitte ich dich nicht, deine heisere Stimme zu verändern oder nicht mehr so große Schritte zu machen oder deinen schnellen Gang zu verlangsamen, aber –»

Ich unterbrach ihn: «Wenn ich nicht wie die Garbo gehen, wenn ich mich nicht wie sie benehmen würde, wenn ich nicht ihre Stimme hätte, wäre ich nicht die Garbo.»

«Du vergißt, daß deine Filme Keta Gustafsson erst in Greta Garbo verwandelt haben. Deine Schauspielkunst hat einen Mythos für die Öffentlichkeit geschaffen, hinter dem dein Auftreten im Privatleben stets einen Schritt hinterherhinkt. Daher wirst du, wenn du dein Benehmen ein wenig verfeinerst, indem du die Dinge tust, die ich gerade erwähnt habe, mit Sicherheit eine Sensation in den höchsten Kreisen der Gesellschaft auslösen.»

«Und wann sollte ich ich selbst sein?»

«Zwischendurch», antwortete er und nahm mich in die Arme.

Um ihn nicht zu verlieren, bemühte ich mich daher trotz meiner Eigensinnigkeit, seine Anregungen zu befolgen. Ich lachte öfter, wenn ich mich mit Leuten unterhielt, die er mir vorgestellt hatte. Ich veränderte mein Auftreten nach seinen Vorschlägen. Doch meine Stimme und meinen Gang zu ändern, war unmöglich.

Fast jeden Sommer bereiste ich zusammen mit George ganz Europa, und ich traf all jene Leute, von denen er unbedingt wollte, daß ich sie traf. Den Ausgangspunkt für unsere sommerlichen Abenteuer bildete die Villa Le Roc in Cap-d'Ail an der französischen Riviera, die er und Valentina «im spanischen Stil» hergerichtet hatten, wie er sich auszudrücken pflegte. Von dort aus reisten wir nach Paris, nach Rom und nach London, wo ich Prinzessin Margaret begegnete. Auf den ersten Blick hielt ich sie für ein allzu molliges, einfaches englisches Mädchen mit einem überaus anziehenden Lächeln. Einen Sommer nahmen wir eine Einladung an, ein Wochenende auf der Yacht von Aristoteles Onassis zu verbringen, die vor Monaco lag. An Bord trafen wir Sir Winston Churchill, der derart erfreut war, mich zu sehen, daß wir beide miteinander eine Flasche Cognac Napoléon austranken, die uns der liebenswürdige Steward der Yacht gebracht hatte. Für den Rest des Wochenendes spielte ich Karten mit Sir Winston und tanzte Walzer mit ihm, während George fischte. Schließlich beschloß Sir Winston, er wolle mir das Malen beibringen. Ich hatte inzwischen genug von ihm, daher bat ich George, mit mir nach Cap-d'Ail zurückzukehren. George war sehr böse auf mich.

«Wie konntest du das tun?» sagte er auf der Fahrt zu unserer Villa. «Sir Winston war sehr aufgebracht; statt zu malen, kratzte er mit seinen Pinseln auf den Bänken und Verdecken herum und murmelte etwas vor sich hin. Ich hörte deinen Namen.»

Während George dies sagte, hielt er den Kopf in beiden Händen und stützte die Ellbogen auf die Knie. Er war bestürzt, weil er glaubte, wir würden nie wieder auf Onassis' Yacht eingeladen werden. Und, noch viel schlimmer, möglicherweise würde uns der gesamte englische Adel verdammen. Ich rückte ganz nahe an ihn heran, legte meine Hand auf seinen Kopf und fragte: «Willst du wissen, was mich dazu trieb, die Yacht so abrupt zu verlassen?»

George gab keine Antwort, er saß nach wie vor in der gleichen Haltung da. Ich wartete ein paar Minuten und sagte dann: «Unter dem Vorwand, mir das Malen beizubringen, versuchte der alte Mann, mich zu belästigen, und sagte dabei: ‹Ich möchte wissen, wie die Garbo wirklich aussieht.› Wie du sicher weißt, George, entwickeln viele Menschen im Alter eine Art sexuelle Fixierung. Churchills Annäherungsversuche taten meiner Keuschheit keinen Abbruch, aber sie wirkten sich äußerst nachteilig auf meine Psyche aus. Gewiß hast du bemerkt, daß er praktisch den ganzen Tag damit verbrachte, mich auf Schritt und Tritt zu verfolgen. Schließlich packte er mich, als ich etwas abseits in einer Ecke stand, und versuchte, mir mein Kleid herunterzureißen, wobei er sagte: ‹Alle glauben, daß Sie keinen Busen haben. Schauen wir doch mal, ob das stimmt.› Er war fast wie in einem Rausch, und der Speichel tropfte ihm vom Kinn, während er mich gegen die Wand drückte. Endlich konnte ich ihm entkommen. Und das ist die ganze Geschichte.»

George hob den Kopf und fing an zu lachen und verkündete, daß der alte Schweinehund sterben würde, ohne je den Busen der legendären Garbo gesehen zu haben. Ich hatte ihn noch nie so amüsiert erlebt. Und wieder meinte er unter Lachen: «Er wird sterben und nie wissen, ob sie nun einen Busen hat oder nicht. Der arme Irre wird alles wissen, wenn er stirbt, mit Ausnahme von Greta Garbos Brustumfang.»

George steckte mich mit seiner Fröhlichkeit an, und ich begann ebenfalls zu lachen. Wir umarmten uns, lachten noch mehr und hielten einander fest. Wir küßten uns, und als der Wagen endlich vor unserer Villa hielt, stürzten wir hinein und liebten uns.

Und jetzt komme ich zum Ende meiner großen Hoffnung auf Liebe und auf ein neues Leben. Im Sommer des Jahres 1964 hielten George und ich uns wiederum in Le Roc auf. Tagsüber ließen wir uns in der Sonne braten und lasen und unterhielten uns, und abends schwammen wir nackt im Mittelmeer. George war sehr glücklich darüber, daß ich mit meinen Filmen gerade ein weltweites Comeback erlebte. Bei Garbo-Festivals in London, Paris, Rom und New York standen die Leute Schlange, um meine alten Filme zu sehen. Und im Fernsehen liefen meine Filme auf der ganzen Welt. Ich dachte oft, daß George dieses Comeback in Gang gesetzt habe. Manchmal war ich mir sogar sicher, daß er mit verschiedenen Veranstaltern im Filmgeschäft über meine Filme gesprochen hatte. Den Anstoß dazu hatte ich vielleicht mit den Worten gegeben: «Ich habe keine Pläne für mein weiteres Leben... Ich lasse mich treiben... Ich treibe auf den Tod zu...»

Nach solch starken Glücksmomenten mit ihm trübten Augenblicke um so größerer Niedergeschlagenheit meine Gedanken, und sehr oft lag ich im Bett und dachte, ich würde sterben. Manchmal träumte ich, ich sei eine verfaulte Orange, deren Augen lichterloh brannten. Und ich träumte, daß ich, während ich mit George im Bett lag, meinen Kopf berührte und feststellte, daß ich vier Köpfe mit häßlichen Augen hatte. Wenn ich meine Hand auf den Bauch legte, entdeckte ich, daß ich vier Vaginen hatte. In einem anderen Alptraum war ich eine riesige Kuh mit vielen Zitzen. Jungen kamen, um meine Milch zu trinken, doch junge Mädchen stießen mir von allen Seiten Messer in den Leib. Diese Träume brachten mich sehr durcheinander, und wenn ich sie George erzählte, nahm er mich in die Arme und wiegte mich wie ein kleines Kind.

Doch der Sommer des Jahres 1964 war sonderbarer und alptraumartiger als jeder andere Sommer in meinem Leben. Ich spürte, daß bald etwas Schreckliches geschehen würde. Ich hörte Georges besänftigenden Worten nach wie vor gerne zu und sagte mir, daß ich meine schrecklichen Angstzustände bekämpfen müsse. Draußen war strahlender Sonnenschein, die Blumen entfalteten ihren Duft, und das Wasser um uns herum war blau und friedlich. Die Welt sang mit den Stimmen der Vögel und der Bienen zur Begleitung der fröhlichen Fische, die mit ihren Schwanzflossen im Wasser plätscherten. Ich wußte, daß ich nicht so traurig sein sollte. Ich sollte glücklich und fröhlich sein in meinem Verhältnis zu anderen Menschen und in meinem Verhältnis zu meinem eigenen Gewissen. Doch ich hatte nicht genügend Kraftreserven, um mich selbst davon zu überzeugen. Und auch George konnte mir mit seinen sanften Worten und seinen Zärtlichkeiten nicht helfen. In meinen lichteren Augenblicken sagte ich ihm, daß ich gern nach New York zurückkehren würde. Der September war fast vorbei, und es war Zeit, die Riviera zu verlassen.

«Fahren wir doch nach Paris!» schlug er vor. «Wir werden Theater und Restaurants besuchen. Wir werden auf den Boulevards spazierengehen und uns wieder einmal die Schätze im Louvre anschauen. Vielleicht wird dich das aufheitern.»

George verlangte dann, ich sollte einen guten Psychiater aufsuchen, sobald wir in Paris angekommen seien. Als ich ablehnte, änderte er seine Taktik: «Vielleicht wäre es besser für dich, in ein Krankenhaus zu gehen und dich von Kopf bis Fuß untersuchen zu lassen, damit du siehst, daß du körperlich vollkommen gesund bist.» Diesem Vorschlag stimmte ich ebenfalls nicht zu. Ich dachte daran, statt dessen wieder einmal nach Stockholm zu fahren. Aber im letzten Augenblick änderte ich meine Meinung, wir fuhren doch nach Paris und stiegen im Hotel Crillon ab. Wir besuchten Museen und Restaurants und machten in den Straßen der wunderschönen französischen Hauptstadt stundenlange Spaziergänge. Es war bereits Anfang Oktober, und ich änderte erneut meine Meinung und beschloß, in Paris zu bleiben. Als das Herbstlaub von den Bäumen fiel, wurde George sehr melancholisch. Wir sprachen von unserer Liebe. Wir unterhielten uns über den Sinn und Nichtsinn der menschlichen Existenz. George wiederholte immer wieder die Worte von Paul Gauguin: «In meinem Alter fühlt sich ein Mann entweder wohl oder er ist bereits tot.» Weder dieser Satz von George noch irgendwelche anderen Worte, die wir sprachen, bedeuteten uns noch etwas, und wir bewegten uns gefühlsmäßig voneinander fort, obwohl wir uns körperlich sehr nahe blieben.

Eines Nachts wandte sich George, bevor er schlafen ging, mir zu und sagte: «Eine Scheidung schafft Verhältnisse, bei denen die Fehler des ersten Ehemanns der zweiten Ehefrau Kummer bescheren.»

«Was meinst du damit?»

«Der dumme Mensch macht die Dinge am Ende, die ein weiser Mensch am Anfang macht...»

Und wieder verstand ich nicht, was er meinte, doch ich fand nicht den Mut, ihn um eine Erklärung zu bitten, weil er so bleich aussah. So stand ich auf und ging langsam, mühevoll in das andere Zimmer. Ich schaute mich um und sah durch die offene Tür, daß er auf das Bett niedergesunken war. Ich dachte: «Er schläft jetzt. Vielleicht sollte ich ebenfalls schlafen, morgen sieht alles besser aus.»

Am anderen Tag ging ich in sein Zimmer, um ihn zu wecken, aber ich konnte es nicht: Er war tot. Ich geriet in Panik und floh aus dem Hotel und aus Paris. Ich hatte völlig den Verstand verloren. Ich hatte nicht den Mut, die zuständigen Leute im Hotel oder die Polizei zu verständigen. Ich ließ ihn einfach dort zurück, allein.

Bis ich in New York ankam, hatte ich irgendwie meine Selbstbeherrschung wiedergefunden. Wie immer begann ich zuallererst über mich selbst nachzudenken. Ich beschloß, Valentina nicht mehr zu treffen und unseren gemeinsamen Freunden aus dem Weg zu gehen. Mein erster Gedanke war, meine Wohnung an der 52nd Street zu verkaufen und wieder ins Hampshire House oder in den Ritz Tower zu ziehen. Es wäre sonst schwierig für mich gewesen, Valentina nicht im Lift oder in der Lobby zu begegnen. Ich wußte, ich würde völlig verrückt werden, wenn sie mich nach Georges letzten Tagen fragte oder wenn ich spürte, daß sie mich für den Tod ihres Ehemanns verantwortlich machte. Ich bin mir sicher, daß sie ihn sehr geliebt und daß sie sich George und mich Tag für Tag in den verschiedensten Situationen vorgestellt hat. Ich erinnere mich, daß er ihr zu Beginn unserer Beziehung sagte, er liebe uns beide und würde seine Zeit gern zwischen uns aufteilen. Es war seine eigene, freie Wahl.

Ich bin niemals jemandem nachgelaufen. Ich habe nie Georges Zuneigung oder die Zuneigung irgendeines Menschen ermutigt. So war ich eben, und das ist die Wahrheit. Ich litt und wartete, doch gleichzeitig erinnerte ich mich daran, daß Diamanten vor Millionen von Jahren kleine Kohlebrocken gewesen waren. Und ich wußte, was es heißt, darauf zu warten, daß die Kohle ihr mattes Äußeres in den hellen Schein der Diamanten verwandelt. Keiner kann sagen, daß ich nicht warten könne und daß ich nicht leiden könne. Vielleicht war die Liebe auf Georges Seite größer als auf meiner, obwohl uns Valentina und unsere anderen Freunde gleichermaßen mit Verachtung bedachten. Wir warteten passiv auf eine Art Wunder. Doch ein Wunder stellte sich in dieser Zeit und bei meinem Charakter als unmöglich heraus. Natürlich gefiel es mir, daß jemand alles tat, um mich glücklich zu machen und mir zu helfen. Später wurde es dieser Jemand leid und ging fort, oder ich wurde es leid und verschwand, und jemand anderer übernahm seinen Platz. Oder starb.

Mein Charakter, meine äußere Erscheinung und mein Ruhm waren zunächst reizvoll, später jedoch stießen sie eher ab. Die Leute behaupteten, dies hinge mit dem Garbo-Fluch zusammen. Ich glaubte ebenfalls, daß ich über besondere Kräfte verfügte. Ich war sogar noch stolz auf sie. Ich versuchte, mir das alles selbst zu erklären und es irgendwie einzuordnen, doch es gelang mir nicht.

Nach Georges Tod konnte mich allein die Baronesse Cécile de Rothschild, die soviel von den Künsten und den Menschen verstand, beruhigen. Einmal sagte sie: «Es sieht so aus, als ob du nichts aus dem Leben gelernt hättest. Du machst dir stets über alles Gedanken oder bist überrascht oder verwundert darüber. Das ist gut. Denn du wirst sehr lange leben.»

«Aber welchen Wert hat ein solches Leben?» fragte ich.

«Welchen Wert?» wiederholte Cécile. «Schau auf deine Hände. Diese Hände haben den größten Mythos geschaffen, den ich kenne.»

«Ja, und was bringt mir das?» wiederholte ich die Frage, die ich mein ganzes Leben lang gestellt habe. «Ich möchte glücklich sein. Warum bin ich nicht glücklich?»

«Wer ist denn schon glücklich?»

«Jemand muß es doch sein», antwortete ich. «Jeder spricht überall vom Glück, von der Liebe...»

«Ja, die Leute sprechen vom Glück, doch sie sind nicht glücklich. Du hast wenigstens deinen großen Namen und solltest darüber glücklich sein. Dazu kommt noch, daß du dir deinen Ruhm ganz allein erworben hast und niemandem dafür dankbar sein mußt.»

«Ich bin es aber. Ich bin Stiller immer noch dankbar.»

«Wenn du so denkst, kann ich dir nicht helfen. Für einen Toten reicht ein Strauß Schnittblumen, den man ihm auf das Grab legt, als Zeichen der Dankbarkeit.»

Ich stimmte ihr nicht zu, beharrte jedoch nicht auf meiner Meinung. Statt dessen zeigte ich ihr einen Ausschnitt aus einer schwedischen Zeitung, wonach das alte Haus an der Blekingegatan 32, in dem ich aufgewachsen war, abgerissen werden sollte. Cécile tröstete mich: «Aber dein Ruhm wird nicht untergehen. Deine Filme laufen gerade jetzt in Stockholm. Ich habe sie gesehen, als ich in London im Empire Theater war. Wenn du sie selbst sehen möchtest, fahr in irgendeine große Stadt, ich bin sicher, sie zeigen deine Filme dort. Falls nicht, kannst du beim Museum of Modern Art in New York nachfragen und man wird eine Privatvorführung für dich arrangieren.»

All das sagte Cécile mit Überzeugung, doch ich entdeckte auch ein wenig Mitleid in ihrer Stimme. Ich beschloß, nach Stockholm zurückzukehren, um ein paar Blumen auf Mojes Grab zu legen und zu versuchen, den geistigen Kontakt mit ihm wiederherzustellen.

Reflexionen

Jeden Tag untersuchte ich nach dem Baden meinen nackten Körper im Spiegel, und jeden Tag entdeckte ich neue Falten. Deshalb ließ ich mich massieren, hielt Diät und machte anstrengende gymnastische Übungen, um das Alter abzuwehren. Doch ich hatte keinen Erfolg damit.

Alt zu werden, ist ein sehr schmerzlicher Prozeß, besonders für eine Frau. Und ganz besonders für eine Frau, die einmal eine große und ungewöhnliche Schönheit war. Weder ich noch sonst irgend jemand hat ein Gegenmittel gegen das Altern entdeckt. Und keiner wird je einen Weg finden, den «Wohltaten» des Alters zu entgehen. Andererseits war ich mir dessen bewußt, daß es nur eine einzige Methode gibt, lange zu leben, und das ist, alt zu werden.

Ich war mit meinem Alter nie zufrieden. Als ich jung war, wollte ich alt sein, um die Probleme des Lebens wie ein erwachsener Mensch zu meistern. Jetzt möchte ich jung sein, und es ist mir egal, ob ich meine Probleme meistern kann oder nicht. Alles, was ich will, ist wieder jung und vital zu sein. Doch dieser Wunsch wird sich für keinen Menschen je erfüllen.

Mein ganzes Leben lang habe ich versucht, all meinen Schritten realistische Überlegungen zugrunde zu legen. Vielleicht war ich deshalb zuweilen verwirrt und beging sogar schreckliche Fehler, wenn ich mich auf meine Intuition verließ. Ich erlebte sehr bewußt die besonders schönen und idealistischen Liebesbeziehungen in meinem Leben, und doch blieb ich stets bei dem gleichen Verhaltensmu-

409

ster, das mich letztendlich scheitern ließ. Ich fühlte mich deswegen nicht schuldig, denn ich schob die Schuld stets auf Gott, meinen Schöpfer, und übertrug ihm die ganze Verantwortung. Ich spreche jetzt sehr oft mit Gott. Und ich muß zugeben, daß ich nicht nur mit ihm spreche, sondern auch mit Menschen, die ins Jenseits gegangen sind. Einmal sagte mir Gott, als ich mit ihm sprach, in einer rätselhaften Art, wie ein Armeegeneral: «Wo es schwierig ist, den Schuldigen zu finden, sollten wir wenigstens jemanden haben, den wir bestrafen können. Später werden wir unter den Bestraften nach den wahrhaft Schuldigen suchen und diese doppelt bestrafen, während wir die Unschuldigen für ihr Leiden entschädigen.»

Manchmal betrachte ich mich als eine weise Person, die sich scheute, ihr wahres Ich den Augen und Ohren der anderen zu offenbaren, die bald herausgefunden hätten, daß sie ein unwissender Mensch ist.

«Nichts ist mir geblieben», flüsterte ich mir selbst zu, «als in meinen Gedanken so lange wie möglich die Erinnerung an die Menschen, die ich liebte, wachzuhalten.»

Dieser Umstand bereitet mir sehr großen Kummer, doch meine Feinde und «Freunde» sind glücklich, daß ich keinen wirklichen Menschen habe, den ich lieben könnte, und deshalb, gezwungenermaßen, auf die Vergangenheit zurückgreifen muß. Meine Erinnerung an Menschen und Ereignisse aus der Vergangenheit wird mir immer besser lesbar und verständlich. Ich kann mich nicht nur an die Ausdrücke auf den Gesichtern und in den Augen der Menschen während zahlreicher Unterhaltungen erinnern, sondern auch an den genauen Wortlaut der Gespräche und an tatsächliche Gefühle. Die Erinnerung fließt wie ein Strom durch meinen Kopf, wie ein schöner, kristallklarer, schneller Strom. Nur der Tod kann diesem Fließen ein Ende bereiten. Und wer weiß – nach dem Tod meines Körpers fließt die Erinnerung vielleicht weiter. Ich finde es sehr eigenartig, daß in meinem Kopf soviel kristallklare Erinnerung fließen kann.

Gott? Wer ist er? Welche Wege beschreitet er? Warum sprechen wir die ganze Zeit von jemandem, den keiner je gesehen hat? Zwar habe ich ihn schon sehr oft gehört, doch noch nie gesehen. Jetzt, im fortschreitenden Alter, wird seine Stimme immer deutlicher für mich. Und doch kann ich es mir nicht erlauben, ihr zu folgen, denn wenn ich dies täte, wäre ich nicht mehr ich selbst. Ich würde ihm gern von Angesicht zu Angesicht gegenüberstehen, da ich viele Fragen an ihn habe. Fragen, die allein er beantworten kann, brennende Fragen für mich. Er soll in allem weise und gerecht sein. Doch warum hat er den Menschen die Vorstellung eingegeben, daß der Künstler von Gott inspiriert ist und daß die Künstler Verwandte Gottes sind, die versuchen, seine Schönheit darzustellen? Warum wird der Künstler, mehr als andere Menschen, vom Leben gepeinigt? Ist dies das Werk eines gerechten Gottes?

Warum weckte Gott in mir das große Verlangen, Schauspielerin zu sein? Und warum sollte ich in Filmen auftreten? Und warum gab mich ein weiser Gott in die Hände von Mauritz Stiller, der, wenn ich zurückblicke, höchstwahrscheinlich ein Werkzeug des Teufels war? Ich kann mich noch erinnern, was Stiller zu mir sagte: «Für uns ist der Film ein Wunder, das der Satan geschaffen hat – das größte Wunderwerk, das menschliche Gefühle und Glück wahrheitsgetreu einfangen kann, realistischer als jedes andere Medium. Und ich bin sicher, daß der Film besser für die Kunst der Verderbtheit geeignet ist als für die Kunst der göttlichen Gerechtigkeit.»

Ich bin heute so verwirrt, weil ich gerade durch Moje berühmt wurde, obwohl er doch gegen Gott war. Dann verließ er mich, ohne irgendeinen Lohn für seine Arbeit an meinem Talent und an meinem geistigen und körperlichen Erscheinungsbild zu ernten. Ich wurde in dieser Welt zurückgelassen wie ein Trupp führerloser Soldaten, wie ein Tiger ohne Kopf. Und doch sagen mir andere Gedanken, daß ich keinen Führer mehr brauche, daß ich nicht einmal mehr einen Kopf benötige.

Ich habe den Glauben verloren an die Menschen, an einen Gott, der mich in diese Lage gebracht hat, ohne meine Fragen klar zu beantworten. Ich lasse mich auf den Strömen des Lebens dahintreiben, ohne Richtung, ohne Ziel, ohne den Grund und die Dauer zu kennen.

Ich lebe mehr und mehr im Gestern. Nur die Erinnerung ist mir geblieben, und ein Häufchen lebendiger Menschen, die zufällig in mein Leben geraten sind und sich in einer Art Totentanz beharrlich um mich herumbewegen. Ich bitte sie um nichts. Ich ermutige sie nicht, irgend etwas für mich zu tun. Und doch spielen sie nach wie vor das Spiel der treuen Freunde, und ich frage sie nicht, warum sie das tun, weil diese Frage zu nichts führen würde.

Unter diesen Bekannten befinden sich mehrere Autoren, die sich verzweifelt zu etablieren versuchen; einige Weinhändler und Grundstücksmakler; alte Frauen, die ihr ganzes Leben lang danach strebten, Schauspielerin oder Schriftstellerin zu werden; Fotografen, deren Hände jetzt vom Alter zittern; Hotelangestellte und Lebensmittelhändler, die ich für ihre Dienste sehr gut bezahle; Spekulanten, die mich hartnäckig bedrängen, mein Geld in ihre Projekte zu investieren. All die großen Berühmtheiten, die ich kannte, haben aufgehört, meine Freundschaft zu suchen – sie sind tot oder warten auf einen Anruf aus dem Jenseits, um sich den anderen anzuschließen.

Auf den Straßen von Paris, London, Rom und New York erkennen mich die Passanten nicht mehr. Und wenn mich zufällig irgendein alter Mann wiedererkennt, hat er nicht mehr die Kraft, mir zu folgen. In den Restaurants erkennt mich die neue Geschäftsleitung nicht, oder man nimmt keine Notiz von mir. Ich glaube, jene Restaurants gehören in eine andere Zeit und werden sehr bald ebenfalls für immer geschlossen sein. Doch meine Filme werden nach wie vor auf der ganzen Welt in Kinos und im Fernsehen gezeigt. Aber ich habe mit ihnen geistig wie auch finanziell nichts mehr zu tun; sie sind in den Händen internationaler Spekulanten. Niemand holt meine Erlaubnis ein, um diese Filme zu zeigen, und keiner bezahlt mich, wenn sie vorgeführt werden. Manchmal erkenne ich mich selbst nicht mehr, wenn ich sie sehe. Jene Zeiten liegen heute so weit zurück.

Sehr schnell erscheinen neue Generationen und neue Probleme auf der Welt, und keiner erinnert sich mehr an eine Schauspielerin aus den zwanziger und dreißiger Jahren. Die meisten Leute sind sogar überrascht, wenn sie feststellen, daß diese alte Frau noch immer auf der Welt herumkreuzt. Vor nicht allzu langer Zeit erhielt ich einige Briefe, die das Postamt mit dem Vermerk «Empfänger unbekannt» versehen hatte. Ich erhielt sie nur durch Zufall. Es sieht so aus, als erinnerte sich selbst die Post der Vereinigten Staaten nicht mehr an mich.

Auf der Suche nach einem Fleckchen Erde, an dem ich sowenig menschliche Fauna antreffen würde wie möglich, fand ich ein Schweizer Dorf mit Namen Klosters. Das erstemal hörte ich durch das kleine, unbedeutende Häufchen meiner Freunde von diesem Ort. Die Alpen haben mich schon immer fasziniert; als ich sie zum erstenmal erlebte, standen sie gerade in ihrem wunderschönen Sommer- und Herbstkleid. Mir gefiel auch die Flora von Klosters und den angrenzenden Regionen. Ich lernte die Schönheit der Krokusse, Adonisröschen, Narzissen, Schneeanemonen, der St.-Bruno-Lilien, des Rittersporns, des Edelweiß, Türkenbunds, der Glockenblumen und Alpenrosen kennen und lieben. Ich wurde mit ihnen sehr wohl vertraut und wußte, wo sie wuchsen und auf welcher Höhe sie noch blühten. Ich genoß es, den Blumen beim Wachsen zuzuschauen – ihr Atmen zu beobachten, ihren Duft zu riechen. Heutzutage gewinnen die Blumen eher mein Herz als die Menschen oder Tiere. In ihrer Gesellschaft fühle ich mich frei und zum Reden aufgelegt. Sehr oft erkläre ich ihnen meine Sorgen und höre mir die ihren an. Wie ich haben die Blumen die meisten Probleme mit den Menschen, erst danach mit den Tieren oder den wechselnden Temperaturen. Sie leiden am meisten durch die Hand der Menschen, weil diese sie verstümmelt und tötet.

Ich wechselte in Klosters ziemlich häufig das Quartier, meistens wegen der Leute. Ich wollte mir nichts Eigenes kaufen, weil ich nicht wußte, ob ich in Stockholm sterben würde, in einem Schweizer Dorf oder im Hotel Crillon in Paris, wo George gestorben ist. Jedenfalls beschloß ich, nicht in New York oder Hollywood zu sterben. Da mich die Alpenblumen so bezauberten, stellte ich es mir angenehm vor, wenn ich meinen Geist in irgendeiner Ecke der Alpen zur Ruhe betten könnte, mit Blumen unter dem Kopf und einen blauen Himmel darüber.

Meine Zeit in Klosters verbrachte ich in den Privathäusern verschiedener Intellektueller aus aller Welt oder im Speisesaal eines Hotels, der Chesa Grischuna, wo der Hauptgang aus intellektueller Onanie, garniert mit trivialem Klatsch, bestand. Ich verhielt mich ganz still, weil ich wußte, daß ich sonst nur Material für noch mehr Klatsch liefern würde und noch weniger inneren Frieden fände. Wenn ich von der Unterhaltung genug hatte, stand ich auf und ging fort.

Meistens folgte mir dann ein Mann oder eine Frau aus dieser Gruppe und versuchte, mich dazu zu überreden, meine Autobiographie zu schreiben, oder, falls ich es selbst nicht tun wollte, ihr oder ihm den Auftrag zu geben. Ziemlich oft traten auf der Straße Fremde an mich heran, die behaupteten, internationale Verlage zu vertreten, oder auch Journalisten, die mich mit einer Vorauszahlung in Millionenhöhe auf ein Buch zu bestechen versuchten. Wenn das bei mir nicht verfing, verfolgten sie mich unter dem Vorwand, ich müsse meine Gedanken für die Nachwelt zu Papier bringen. Die Situation wurde derart unerträglich, daß ich nicht außer Haus gehen und ein Paar Schuhe oder ein Steak kaufen konnte, weil selbst der Verkäufer im Schuhladen und der Metzger sich als Literaturagenten erwiesen.

Einmal lud mich der Manager der Chesa Grischuna zum Abendessen ein und sagte, er besitze ein Chalet, das er mir gern verkaufen würde, oder genauer gesagt, er würde einen Freund vertreten, dem dieses schöne und preiswerte Chalet gehöre. Ich dachte, vielleicht wäre es gut, ein Chalet zu kaufen, um in völliger Zurückgezogenheit leben zu können.

Als ich an jenem Abend in die Chesa Grischuna kam, führte mich der Manager an einen Tisch, der für drei Personen gedeckt war. Zwei Flaschen Champagner standen in einem Kühler. Als wir uns gesetzt hatten, fragte ich ihn sofort: «Wo steht dieses Chalet?»

Statt zu antworten, öffnete der Manager den Champagner und schenkte uns beiden ein. Ich merkte, daß er auszuweichen versuchte. Ich wiederholte meine Frage, und in diesem Augenblick erschien ein zweiter Mann, den mir der Manager als den Londoner Vertreter von MGM vorstellte. Ich war wütend. Ich stand auf und sagte zu dem Manager: «Adieu. Sie werden mich hier nie wieder sehen.»

Mit diesen Worten verließ ich das Hotel. Ich dachte daran, unverzüglich nach New York zurückzukehren, doch auf dem Weg zu meinem Quartier beschloß ich, erst eine Weile spazierenzugehen, obwohl es bereits dunkel war. Ich wollte mich von meinen Blumen verabschieden. Mir war kalt, doch ich ging trotzdem in die Richtung der Berge, um sie ein letztes Mal zu sehen.

Meine Schritte wurden schneller, als versuchte ich, die Kälte abzuschütteln, die meinen Körper durchdringen wollte. Bald befand ich mich im Dunkeln, inmitten schimmernder Bäume. Ich hatte Angst, ging jedoch wie in Trance weiter.

Plötzlich bemerkte ich ein Licht und in dem Licht einen alten Mann mit riesigen Augen. In der Hand hielt er einen großen Stock. Ich machte den Mund auf, um ihm zu rufen, doch ich war vor Kälte wie

414

gelähmt und brachte keinen Ton heraus. Der alte Mann stand ein paar Schritte vor mir; mit seinem langen Stock deutete er zurück nach Klosters.

Ich fühlte es heiß durch meinen Körper strömen. Ich versuchte, etwas zu sagen, konnte aber immer noch nicht sprechen. Der alte Mann schüttelte wiederum seinen Stock in Richtung Klosters und bewegte sich langsam auf mich zu. Ich wußte nicht, ob er mich schlagen oder mit zurück nach Klosters wollte, doch ich spürte, daß mein Körper wieder etwas Kraft zurückgewonnen hatte.

Ich versuchte noch einmal, etwas zu sagen, doch dann gab ich es auf. Statt dessen drehte ich mich um, und mit der Kraft eines Tiers rannte ich zurück nach Klosters. Der Wind stürzte durch die Bäume herunter und schob meinen Körper voran. Ich rannte, als ob ich Flügel hätte . . .

Nachwort
Die Schauspielerin und ihre Legende

Jetzt ist sie endgültig von uns gegangen, aber eigentlich haben sich unsere Wege schon Anfang der vierziger Jahre getrennt. Für Greta Garbo war das offenbar eine bewußte Entscheidung. Für mich war sie leider ganz unbewußt. Aber Konsequenzen hatten beide. Ihr Rückzug von der Leinwand hatte nicht nur Folgen für ihre persönliche Biographie, sondern auch erhebliche Auswirkungen auf die spätere Geschichte des Films und die Sozialgeschichte ihrer Epoche. Meine eigene Entscheidung beruhte natürlich auf ihrer und ist nur deshalb von Bedeutung, weil sie mit der von Millionen anderer Kinogänger meiner und nachfolgender Generationen zusammenfiel und dadurch multipliziert wurde. Da wir sie als aktive Schauspielerin nicht mehr erlebten und den verführerischen Zauber, den sie auf die Zuschauer der vorhergehenden Generation ausgeübt hatte, nicht mehr nachvollziehen konnten, war sie für uns vor allem eine Quelle der Neugier, die von Jahr zu Jahr unergiebiger wurde. Für beide Seiten war das ein Verlust. Uns entging die volle Wirkung einer einzigartigen Schauspielerin, während sie auf einen Teil ihres Ansehens und vielleicht auf die Unsterblichkeit verzichtete, die ihr, auch wenn sie es nie so recht zugeben mochte, sicher nicht gänzlich unwichtig war.

Zufällig bin ich ihr in ihrem späteren Leben einmal persönlich begegnet, aber meine Rolle in dieser Geschichte ist vor allem symbolisch. Ich bilde mir ein, in mancher Hinsicht typisch für das nachgeborene Publikum zu sein, und daher glaube ich auch, daß eine Analyse meiner eigenen Reaktionen für jene inzwischen weit überwiegende Mehrzahl von Leserinnen und Lesern, die Greta Garbo nur noch als Legende erlebt haben, durchaus nützlich sein kann. Diejenigen von uns, die nicht miterlebt haben, wie ihr Image als Schauspielerin aufgebaut wurde, können sich die ungeheure Faszination, die Greta Garbo auf das Publikum der zwanziger und dreißiger Jahre ausübte, kaum noch vorstellen – eine Faszination, wie es sie weder vorher noch nachher je wieder gegeben hat. Das gilt zwar für die meisten Stars, die wir nicht in der Zeit zwischen unserem zehnten und zwanzigsten Lebensjahr kennenlernen, wenn wir noch unschuldig und für die mächtige Wirkung der Leinwand besonders empfänglich sind. Aber Greta Garbos Rückzug und ihr langes Schweigen sowie der Mangel an unmittelbarer Resonanz, den die meisten ihrer Filme bei einem heutigen Publikum haben, machen die Vergegenwärtigung dieser Faszination in ihrem Fall besonders schwer.

Eine der vielen Überraschungen in Mr. Gronowicz' Buch ist Greta Garbos Behauptung, ihr Rückzug ins Privatleben sei keine zufällige Entwicklung gewesen, sondern eine sorgfältig kalkulierte Entscheidung. Ihr letzter Film, *Die Frau mit den zwei Gesichtern*, war ein kommerzieller Mißerfolg und fiel auch bei den Kritikern durch, und sie war (völlig zu Recht) überzeugt, daß der Ausbruch des Zweiten Weltkriegs sowohl den Filmen, in denen sie gespielt hatte, als auch den Figuren, die sie verkörpert hatte, auf Dauer den Boden entzog. Ein Rückzug von der Leinwand mochte deshalb durchaus als überlegenswerte Alternative erscheinen. Greta Garbo konnte sich einen solchen Rückzug finanziell leisten, und angesichts des künstlerischen Erschöpfungszustands, indem sie sich, wie sie sagte, befand, war es vielleicht auch eine psychologisch interessante Entscheidung, die rätselhafte Gestalt, die sie anderthalb Jahrzehnte lang auf der Leinwand gespielt hatte, plötzlich zur gelebten Realität und aus der hochstilisierten Kinofiktion eine lebende Legende werden zu lassen.

Wenn sie tatsächlich so rational getroffen wurde, wie Mr. Gronowicz behauptet, war diese Entscheidung außerordentlich kühn. Greta Garbo übernahm damit die totale Kontrolle über ihr Image. Die Manager ihrer Filmgesellschaft, die es geschaffen hatten, wurden von dem Prozeß völlig ausgeschlossen. Greta Garbo machte sich an den Versuch, ihren ganz konkreten Filmruhm in eine abstrakte Idee zu verwandeln. Sie versuchte, sich in das *Ideal* eines Stars zu verwandeln. Konnte man seinen Ruhm am Leben erhalten und womöglich sogar noch vergrößern, fragte sie sich, indem man seinen Beruf *nicht* ausübte, indem man sich dem Tumult und den Erniedrigungen der öffentlichen Auftritte, den Mechanismen der «Publicity» und «Promotion» *nicht* aussetzte, sondern ganz auf das vertraute, was David Thomson einmal die «Eigendynamik des Ruhms» genannt hat?

Was mich angeht, so fand ich ungefähr zur gleichen Zeit Geschmack am Kino, als Greta Garbo es 1941 im Stich ließ. Ich hätte mir *Die Frau mit den zwei Gesichtern* wahrscheinlich ansehen können, aber dieser Film gehörte nicht zu den Dingen, für die ein richtiger amerikanischer Junge damals sein Taschengeld ausgab. Romantische Komödien aus den besseren Kreisen waren nichts für uns. Liebesszenen ging man aus dem Weg, und wenn man versehentlich doch mal eine sah, mußte man unbedingt johlen. Komödien beruhten auf derben Späßen (Abbott und Costello erschienen 1941 zum erstenmal auf der Liste der zehn größten Kassenschlager des Jahres) oder dummen Sprüchen (Bob Hope rangierte auch weit oben auf der Liste). Wir waren wild auf *Action*: Western und Krimis begeisterten uns und natürlich die zahllosen Spionage- und heldischen Abenteuerfilme, die der Krieg mit sich brachte. Greta Garbo war für uns nur ein Gerücht, von dem unsere Eltern gelegentlich sprachen, und ihr «Geheimnis» gehörte zum allumfassenden Geheimnis des Erwachsenseins überhaupt. Es war so ähnlich wie mit Cocktails und Zigaretten oder klassischer Musik: Wenn wir «erwachsen» waren, dachten wir (falls wir über Greta Garbo überhaupt nachdachten), wenn wir erwachsen waren und alle Rechte, Privilegien und Phantasien dieses sagenhaften Zustands genießen konnten, würden wir von ganz allein Geschmack an ihr finden.

Daß sie nicht auf uns gewartet hat, tut mir leid. Aber vielleicht hat sie gespürt, daß wir ihrer nicht wert waren. Oder daß sie kaum Chancen gehabt hätte, auf der Leinwand in jenem großen Stil weiterzuwirken, wie es ihrer Legende entsprach. Wenn man heute auf ihre Filme zurückblickt und sich dabei bemüht, ganz bewußt das herauszufiltern und zu analysieren, was ihren persönlichen Zauber ausmacht, dann fällt einem unweigerlich auf, daß sich Greta Garbo 1941 schon fast ein Jahrzehnt lang von uns entfernt hatte, so wenig standen sie und ihre Filme im Einklang mit dem amerikanischen Kino oder gar dem amerikanischen Leben der dreißiger Jahre. Man könnte auch sagen, daß Greta Garbo 1941 ihre Vergangenheit und Zukunft als Schauspielerin sehr viel besser einzuschätzen wußte als alle anderen Leute, einschließlich der Manager von MGM und der unabhängigen Produzenten, die sie noch jahrelang mit Filmprojekten zu locken versuchten, und sämtlicher Journalisten, die eifrig und naiv über diese Unternehmungen spekulierten.

Als Schauspielerin war sie den meisten Leuten in den fünfziger Jahren natürlich längst vollkommen gleichgültig. Während des Krieges waren Millionen von uns in Europa gewesen. Und nach dem Krieg folgten weitere Millionen als Touristen. Europa sah nicht im geringsten so aus wie die Welt, in der Greta Garbo angeblich gelebt hatte, und die Frauen, denen wir dort begegneten, waren ganz anders. Selbst wenn wir nicht nach Übersee reisten, zeigten uns die importierten, europäischen Filme mit Schauspielerinnen wie Brigitte Bardot, Sophia Loren und anderen eine ganz andere Erotik als die der Garbo. In diesen Filmen gab es eine exemplarische Direktheit, eine Kühnheit, die sich unter anderem darin manifestierte, daß diese jüngeren Schauspielerinnen auch Nacktszenen drehten. Mit Greta Garbos Sexualität, die viel romantischer und versteckter, aber auch schuldbeladener war, hatte das kaum noch etwas zu tun.

Aber diese Veränderungen machten lediglich offensichtlich, was in ihrer Tonfilmkarriere längst angelegt war. Denn wenn man mit der Objektivität der Jahre auf diese Filme zurückblickt, erscheint es nahezu als ein Wunder, daß sie die elf Jahre zwischen ihrem ersten, einigermaßen verspäteten Tonfilm *Anna Christie* aus dem Jahr 1930 und ihrem letzten im Jahre 1941 überhaupt noch als Star überlebt hat. Einige wenige Beobachter allerdings haben schon damals gemerkt, daß es äußerst schwierig gewesen sein muß, in den dreißiger Jahren noch Themen für Greta Garbo zu finden, die kommerziellen Erfolg nicht von vornherein ausschlossen. Graham Greene zum Beispiel, der fünf Jahre lang Filmkritiker war, hat gleich zweimal geschrieben, einen Garbo-Film zu besuchen, das sei so ähnlich, als ob man ein Buch von Thomas Carlyle in die Hand nehme – die Vorfreude halte sich durchaus in Grenzen. An den typischen Tonfilmen der Garbo fiel ihm vor allem die lange «Verzögerung» auf, mit der sie auf den Vollzug der «edlen Ehebrüche» warten ließen. Wenn das schon ein Mann wie Greene sagte, der bekanntlich das subtilste und geduldigste Interesse für die Sünde, für Sünderinnen und Sünder aufbrachte, dann kann man sich mühelos ausmalen, welche Ungeduld so ein Film bei den Angehörigen meiner Generation ausgelöst hätte. Aufgewachsen waren wir mit den rasanten Abenteuergeschichten der Kriegsjahre, irgendwelche anderen Filmtraditionen kannten wir nicht, schon gar nicht die hochromantischen Traditionen des Stummfilms, die von Greta Garbos Tonfilmproduktionen meist immer noch nachgeahmt wurden. Als wir das Kino kennenlernten, hatten die Filme mit diesen älteren Darstellungsformen nichts mehr zu tun. Und die Frauen, die in diesen Filmen gezeigt wurden, waren unweigerlich immer dieselben zackigen guten Kumpel, die den tief in militärische Pflichterfüllung und fragwürdiges Heldentum verstrickten Männern treu und keusch zur Seite standen. Später gab es natürlich auch den *Film Noir*, in dem deutlich fatalere Frauen vorgestellt wurden, spinnenhafte Geschöpfe, die irgendwelche Männer ins Unglück lockten, die oft vom Krieg schon psychologisch geschwächt schienen. Aber ihre Raffinesse war durchaus domestiziert, und das Motiv für ihre dunklen Taten war immer nur Geld, niemals Liebe. Ihr Ende war in der Regel stets genauso düster wie das der Garbo, aber sie hatten es auch regelmäßig verdient. Daß sie so eine Rolle gespielt hätte, kann man sich genausowenig vorstellen, wie man sich Greta Garbo als Pin-up-Girl vorstellen kann. Mit einem Wort, man weiß gar nicht recht, was sie überhaupt hätte tun sollen, wenn sie hätte weiterarbeiten wollen.

All dies bestätigt, wie logisch es war, daß sie sich von der Leinwand zurückzog, auch wenn es sich um eine etwas verdächtige *Ex-post-facto*-Logik handelt. Gleichzeitig erscheint dieser Rückzug weniger mystisch. Aber läßt sich auch ihr Leinwandimage auf ähnliche Weise enträtseln? Wird es endlich möglich, die Dunstwolke der Spekulation zu vertreiben, die zum größten Teil von Intellektuellen erzeugt worden ist, die zwar weniger temperamentvoll als Graham Greene, dafür aber um so begieriger waren, ihr Quentchen Unsterblichkeit zu erlangen, indem sie das berühmte «Geheimnis» der Garbo «endgültig» aufklärten? Ist es, kurz gesagt, möglich, sie jetzt endlich klar zu sehen? Nicht ganz vielleicht, aber schon der Versuch ist ebenso anregend wie heilsam.

Greta Garbo war immer ein Geschöpf der Zurückgezogenheit und des Schweigens (und schon deshalb ideal für den Stummfilm), eine Schauspielerin, die sich immer vom ersten Augenblick an, wo sie auf der Leinwand erschien, durch ihre Verweigerung definierte. Dies war ihre unabänderliche Grundbefindlichkeit. Die Ausführungen von Mr. Gronowicz über ihre Kindheit und Jugend bestätigen das genauso wie viele andere, frühere Berichte.

In ihren Entwicklungsjahren war sie nicht von schockierender Schönheit – «nett sieht sie aus», denkt man, wenn man die Fotos der jungen Garbo betrachtet. Die kindliche Pausbäckigkeit mußte erst abschmelzen, ehe die feinen, klassischen Gesichtszüge hervortraten, die sie vom Vater geerbt hatte. Ihr schlanker, kurvenloser Körper war ebenso das Erbteil der Mutter wie ihr eigenartiger Gang, ein männlicher, und, wie manche Beobachter glaubten, beutegieriger Schritt. Mit anderen Worten, in ihren prägenden Jahren gab es in ihrem Aussehen nichts, was ihr besonderes Selbstvertrauen hätte einflößen können. Statt dessen führte die bittere Armut dieser Jahre nach ihren eigenen Aussagen dazu, daß sie sich in eine Traumwelt zurückzog, was wiederum zur Entstehung ihrer fundamentalen Schüchternheit beitrug.

Ja, Schüchternheit. Nach all den Jahrzehnten hochkomplizierter Spekulationen über die Garbo scheut man sich zwar, einen so gewöhnlichen Sachverhalt zur Debatte zu stellen. Aber Schüchternheit war sowohl auf der Leinwand als auch im Privatleben Greta Garbos grundlegende Charaktereigenschaft. Man findet diese Eigenschaft kurioserweise bei vielen Schauspielern und Schauspielerinnen. Der berühmte Regisseur Joseph von Sternberg, dessen Karriere etwa zur selben Zeit begann wie die von Greta Garbo, behauptet sogar, er kenne keinen Schauspieler, der nicht von einer tiefen Schüchternheit sei. Vielleicht meinte er aber auch «narzißtisch». Das wäre jedenfalls für einen Beobachter, der mit dem heutigen Psychojargon besser vertraut ist, das geeignete Synonym, um Greta Garbo genau zu beschreiben.

Der Film ist das perfekte Medium für Schauspieler, die unter diesem Syndrom leiden. Das fängt schon damit an, daß sie im fast privaten Kreis arbeiten können, umgeben von den vertrauten Gesichtern einer relativ kleinen Truppe von Schauspielern und technischem Personal. Im Gegensatz zum Bühnenschauspieler brauchen sie nicht Abend für Abend einem Publikum gegenüberzutreten, das aus lauter unberechenbaren Fremden besteht. Bezeichnenderweise verlangte Greta Garbo auch immer, daß in geschlossenen Szenenaufbauten gedreht wurde und daß sie mit Leuten arbeiten durfte, denen sie vertraute. Clarence Brown, ein Mann von durchaus mittelmäßiger Begabung, führte in sieben ihrer Filme Regie, und William Daniels war bei neunzehn Filmen, in denen sie mitspielte, der Kameramann. Fast genauso wichtig ist es, daß der Filmschauspieler seine Art so oft und so lange überprüfen kann, wie er will. Der Film ist unter anderem auch ein Spiegel, der das Bild der eigenen Person reflektiert. Er leistet sogar noch wesentlich mehr als ein Spiegel, denn er bewahrt dieses Bild dauerhaft und erlaubt es einem, dieses Bild immer wieder zu überprüfen – ein Leben lang, wenn man will. Und genau das hat Greta Garbo getan: Sogar nach ihrem Rückzug ins Privatleben hat sie gelegentlich einen der Vorführräume im New Yorker Museum of Modern Art gemietet, um sich ihre alten Filme ansehen zu können.

In seinem hervorragenden «Porträt» der Garbo aus dem Jahr 1980 stellte der englische Kritiker Alexander Walker fest, ihre «schlafwandlerische Fähigkeit» sei schon in ihrem ersten Spielfilm, *Gösta Berling*, vollkommen entwickelt. Während sie, nur von der Lampe beleuchtet, die sie selbst trägt, einen Garten und die dunklen Hallen eines Schlosses durchschreitet, vermittle sie «eine Unzahl von Gefühlen, während sie tatsächlich geistesabwesend» sei. Statt «Geistesabwesenheit» wäre narzißtische «Selbstversunkenheit» vielleicht noch präziser gewesen, aber der Sachverhalt bleibt der gleiche. Schon zu Beginn ihrer Karriere fühlte sie sich den herrschenden Konventionen, die zu Zeiten des Stummfilms noch die Umsetzung allgemeinster Gefühle in heftige Gestik und Mimik verlangte, in keiner Weise verpflichtet. Auch die überspannte Handlung der Filme, in denen sie auftrat, interessierte sie wenig. Die konventionelle Hyperaktivität, die diese Epen voller verbotener Lust und schrecklicher Vergeltung nach Ansicht der Zeitgenossen verlangten, machte Greta Garbo nicht mit. Ihre Aufgabe, so Alexander Walker, bestand ausschließlich darin, die Wirkung zu zeigen, die all dieses Hin und Her in ihrem «geistigen Inneren» auslöste.

Handlung, sollte man wohl noch hinzufügen, ist eine öffentliche Sache. Selbst der schlichteste Journalismus, geschweige denn routinierte Filmemacher sind ohne weiteres in der Lage, sie wiederzugeben. Männer scheinen sich mehr dafür zu interessieren als Frauen. Männer stürmen immer rücksichtslos an den emotionalen Nuancen einer Geschichte vorbei, um rascher zur Pointe zu kommen. Sie wollen wissen, wer gewonnen und wer verloren hat, in der Liebe wie im Krieg, beim Geschäft genauso wie in der Politik und beim Sport. Frauen dagegen, und daran erinnert Greta Garbo uns immer wieder, sind eher bereit, beim Gefühl zu verweilen und gegebenenfalls alles aufs Spiel zu setzen, was sie besitzen, um den Ansturm und die Glut, die Leidenschaft und die Gier des romantisch überhöhten Augenblicks zu erleben. Für sie *sind* solche Augenblicke der Sinn der Geschichte. Und wenn die Handlung dann damit enden muß, daß dieses Erlebnis mit Tod oder Schande und Armut bestraft wird, dann ist das eben so.

Diese Verweigerung gegenüber der Handlung, die zugleich eine Verweigerung gegenüber den herrschenden Konventionen der damaligen Filmschauspielkunst war, ist entscheidend für die Faszination, die Greta Garbo sowohl auf das Bewußtsein der Massen als auch auf die Phantasie der Kritiker ausgeübt hat. Ehe die Garbo erschien, waren die Frauengestalten immer nur Marionetten der Handlung; ihre Charaktere wurden von den Notwendigkeiten der Dramaturgie und ihr Schicksal von meist sehr melodramatischen, oft ziemlich unglaubwürdigen, stets aber sehr konventionellen moralischen Geboten bestimmt. Diese Frauen waren entweder gut (wie Lillian Gish und Mary Pickford) oder böse (dann wie Vamps wie Theda Bara). Jeder, dem sie im Verlauf der Handlung begegneten, kannte ihren moralischen Status genauso gut wie sie selbst – und das Publikum auch. Das Schicksal der tugendhaften Frauen bestand darin, daß sie ihre Tugend gegen alle möglichen Angriffe zu verteidigen hatten, bis alle Herausforderungen abgewehrt waren. Die bösen Frauen dagegen mußten ihre Lasterhaftigkeit so lange beweisen, bis ihre Opfer ihre bösen Absichten endlich durchschauten und sie ihre wohlverdiente Strafe erhielten. Ausnahmen gab es nicht in diesen Geschichten, niemand wurde vom Schema befreit.

Bis Greta Garbo kam und Anspruch auf beides erhob. O ja, natürlich akzeptierte sie alle Strafen, die Moral und Handlung von ihr verlangten. Aber sie waren ihr vollkommen gleichgültig. Sie schien sogar immer von Anfang an schon zu wissen, daß Tod oder Verbannung der Preis für ihre Leidenschaft waren. Deshalb schien sie nie besonders erschrocken zu sein, wenn verlangt wurde, daß sie ihn bezahlte, und die Idee eines Widerrufs in letzter Minute kam ihr offenbar nie in den Sinn. Allenfalls lächelte sie – ein verstohlenes, ironisches, nach innen gerichtetes Lächeln – beim Abblenden und akzeptierte das Schicksal, das die Moral und die Drehbuchautoren ihr zugedacht hatten.

Jetzt, nach der Lektüre ihrer Geschichte, erkennt man, daß diese Fähigkeit, Schicksalsschläge zu akzeptieren, nicht nur Teil ihrer Schauspielkunst war, sondern auch eine bemerkenswerte psychologische Integrationsleistung darstellte. Untersuchen wir doch einmal, was wir gerade über die beiden wichtigsten Männer in ihrem Leben, ihren Vater und ihren Entdecker, Lehrer und Liebhaber Mauritz Stiller, gehört haben. Ihr Vater war offenbar unzuverlässig, hilflos und introvertiert, jedenfalls keine sehr vertrauenswürdige Bezugsperson für ein junges Mädchen und seine Gefühle. Und sein plötzlicher Tod unter den häßlichen Begleitumständen, die Greta Garbo Mr. Gronowicz so ausführlich erzählt hat, stellt, psychologisch gesprochen, die schlimmste Form des Im-Stich-Lassens dar, die man sich vorstellen kann. Es war sicherlich schwer, damit fertig zu werden.

Mauritz Stiller war für Greta Garbo offensichtlich ein Vaterersatz, aber sein Versagen war fast noch schlimmer. Er vermochte es nicht, sie vor der rüden und anmaßenden Behandlung durch das Management von MGM zu bewahren, und er wußte sich auch selbst nicht gegen die entmutigende Mißachtung seiner Begabung zu wehren. Statt dessen floh er zurück nach Europa, um dort die Überreste seiner Karriere zusammenzufegen, und ließ Greta Garbo allein in Hollywood zurück. Bald darauf starb er, womöglich noch mehr zur Unzeit als der Vater.

Nach solchen Erfahrungen wäre es nicht weiter erstaunlich gewesen, wenn ein als Selbstschutz besonders geeigneter kalter Zynismus ihre Gefühlswelt bestimmt hätte, wenn sie zum echten Vamp geworden wäre. Tatsächlich gab es in ihren Stummfilmen ein Element, das Alistair Cooke «Verachtung» genannt hat. Daß sie schließlich eine Leinwandpersönlichkeit wurde, die das genaue Gegenteil, nämlich Mitgefühl, ausstrahlte, daß sie als *Anna Karenina* oder *Kameliendame* geradezu exemplarisch jene fast existentielle Bereitschaft verkörperte, im Namen der Liebe allen Schmerz und alle Verluste zu akzeptieren, ist nachgerade ein Wunder.

Wenn die Annahme zutrifft, daß sie tatsächlich auf ihre eigene Lebensgeschichte und ihre eigenen Gefühle zurückgriff, um diesen emotionalen Komplex zu vermitteln, haben wir möglicherweise eine einfache, wenn auch vielleicht nur partielle Erklärung dafür gefunden, warum sie sich so früh von der Leinwand zurückzog. Sowohl im vorliegenden Buch als auch an anderer Stelle hat sie immer wieder von der Erschöpfung gesprochen, die sie jedesmal ergriff, wenn sie einen Film machte. Angesichts ihrer körperlichen Zähigkeit ist das ziemlich merkwürdig. Der Ursprung dieser Erschöpfung mußte also seelischer Natur sein, sie beruhte offenbar auf der intensiven Konfrontation mit dem eigenen Selbst, die sie brauchte, um ihre Rollen spielen zu können. Auch ein nach modernen Methoden arbeitender Schauspieler wie Marlon Brando hat von einer solchen «Entkräftung» gesprochen. Auch er versucht sich – wie manche seiner Arbeiten zeigen – durch ein ausweichendes Verhalten zu schützen, auch bei ihm führte diese Entkräftung zu einem relativ frühen Rückzug von der Schauspielerei.

Wie auch immer, bei Greta Garbo waren offensichtlich noch andere Faktoren im Spiel, und aus heutiger Sicht erscheint uns ihre Arbeit vor der Kamera vielleicht gar nicht mehr so außergewöhnlich, sondern einfach nur noch als gute, realistische, psychologisch durchdachte Schauspielkunst, wie wir sie jetzt jeden Tag sehen. Aber in der damaligen Zeit traf es die Zuschauer und Kritiker mit revolutionärer Gewalt. Pola Negri und die sonstigen Vamps – die einzigen Typen, mit denen man Greta Garbo sinnvollerweise vergleichen kann – agierten viel heftiger. Ihre Gefühlsaufwallungen wurden äußerst sichtbar und auf unmißverständliche Weise dargestellt. So weit konnte und wollte die Garbo nicht aus sich herausgehen.

Und das war ihr Geheimnis. Ganz einfach: So etwas wie sie hatte noch nie jemand auf der Leinwand gesehen. Am Anfang waren die Leute denn auch ziemlich verwirrt. Als Richard Watts jr. ihren ersten amerikanischen Film, *The Torrent*, besprechen sollte, schrieb er: «Sie scheint eine exzellente und attraktive Schauspielerin zu sein und besitzt die erstaunliche Fähigkeit, abwechselnd wie Carol Dempster, Norma Talmagde, Zasu Pitts und Gloria Swanson auszusehen.» Nachdem er das Unbestimmbare ihres Wesens auf diese Weise falsch definiert hatte, fügte er hinzu: «Das bedeutet allerdings nicht, daß sie keinen eigenen Stil hätte.» Und mit dieser atemberaubenden Analyse wandte er sich hastig (und offensichtlich erleichtert) Ricardo Cortez, dem männlichen Star des Films, zu.

In solchem Verzicht auf ein kritisches Urteil steckt zumindest eine liebenswerte Bescheidenheit. Denn nach den *Fluten der Leidenschaft* folgte eine Sintflut. Die ganze Stummfilmzeit hindurch und auch während der folgenden Jahre war Greta Garbo dazu verurteilt, eine Ehebrecherin nach der anderen zu spielen oder zumindest Frauen, die vom Ehebruch träumten. Zur ersten Kategorie gehören: *Totentanz der Liebe, Es war, Anna Karenina* (die Stummfilmfassung allerdings mit Happy-End), *Herrin der Liebe* und *Der Kuß*; zur zweiten Kategorie gehören ihre Rollen in *Wilde Orchideen* und *Unsichtbare Fesseln*. Nur zwei ihrer amerikanischen Stummfilme ersparten ihr dieses Schicksal. In *Der Krieg im Dunkel* braucht sie nur einen symbolischen Ehebruch zu begehen: Als Spionin verliebt sie sich in den Soldaten, den sie verführen soll, und betrügt damit ihren Auftraggeber (den Ersatzehemann sozusagen). Wie es scheint, entging sie lediglich in *Das göttliche Weib* irgendwelchen illegitimen romantischen Verwicklungen, und davon gibt es keine Kopien und kein Negativ mehr. Der Film beschreibt den Aufstieg eines jungen Mädchens vom Land zum gefeierten Star des Pariser Theaters à la Sarah Bernhardt. Aber auch hier verlangte das Drehbuch ein Opfer von Greta Garbo: Um den Mann, den sie liebt, endgültig für sich zu gewinnen, muß sie auf die hart erkämpfte Bühnenkarriere schließlich wieder verzichten.

Ihr Tonfilmdebüt allerdings bildete eine gewisse Ausnahme. In *Anna Christie*, der Adaption eines ebenso trübsinnigen wie lächerlichen O'Neill-Dramas, fehlte es ihrer Umgebung völlig an der üblichen Eleganz. Und ihr ganzes schlechtes Benehmen (als Prostituierte zu Hause in Minnesota) findet statt, ehe die eigentliche Handlung (in einer New Yorker Hafenkneipe) beginnt. Aber alle Filme, die Greta Garbo vor *Ninotschka* machte, waren nur Stummfilme, in denen die Untertitel durch Dialoge ersetzt worden waren. Sie litt nach bewährter Methode, was allerdings immer altmodischer wurde. Sie brauchte zwar nicht mehr so oft zu sterben – lediglich in *Mata Hari*, beim zweiten Anlauf zu *Anna Karenina* (diesmal mit dem von Tolstoi vorgegebenen tragischen Ende) und natürlich in der *Kameliendame*, aber ihre Opfer waren Legion.

So verzichtete sie auf einen jungen Geistlichen (in *Romanze*), auf einen jungen Diplomaten (in *Yvonne*) und als Maria Walewska sogar auf Napoleon, um die vielversprechenden Karrieren der Männer nicht zu gefährden. Um ihrer selbst willen verzichtete sie auf John Gilbert und bestieg statt dessen lieber den schwedischen Thron *(Köni-*

gin Christine). Und um ihre Ehe zu retten und die Pest zu bekämpfen, verzichtete sie auf George Brent *(Der bunte Schleier).* Nur zwei mehr oder weniger glückliche Eroberungen durfte sie sich in den dreißiger Jahren erlauben: In *Helgas Fall und Aufstieg* wurde ihr gestattet, sich aus einer unglücklichen Ehe in die Arme Clark Gables zu retten, und die Frau, die sie in *Wie du mich wünschst* spielte (die Vorlage stammte von keinem Geringeren als Luigi Pirandello), leidet zwar anfangs unter Amnesie, findet aber ihr Gedächtnis und am Schluß die wahre Liebe wieder.

Reden wir hier über Kitsch? Ja, wir reden über Kitsch. Auch wenn diese Produktionen nach MGM-Maßstäben alle erstklassig waren. Das heißt, die Ausstattung, die Kostüme und die Frisuren waren hinreißend und die Schauspieler in der Regel die besten, die für Geld zu haben waren. Eine überwältigende Aura von Luxus umgab die Produktion dieser Filme. Aber die Drehbücher waren meist dürftige Aufarbeitungen dürftiger Gedanken und Formen und wurden von Regisseuren in Szene gesetzt, die sich ganz nach dem richteten, was Mr. Thalberg und Mr. Mayer verlangten. Sie bemühten sich nicht etwa um individuellen Ausdruck, sondern ausschließlich um die Wiederholung der einzigen Botschaft, die das MGM-Management dem Publikum damals mitteilen wollte: daß bei MGM keine Kosten gespart wurden, um die Leute zufriedenzustellen.

Im breiten Strom der amerikanischen Filmgeschichte war die MGM der dreißiger und vierziger Jahre ein intellektuell und kulturell eher träges Gewässer, das nur von den kraftvollen Persönlichkeiten der Stars und gelegentlichen Neuzugängen aus der Reihe jener Talente, die sich woanders entwickelt hatten, vor völliger Stagnation bewahrt wurde. In diesem Zusammenhang wären die Marx Brothers, Spencer Tracy, Katharine Hepburn oder Ernst Lubitsch zu nennen, der für Greta Garbo allerdings leider zu spät kam. Die MGM konzentrierte sich vor allem auf zweitklassige Bearbeitungen literarischer Vorlagen, Historienschinken und melodramatische Liebesgeschichten. Erst als Arthur Freed nach dem Erfolg des *Wizard of Oz (Das zauberhafte Land)* eine Abteilung für Musicals aufbauen durfte, wurden bei MGM eine Reihe eigenständiger, innovativer Werke von bleibendem Wert geschaffen.

Der Tonfilm hatte bei den Regisseuren und Drehbuchautoren eine Welle schöpferischer Energie ausgelöst. Ihre Einfälle gaben den amerikanischen Filmen der damaligen Zeit ihren Witz und ihren Schwung. Aber die besten von ihnen arbeiteten meist nicht für MGM. Die führende Filmgesellschaft für romantische Komödien war in den Dreißigern die Paramount, wo Lubitsch herkam und wo Preston Sturges sich entwickelte. Bei Warner Brothers, für die solche rebellischen Köpfe wie James Cagney und Bette Davies arbeiteten, wurde in melodramatischen Filmen mit viel schwarzem Humor der schnellebige Geist des urbanen Amerika eingefangen. Die Twentieth Century Fox unter Darryl F. Zanuck war halb MGM und halb Warner Brothers; ihren Filmen, die etwas hastig und schlecht fundiert wirkten, fehlte aber sowohl der Glanz der einen wie die grüblerische Energie der anderen Gesellschaft. Die wirtschaftlich dahinkrebsende Columbia wiederum hatte keine Hemmungen, einen Versuch mit Capras sozialkritischen und verschiedenen *Screwball*-Komödien zu machen, da sie keine «Würde» zu bewahren hatte. Die RKO (Radio Pictures Incorporated), ebenfalls finanziell immer auf der Kippe, trug erheblich zu diesen Serien bei, wurde aber ähnlich wie die Columbia auch zu einem Zufluchtsort, wo unabhängige Köpfe wie Howard Hawks, George Stevens, Leo McCarey und für kurze Zeit auch Orson Welles mit ihren eigenwilligen Projekten Unterschlupf fanden (ganz zu schweigen von Stars wie Cary Grant und Fred Astaire). Oft genug leisteten die Stars, die bei MGM unter Vertrag waren, ihre beste Arbeit, wenn sie an diese anderen Studios «ausgeliehen» wurden, zum Beispiel Clark Gable in dem Film *It Happened One Night (Es geschah in einer Nacht).*

Aus diesem, aufgrund der neuen Tontechnik vor allem verbal bestimmten Milieu ging bald ein neues Frauenbild hervor. Die neue Frau war in der Regel berufstätig, schlagfertig und schick und konnte sowohl in den Dialogen als auch erotisch jederzeit mithalten. Sie war dreist wie Jean Harlow, ironisch wie Claudette Colbert, verrückt wie Carole Lombard, elegant wie Irene Dunne oder intelligent wie Katharine Hepburn, aber sie war nie ein Opfer – jedenfalls nie für lange. Marlene Dietrich, die unterschwellig ebenfalls eine leicht androgyne Ausstrahlung hatte und in der neuen Ära deshalb in mancher Hinsicht Greta Garbos Nachfolgerin wurde, äußerte ihre Wünsche mit einer Kühnheit und einem Witz, die Greta Garbo völlig fremd gewesen wären. (In der ersten größeren Szene, die sie in einem amerikanischen Film spielte, trägt Marlene Dietrich einen weißen Frack und küßt eine andere Frau kühn auf die Lippen.) Die Handlung des typischen Dietrich-Films folgt nicht dem Schema von der Tugend zum Fall, sondern zeigt die Regeneration durch eine neue oder wiedergefundene Liebe nach dem Fall – ein völlig anderes Schema als bei den meisten Garbo-Filmen.

Daß sich Greta Garbo mit außergewöhnlicher Intensität in ihre Filme einbrachte und dabei starke Wirkungen erzeugte, steht ganz außer Frage. Aber wenn man die künstlerische Szene im Hollywood der dreißiger Jahre in ihrer ganzen Breite betrachtet, fragt man sich, ob ihre Karriere als Schauspielerin (im Gegensatz zu ihrer Karriere als Prominente) nicht wesentlich erfolgreicher verlaufen wäre, wenn sie weniger eng an die MGM und damit an Filme gebunden gewesen wäre, die, wie Graham Greene andeutet, schon anachronistisch waren, als sie gedreht wurden. Wäre es möglich, daß sie interessantere Projekte gefunden hätte, wenn sie woanders unter Vertrag oder frei gewesen wäre? Projekte, die ihre Phantasie stärker angeregt, ihre Ausdrucksmöglichkeiten erweitert und so ein Motiv dargestellt hätten, ihre Karriere nicht so abrupt zu beenden? Hätte sie auf diese Weise Unsterblichkeit nicht auf künstlerischem Weg erlangen können, statt als Kuriosum?

Diese Fragen sind nicht leicht zu beantworten. Wie unglücklich Greta Garbo über die MGM auch gewesen sein mag, wenn sie schmollte und wenn es Spannungen gab, ging es meist nicht um Rollen, sondern um Geld. Und wenn die Vaterfiguren aus dem MGM-Management sie auch gelegentlich unglücklich machten, so war der Rest der «Studio-Familie» doch außerordentlich wertvoll für sie. Hier fand sie genau die freundlichen, vertrauten Gesichter, die sie brauchte, um überhaupt arbeiten zu können. Angesichts ihrer Selbstversunkenheit, die immer tiefer wurde, je länger sie als Fremde in einem fremden Land blieb, erscheint es eher zweifelhaft, daß sie sich der Alternativen bewußt war, die es bei anderen Studios für sie gab. Man muß vielmehr annehmen, daß sie sich dieser Möglichkeiten auch dann nicht bedient hätte, wenn sie darüber nachgedacht hätte.

Es drängt sich nämlich mittlerweile auch der Verdacht auf, daß die Albernheit vieler Filme, in denen sie auftrat, aus ihrer Sicht durchaus einem höheren Zweck gedient haben könnte. Wieviel bewußte Berechnung dabei war, kann man natürlich nicht sagen, aber sicher ist, daß sie in ihren Filmen sowohl den Dialog als auch ihre Umgebung völlig beherrschte. Das fing, wie schon erwähnt, damit an, daß sie die Handlung des Films kaum interessierte. Aber es ging bald noch weiter. Es gab buchstäblich nichts in diesen Filmen, was das Publikum von der Betrachtung der «Göttlichen» abgelenkt hätte (diesen Beinamen verdankte sie unzweifelhaft dem Titel ihres Stummfilms *Das göttliche Weib* aus dem Jahr 1928). Alle großen Augenblicke gehörten ihr und nur ihr. Keine Zeile von irgendeinem der Drehbuchautoren blieb dauerhaft im Gedächtnis. Kein starker Regisseur durfte in ihren Filmen je seine Fähigkeiten beweisen, kein männlicher Held und schon gar keine Nebenfigur wurde je zur Herausforderung, sie allein beherrschte die Leinwand. Es war – so schien es – ein perfektes Arrangement: Alle Augen waren auf sie gerichtet, und für das ganze Gewäsch um sie herum trug sie keine Verantwortung. Die Zuschauer waren schon deshalb auf sie fixiert, weil es sonst nichts gab, worüber man mit Gewinn hätte nachdenken oder was man ohne Unbehagen längere Zeit hätte ansehen können.

Das Ergebnis allerdings war, daß ihre Karriere letztlich eine Blütenlese köstlicher Momente blieb, in denen sich vor einem mittelmäßigen Hintergrund ihr «Genie» zeigte. Wenn man zurückdenkt, erinnert man sich zum Beispiel an die Abendmahlsszene in *Es war*, wo sie den Kelch feierlich so weit herumdreht, daß ihre Lippen ihn an derselben Stelle berühren, die zuvor schon die Lippen ihres heimlichen Geliebten berührt haben. Oder der Augenblick in *Herrin der Liebe*, wo sie, todkrank, ihre verbotene Leidenschaft dadurch zum Ausdruck bringt, daß sie den Blumenstrauß, den ihr der Geliebte geschickt hat, umarmt, als ob er es selbst wäre. Zu Recht wird auch der Augenblick in *Königin Christine* gefeiert, wo sie durch das Zimmer geht, das sie mit ihrem Geliebten geteilt hat, und, um sie sich für immer einzuprägen, alle Gegenstände berührt, weil sie weiß, daß sie weder das Zimmer noch ihren Geliebten jemals wiedersehen wird. Auch *Anna Karenina* ist voller solcher Momente, wunderbarer Augenblicke voller Geschäftigkeit, mal auf einem Ball und mal auf dem Rennplatz oder beim Krocket, in denen sie sich allmählich bewußt wird, daß sie einer verbotenen Liebe anheimfällt. Das Opfer, das sie in diesem Film bringen muß, ist der Verzicht auf ihren Sohn (gespielt von Freddie Bartholomew), und alle Szenen mit ihm haben eine besondere Intensität, die sie durch sehr verhaltenes Spiel noch verstärkt. Typisch ist die Szene im Park, wo die Kamera sie in dem

Augenblick einfängt und festhält, wo ihr Sohn in die eine und ihr Liebhaber Wronski (gespielt von Fredric March) in die andere Richtung davongeht. Wie ein verirrtes Tier in einem Labyrinth dreht sie sich hin und her, und das ängstliche Flattern ihrer Bewegungen zeigt ihren ganzen Konflikt. Ihr nächster Film, *Die Kameliendame,* war ebenfalls reich an solchen unvergeßlichen schauspielerischen Momenten; der eindrucksvollste davon ist vielleicht der, wo sie eine korrupte Neigung zu einem älteren Mann vortäuscht, um ihren jugendlichen Verehrer Armand (Robert Taylor) zu verscheuchen. Die Art und Weise, wie sie fast hysterisch lachend den Kopf zurückwirft und damit den Jüngling von der Echtheit ihrer Fröhlichkeit ebenso überzeugt wie den Zuschauer von der Tapferkeit ihrer Verstellung, wie sie ihr Lachen zur Hysterie steigert, ohne auch nur eine Sekunde lang die Kontrolle über sich zu verlieren, das ist äußerst sensible, großartige Kunst.

Der Regisseur der *Kameliendame,* der kluge und geschmackvolle George Cukor, hat später erklärt, der Film sei nur dadurch über seine trivialen Ursprünge im neunzehnten Jahrhundert hinausgewachsen, daß sich Greta Garbo geweigert habe, die Titelheldin als Opfer zu spielen, und die Kurtisane statt dessen als selbstbewußte Frau angelegt habe, die ihren Untergang selbst herbeiführt. Er war der Ansicht, daß die Garbo, ähnlich wie einige wenige andere große Stars, einen von den Kunstmitteln des Mediums (wie zum Beispiel der Großaufnahme und der Montage) unterstützten Instinkt dafür hatte, auch im konventionellsten Material noch «menschliche Wahrheit» zu finden, auch wenn es literarischen Kennern noch so lächerlich und abgeschmackt vorkam.

Zumindest mochte es damals so scheinen. Den Zuschauern, die mit ihr aufgewachsen waren oder die mit ihr aufwuchsen, genügte ihre bloße Gegenwart, um Filmen mit antiquierten Stoffen und einem antiquierten Frauenbild Respekt zu verschaffen, Filmen, die sie unweigerlich ausgebuht hätten, wenn eine andere Schauspielerin sich an ihren Rollen versucht hätte. Die Kinobesucher waren willige Komplizen in der stillschweigenden Übereinkunft, daß Greta Garbo grundsätzlich keine Verantwortung für den schwachsinnigen Rahmen trug, in dem sie meist auftrat, und daß ihre bloße Gegenwart auf der Leinwand genügte, um jedwedes Filmchen zu adeln. Andererseits konnten sie sicher sein, daß sie in dieser oder jener Einstellung das

431

tatsächlich transzendieren würde, was sie aus ihrer berühmten Zurückgezogenheit und die Zuschauer aus ihren Häusern gelockt hatte.
In dieser Betrachtungsweise waren sich auch die Kritiker einig.
Vielleicht wurde sie auch von ihnen erfunden – das läßt sich jetzt
nicht mehr feststellen. Wenn man heute in den zeitgenössischen
Rezensionen liest, stellt man jedenfalls fest, daß sie über die Filme
selbst wenig sagen. Über die Handlung eines typischen Garbo-Films
erfährt man so gut wie gar nichts, aber über die Schauspielerin gibt es
immer mehrere Absätze mit oft genug fragwürdigen Allgemeinplät-
zen.

So ließ sich 1932 eines Tages sogar der damals führende Theater-
kritiker Stark Young dazu herab, seine Blicke einmal vom Olymp der
Theaterwelt abzuwenden und statt dessen einen Garbo-Film zu besprechen. Vielleicht hatte das damit zu tun, daß sie in diesem Jahr in
dem Film *Wie du mich wünschst* mitgespielt hatte, der ja auf einer
Vorlage des berühmten Dramatikers Pirandello beruhte. Jedenfalls
schrieb er: Greta Garbo «ist Bestandteil des natürlichen, rechtmäßi-
gen Fortschritts der Poesie vom Konkreten zum Ideal». Was er damit
meinte, ist das, worüber wir gerade gesprochen haben – jene Pose der
Distanz gegenüber dem Kontext, in den sie gestellt war. «Erhebung»
und «Verfeinerung» waren Begriffe, die Young zu ihrer Schauspielkunst einfielen. Er sprach von der «distanzierten Geschlossenheit
ihres Geistes», einer «gewissen edlen Bitterkeit ihres Erscheinungs-
bildes» und «einer Gemütsverfassung, die sich einerseits hingibt und
andererseits doch wieder verweigert». All dies zusammen, behauptete er, lasse die damals herrschende «banale kleine Theorie»,
daß es im Kino und auf dem Theater möglichst natürlich und prosaisch zugehen müsse, verblassen.

Mit dieser Würdigung legte Young die Grundregeln für die Haupt-
richtung der professionellen Garbo-Kritik fest. Zwei Jahrzehnte später schrieb Kenneth Tynan immer noch dasselbe, allerdings in etwas
lebendigerer, sexuell aufgeladener Prosa: «Was man in anderen
Frauen sieht, wenn man betrunken ist, das sieht man in Greta Garbo
auch nüchtern. Mit der ganzen pulsierenden Präzision eines huxley-
schen Meskalinrausches nimmt man diese Frau wahr. Wer sie beobachtet, erlebt die unmittelbare, reine Anschauung von etwas, das wie
eine Blume oder der Faltenwurf echter Seide ganz in sich selbst
versunken auf schöne, unaufdringliche Weise es selbst ist. Nichts

Störendes liegt zwischen ihr und dem Betrachter, außer dessen Neurosen.» Ihre Rollen werden wie üblich nebenbei abgetan («Was sie wieder alles durchmachen mußte, bis alles vorbei ist...»). Ungefähr zur gleichen Zeit nahm sich auch Roland Barthes mit der üblichen gallischen Mischung von genauen Beobachtungen und haarsträubenden Verallgemeinerungen unseres Gegenstands an. Greta Garbo, schrieb er, «gehörte zu jener Phase der Filmkunst, wo es genügte, ein menschliches Gesicht einzufangen, um die Zuschauer in Ekstase zu versetzen..., wo das Gesicht noch der absolute Zustand des Fleisches war, den man weder erreichen konnte noch ihm entsagen». Sie stellte «eine Art platonisches Ideal des Menschengeschlechts dar... direkt aus jenem Himmel heruntergestiegen, wo alle Dinge im klarsten Licht geformt und vervollkommnet werden». Und so weiter. Einen Hinweis, daß er in letzter Zeit noch etwas anderes als eine neue Adaption von *Königin Christine* gesehen hat, gibt Roland Barthes nicht.

Man könnte diese Art Essayistik «un-praktische Kritik» nennen, denn sie löst sich ebenso aus dem konkreten Zusammenhang wie ihr Gegenstand selbst. Sie befreit die Garbo nicht nur von der Verantwortung für die Filme, in denen sie spielte, sondern unterstellt, daß es überhaupt kein von Menschen gemachtes Werk geben könne, das ihrer wert sei. Tynan bedauert zwar pflichtbewußt, daß Greta Garbo nie die Masha in *Die drei Schwestern* gespielt habe, aber diese Bemerkung gehört wohl in den Bereich der noch in den fünfziger Jahren bei Theaterleuten üblichen rituellen Klagen, wie sehr doch schauspielerisches Talent auf der Leinwand mißbraucht und vergeudet werde. Als ob sich das Theater dieser Sünde niemals schuldig gemacht hätte.

Wie auch immer, schwärmerische Verehrung dieser Art ist gefährlich. Vor allem für ihre Empfänger. Je mehr die Kritik auf ihrer Einzigartigkeit beharrt, desto mehr isolieren sie sich, nicht nur von der Welt, sondern auch von den Quellen ihrer Begabung. Je abgehobener ihre Kunst wird, desto mehr entfernt sie sich von der Realität. Auch bei Greta Garbo zeigte sich das, aber paradoxerweise war das Gegenteil auch wahr. Es trifft zwar zu, daß ihr Make-up im Lauf der Jahre immer dicker und weißer wurde und ihr Gesicht immer maskenhafter, wie Roland Barthes schrieb, und daß sie in den Augen des Publikums auf diese Weise immer mehr zur idealisierten Frau wurde; aber gleichzeitig entwickelte sich in ihrer Haltung jenes neue Mitgefühl, von dem ich schon sprach. Soviel ich feststellen konnte, war der erste, der diese neue Eigenschaft Greta Garbos bemerkte, ein außerordentlich praktischer Mann, nämlich Alistair Cooke, der als junger Mann allwöchentlich eine Filmkritik schrieb. Bei der Beschäftigung mit der *Anna Karenina* des Jahres 1935 vermißte er «die alte, glatte, kühne Verachtung» und fand statt dessen «eine amüsierte Größe». Sie sei in diesem Film «eine tolerante Göttin» geworden, die jedermann in «eine fürsorgliche Zärtlichkeit» einhülle. Scharfsichtig stellte er fest: «Sie sieht nicht nur ihr eigenes Leben, bevor es gelebt worden ist, sondern auch das aller anderen.»

Cooke hielt das für Fatalismus; ich glaube, daß es eine einfachere, instinktivere Klugheit gewesen sein könnte. Im Gegensatz zu Cooke bin ich auch nicht der Ansicht, daß diese Gemütsverfassung plötzlich über sie gekommen ist; ich glaube vielmehr, Spuren davon schon in solchen ansonsten dümmlichen Filmen wie *Mata Hari* entdecken zu können. Aber im Grunde ist das egal. Das Mitgefühl ist da, es ist die positive Seite der Reife (im Gegensatz zu den Make-up-Masken). Es ist die Eigenschaft, die es Greta Garbo erlaubte, in der *Kameliendame* jene Transzendenz zu erreichen, von der Cukor sprach. Ist es nicht «eine fürsorgliche Zärtlichkeit», was sie den ganzen Film hindurch gegenüber Armand zeigt?

Es ist auch eine Quelle der Frustration. Denn diese künstlerische Leistung ist verpackt in kilometerlangen Kostümstoff, sie wird durch das falsche Historisieren und die pseudoliterarischen Drehbücher der Filme verdünnt und trivialisiert und dem Publikum durch die ständig wachsende Garbo-Legende entrückt. Schon im Jahr 1929 mußte sie in einem Untertitel des Films *Unsichtbare Fesseln* mit einer Variante des berühmten Satzes «I want to be alone» auftreten, den sie angeblich Reportern zugerufen hatte, die sie bei einer ihrer Reisen nach Schweden in New York zu stellen versucht hatten. «Ich gehe allein, weil ich allein sein will», stand auf der Titelkarte, und der Film betonte immer wieder ihr einzelgängerisches Wesen, unter anderem sieht man sie mehrfach auf langen Regenspaziergängen. Später tauchte der berühmte Satz noch in *Menschen im Hotel* auf, und sogar in *Ninotschka*. Und was noch schlimmer war: Nahezu alles Storys, die für sie ausgeheckt wurden, betonten immer nur ihre Isolation. Tynan hat darauf hingewiesen, daß sie wegen ihres Akzents in der Regel nur solche Rollen spielen konnte, die ihrer Situation im realen

Leben entsprachen: Immer war sie die Verbannte, die in einem fremden Hafen an Land ging, entweder auf der Flucht vor der Liebe oder auf der Suche danach. Wenn sie das vom Drehbuch unweigerlich vorgeschriebene amouröse Abenteuer überlebte, sah man sie am Ende regelmäßig so wieder weggehen, wie sie gekommen war – mutterseelenallein. Die berühmte letzte Einstellung von *Königin Christine*, wo sie allein am Bug des Schiffs steht, das sie ins Exil bringt, ist das Sinnbild ihrer Karriere, an dem zukünftige Generationen sie in Filmzusammenschnitten von Fernsehshows und in Bildbänden wiedererkennen werden. Um es stark vereinfacht zu sagen: Es wurde alles getan, um die eigentlich unübersehbare, ergreifende menschliche Realität, von der Cukor sprach, zu verschleiern und zu mystifizieren, jene Realität hinter den Konventionen, die Greta Garbo ständig illuminierte. Mit einem Wort: Kitschige Drehbücher führten zu kitschiger Berichterstattung und einer kitschigen Legende.

Im Lauf der dreißiger Jahre rächte sich diese Entwicklung. Bis zur *Kameliendame* waren ihre Filme zwar immer noch profitabel, aber die Gewinne wurden immer geringer und der finanzielle Erfolg wurde immer abhängiger von den europäischen Märkten. Dann kam 1937 die Katastrophe. Das Budget für die Produktion des Films *Maria Walewska*, der die unglückliche Liebe der polnischen Gräfin Maria Walewska zu Napoleon beschreibt, wurde weit überzogen. Nach Angaben von Alexander Walker versuchten sich nicht weniger als siebzehn Drehbuchautoren an einem Projekt, das schließlich über drei Millionen Dollar kosten sollte, nur eine Million weniger als *Vom Winde verweht*, das doppelt so lang war und der Filmgesellschaft zwei Jahre später einen unglaublichen Gewinn bringen sollte. Es wurde höchste Zeit, Greta Garbo endlich ins zwanzigste Jahrhundert zu holen. Außerdem mußte sie endlich begreifen, daß es mittlerweile fest etablierte Konventionen für den Tonfilm gab.

So kam es dann zu *Ninotschka*. Greta Garbos langfristiger Vertrag mit der MGM war ausgelaufen, und sie unterschrieb einen neuen Vertrag mit der Firma, der ihr nur halb soviel einbrachte und nur für einen einzigen Film galt. Aber Ernst Lubitsch, den sie später (völlig zu Recht) als den einzigen erstklassigen Regisseur bezeichnete, den sie jemals in Hollywood hatte, wollte schon seit Anfang der dreißiger Jahre unbedingt einen Film mit ihr machen, und die Zusammenarbeit erwies sich als äußerst glücklich. Greta Garbo wurde wieder zum Kassenstar.

Das Drehbuch war eine Gemeinschaftsarbeit. Dem Autorenteam Billy Wilder, Charles Brackett und Walter Reisch, einem alten Freund von Ernst Lubitsch, gelang es hervorragend, Greta Garbos Leinwandpersönlichkeit in eine Komödie zu integrieren. Sie spielt eine russische Kommissarin, die nach Paris kommt, um die Machenschaften einer äußerst komischen Handelsdelegation unter die Lupe zu nehmen, die dem Zauber einer westlichen Metropole und dem Einfluß eines Betrügers (Melvyn Douglas) erlegen ist. Der fragwürdige Geschäftsmann und routinierte Frauenheld verführt sie zunächst rein aus Gewohnheit, verliebt sich dann aber wirklich in sie. Da sie eine emanzipierte russische Kommunistin darstellt, reist sie natürlich allein und tritt äußerst dienstlich auf. Damit wird diese Rolle fast zu einer Parodie der einsamen Gestalten, die sie bis dahin immer dargestellt hatte. Das zeigt sich besonders, als es um Sex geht. Als sich Douglas daran macht, sie zu verführen, beäugt sie ihn kühl und teilt ihm mit, was er da vorhabe, beruhe auf einem «ganz natürlichen Trieb», der bei allen Menschen zu finden sei. Diese offene, gelassene Anerkennung des körperlichen Geschlechtsakts steht in äußerst ironischem Gegensatz zu den vagen sinnlichen Andeutungen, die ihr in früheren Rollen erlaubt worden waren.

Anschließend hält sie dann ihr vielzitiertes Plädoyer für das Recht des einzelnen, sich den Forderungen der Politik zu entziehen: «Genossen! Völker der Welt! Die Revolution ist auf dem Vormarsch. Bomben werden fallen. Ganze Zivilisationen werden untergehen. Aber nicht sofort, bitte. Wartet ein bißchen. Wozu denn die Eile? Laßt uns unseren Augenblick!» Auch das ist eine Art Fortsetzung früherer Rollen, aber ihr Image wird nicht für eine melancholische, sondern für eine witzige Wendung genutzt. Und das Ergebnis ist eher noch anrührender. Sogar der Verzicht, den sie in *Ninotschka* leisten muß, stimmt noch heiter. Denn um die wahre Liebe zu finden, muß sie lediglich auf das politische Dogma verzichten, auf das ihr Selbstverständnis sich stützte – auch dies ein deutlicher Fortschritt gegenüber ihren früheren Leiden.

Mit alledem ist noch nichts über das attraktive Umfeld gesagt, in dem Greta Garbo hier auftritt: die äußerst komischen Genossen Iranoff, Buljanoff und Kopalski, die sie eigentlich zur Ordnung rufen soll und am Schluß einfach machen läßt; die scharfen satirischen Seitenhiebe auf kommunistische, kapitalistische und aristokratische Denkgewohnheiten; die für Lubitsch so typische Mischung von Sachlichkeit und Süße in den romantischen Szenen; und schließlich die Intelligenz und das Tempo des ganzen Films. Mit einer einzigen eleganten Bewegung holten Lubitsch und die Autoren des Drehbuchs Greta Garbo aus ihrer anachronistischen Welt und brachten sie auf die Höhe der Zeit, stellten sie, wie die Filmgeschichte mittlerweile gezeigt hat, in den Mittelpunkt einer der großen künstlerischen Traditionen des amerikanischen Kinos. Mit einem Wort, sie leisteten für Greta Garbo, was andere für Schauspielerinnen wie Jean Harlow und Marilyn Monroe getan haben, die zunächst nur als exotische Sexsymbole gewirkt hatten: Sie gaben ihr Gelegenheit, durch Selbstironie menschlich zu werden. Denn die Distanz trägt am Anfang zwar zum Zauber solcher Stars bei, führt aber im Lauf der Zeit zur Entfremdung.

Bedauerlicherweise war *Ninotschka* ein Wegweiser an einer Straße, die keine Fortsetzung fand. Die Studiomanager erkannten zwar, was der Film für Greta Garbo geleistet hatte, die für MGM eine riesige Investition darstellte und immer noch jung genug war, um weiteren Profit zu versprechen. Man versuchte auch, wieder etwas Ähnliches für sie zu finden. Aber leider war das Ergebnis, *Die Frau mit den zwei Gesichtern*, eine klägliche Inszenierung. Mit dem Ausbruch des Zweiten Weltkriegs in Europa hatte die MGM praktisch die Hälfte ihres Markts verloren (und Greta Garbo noch mehr), und das Budget für die Produktion war für ihre Verhältnisse lächerlich klein, persönlich mußte sie eine neuerliche, allerdings nicht mehr so gravierende Kürzung ihrer Gage hinnehmen. George Cukor hatte zwar durchaus schon sehr gute romantische Komödien wie *Philadelphia Story (Die Nacht vor der Hochzeit)*, *Holiday* oder *Pat und Mike* gedreht, aber ein Lubitsch war er nicht. Bei weitem schlimmer aber war, daß die Drehbuchautoren (S. N. Behrman und Salka Viertel, die schon bei vielen von Greta Garbos romantischen Epen mitgewirkt hatten, und George Oppenheimer) einem Vergleich mit dem *Ninotschka*-Team nicht standhalten konnten. Das Ergebnis war gewiß nicht so schlecht wie sein Ruf. Es war in etwa genauso wie Hunderte von anderen Produktionen, die ein mildes Vergnügen bereiteten und dann sofortigem Vergessen anheimfielen. Nichts, worüber man sich hätte aufre-

gen müssen. Otis Ferguson, der damals einzige amerikanische Filmkritiker von Bedeutung, stellte scharfsinnig fest, der Unterschied
zwischen der *Frau mit den zwei Gesichtern* und *Ninotschka* bestünde
darin, daß Cukor brav alles abgedreht habe, was im Drehbuch stand,
statt wie Lubitsch, der immer eng mit den Autoren zusammenarbeitete, ständig am Drehbuch zu feilen. Aus diesem Grund habe
Die Frau mit den zwei Gesichtern trotz einiger guter Pointen und
Greta Garbos «hübschem trockenem» Talent zur Komödie erhebliche
Längen. Aber: «Wenn Sie nicht gerade fest entschlossen sind,
schlechter Laune zu sein, wird Ihnen *Die Frau mit den zwei Gesichtern*
wahrscheinlich gefallen.»

Statt dessen zerriß die Kritik den Film, in dem Greta Garbo eine
Frau spielt, die das nachlassende Interesse ihre Ehemanns dadurch
aufzufrischen versucht, daß sie vorgibt, ihre erotisch attraktivere
Zwillingsschwester zu sein. Die Göttliche durfte zwar lachen, aber
nur auf Veranlassung eines anerkannten Meisters der raffinierten
Komödie und nur in einem Film, dessen Budget den hohen künstlerischen Rang widerspiegelte, zu dem die Kritiker Greta Garbo verdammt hatten. «Ernsthafte Menschen wollen natürlich, daß Greta
Garbo stets ernst bleibt», schrieb Ferguson. Daß der Film so relativ
unbedeutend war, führte sofort zu empörten Äußerungen über die
Erniedrigung und den Mißbrauch eines Idols. «Ernsthafte Leute»,
schreibt Ferguson, «beschweren sich stets voller Verachtung darüber,
daß, wie sie sagen, in Hollywood alle Schauspieler zu ‹Typen› ge-
stanzt werden, aber dann machen sie selbst genau die Geräusche,
welche die Filmproduzenten dazu veranlassen, möglichst viele
Schauspieler möglichst oft möglichst ähnliche Rollen spielen zu lassen, damit das dumme zahlende Publikum im Kino nicht mit den
Füßen scharrt oder blinzelt. Die ernsthaften Leute, von denen ich
rede, glauben zwar, weit über dem dummen Publikum zu stehen,
aber was das Blinzeln und Füßescharren angeht, verhalten sie sich
kein bißchen anders.»

Natürlich konnte man enttäuscht sein über einen Film wie *Die Frau
mit den zwei Gesichtern*, aber es war kein wirklicher Grund zur
Beunruhigung oder Anlaß zur Überprüfung aller Prämissen. Bedauerlicherweise kam die öffentliche Empörung auch der Diva persönlich
zu Ohren. Wie Mr. Gronowicz berichtet, hatte sie von Anfang an
Bedenken gegen das Projekt gehabt; und die Weigerung, ihr wie

gewünscht den vertrauten Kameramann William Daniels zur Seite zu stellen, war eine der typischen dummen Schikanen, mit denen die Studiobosse ihre «Autorität» gegenüber den künstlerischen Talenten zu behaupten versuchten. Für Greta Garbo bestätigten die kritischen Presseberichte nicht nur, wie undankbar MGM für ihre früheren Erfolge gewesen war, sondern erinnerten sie auch an das unwürdige Wechselspiel von Gönnerhaftigkeit und Geiz bei früheren Verhandlungen. Außerdem wirkte sich der Mißerfolg schon deshalb besonders negativ auf ihre Gemütslage aus, weil sie nur alle ein, zwei Jahre einen neuen Film machte, während andere jedes Jahr in drei oder vier verschiedenen mitspielten. Jeder neue Film von ihr war ein Ereignis; sie konnte einen Mißerfolg nicht einfach vergessen und sich dem nächsten Plan zuwenden. Und was noch schlimmer war, die Hoffnungen, die *Ninotschka* geweckt hatte, schienen sich plötzlich in Nichts aufzulösen. War das vielleicht nur ein einmaliger Glücksfall gewesen? Offenbar gab es für Greta Garbo doch keine Zukunft in leichteren, zeitgenössischen Filmen. Vielleicht sollte sie lieber wieder Abstand gewinnen, solange es möglich erschien. Vielleicht sollte sie den Abstand sogar noch vergrößern.

Und so kam es schließlich zum bewußt geplanten Rückzug in die Rolle der geheimnisvollen Diva. Es gab dafür natürlich auch noch andere Argumente. Daß sie außerordentlich schön war, hat Greta Garbo vermutlich gewußt, und mit Sicherheit wußte sie auch, daß sie dem Publikum die Reize des reiferen Alters entweder vorenthalten oder akzeptieren mußte, daß die Zuschauer beobachten konnten, wie der Glanz ihrer Schönheit allmählich verblaßte. Roland Barthes hat das sehr gut dargestellt: «Das Wesentliche, ihr Gesicht, durfte nicht entwertet werden, es durfte keine andere Realität haben als in seiner ohnehin mehr intellektuellen als formalen Vollendung. Im Lauf der Zeit verdunkelte es sich, verschwand hinter Sonnenbrillen und breiten Hüten oder gar im Exil, aber einen Verfall erlebte es nie.»

In einem Punkt aber verrechnete sich Greta Garbo ganz katastrophal. Wie aus dem Prolog dieses Buches hervorgeht, rechnete sie fest damit, daß ihre Filme die Legende, die sie um ihre Person gewoben hatte, unterstützen und in alle Ewigkeit interessierende, immer neu interpretierbare Zeugnisse ihres Lebens und ihrer Leistungen sein würden. Waren diese Filme nicht genau solche Rätsel, wie sie auch andere Leute, die wir als Götter und Helden verehren, für die Nachwelt zurücklassen? Selbst wenn sie keine so großartigen Vorstellungen hatte, durfte sie immerhin annehmen, daß ihre Filme eine mindestens ebenso bedeutende Hinterlassenschaft waren wie die Bücher, Gedichte und Gemälde anderer Künstler. Schließlich gehörte sie ja der ersten Generation von Schauspielern an, denen der Film diese Möglichkeit konkreter Unsterblichkeit bot. Und zum Zeitpunkt ihres Abschieds von der Leinwand hatte sie keinerlei Grund zu der Annahme, die Nachwelt könnte von ihren Werken weniger begeistert sein, als ihre Zeitgenossen es waren.

Aber ihre Filme ließen sie im Stich. Oder vielleicht sollte man gerechterweise sagen, daß *wir* sie im Stich ließen. Unsere Vorstellungskraft reichte einfach nicht aus, um uns so weit zurückzuversetzen, daß wir ihre Leistung aus den altmodischen dramaturgischen und emotionalen Konventionen herauslösen konnten, die sie umschlossen. Der einzige Film, der nicht im Schatten ihres ständig schwindenden Kults steht, der einzige, den wir uns selbst gern wieder ansehen und auch jüngeren Zuschauern empfehlen würden, ist der, in dem sie und ihre Kollegen ihre Leinwandpersönlichkeit parodieren: *Ninotschka*.

Das genügt nicht. Vielleicht reduziert die Erinnerung alle großen Schauspielerkarrieren am Ende auf die Dimensionen eines Fernsehbeitrags, auf ein paar zusammengeschnittene Filmszenen, auf irgendwelche Reliquien, ein paar verstaubte Kritiken und Anekdoten aus zweiter Hand. Und natürlich gibt es im Leben jedes Schauspielers Filme, von denen er sich wünscht, daß sie genauso verschwinden würden wie eine mißglückte Inszenierung auf dem Theater. Dennoch bleibt der Umstand bestehen, daß es von allen Schauspielern, die Greta Garbo in etwa ebenbürtig waren, mindestens ein halbes Dutzend Filme gibt, die wir jederzeit gern wieder ansehen würden. Diese Filme, die ihre Frische oft über ein halbes Jahrhundert bewahrt haben, bilden die Verankerung ihrer Unsterblichkeit und zeigen jeder neuen Generation nicht nur die Höhepunkte, sondern die ganze Persönlichkeit und Begabung dieser Schauspieler in einem vorteilhaften, oft sogar äußerst reizvollen Kontext. Die Filme erlauben uns, diese Schauspieler in aller Ruhe selbst kennenzulernen, ohne die Last einer großen Legende, ohne die merkwürdigen Schwärmereien der Fans, ohne die Kommentare der Filmhistoriker und ohne Rücksicht

auf den Geschmack der Leute, die uns irgendwelche Zusammen-
schnitte verkaufen.

Mit einem Wort, Greta Garbo zahlte einen hohen Preis für ihre
Selbstversunkenheit, ihren Egoismus und ihre eigenartige Passivität,
wenn es um die Auswahl der Rollen ging, die sie spielte. Es war
sinnlos, daß sie sich Jahre später beschwerte, sie hätte nur einen
einzigen erstklassigen Regisseur während ihrer Laufbahn gehabt. Sie
war in Hollywood, als sie auf dem Höhepunkt seiner Schöpferkraft
war, und sie hätte die Macht gehabt, die besten Regisseure und
Drehbuchschreiber zu verlangen. Aber sie kämpfte immer nur um
Geld und die kleinen Privilegien des Starruhms – wie zum Beispiel
den Kameramann, dessen Lichteffekte besonders vorteilhaft für sie
waren. Viele Schauspieler mit weitaus geringerem Einfluß dagegen
erkämpften sich Rollen, die es ihnen nicht nur erlaubten, bis in die
späten Lebensjahrzehnte beruflich tätig zu bleiben, sondern ihnen
auch einen Nachruhm verschafften, der immer noch anhält. Leider
muß man feststellen, daß Greta Garbo zwar bauernschlau war, daß
ihr der höhere künstlerische Instinkt aber fehlte. Sie wurde eine
Legende zu Lebzeiten, aber keine immerwährende Legende. Von Jahr
zu Jahr wird sie mehr zur . . . Kuriosität.

Man muß sich das vorstellen! Ein halbes Jahrhundert lang als eine
Frau zu existieren, die – um die Worte von Daniel Boorstin zu
variieren – wegen ihrer Unbekanntheit bekannt ist. Oder vielleicht
sollte man eher sagen, wegen ihrer Unkennbarkeit. In der ersten Zeit
sah die Öffentlichkeit sie noch häufig in den Illustrierten und Zeitungen, aber dann verlor die Presse allmählich doch das Interesse, und
das Alter begann sie zu lähmen. Für die Welt war sie eine geisterhafte
Erscheinung, die sich hinter schwarzen Brillen und Schleiern versteckte und mit tief ins Gesicht gezogenen Hüten durch Flughäfen,
Theaterfoyers und Restaurants huschte. Einige Verehrer gewöhnten
sich an, sie auf ihren Spaziergängen im Central Park zu verfolgen
oder beim Einkaufsbummel an der East Side, wo sie wohnte. Gelegentlich nahmen auch ehrgeizige Journalisten an diesen Pirschgän-
gen teil und teilten dann der Öffentlichkeit die wenig erhellenden
Kommentare der Ladenbesitzer mit, bei denen sie etwas gekauft
hatte. Jahrelang erzählten sich New Yorker von zufälligen Begegnungen mit ihr auf der Straße, bei denen sie allerdings kaum jemand
anzusprechen gewagt hatte. «Miß Brown», das Pseudonym, unter

dem sie Flüge und Schiffsreisen buchte, war bald fast genauso bekannt wie ihr wirklicher Name.

Wer sie nur aus der Klatschpresse kannte, mußte annehmen, daß sie eine Einsiedlerin war, aber das war sie nicht. In den vierziger und fünfziger Jahren konnten die Produzenten mit Drehbüchern und Ideen durchaus zu ihr vordringen, und mehr als einmal hieß es, sie würde vielleicht auf die Leinwand zurückkehren, aber sie führte offenbar alle immer nur an der Nase herum – und erprobte gleichzeitig ihre Macht, das Interesse von Presse und Publikum zu erregen. Auf jeden Fall hatte sie bis zu ihrem Tod einen relativ großen Freundeskreis, und den ständig lauernden Paparazzi setzte sie sich nur deshalb aus, weil sie deren Spiel durchaus mitspielte. Sie pendelte ständig zwischen Europa und Amerika hin und her. In gewisser Weise war sie sogar eine Schnorrerin, jedenfalls nahm sie gern Einladungen nach Südfrankreich oder in die Karibik an, solange jemand anderer die Rechnung bezahlte. Wenn sie es sich erst einmal irgendwo in einer Villa oder einem Ferienort bequem gemacht hatte, nahm sie freizügig, wenn auch unauffällig an allen Aktivitäten ihrer Freunde teil.

Gegenüber Mr. Gronowicz hat sie den Plan erwähnt, Beziehungen zu den besten Köpfen der Zeit aufzunehmen und sich mit den berühmtesten Künstlern, Politikern und Intellektuellen auseinanderzusetzen. Es wäre schön gewesen, wenn sie diesen Plan in die Tat umgesetzt hätte. Ihr Status hätte ihr sicherlich Zugang zu diesen Menschen eröffnet, genauso wie sie während ihrer Berufsjahre mit den besten Köpfen Hollywoods hätte Kontakt aufnehmen können. Aber wie es scheint, hat sie sich bloß mit jenen Künstlern beschäftigt, mit denen sie in den von ihr bevorzugten gesellschaftlichen Kreisen auf normalem Weg zusammentraf: Tennessee Williams, Truman Capote, Cecil Beaton. Viele von ihnen waren Homosexuelle und deshalb «ungefährliche» Begleiter für sie (obwohl sie bekanntlich Beaton zu einer kurzen und auf seiner Seite leidenschaftlichen heterosexuellen Affäre über die Grenze gelockt hat). Es gibt keinerlei Hinweise, daß sie versucht hat, über diesen engen Bereich hinaus in eine größere künstlerische Welt vorzustoßen, ganz zu schweigen von der Welt der Politik oder des sozialen Engagements. Man darf vermuten, daß sie zu schüchtern und intellektuell zu unsicher blieb, um so etwas zu versuchen. Übelwollende Beobachter könnten auch sagen, daß sie sich ihres legendären Rufs viel zu bewußt war, als daß sie ihn durch allzu große Annäherung an andere Prominente aufs Spiel gesetzt hätte. Sie scheute wohl vielleicht den Vergleich. Jedenfalls verbrachte sie den größten Teil ihrer Zeit mit reichen Müßiggängern, die ihren Starruhm nach wie vor respektierten, während die voranstürmende Jugend immer neuen Moden nacheiferte. Das Interesse ihrer Clique beschränkte sich hingegen auf solche Ideen und künstlerische Leistungen, die von den anerkannten Autoritäten anerkannt waren. Vor allem aber konnte diese Clique ihr auch jene komfortablen, genau kontrollierten Lebensumstände verschaffen, in denen sie sich von ihren ständigen Reisen ausruhen konnte. Wenig Neues und Junges und schon gar nichts Herausforderndes durfte in das Leben dieser Leute vordringen – und in ihres auch nicht.

Bei allem rastlosen Kommen und Gehen war ihr Leben nach dem Rückzug von der Leinwand – also der weitaus größere Teil ihrer Jahre – vollkommen leer. Und diese Leere wurde durch keinerlei altruistische Regung, kein Gefühl der Verpflichtung gegenüber Kultur und Geschichte gemildert. Ihr Leben gehört mit Sicherheit zu den eigennützigsten, das ein Prominenter des zwanzigsten Jahrhunderts je geführt hat, und es wird auch nicht durch irgendwelche posthumen Werke gerettet – von diesem Buch einmal abgesehen, an dem sie nach Aussage von Mr. Gronowicz eher unwillig arbeitete, dessen Tonfall oft hämisch ist und das sie zu Lebzeiten nicht veröffentlicht sehen wollte.

Gegen Ende schien sie zu spüren, daß sie einen großen Teil ihres Lebens vergeudet hatte. Jedenfalls beklagte sie sich gegenüber Mr. Gronowicz über die Trivialität ihres Daseins, und der vorliegende Bericht bestätigt, wie berechtigt das war. Dennoch unternahm sie nichts, um ihren Zustand zu bessern und mit ihrer Zeit wieder mehr in Berührung zu kommen. Sie blieb im Leben, was sie auf der Leinwand gewesen war: selbstversunken und auf schöne, unaufdringliche Weise sie selbst. So sind ihre letzten Jahre vielleicht ähnlich zu verstehen wie der letzte Akt in den meisten ihrer Filme. Zum letzten Male leistete Greta Garbo edlen Verzicht, diesmal allerdings nicht auf einen Mann, sondern auf eine Frau – auf ihr früheres Selbst. Dieses Wesen, halb Fiktion und halb Fakt, war (größtenteils) Greta Garbos eigene Erfindung, und deshalb war sie völlig berechtigt, damit zu tun, was sie wollte – auch wenn sie sich völlig abkapseln mußte, um es vor der Zeit zu schützen und uns vor dem Anblick seines unvermeidlichen Verfalls. (Wenn sie sich tatsächlich bewußt bemühte, unsere Empfindlichkeit in diesem Punkt zu schonen, wird man sie vielleicht doch nicht ganz egoistisch nennen dürfen.) Aber sie vergaß, daß das Leben kein Film ist, daß es über die emotionalen und dramaturgischen Höhepunkte hinweggeht und in die windstillen Absurditäten des Alters entführt. So ging sie dem Mitleid, das wir manchmal für die Idole unserer Jugend empfinden, wenn wir sie alt und schwach wiedersehen, zwar aus dem Weg, aber all ihre Bemühungen konnten nicht verhindern, daß sie auch als Idee, als Ideal-Garbo, allmählich lächerlich wurde – wenn wir überhaupt je darüber nachdachten.

Und doch hatte ihre Gegenwart, wenn man bis zu ihr vordringen konnte, immer noch ihren Zauber. Ich habe eingangs gesagt, daß ich in einer der belangloseren Szenen ihres Restlebens einmal eine Statistenrolle spielte, und das kam so: Obwohl sie ihn im vorliegenden Buch eher kritisch betrachtet, verbrachte Greta Garbo fast jedes Jahr ein paar Wochen bei dem exzentrischen, inzwischen verstorbenen Ernährungswissenschaftler Gaylord Hauser. Auch er war ein Homosexueller, den sie zu einer heterosexuellen Affäre verführt hatte, und als die Leidenschaft abgekühlt war, hatten sie einander die Freundschaft bewahrt. Hauser wußte mit Geld umzugehen und soll Greta Garbo geraten haben, speziell in Rodeo-Drive-Immobilien zu investieren, so daß sie ihm einen guten Teil des Luxus verdankte, in dem sie ihren Ruhestand verbringen konnte. Er wohnte in Los Angeles, in der Nähe des Mulholland Drive, in einem reich dekorierten Haus, das um den Swimmingpool herum gebaut war, und hatte Greta Garbo häufig zu Gast. Oft beschwerte er sich darüber, was für ein anspruchsvoller Hausgast sie war (sie war pingelig mit dem Essen und verlangte, daß bestimmte Zeiten eingehalten würden). Wir hatten eine gemeinsame Freundin, und eines Tages fragte er sie, ob wir vielleicht Lust hätten, mit ihm und der Garbo zu einer Party zu gehen, die wiederum andere Freunde von ihm gaben, und das war natürlich ein Angebot, das wir nicht ablehnen konnten.

Vorgestellt wurde sie unter ihrem «Miß Brown»-Pseudonym, aber es wußte natürlich jeder Bescheid. Sie war damals Mitte Siebzig, ihr Gesicht bemerkenswert faltenlos, ihre Figur nach wie vor schlank, und ihre Bewegungen kraftvoll, ruhig und anmutig. Wie zu erwarten, hatte sie nicht viel zu sagen, aber sie nahm doch sehr intensiv an der Party teil und folgte der banalen Unterhaltung mit mehr Aufmerksamkeit, als sie wahrscheinlich verdiente. Ich glaubte aber auch eine gewisse Ungeduld bei ihr zu spüren, eine unausgesprochene Hoffnung, sie könnte vielleicht etwas hören, was sie zuvor nicht gehört hatte, irgendwelche Neuigkeiten oder ein bißchen Klatsch aus der Außenwelt. Aber selbst wenn die Anwesenden derlei zu bieten gehabt hätten, hielten sie sich in ihrer Gegenwart doch lieber an weniger heikle Themen. Aber dann fand ich mich plötzlich in einer für meine Verhältnisse viel zu komplizierten Unterhaltung über verschiedene Finanzstrategien. Meine Augen wanderten durch den Raum, und plötzlich begegneten sich unsere Blicke. Sie lächelte – und zwinkerte mir zu. Ich zwinkerte zurück. Eine Sekunde lang war ich Armand oder Wronski, eine ganze Generation männlicher Wesen, die eingefangen wurden von diesem allwissenden Blick. Unser Anderssein, unsere Verbohrtheit, unsere spezifische Begeisterung für Tricks und Pläne auf Kosten des unverletzlichen Augenblicks wurde von diesem Blick bloßgestellt, akzeptiert und geduldet.

In der ganzen Filmgeschichte hatte nur diese Frau die Begabung, uns diese Erkenntnis zu schenken. Es ist sehr schade, daß sie es zukünftigen Generationen so schwer gemacht hat, sie zu finden.

Richard Schickel